F
Pour
leMe
rite

Hrowe H. Saunders

Der verratene Sieg

Die alliierte Invasion in der Normandie 1944 und ihre Hintergründe

Pour le Mérite

Titelseite: Das obere Foto zeigt US-amerikanische Soldaten, die im Juni 1944 in der Normandie anlanden. (Foto: TimePix) Auf dem unteren Bild sind deutsche Landser zu sehen, die sich in einer Gefechtspause von den vorangegangenen Kämpfen erholen. (Foto: Archiv des Verlages)

Bibliographische Information der Deutschen Bibliothek
Die Deutsche Bibliothek verzeichnet diese Publikation in der Deutschen Nationalbibliographie; detaillierte bibliographische Daten sind im Internet unter http://dnb.ddb.de abrufbar.

ISBN 978-3-932381-64-5

Pour le Mérite – Verlag für Militärgeschichte
Postfach 52, D-24236 Selent

Gedruckt in Österreich

Generalprobe Dieppe

Vorgeschichte

Am 9. März 1942 kabelte US-Präsident Franklin D. Roosevelt an den britischen Kriegspremier Churchill: „Mich beschäftigt immer mehr der Gedanke, in diesem Sommer auf dem europäischen Festland eine neue Front zu eröffnen.

Und obwohl die Verluste zweifellos hoch sein werden, so werden sie doch durch mindestens ebenso hohe deutsche Verluste *und* ferner dadurch ausgeglichen werden, daß wir die Deutschen zwingen, starke Kräfte aller Art von der russischen Front abzuziehen."

Im britischen Führungsstab war man skeptisch. Doch bereits am 8. April 1942 trafen US-General Marshall und Roosevelts persönlicher Berater, Harry Hopkins, in London ein, im Marschgepäck folgenden Auftrag ihres Präsidenten: „die Engländer zum baldigen Handeln in Europa zu zwingen."

Als Englands Generalstab zustimmte, im Jahre 1943 eine Invasion mit dem Decknamen „Roundup" zu starten, genügte General Marshall dies nicht. Er forderte noch im Jahr 1942 ein Landungsunternehmen an der französischen Küste. Seine Begründung dafür lautete: „Wir müssen diese Invasion starten, gewissermaßen als ein Opfer, das wir bringen, um den drohenden Zusammenbruch des russischen Widerstands zu verhindern."

Es wurde eine kleine Invasionsoperation zur Gewinnung eines kleinen, aber zu haltenden Brückenkopfes im Spätsommer 1942 vorbereitet. Dieser Brückenkopf sollte als Basis für die große Invasion Frankreichs im Frühjahr 1943 dienen.

In einer ersten Kräftebilanz stellte sich heraus, daß weder genug Schiffsraum noch genug Truppen vorhanden waren, um an der feindbesetzten Küste zu landen und sich dort auch noch mehrere Monate gegenüber den Deutschen zu halten. Das Versorgungsproblem spielte bei diesen Besprechungen eine entscheidende Rolle.

Dennoch kam man am 14. April 1942 zu der Übereinstimmung, nur dann noch im Jahre 1942 eine Invasion in Frankreich zu versuchen, wenn die Lage auf dem Ostkriegsschauplatz verzweifelt sein und eine solche Invasion notwendig werden würde, um einen sowjetischen Zusammenbruch zu verhindern.

Diese Operation erhielt die Codebezeichnung „Sledgehammer – Schmiedehammer".

Noch während in London die Besprechungen geführt wurden, hatte

Roosevelt seinem Freund „Joe“ – Marschall Stalin – gekabelt, daß er einen „sehr wichtigen Vorschlag militärischer Art zur Entlastung der gefährdeten sowjetischen Front plane und seinen besonderen Rat“ benötige.

Ende Mai traf denn auch – von Freund „Joe“ geschickt – der sowjetische Außenminister Molotow in Washington ein. Im Marschgepäck die kategorische Forderung Stalins nach einer neuen Front in Europa, die so rasch wie möglich zu errichten sei und mindestens 40 deutsche Divisionen auf sich ziehen müsse. Andernfalls könne die Rote Armee vielleicht dem deutschen Druck nicht länger standhalten.

Molotow, der geschickteste Advokat Stalins, schaffte es dank der sowjetisch-roten Berater des Präsidenten und seiner Dienststellen, den US-Präsidenten zu einer Zusicherung zu verleiten, die im Kern lautete:

„Bei der Besprechung wurde völlige Übereinstimmung hinsichtlich der dringenden Aufgabe erzielt, im Jahre 1942 in Europa eine zweite Front zu errichten.“

Mit dieser verbrieften Übereinstimmung im Gepäck reiste Molotow nach London weiter, um dort sein Dokument zu präsentieren. Gewissermaßen im Handstreich war England von seinen beiden Allianz-Partnern überrundet und eingekreist worden.

Am 23. Juni 1942 flogen GenLt. Eisenhower und GenMaj. Clark nach London. Ersterer sollte den Oberbefehl über die in England stationierten und noch dorthin zu schaffenden Truppen übernehmen. Doch standen nicht Truppen, sondern vorerst nur einige Stäbe zur Verfügung.

Am 16. Juli erteilte Roosevelt dem US-Generalstabschefs den Auftrag, noch für das Jahr 1942 eine Angriffsaktion in Westeuropa auszuarbeiten. (Siehe: Memorandum from the President for the Hon. Harry L. Hopkins, General Marshall, Admiral King, subject: Instructions for London Conference, July 16, 1942, WDSCA 381).

Es zeichneten sich drei mögliche Operationen ab. Erstens: die Vernichtung der deutschen Afrika-Armee unter Rommel. Zweitens: die Besetzung Nordwestafrikas durch eine Invasion mit amphibischen Streitkräften. Drittens: eine Operation an der französischen Nordwestküste mit begrenztem Ziel. Dabei durfte allerdings nur ein Gebiet besetzt werden, das auch gegen die zu erwartenden Gegenangriffe deutscher Truppen gehalten werden konnte. Dieser Brückenkopf konnte später – so wurde argumentiert – bei der *großen* Invasion als Basis dienen. Vorgesehene Ziele waren: die Halbinsel Cotentin und die Bretagne.

Der englische Generalstab lehnte eine Invasion in Westeuropa rundweg ab. Dazu Eisenhower: „Dieser 22. Juli 1942 wird einmal als der schwärzeste Tag der Geschichte angesehen werden.“

Allerdings mußte Eisenhower später seine Meinung darüber korrigieren. In seinem Werk „Crusade in Europe" bekannte er nach dem Kriege, daß alle jene, welche die Operation „Sledgehammer" vorgeschlagen hätten – also auch er selber – sehr unklug gewesen seien.

Unabhängig von dieser Ablehnung einer Invasion in Westeuropa wurde jedoch in England eine Art von Handstreich, eine gewaltsame Erkundung vorbereitet. Das Unternehmen „Jubilee", d. h. Jubelfest, sollte die Amerikaner davon überzeugen, daß eine Landung an der französischen Atlantikküste kein Spaziergang werden würde. Der Handstreich – dies sei vorausgeschickt – bewies den Verantwortlichen auf beiden Seiten des großen Teiches, daß mit den 1942 verfügbaren Mitteln nicht einmal ein befestigter französischer Kanalhafen erobert, viel weniger ein großer Brückenkopf gebildet werden konnte, der sich mindestens ein halbes Jahr halten mußte, ehe er durch die große Invasion entsetzt werden würde.

Die Operation „Jubilee", ein Überraschungsangriff auf Bucht und Hafen von Dieppe, war bereits *vor* den hier geschilderten Verhandlungen geplant, aber während der Besprechungen eingefroren worden. Nun aber wurde er aus der Versenkung herausgeholt und genau überprüft.

Dieppe findet statt!

Im August 1942 erhielten die Kommandeure der für das Unternehmen „Jubilee" vorgesehenen Truppen die Nachricht, daß dieses Unternehmen nun doch durchgeführt werde.

Die Verlegungsübung „Ford I" fand am 18. Aug. 1942 statt. In fünf Häfen der englischen Südküste gingen am Abend des 18. Aug. 1942 4961 kanadische und 1057 englische Soldaten an Bord. Unter letzteren befand sich auch ein französischer Kommandotrupp in Stärke von 15 Mann und – als Novum in der Kriegsgeschichte – ein zweiter Kommandotrupp, der aus fünf Deutschen bestand.

Auf sechs LSI (L), großen Landungsschiffen, die aus Truppentransportern umgerüstet worden waren und bis zu 1000 Mann Infanterie und eine Reihe schwerer Waffen transportieren konnten, fand die Truppe Platz. Ausgangshafen war Southampton. Die Landserbezeichnung für diese Truppe lautete „Todeskommando".

Weitere Landungstruppen wurden im Hafen von Portsmouth auf mittlere LSI verladen. Newhaven war der Einschiffungsplatz der 30 Panzer, die an diesem Unternehmen teilnehmen sollten. Hier lagen LCT – Tanklandungsschiffe –, die diese Fracht übernahmen. Von Newhaven aus gingen aber auch die Soldaten des 3. Kommando-Verbandes und die Cameron

Highlanders in die beiden LCP-Gruppen, die als Personalschiffe eingerichtet waren.

Aus Gosport liefen die kleineren LCT aus, auf denen die leichten Tanks eingeladen waren. Die Soldaten des Rgt. „Les Fusiliers Mont Royal“ gingen an Bord der in Shoreham liegenden LCP.

Ingesamt waren 237 Seefahrzeuge aufgeboten worden. Hinzu kamen das 9. und 13. Minensuch-Geschwader mit insgesamt 16 Booten. Diese hatten den Auftrag, eine Sperrlücke durch das deutsche Minenfeld im Kanal zu räumen.

Sechs Zerstörer der Hunt-Klasse und einige SGB-Kanonenboote, einige MGB-Motorkanonenboote und ML-Küstensicherungsfahrzeuge bildeten die Geleitsicherung und die Sicherungsgruppe für die nach erfülltem Auftrag wieder zurücklaufenden beiden Minensuch-Geschwader.

Auf dem GefStand des 11. Fighter Group und den Maritime Headquarters des Commander-in-Chief in Portsmouth wurde nicht nur der Verlauf des Einsatzes verfolgt, sondern auch die Koordinierung aller Maßnahmen durchgeführt. Mit diesen Befehlsständen waren sämtliche Radarstellungen am Strand zusammengeschaltet.

Auf dem Führerzerstörer „Calpe“ befand sich GenMaj. Roberts als Befehlshaber aller Kommando-Streitkräfte.

Am 18. Aug. 1942 legten die ersten Boote um 20.00 Uhr in Portsmouth und Gosport ab. Entsprechende Zeit später gingen die Geleitfahrzeuge ankerauf und marschierten zum Sammelpunkt, von wo aus die Invasionsstreitmacht in 13 Gruppen der französischen Küste und ihrem Ziel – Dieppe – entgegenlaufen sollten.

Während sich diese 13 Gruppen auf die französische Küste zubewegten, ahnten weder die Soldaten an Bord noch die Führungsstellen in England, daß zur gleichen Zeit ein deutscher Küstengeleitzug zur Fahrt nach Südwesten entlang der französischen Küste, also in Richtung Dieppe, aus Boulogne ausgelaufen war. Er bestand aus zwei U-Jägern, einem M-Boot und fünf Küstenmotorschiffen. Dieser Verband sollte die erste Gefechtsberührung mit der Invasionsflotte haben.

Während noch auf den britischen Feldflugplätzen die Flugzeuge betankt wurden, die zum Einsatz vorgesehen waren, passierten die Schiffe des Landungsverbandes die gekennzeichnete Sperrlücke. Das taten auch die 13 Gruppen. Dann zogen sie sich weiter auseinander und liefen selbständig ihren vorgegebenen Zielen entgegen.

Erste Kampfberührung

Um 1.23 Uhr des 19. Aug. sichten die ersten britischen Radarstationen den deutschen Küstengeleitzug. Um 1.27 Uhr erhielt der C-in-C in Portsmouth die Meldung von der Anwesenheit deutscher Schiffe in der Nähe des Invasionsbereiches. Drei Minuten darauf wurde diese Meldung als Warnung an den Flottenverband weitergegeben. Um 2.44 Uhr erfolgte die zweite Warnmeldung des C-in-C an die Invasionsflotte.

Der Seetransportchef auf dem Zerstörer „Calpe" erhielt diese Funksprüche nicht, und die als „ostwärtige Sicherung" laufenden Zerstörer „Brocklesby" und „Slazak", die als erste Feindberührung haben mußten, nahmen diese beiden Funksprüche ebenfalls nicht auf. Sie liefen – wie befohlen – in weitem Abstand zu ihrer Gruppe von 23 LCP weiter auf die Küste zu.

Damit war lediglich die in Sichtweite der LCP laufende Nahsicherung, bestehend aus einem SGB, einem ML und einem Flak-Landungsboot imstande, bei der Sichtmeldung der deutschen Einheiten die Deckungsaufgaben wahrzunehmen.

Um 3.47 Uhr stieß diese Nahsicherungsgruppe auf den deutschen Küstengeleitzug. Sekunden nach der ersten Sichtmeldung eröffneten die deutschen Boote das Feuer. UJ 1404 und UJ 1411 der 14. deutschen U-Jagd-Flottille schossen gleichzeitig. Das deutsche Minensuchboot begann nur Sekunden später die Beschießung aus seinen zwei 10,5-cm-Kanonen und den 3,7-cm-Fla-Waffen.

Der erste englische LCP wurde von einer 10,5-cm-Granate voll getroffen und sank, auf ebenem Kiel reitend, binnen 30 Sekunden. Das britische Führerboot SGB 5 erhielt einen schweren Treffer von UJ 1411 und begann zu brennen. UJ 1404 unter LtzS. Helmfritz erhielt mehrere Treffer unterhalb der Wasserlinie. Das Boot mußte verlassen werden. Eines der Küstenmotorschiffe lief hinzu und barg die überlebende Besatzung. Dann erhielt auch UJ 1411 einen Treffer. Aber das M-Boot und die fünf „Kümos" schossen weiter im Salventakt. Der Verband der 23 LCP verringerte sich um weitere drei Einheiten.

Commander D. B. Wyburd auf SGB 5 wollte nun eine Feindberührungsmeldung durchtasten lassen, doch das Funkgerät seines Schiffes war durch einen Treffer zerstört worden. Auch auf UJ 1411 war durch einen Nahtreffer das Funkgerät ausgefallen, und es konnte keine Feindsichtmeldung durchtasten.

Die deutschen Fahrzeuge drehten ab, nachdem sie diesen Einsatzverband zersprengt hatten. Hätte der Schlag gegen Dieppe in dieser Lage noch abgebrochen werden können, wenn es Commander Wyburd gelungen wäre, eine Warnmeldung durchzutasten?

Die Führungsabteilung hatte vereinbart, daß der Raid gegen Dieppe bei unvorhergesehenen Zwischenfällen nur bis 3.00 Uhr abgebrochen werden konnte. Später durfte nichts mehr die Aktion aufhalten, weil laut Einsatzbefehl die Infanterie um 3.00 Uhr aus den LSI auf ihren Wartepositionen 10 sm vor der Küste in die Landungsboote gehen würde.

Die beiden an der Ostflanke laufenden Zerstörer „Brocklesby" und „Slazak" griffen nicht in den Kampf ein, weil sie der Annahme waren, daß der Gefechtslärm von der Küste komme.

Die deutschen Schiffseinheiten erreichten den Hafen von Le Treport. Die deutschen Radarstationen an der Küste hatten den alliierten Landungsverband bereits *vor* diesem Feuergefecht gesichtet *und* gemeldet. Diese Meldung ging jedoch erst bei den deutschen Führungsstellen ein, als das Gefecht bereits im Gange war.

Was die zeitliche Übereinstimmung angeht, war die Zusammenarbeit zwischen den Landungskräften und der alliierten Luftwaffe optimal. Unmittelbar bevor die Landungen der beiden Hauptgruppen an den Strandabschnitten „White" und „Red" begannen, erreichten Flugzeuge der Royal Air Force die Küste bei Dieppe und legten einen dichten Nebelschleier vor das ostwärtige Hochland, um die Landungsfahrzeuge der Feindsicht zu entziehen.

Fünf englische Luftgeschwader eröffneten gleichzeitig damit das Luftbombardement. Es war genau 5.30 Uhr, als Bomber, Jagdbomber und Zerstörer über die deutschen Strandbefestigungen hinwegjagten, ihre Bomben warfen und aus allen Bordwaffen auf die Stellungen des deutschen IR 571 und die übrigen zum Küstenschutz bei Dieppe eingesetzten Einheiten der 302. deutschen ID feuerten. Die niedrig fliegenden Zerstörerflugzeuge schossen aus Bordkanonen und MG Dauerfeuer, um die deutsche Abwehr niederzuhalten.

Die deutsche Flak eröffnete das Abwehrfeuer. Insgesamt wurden fünf Flugzeuge abgeschossen.

Noch während die letzten Bomber warfen, gingen die ersten Landungsgruppen um 5.23 Uhr im Strandabschnitt „Red" an Land. „Red", das war der 550 m breite Küstenabschnitt, der westlich der Hafeneinfahrt von Dieppe lag.

Bei „White" landeten zur gleichen Zeit die ersten Sturmboote. Auch dieser Strandabschnitt war 550 m breit und schloß sich nach Westen an „Red" an.

Während bei „Red" das Essex Scottish Regiment of Canada angriff, stürmte bei „White" das Royal Hamilton Light Infantry Regiment of Canada im Landungsraum vorwärts.

Gemeinsam mit diesen beiden Regimentern sollten in beiden Abschnitten insgesamt neun Panzer der ersten Welle landen. Ihnen dichtauf sollten in der zweiten Welle weitere neun Panzer folgen und schließlich die letzte, dritte Welle mit 12 Panzern den Rest besorgen.

Die gesamten Infanterie-Streitkräfte waren in den Landungschiffen „Glengyle", „Prins Albert", „Prince Leopold", „Prince Charles", „Duke of Wellington", „Princess Beatrix", „Queen Emma", „Princess Astrid" und „Invicta" zur Ausladestelle geschafft worden. Die Panzer befanden sich auf zehn LCT.

Die Angriffsoperationen – Die verheizten Panzer

Brigadier Lett, Kdr. der 4. Brigade der 2. can. ID (GenMaj. Roberts), versuchte im Strandabschnitt „White" seine Männer durch den Draht und dann über die Seemauer auf die Promenade zu bringen. Sowie er als einer der ersten die Seemauer erkletterte, erhielt er einen Brustschuß.

Oberstleutnant Labatt übernahm die Führung. Doch er kam nicht weit. Die Verteidiger schossen gut, und bevor die Panzer mit über 15 Minuten Verspätung eintrafen, war ein Großteil der hier gelandeten Truppen bereits gefallen oder verwundet. Lediglich die Royal Hamiltons drangen durch und erreichten das Casino von Dieppe, aus dem ihnen dichtes Abwehrfeuer entgegenpeitschte. Sie drangen dennoch ins Casino ein und meldeten um 7.12 Uhr dem Führerzerstörer „Calpe", daß sie das erste Ziel erreicht hätten und nun zum Sturmangriff in die Stadt hinein ansetzen würden.

Zwei Stoßtrupps in Stärke von 15 und 17 Soldaten traten zu diesem Handstreich an. Sie stießen auf die herangeführten deutschen Reserveverbände und wurden teilweise im Nahkampf niedergemacht. Der Rest ging auf das Casino zurück.

Die Mole und die Promenade konnte hingegen den Deutschen nicht entrissen werden, womit die im Casino hockenden Angreifer isoliert waren. Damit war eine der wichtigsten Voraussetzungen zum durchschlagenden Erfolg ausgeblieben. 30 Minuten nach der Landung waren von den Scottish-Essex-Verbänden etwa 40 Prozent gefallen.

Als das Flak-Landungsboot zur Unterstützung der Infanterie im Feuerkampf dicht unter Land heranfuhr, wurde es von der deutschen Küstenartillerie erfaßt und mit deren zweiter Salve versenkt. Es handelte sich hierbei um LCF 2.

Um 5.35 Uhr landete Flight 1 mit neun Panzern der ersten Welle. Von den drei auf LCT 1 gelandeten Churchill-Panzern stieß nur einer bis zur Promenade durch. Die beiden anderen wurden im Duell mit der deutschen

Pak abgeschossen. Das Landungsboot selbst erhielt schwere Treffer und sank auf flachem Wasser.

Am Ostrand des Strandes setzte LCT 2 seine drei Panzer an Land. Diese drei Kampfwagen rollten im Breitkeil vor. Sie schossen im Fahren, erreichten die Seemauer und überwanden nacheinander dieses schwere Hindernis.

LCT 3 verlor auf tiefem Wasser den Führungspanzer. Die Besatzung ertrank in ihrem stählernen Sarg. Die beiden übrigen Panzer wurden daraufhin auf dem Strand abgesetzt. Während der Absetzzeit erhielt dieses Boot schwere Treffer und konnte nicht mehr ablegen.

Flight 1-A landete kurze Zeit später. LCT 4 gelang es, seine drei Panzer abzusetzen, bevor es einen schweren Treffer erhielt und sank.

Der Strand bot bereits zu dieser Zeit ein Bild der Verwüstung. Die Panzer, die von den folgenden Landungsschiffen an den Strand geschafft wurden, erreichten teilweise nicht einmal die Seemauer. Diejenigen aber, die sie erreichten, konnten sie größtenteils nicht überwinden.

Auch LCT 5 ging am Strand verloren. Nur LCT 6 überlebte den Todesslalom, den das Abwehrfeuer der deutschen Küstenverteidigung spie, und kehrte heil nach England zurück.

Flight 2 landete erst gegen 6.05 Uhr seine 12 Panzer, die auf vier LCT verladen waren. Von diesen ging nur LCT 7 auf dem Rückmarsch verloren. Leider blieb der dritte Panzer an Bord von LCT 8 zurück, nachdem ein Treffer diesem Tanklandungsschiff die Rampe abgerissen hatte. Das Schreckliche war, daß mit diesem Panzer auch der Stab des Panzer-Regimentes zurückbleiben mußte, so daß der gelandete Tank-Verband völlig führerlos war.

Insgesamt wurden 29 der 30 Panzer ausgeschifft, denn die Reserve wurde nicht mehr in diesem sinnlosen Angriffsversuch verheizt. 15 dieser 29 Tanks gelang es, die Seemauer zu überwinden. Auch sie blieben spätestens am Ende der Seepromenade vor den dort eingebauten Panzerhindernissen liegen. Sie schossen bis zum völligen Verbrauch ihrer Munition. Deutsche Pak zog vor und schoß alle Panzer ab.

Einige der Panzer, denen es gelungen war, zum Strand zurückzukehren, sicherten mit ihrer Feuerkraft die Wiedereinschiffung der Überlebenden bis 12.25 Uhr. Daß überhaupt Reste dieses Todeskommandos zurückkehrten, ist diesen Panzern zu verdanken.

Hier, im Zentrum des Kampfes, gelang es den Kanadiern nicht, das Gesetz des Handelns an sich zu reißen. Brigadier Southam, Kdr. der 6. Brigade, war der einzige Offizier des Brigadestabes, der mit LCT 7 gelandet war. Er führte und meldete über sein Funkgerät eines Spähpanzers, was im Zentrum des Angriffs geschehen war.

Auf dem Strand „Green“ westlich Dieppe, der Ortschaft Pourville vorgelagert, mit der Flußmündung der von Steilufern flankierten Scire in der Mitte, landete das South Saskatchewan Regiment und das Cameron Highlanders Regiment of Canada.

Diese Truppen waren auf der „Princess Beatrix“ und der „Invicta“ herangeschafft worden.

Während der erste Verband einen Landekopf bilden sollte, erhielt der zweite den Befehl, den in Arques le Bataille vermuteten DivGefStand der 302. ID handstreichartig in Besitz zu nehmen, dadurch die Führung der deutschen Verteidigungskräfte auszuschalten und anschließend gegen die nordwestlich davon erkannte Küstenbatterie vorzustoßen und diese auszuschalten.

Aus den beiden Landungsschiffen wurden diese Truppen um 4.50 Uhr ausgeschifft. Hier fiel kein einziger Schuß; erst als die vordersten Sturmboote auf den Strand liefen, eröffneten eine Küsten-Batterie und MG-Stände das Feuer auf die an Land springenden Schatten.

Das gesamte Regiment, das beiderseits der Sciremündung landen sollte, stieß westlich der Scire an Land. Aus diesem Grunde mußten die A- und D-Kompanie zuerst durch Pourville durchstoßen, um über die dortige Brücke auch auf das östliche Ufer zu gelangen.

In der Nähe der deutschen Radarstation auf den Klippen ostwärts Pourville wurde die A-Kp durch starkes deutsches Abwehrfeuer gestoppt und blieb liegen.

Die auf die Ferme „Quatre Vents“ vorstoßenden Kräfte der D-Kp wurden von der hier stationierten 6./IR 571 gestoppt und geworfen. Lediglich die auf dem Ostufer der Scire nahe der Brücke eingesetzte 4,7-cm-Pak der Deutschen fiel den Angreifern in die Hände.

Die Cameron Highlanders, die auf diesem verbreiterten Brückenkopf gegen den Flugplatz von Dieppe antreten sollten, wurden erst mit halbstündiger Verzögerung um 5.50 Uhr gelandet. Noch ehe die Landungsboote den Strand erreichten, gerieten sie in deutsches Abwehrfeuer. Oberstleutnant Gostling, der diesen Verband führte, stürmte als erster auf den Strand. Nach ein paar Dutzend Metern brach er, vom Feuerstoß einer MG-Salve getroffen, tot zusammen.

Major A. T. Law übernahm das Kommando. Heftiges Granatwerferfeuer zwang ihn, einen Umweg um Pourville herum zu nehmen. Auf dem Westufer der Scire ging Major Law mit seinen Männern weiter vor. Durch ein Wäldchen erreichten sie die Brücke von Petite Appeville und wechselten hier auf das Ostufer der Scire über.

An dieser Stelle war jedoch inzwischen eine Radfahr-Schwadron und ein Zug der schweren Kp des IR 571 mit zwei 7,5-cm-IG eingetroffen und in

Stellung gegangen. Etwa zur gleichen Zeit erreichten die Spitzen-Kompanien des I./IR 571, von Gouville antretend, gegenüber diesem Feindverband das Westufer der Scire. Das Batl. war zum Gegenstoß auf Pourville angesetzt worden.

Die Kanadier setzten sich verbissen zur Wehr. Doch bereits um 9.30 Uhr mußte Major Law den Rückzug befehlen, wenn sein Verband nicht völlig aufgerieben werden sollte. Seine Funkstelle fing zur gleichen Zeit einen Befehl auf, der die Truppen des Landestreifens „Green" zur Rückkehr aufforderte.

Gegen 10.00 Uhr erreichte Major Law wieder Pourville. Von See her kamen die Landungsboote auf die Küste zu. Zwei von ihnen wurden durch Direkteinschläge versenkt, ein drittes und viertes in Brand geschossen. Schließlich wurde noch ein fünftes schwer getroffen.

Es gelang den Deckungskräften, das Anbordgehen der Resttruppen zu ermöglichen. Wer die Flucht nicht mehr schaffen konnte, ging in Gefangenschaft.

Um 13.37 Uhr meldete das IR 571 an seine 302. ID: „Pourville fest in unserer Hand!"

GenMaj. Roberts an Bord der „Calpe" erhielt am Morgen nach der Landung von dem einzigen am Strand noch funktionstüchtigen Funkgerät, das mit dem Zerstörer „Garth" Verbindung aufnehmen konnte, durch Weiterleitung der Meldungen an ihn die Gewißheit, daß es im Landeraum katastrophal aussah. Einer der auf „Garth" um 6.40 Uhr eingetroffenen Funksprüche, der an „Calpe" weitergeleitet wurde, lautete: „R-Regiment C. not landed!«

Dies bedeutete, daß das Royal Regiment of Canada nicht auf dem vorgesehenen Strandabschnitt „Blue" gelandet war. Damit stand GenMaj. Roberts dieses Regiment dort nicht zur Verfügung. Deshalb gab er den Befehl, es auf „Red" zur Unterstützung der dort verzweifelt kämpfenden Truppen nachzulanden.

Was aber war wirklich auf „Blue"-Strand geschehen?

Der Kampf in den Strandabschnitten

Der Strandabschnitt „Blue" lag 160 m ostwärts des Hafens Dieppe und nördlich der Ortschaft Puys. Das Royal Regiment of Canada sollte hier, von einigen Spezialtruppen unterstützt, landen. Sein Operationsbefehl lautete:

„Besetzen des ostwärtigen Hochlandes. Gewinnen des Anschlusses an die Gruppe auf „Red“-Strand, Bildung einer Verteidigungsfront von der Küste ostwärts Dieppe bis westlich Dieppe unter Umgehung der Stadt im Süden.“

Ein Kommando, bestehend aus Pionieren, war angesetzt worden, um das Gas- und Elektrizitätswerk von Dieppe zu zerstören.

Die Landung dieses Kontingentes sollte in drei Wellen erfolgen. Die erste Welle landete zwar, aber zu spät, so daß sich nicht nur der künstliche Nebel bereits wieder gehoben hatte, sondern auch die Wirkung der Luftangriffe verpufft war.

Bevor die vorn laufenden Landungsboote den Strand erreichten, begann das deutsche Abwehrfeuer aus MG-Stellungen. Major G. P. Scholtfield wurde als einer der ersten verwundet. Damit war der ranghöchste Offizier der ersten Welle ausgeschaltet. Diese Angriffswelle stieß beim Anlandgehen bereits nach wenigen Metern auf eine vier Meter hohe Mauer, deren Krone mit Drahthindernissen unübersteigbar gemacht worden war.

Diese Mauer umgehend, erreichte die Gruppe die ostwärts davor gelagerten Klippen. Hier geriet sie in das Feuer eins gut plazierten MG-Nestes. Die oftmals deckungslos vorgehenden Kanadier wurden zusammengeschossen. Einige versuchten ins Wasser zurückzugelangen; sie wurden getroffen, stürzten und ertranken.

Die zweite Welle des Verbandes „Blue“ landete zwischen 5.25 und 5.30 Uhr. Auch sie blieb im massierten Abwehrfeuer aus den MG-Nestern liegen.

Obgleich Captain R. C. Hicks keine Nachricht über die vor ihm ausgesetzten beiden Wellen hatte, entschloß er sich zum Einsatz seiner dritten Welle. Diese wurde westlich der großen Seemauer gelandet. Hier standen tiefgestaffelt Einheiten der 302. ID bereit, die Landenden in Empfang zu nehmen. Nur 20 Royals dieser Gruppe konnten durch die Drahthindernisse kriechen und die Klippenhöhe erreichen. Sie wurden dahinter in einem kleinen Gehölz gestellt und ergaben sich am Nachmittag nach verlustreichem Kampf.

Kurz nach 7.00 Uhr ging auf „Calpe“ ein FT-Spruch ein: „From Blue-Beach, is there any possible chance of getting us off?“

GenMaj. Roberts gab Weisung, die erbetene Wiedereinschiffung zu versuchen. LCA 209, eines der ausgesetzten Sturmboote, ging dicht unter Land heran. Die zurückweichenden Kanadier stürmten über die herabgelassene Rampe an Bord. Das Boot sackte tiefer und tiefer. Der Einschiffungsoffizier beschwor die Männer, es nicht zu überlasten. Aber wer ließe schon die einmal greifbar nahe Rettung wieder fahren?

Als LCA 209 einige harte Ausweichbewegungen unternehmen mußte, um nahebei einschlagenden Granaten zu entgehen, kenterte das Boot und ging mit einem Großteil der sich auf ihm befindlichen Kanadier unter.

Zwei Landungsboote des Transporters „Duke of Wellington" kamen in schneller Fahrt heran, um zu retten, was noch zu retten war. Sie konnten allerdings nur drei Kanadier aufnehmen und verloren im verzweifelten Kampf um die Schiffbrüchigen zwei Besatzungsmitglieder.

Vier Landungsboote der „Princess Astrid" versuchten eine weitere Rettungsaktion. Eines dieser Boote wurde durch Volltreffer versenkt. Die übrigen bemerkten um 8.30 Uhr kein Leben mehr im Wasser oder auf dem Strand und kehrten um.

Fünf Minuten darauf meldete das IR 571: „Puys fest in unserer Hand! Feind hat 500 Gefangene und Tote verloren."

Diese Zahl stimmte fast exakt, denn von den dort gelandeten 556 Männern kehrten nur zwei Offiziere und 65 Soldaten nach England zurück.

In diesem Landungsabschnitt hatte die Haubitzen-Battr. der 302. ID mit vier Geschützen insgesamt 550 Schüsse auf die Landungsboote geschossen und eine Reihe dieser Boote versenkt oder beschädigt. Hier spielten sich unvorstellbare Schreckensszenen ab.

Auf den Strandabschnitten „Orange I und II" gelang es den Landungsverbänden, eine deutsche Batterie auszuschalten. „Orange I" lag nördlich der Ortschaft Vasterival, „Orange II" unmittelbar ostwärts der Saane, die ostwärts von Quiberville ins Meer mündet.

Hier landete die 4. can. Brigade. In „Orange I" führte Major Mills Roberts, in „Orange II" Oberstleutnant Lord Lovat. 225 Soldaten landeten in diesem Abschnitt. Bei der Bekämpfung der dort stehenden deutschen Batterie verlor Lord Lovat 30 Tote und 30 Verwundete, hinzu kamen vier Gefangene. Dennoch gelang es ihm, in die Batterie einzudringen, sie zu sprengen und sich um 7.30 Uhr nach Erfüllung der Aufgabe befehlsgemäß zurückzuziehen.

Den Flankenschutz der Landungen sollten die beiden Verbände „Yellow I" und „Yellow II" übernehmen. Am Strand von „Yellow I" ostwärts der deutschen Batterie Berneval landeten 120 Mann. Das Ziel war die genannte Batterie, die jedoch nicht erreicht wurde. Die KGr. wurde kurz nach ihrer Landung von den unter Major von Blücher herangeführten Reserven der 302. ID niedergekämpft. 82 Gefangene fielen dem Eingreifverband Blücher in die Hände.

„Yellow II" hatte eine besondere Aufgabe erhalten. Hier sollte Lt. H. T. Buckee unbemerkt sein LCP (L) 15 (ein großes Landungsboot) an Land setzen und Major Peter Young mit drei Offz. und 17 Männern ausschiffen. Sie sollten die Batterie Berneval im Handstreich überwältigen. Bis auf 200 m kamen diese Männer an die inzwischen zur Rundumverteidigung übergegangene Batterie heran. Dann wurden sie gestoppt. Das Kommando mußte sich auf den Strand zurückziehen und wurde von LCP (L) 15 wieder aufgenommen und zurückgekarrt.

Als GenMaj. Roberts um 8.17 Uhr den FT-Spruch erhielt: „Having Control of ‚White'-Beach!" setzte er das Royal Marines A-Command auf „White" an, um dort den Schwerpunkt zu bilden.

Geraume Zeit vorher hatte er den Einsatz des Rgt. Les Fusiliers Mont Royal auf diesen Hauptstrand befohlen. Dieses Rgt. erreichte um 7.00 Uhr mit 26 LCP den Strand. Da es weit verstreut abgesetzt wurde, verlor es einen Teil seiner Stoßkraft und erlitt schwere Verluste, die sich auf insgesamt 11 Offiziere und 111 Mann bezifferten.

Als dann schließlich auch das Royal Marines A-Command „White" Beach erreichte, erkannte Oberstleutnant Philipps, der im vordersten Boot saß, daß es hier ein totales Desaster gegeben haben mußte.

„Einnebeln und zurückziehen!" lautete sein Befehl, der den nachfolgenden Booten galt. Er selbst erreichte mit seinem LCP und zwei weiteren, die nicht mehr kehrtmachen konnten, die Küste. Sieben anderen gelang der befohlene Rückmarsch. Wenig später fielen auch Oberstleutnant Philipps und seine engere Umgebung im Feuer der Verteidiger.

Deutsche Luftabwehr der Landungen

Es war 7.11 Uhr am Angriffstag, als die ersten deutschen Flugzeuge im Einsatz über der Küste erschienen. Bomber tauchten mit Jagdschutz auf und setzten zum Bombenangriff auf die weit in See hinein abgesetzten großen Transportschiffe an. Die Schiffsflak erwiderte das Feuer und schoß einige eigene Jäger ab, die sich den deutschen Kampfflugzeugen entgegenwarfen.

Der deutsche Jagdschutz nahm den Kampf gegen die angreifenden Hurricanes auf. Über den Truppen am Strand wurden turbulente Luftkämpfe ausgetragen. Mehr und mehr englische Flugzeuge erhielten Treffer und drehten qualmend ab oder stürzten abgeschossen in die See.

Der Kampf dauerte den ganzen Vormittag über an. Gegen Mittag griff ein deutscher Bomberverband die Geleitzerstörer an, die mit Breitseiten-Feuer versuchten, die Stellungen der 302. ID sturmreif zu schießen.

Zerstörer „Berkeley" erhielt einen schweren Bombentreffer. Flammen schlugen aus seinem Innern empor, Munition detonierte, und wenig später war „Berkeley" von der Wasseroberfläche verschwunden.

Führerzerstörer „Calpe" wurde ebenfalls von einer Bombe getroffen, die neben der Brücke einschlug und Tote und Verwundete forderte.

Um 11.44 Uhr erbat Brigadier Southam, Kdr. der 6. can. Brigade, Bombereinsätze der RAF gegen das ostwärtige und westliche Hochland.

Diese Angriffe flogen Hurricanes der 11. Fighter Group. Sie kamen jedoch zu spät. In dem Augenblick, in dem die Bomben fielen, hatten sich die letzten Überlebenden des Abenteuers von Dieppe bereits ergeben.

Kurz darauf griffen Fortress-Bomber den deutschen Flugplatz Abbeville-Drocat an, von dem aus jene deutschen Luftwaffenverbände starteten, die die Rückzugsoperationen des Gegners verhindern sollten. Dieser Angriff verpuffte wirkungslos, weil die Bomben nicht trafen.

Gleichzeitig damit setzte die RAF neun Jagdgeschwader und einige Staffeln Zerstörerflugzeuge an, um die Rückführung der alliierten Truppen von See her zu sichern und Nebelschleier zu legen.

Die Landungsboote liefen an den Strand heran. Um 12.48 Uhr folgte ihnen der Zerstörer „Calpe“ bis dicht unter Land. Andere Zerstörer stießen nach, um den Gegner durch Schnellfeuer an der Beschießung der Landungsboote zu hindern. Der Zerstörer „Brocklesby“ lief achtern auf, konnte sich aber im Feuer deutscher Geschütze wieder „freischaukeln“.

Um 13.10 Uhr erhielt GenMaj. Roberts den letzten Funkspruch von Brigadier Southam: „Our people here have surrendered.“ Das war das Finale dieser Invasion auf einen deutschen Hafen an der französischen Westküste. Die Zerstörer und alle übrigen Einheiten, die noch schwammen, liefen nach England zurück. Um 13.58 Uhr stellte auch die letzte deutsche Batterie, die hinter dem Feind hergeschossen hatte, das Feuer ein.

Die Operation „Jubilee“ wurde zu einem Trauertag für die kanadische Infanterie. Aber auch die Royal Air Force und die Royal Navy hatten schwere Verluste erlitten.

Das Fazit des „Jubelfestes“

Von den insgesamt eingeschifften 6100 Soldaten aller Dienstgrade waren bei diesem Unternehmen 1184 gefallen; verwundet oder in Gefangenschaft geraten waren 1902 Soldaten. In die Heimathäfen kehrten 3020 Soldaten zurück.

Von den 30 eingeschifften Panzern gingen 28 verloren. Die Royal Navy verlor 75 Soldaten an Gefallenen, 269 Soldaten aller Dienstgrade wurden vermißt oder gefangengenommen, und 206 waren verwundet worden.

Der Schiffsverband hatte folgende Verluste erlitten: Zerstörer „Berkeley“, fünf Landungsboote für Panzer, 28 weitere Landungsboote verschiedener Typen versenkt.

Die Royal Air Force verlor 190 Soldaten an Gefallenen und Vermißten. Ihr gingen 98 Jagdflugzeuge, acht Zerstörer und Bomber verloren.

Die deutschen Verluste betrugen 591 Soldaten aller eingesetzten Verbände. Die Marine verlor einen U-Jäger und ein Motorschiff. Die Luftwaffe beklagte den Verlust von 48 Flugzeugen. 24 weitere wurden beschädigt. Die Generalprobe zu einer Invasion an der französischen Atlantikküste war mißlungen.

Folgen und Lehren von Dieppe

Das alliierte Unternehmen gegen Dieppe hatte zur Folge, daß sich die deutsche Führung von nun an mehr und mehr der Frage der Abwehr einer neuen, größeren Invasion zuwenden mußte. Bereits im Herbst 1942 wurden unter dem Druck dieser Invasionsdrohung die deutschen Streitkräfte in Frankreich um sieben Divisionen verstärkt. Darunter befanden sich vier Panzer-Divisionen, die nach und nach eintrafen und aus Rußland abgezogen werden mußten. Dies wiederum hatte Auswirkungen auf die gesamte deutsche Ostfront und nicht zuletzt auch auf Stalingrad.

Die Hauptbeteiligten an dem Desaster von Dieppe, die kanadischen Regimenter, sollten sich nie wieder von diesem blutigen Abenteuer erholen. Für sie war von nun an nach den Bekundungen eines deutschen Autors „die französische Küste gleichbedeutend mit dem Eingang zur Hölle". (Siehe Franz Kurowski: Zu Lande, zu Wasser, in der Luft).

Einer der genauen Kenner der Situation, Admiral of the Fleet Mountbatten of Burma, bemerkte später dazu: „Der Herzog von Wellington hat gesagt, die Schlacht von Waterloo wurde auf den Sportplätzen von Eton gewonnen – ich behaupte: Die Schlacht in der Normandie wurde an den Stränden von Dieppe gewonnen." (Siehe: Dieppe 1942, BBC-Dokumentation 2125 vom 22. Aug. 1972).

Die große Lehre, die vom alliierten (überwiegend jedoch vom britischen Oberkommando) aus diesem Landungsunternehmen gezogen wurde, war jene, daß ein Frontalangriff auf einen stark verteidigten Hafen nicht erfolgreich durchführbar war, wenn nicht das *gesamte* Gebiet vorher durch massierte Luftangriffe und durch Dauerbeschießungen mittels schwerer Schiffsgeschütze völlig zermalmt war. Doch *dann* wäre ein solcher Hafen nicht mehr für Anlandungen und Ausschiffung von Nutzen. Womit also eine Landungsoperation mitten in ein Hafengebiet hinein von diesem Tage an für den britischen Generalstab außer jeder Diskussion lag.

Auch General Eisenhower, der noch immer mit einer Invasion schon im Herbst 1942 an der Küste von Westfrankreich geliebäugelt hatte, mußte sich nun mit dem Unternehmen Torch – der alliierten Landung in Nordwestafrika – im November 1942 zufriedengeben.

Aus diesen beiden Landungsoperationen gewannen die Alliierten wichtige, ja entscheidende Erkenntnisse für die geplante Invasion in Westfrankreich. Allerdings waren die elementaren Erkenntnisse von Dieppe insofern entscheidend, als dort der deutsche Widerstand im Augenblick der Anlandungen eingesetzt hatte, während bei den Landungen in Nordwestafrika keine deutschen Streitkräfte zum Empfang am Strand bereitstanden.

Dieppe hatte der alliierten Führung vor Augen geführt, was eine wenn auch nur geringe Küstenverteidigung zu leisten imstande war; die Forderungen der britischen Führung nach der absoluten Luftherrschaft und dem Einsatz großer und schwerer Küstenbeschießungsverbände sowie einer gewaltigen Übermacht an Seefahrzeugen waren nun untermauert.

Deutsche Verteidigungsmaßnahmen

Was ist mit dem Atlantikwall?
Die Führerweisung Nr. 51

Hitler hatte nach der erfolgreichen Abwehr des alliierten Landungsversuchs um Dieppe zunächst den Abzug zweier deutscher Panzer-Divisionen aus Rußland zur Westfront befohlen, weil er wußte, daß allein Panzer im vordersten Treffen einer Abwehrtruppe in der Lage waren, einen einmal gelandeten Feind wieder ins Meer zu werfen.

Darüber hinaus befahl er, die Küstenverteidigungsmaßnahmen zu verstärken und den Atlantikwall, von dem in den damals dominierenden Medien Zeitung und Zeitschrift sowie Rundfunk immer wieder zu hören war, weiter auszubauen und zu armieren.

Am Pas de Calais, wo zuallererst eine alliierte Großlandung erwartet wurde, gelang es, in den nächsten Wochen und Monaten eine ziemlich dichte Verteidigungskette zu schaffen. Der übrige Atlantikwall jedoch bestand lediglich aus einer Reihe von Stützpunkten und Radarstationen, Gefechtsständen und Küsten-Batterien aller Kaliber.

Deutscherseits wurden für eine mögliche Landung neben dem Gebiet um Cap Gris Nez noch die Seinemündung, die vorspringende Nordflanke der Halbinsel Cotentin, die Kanalinseln und die großen Häfen Brest und Lorient in Betracht gezogen.

Wegen ihres felsigen Strandes wurde die Normandieküste zwischen Vire und Orne für nicht geeignet gehalten. Dennoch wurde, gewissermaßen in Hinblick auf umlaufende Gerüchte, vor allem aber auch durch Hitlers Intuition in Longues bei Bayeux eine 15-cm-Batterie und an der Ostküste der Halbinsel Cotentin bei St. Marcouf eine 21-cm-Batterie aufgestellt. Beide sollten sich rühmlich bewähren. Vor allem letztere wurde Fels in der Brandung der Invasion.

Hitler wollte und mußte diesen Atlantikwall ausbauen lassen, doch er wuchs aus vielerlei Gründen nicht so schnell, wie dies erwünscht war. Einer der Hauptgründe war seine enorme Länge von mehr als 1000 km vom Nordkap bis zur spanischen Grenze bei Bidassoa. Im November 1942 kam noch die französische Mittelmeerküste hinzu.

In einer Führerweisung vom 3. Nov. 1942 hatte Hitler allen Fragen der Bekämpfung einer feindlichen Invasion an der französischen Atlantikküste Rechnung getragen. In dieser Führerweisung Nr. 51 heißt es:

„Der harte und verlustreiche Kampf der letzten zweieinhalb Jahre gegen den Bolschewismus hat die Masse unserer militärischen Kräfte und Anstrengungen aufs äußerste beansprucht. Dies entsprach der Größe der Gefahr und der Gesamtlage. Diese hat sich inzwischen geändert. Die Gefahr im Osten ist geblieben, aber eine größere zeichnet sich im Westen ab: die angelsächsische Landung. Im Osten läßt die Größe des Raumes äußerstenfalls einen Gebietsverlust auch größeren Ausmaßes zu, ohne den deutschen Lebensnerv tödlich zu treffen.

Anders im Westen! Gelingt dem Feind hier ein Einbruch in unsere Verteidigung auf breiter Front, so sind die Folgen in kurzer Zeit unabsehbar. Alle Anzeichen sprechen dafür, daß der Feind spätestens im Frühjahr, vielleicht aber schon früher zum Angriff gegen die Westfront Europas antreten wird.

Ich kann es nicht mehr verantworten, daß der Westen zugunsten anderer Kriegsschauplätze geschwächt wird. Ich habe mich daher entschlossen, seine Abwehrkraft zu verstärken, insbesondere dort, von wo aus wir den Fernkampf gegen England beginnen werden. Denn dort muß und wird der Feind angreifen, dort wird – wenn nicht alles täuscht – die entscheidende Landungsschlacht geschlagen werden.

Mit Fesselungs- und Ablenkungsangriffen an anderen Fronten ist zu rechnen. Aber auch ein Großangriff gegen Dänemark ist nicht ausgeschlossen. Er ist seemännisch schwieriger, aus der Luft weniger wirksam zu unterstützen. Seine politischen und operativen Auswirkungen aber sind beim Gelingen am größten.

Zu Beginn des Kampfes wird die gesamte Angriffskraft des Feindes sich zwangsläufig gegen die Besatzung der Küste richten. Nur stärkster Ausbau, der unter Anspannung aller verfügbaren personellen und materiellen Kräfte der Heimat und der besetzten Gebiete aufs höchste zu steigern ist, kann in der kurzen voraussichtlich noch verfügbaren Zeit unsere Abwehr an den Küsten stärken.

Die Dänemark und den besetzten Westgebieten in nächster Zeit zufließenden bodenständigen Waffen (schwere Pak, unbewegliche, in die Erde einzugrabende Panzer, Küstenartillerie, Landeabwehrgeschütze, Minen usw.) sind schwerpunktmäßig scharf zusammengefaßt an den bedrohten Küstenabschnitten einzusetzen. Es ist in Kauf zu nehmen, daß dabei die Verteidigungskraft weniger bedrohter Abschnitte in nächster Zeit noch nicht verbessert werden kann.

Erzwingt der Feind trotzdem durch Zusammenfassen seiner Kräfte eine Landung, so muß ihn unser mit größter Wucht geführter Gegenangriff treffen. Es kommt darauf an, durch ausreichende und schnelle Zuführung von Kräften und Material und durch intensive Ausbildung die vorhandenen großen Verbände zu hochwertigen, angriffsfähigen und voll beweglichen Eingreifreserven zu machen, die durch Gegenangriff die Ausweitung der

Landung verhindern und den Feind ins Meer zurückwerfen.

Darüber hinaus muß durch genaue, bis ins einzelne vorbereitete Behelfsmaßnahmen aus den nicht angegriffenen Küstenfronten und aus der Heimat alles mit größter Beschleunigung gegen den gelandeten Feind geworfen werden, was irgend einsatzfähig ist.

Luftwaffe und Kriegsmarine müssen den zu erwartenden starken Angriffen aus der Luft und über See mit allen nur greifbaren Kräften in rücksichtslosem Einsatz entgegentreten."

Diese Führerweisung zeigt deutlich, daß Hitler bis ins kleinste über die zu treffenden Maßnahmen im Falle einer Invasion unterrichtet war und daß er den wichtigsten Punkt voll erfaßt hatte, als er schrieb, daß im Falle einer feindlichen Landung alles aus den nicht angegriffenen Küstenfronten und aus der Heimat gegen den gelandeten Feind geworfen werden müsse. Der Verlauf der Invasion wird zeigen, inwieweit dieser kategorische Führerbefehl eingehalten wurde.

Hitler befahl sowohl dem Chef des Generalstabes des Heeres als auch dem Inspekteur der Panzertruppe, ihm bald einen detaillierten Plan über die gemäß seinem Führerbefehl zu treffenden Maßnahmen vorzulegen. Luftwaffe und Kriegsmarine erhielten einen ebensolchen Befehl zur Bereitstellung möglichst starker Kräfte, die gegen eine feindliche Landungsflotte zum Einsatz gelangen mußten.

Die Führerweisung schloß mit den Sätzen: „Ich erwarte, daß in der noch zur Verfügung stehenden Zeit von allen Dienststellen mit höchster Anspannung die Vorbereitungen für die zu erwartende Entscheidungsschlacht im Westen getroffen werden.

Alle Verantwortlichen wachen darüber, daß nicht nutzlos Zeit und Arbeitskraft in Zuständigkeitsfragen vergeudet, sondern Abwehr- und Angriffskraft gefördert werden." (Siehe: Percy E. Schramm: Kriegstagebuch des Oberkommandos der Wehrmacht 1939–1945).

Diese Führerweisung erfolgte jedoch nicht, wie angenommen werden könnte, aus heiterem Himmel, sondern hatte neben dem Invasionsversuch von Dieppe noch eine andere Ursache. Diese bestand darin, daß Hitler am 30. Oktober 1943 ein Bericht des OB West, GFM von Rundstedt, vorgelegt wurde, in dem dieser ohne alle Umschweife erklärte, daß der Atlantikwall nichts anderes als ein Windei ist. Er sei nicht in der Lage, eine massierte Feindlandung, wie sie beispielsweise im Sommer 1943 auf Sizilien erfolgt war, oder jene kurze Zeit später gegen Salerno zu verhindern. GFM von Rundstedt forderte einen raschen Ausbau der Küstenbefestigungen und gleichzeitig – dies war zwischen den Zeilen zu lesen – eine Kontrolle der OT, die nach Rundstedts Meinung ihre Arbeit selbstherrlich und nicht nach den berechtigten Wünschen der militärischen Fachleute ausführte.

Generalfeldmarschall Rommel kommt

Generalfeldmarschall Erwin Rommel, OB der HGr. H in Norditalien, der durch seine sehr pointierte Aussage über die Verteidigungskraft und den Verteidigungswillen der Italiener auf dem italienischen Festland ins Gerede gekommen war und außerdem den Rückzug der deutschen Truppen aus Süditalien bis hinauf zur Albert-Linie gefordert hatte, war von GFM Kesselring auf dem italienischen Kriegsschauplatz ausgebootet worden.

Kesselring hatte Hitler in seinem Vortrag am 6. Okt. 1943 einen anderen Plan der Verteidigung in Italien vorgetragen. Nach diesem Plan von Kesselring sollte 120 km südlich Roms in der nur halb so langen Gustav-Linie gehalten werden. Damit würde auch der Gegner von Rom ferngehalten.

Hitler und GenOberst Jodl nahmen Kesselrings Vorschlag auf und verwarfen Rommels Plan. Rommel, der gehofft hatte, mit dem Oberbefehl in Italien beauftragt zu werden, konnte zwar auf den großen Pferdefuß der Kesselringschen Verteidigungslinie – eine mögliche Umgehung über See – hinweisen, doch dies störte Hitler zunächst nicht.

Noch am 17. Okt. verkündete Hitler dem ins FHQ befohlenen GFM Rommel, daß er OB in Italien werden und daß Kesselring nach Norwegen versetzt würde. Als Preis dafür verlangte Hitler jedoch von Rommel das Halten in der Gustav-Linie.

Rommel sagte zu, falls er dies nach der Inspizierung der Linie verantworten könne. Darüber hinaus aber forderte er operative Handlungsfreiheit in Italien. Es sah so aus, als pflichte Hitler ihm bei. Aber es sah nur so aus, denn eben nach Italien zurückgekehrt, sich am Ziele seiner Wünsche sehend – die Führung in ganz Italien übernehmen zu können –, wurde GFM Kesselring ins FHQ gebeten.

Die Besprechung Kesselrings mit Hitler und das sich daran anschließende Mittagessen, an dem neben Kesselring auch Keitel, Jodl und Schmundt teilnahmen, brachte die Entscheidung. Sie lautete: „Generalfeldmarschall Kesselring bleibt Oberbefehlshaber in Italien."

Um die verfahrene Sache mit Rommel etwas zu entkrampfen, schlug GenOberst Jodl Hitler vor, Rommel mit seinem Stab nach dem Westen zu entsenden und ihn zum Oberbefehlshaber aller Truppen in einer möglichen Abwehrschlacht gegen die Invasion zu ernennen.

Hitler wies Jodl an, einen entsprechenden Weisungsentwurf auszuarbeiten, in welchem Rommel befohlen werde, Operationsstudien zur Verteidigung am Atlantik zu entwerfen.

Nunmehr wurde auch GFM Rommel zum zweitenmal in so kurzer Zeit ins FHQ befohlen. Dort teilte Hitler ihm am Abend des 5. Nov. 1943 mit, daß er mit der Inspizierung des Atlantikwalles beauftragt sei und dazu ihm – dem Führer – selber unmittelbar unterstellt sei. Er, Rommel, habe die Aufgabe, den Stand der Verteidigungsvorbereitungen am Atlantik zu prüfen und Vorschläge für die Angriffsoperationen gegen einen gelandeten Feind auszuarbeiten.

Hitler scheute sich nicht, Rommel anzudeuten, daß er ihn mit Beginn der Abwehrschlacht im Westen mit der operativen Führung aller Weststreitkräfte betrauen werde. Insgeheim aber schickte er GFM Keitel nach Paris zum OB West, um GFM von Rundstedt mitzuteilen, daß an dessen Stellung nicht gerüttelt werde.

Rommels Aktionen an der Atlantikküste

Als Rommel in Italien alles geordnet hatte und in die Heimat zurückkehrte, schrieb er noch über Hitler: „Welche Kraft geht von ihm aus! Mit welchem Glauben und welcher Zuversicht hängt sein Volk an ihm!"

Am 1. Dez. 1943 versammelte Rommel den Heeresgruppenstab, den er in Frankreich führen sollte, auf dem Münchner Hauptbahnhof. Von hier aus fuhren alle in einem Sonderzug zunächst zur dänischen Küste. Die hier durchgeführten Besichtigungen dauerten zwei Wochen. Rommels Kommentar zu den hier getroffenen Verteidigungsmaßnahmen lautete: „Die HKL liegt allgemein zu weit von der Küste ab!"

Auf dem Flug von Dänemark nach Süddeutschland entwickelte Rommel dem General der Pioniere Meise, der ihm als Fachmann für Sperrwaffeneinsatz beigegeben worden war, seinen Plan. Er wollte entlang der Atlantikküste einen 10 km tiefen Streifen aus Minenfeldern und Bunkern errichten lassen. Minen vor allem sollten eingesetzt werden. Gegen alles: „gegen Menschen ebenso wie gegen Panzer und Schiffe."

General Meise berichtete nach dem Kriege über diese Tätigkeit Rommels: „Der Generalfeldmarschall war neben seiner Qualifikation als Führer gepanzerter Großverbände der größte Pionier des Zweiten Weltkriegs. Ich konnte ihm nichts Neues sagen, sondern *er* war mein Lehrmeister."

Am 18. Dez. 1943 traf Rommel mit seinem Stab an der französischen Atlantikküste ein. In Fontainebleau richtete er sein HQ ein und besuchte am nächsten Morgen GFM von Rundstedt in dessen Hauptquartier.

Rommel begann nun mit der Arbeit, die er vorzugsweise auf den Küstenabschnitt von Belgien bis zur Sommemündung richtete, in welchem die 15. Armee stand. Im KTB der 15. Armee ist Rommels Besuch bei GenOberst von Salmuth, dem OB dieser Armee, mit folgenden Worten notiert:

„Feldmarschall Rommel steht auf dem Standpunkt, daß die Besetzung der Küste verdichtet werden muß. Reserven sind direkt heranzuhalten und zum sofortigen Gegenstoß anzusetzen. Setzt sich der Engländer erst an Land fest, so ist er nicht wieder herauszubringen."

Rommel besichtigte und inspizierte den gesamten Abschnitt der 15. Armee mit dem Hafen Dünkirchen, der 28-cm-Batterie „Großer Kurfürst" bei Cap Gris Nez und die teilweise noch im Bau befindlichen Abschußrampen der V 1 ebenso wie jene Batteriestellung bei Mimoyecques, wo eine Ferngeschütz-Batterie eingerichtet wurde, welche die modernste Waffe, ein Geschütz von 130 m Rohrlänge, die sog. „Hochdruckpumpe", aufnehmen sollte.

Am 27. Dez. 1943 legte GFM Rommel dem OB West sein Verteidigungskonzept vor. Von Rundstedt war ebenso wie GenOberst von Salmuth damit einverstanden. Der Kernsatz dieses Konzeptes lautete: „Eine feindliche Landung ist noch in See und auf dem Strand abzuschmettern."

Einen tiefen Schock erlitt Rommel, als er GFM Sperrle, den OB der Luftflotte 3, aufsuchte. Er erfuhr hier, daß die 1000 Jagdflugzeuge, die Hitler für den D-Tag versprochen hatte, reine Utopie waren. Sperrle erklärte Rommel, daß am Invasionstag *keine* der für die Abwendung einer Landung vorgesehenen Staffeln zur Verfügung stehen könne. Sie würden erst einige Tage später im Westen eintreffen, weil sie – zum Schutz vor erwarteten feindlichen Großangriffen gegen Flugplätze im Westen – im Reich stationiert werden müßten. Die wenigen Flugzeuge der JG 2 und 26 fielen nicht ins Gewicht.

Unter dem 15. Jan. 1944 steht in Rommels Tagebuch folgende Eintragung: „Ich habe Weisungen gegeben, Pfähle vor der Küste als Sperre gegen Landungsboote von der Truppe einrammen zu lassen."

Es handelte sich um jene gefährlichen „Rommelspargel", auf denen dicht unterhalb der Wasserlinie auch Minen angebracht wurden.

Rommels Beurteilung der Lage am Atlantik wurde von Hitler geteilt, und am 10. Jan. 1944 rief General Warlimont, stellvertretender Chef des Wehrmachtsführungsstabes, bei GFM Rommel an und teilte diesem mit, daß Hitler mit Rommels Ansichten voll übereinstimme, den Feind an der Küste zu schlagen.

Das Minenlegen nahm phantastische Ausmaße an. Rommel verlangte, daß jeder Pionier der 15. Armee am Tage 30 Minen lege. Als sich GenOberst von Salmuth dieser unmöglich zu verwirklichenden Forderung widersetzte, wurde er barsch in seine Schranken verwiesen. Zwischen beiden Befehlshabern kam es zu einem harten und zugleich lauten Wortwechsel, von dem zuvor der gesamte Stab ausgeschlossen wurde, weil man ihn hinausgeschickt hatte. Dennoch konnte man draußen alles gut mitbekommen.

Auf der Rückfahrt in sein HQ meinte Rommel zu VAdm. Ruge, der ihm als Spezialist für die Küstenverteidigung und als Marinesachverständiger beigegeben worden war: „Dieser Salmuth ist ein ganz grober Kerl. Den muß man genau so behandeln, wie er ist." (Siehe: David Irving: Rommel)

VAdm. Ruge, der als Führer der Sicherungsverbände West vor allem auch Minenfachmann war, konnte Rommel in vielerlei Hinsicht beraten und wertvolle Anregungen geben.

Rommels Inspektionsfahrten weiteten sich mehr und mehr aus. Zunächst fuhr er in die Bretagne zur 7. Armee, die von GenOberst Dollmann geführt wurde. Danach in die Normandie, wo Rommel die Städte Caen, Cherbourg und Falaise besuchte, ohne zu wissen, daß hier der Hauptkampf der Invasionsstreitkräfte stattfinden sollte.

Inzwischen wurde mit Hochdruck an den Vorstrandhindernissen gearbeitet: Rammböcke mit aufgebrachten Tellerminen, „Tschechen-Igel" aus Stahlträgern und Betonhöckern wurden eingebaut, die offenen Flächen weiter im Hinterland gegen Fallschirmlandungen, die erwartet wurden, gesichert.

Bereits am 19. Jan. 1944 wurden dem OB West aus dem FHQ jene Küstenverteidungsbereiche genannt, die als „Festungen" ausgebaut werden sollten. Es waren dies Ijmuiden und Hoek van Holland, Dünkirchen, Boulogne und Le Havre im Bereich des AOK 15, Cherbourg, St. Malo, Brest, Lorient, St. Nazaire im Bereich des AOK 7 und die Girondemündung Nord und Süd im Bereich des AOK 1.

Das Heeresgruppenkommando B unter GFM Rommel, das am 1. Jan. 1944 dem OB West unterstellt wurde, erhielt am 15. Jan. durch einen Befehl dieses OB West den Auftrag, die Küsten in Holland, Belgien und Nordfrankreich zu verteidigen. Die Verteidigungsvorbereitungen sollten so fortgesetzt werden, daß der feindliche Angriff bereits auf dem Wasser und am Strand zerschlagen werden konnte. Rommels HGrKdo sollte engste Fühlung mit der Marinegruppe West und der Luftflotte 3 halten. Daneben blieb der alte Auftrag für Rommel bestehen: die Verteidigungsbereitschaft der Küste zu überprüfen und diese zu verbessern.

Am 12. Febr. 1944 wurden die drei deutschbesetzten Kanalinseln nachträglich zu „Festungen" ernannt.

Als Mitte Febr. Nachrichten aus Südengland eintrafen, daß im Südwesten der Insel zwei LL-Div. eingetroffen seien und daß der Hafen Bristol mit Schiffen überfüllt sei, wurde klar, daß bald mit einer Invasion zu rechnen war. Wann diese stattfinden würde, das stand noch nicht fest.

Die Abteilung Fremde Heere West

Durch Erkundigungen, wirkliche Erkundungen, Agentenmeldungen und aufgefangene Funksprüche wurde Anfang April 1944 festgestellt, daß der im Süden Englands liegende Gegner absprungbereit war. Nach den vorliegenden nachrichtlichen Informationen war nunmehr der Beginn der alliierten Invasion jeden Tag möglich.

Laufend wurden seit dieser Zeit von der Feindseite Nachrichten lanciert, die allesamt auf Täuschungsversuche hinausliefen. Sie wurden durchweg rasch als solche erkannt. Verschiedenste Invasionsziele wurden angegeben, doch nach der Lagebeurteilung des OB West vom 18. April 1944 war nach wie vor die Kanalfront die Haupteinflugsroute alliierter Luftgeschwader.

Der Schwerpunkt der alliierten Luftangriffe gegen Verkehrsanlagen zwischen der Schelde und der Seine deutete auf die vorliegende Küste als wahrscheinliche Invasionsfront hin.

Am 27. April stellte die Abt. Fremde Heere West fest, daß in Südengland eine Verdichtung amerikanischer Verbände erkennbar war. Aber auch in Mittelengland bei den britischen Verbänden wurde die gleiche starke Kräftekonzentration erkannt. Ebenso war dies bei den Truppen in Schottland und auf Island der Fall. Dies alles rückte auch eine Landung gegen Mittel- und Nordnorwegen in den Bereich des Möglichen.

Am 23. Mai urteilte der OB West jedoch, daß der Schwerpunkt des feindlichen Invasionsaufmarsches in Süd- und Südostengland liege.

Durch die Tatsache, daß der deutschen Abwehr unter Admiral Canaris auch das überraschende Kommandounternehmen gegen Dieppe nicht aufgefallen war, obwohl umfangreiche Vorbereitungen gemeldet worden waren, und durch den Umstand, daß Admiral Canaris über keinerlei wichtige geheimdienstliche Informationen aus Südengland verfügte, hatte Hitler bereits seit langem den Entschluß gefaßt, Canaris abzuservieren, weil er „dessen dummes Geschwätz" (Siehe: Walter Schellenberg: Aufzeichnungen) satt habe.

Canaris, der um diese Dinge wußte, „ließ nicht nur sich, sondern seine ganze Organisation vom Strom treiben... In seinem Amt tummelte sich eine Menge unfähiger Männer sowie ein Sammelsurium unklarer Existenzen." (Siehe Walter Schellenberg: a.a.O.).

Wie auch immer: vom deutschen Geheimdienst kamen keinerlei Hinweise, die der Sache dienlich hätten sein können.

Deutsche Bomber gegen die Einschiffungshäfen

Um den erkannten Truppenkonzentrationen zu begegnen, wurden die deutschen Luftangriffe gegen England wieder aufgenommen und nach den vorhandenen Kräften verstärkt fortgesetzt. So wurde in der Nacht zum 25. März 1944 London mit 90 Bombern des IX. FlK., Oberst Peltz, angegriffen. Dieser Angriff wurde in der Nacht zum 19. April wiederholt. Diesmal standen 125 Flugzeuge des IX. FlK. zur Verfügung, darunter 60 Ju 88.

Hull wurde in der Nacht zum 21. April angegriffen. Bristol sah drei Nächte später den Angriff von 117 Bombern des IX. FlK.

In der Nacht zum 26. April hatten dann 193 deutsche Bomber, in zwei Wellen angreifend, Schiffsansammlungen vor Portsmouth angegriffen. Diese beiden Angriffswellen erzielten infolge des schlechten Wetters keinen Erfolg.

In der Nacht zum 27. April wurde dieser Angriff durch 78 Bomber wiederholt. In der folgenden Nacht waren es 60 Kampfflugzeuge, die das gleiche Ziel angriffen und Luftminen warfen. Dieser Einsatz wurde in der Nacht zum 29. April mit 58 Flugzeugen fortgesetzt.

Unter Aufbietung all dessen, was im Westen flog, waren in der Nacht zum 30. April 101 deutsche Bomber in der Lage, die Hafenanlagen von Plymouth zu bombardieren. Diesmal verursachten die Bombenwürfe größere Schäden an Hafenanlagen und Schiffen. Dennoch konnten sich alle diese Angriffe in keiner Weise mit jenen der Alliierten messen, die mit um ein Vielfaches stärkeren Verbänden angriffen. Dennoch waren diese Angriffe für den Gegner ein Zeichen, daß sich die deutsche Luftwaffe nicht geschlagen gab.

Der Mai sah von deutscher Seite weitere Angriffsversuche gegen die Schiffszusammenziehungen in den südenglischen Häfen. Eine Reihe jener Schiffe, die mit Sicherheit an der Invasion beteiligt sein würden, konnte getroffen werden.

Nach einer Kampfpause von 14 Tagen und der Neuaufrüstung der Bombergeschwader des IX. FlK. fand der nächste Luftangriff, der Bristol galt, in der Nacht zum 15. Mai statt. Es starteten 91 Flugzeuge, von denen 13 abgeschossen wurden; ein schwerer Aderlaß für die Luftwaffe.

In der folgenden Nacht starteten 106 Kampfflugzeuge des immer wieder äußerst strapazierten IX. FlK. unter Oberst Peltz – der Angriffsführer England geworden war – nach Portsmouth, einem der Haupthäfen der Invasionsstreitkräfte. Diesmal blieb es bei nur sechs Verlusten, aber auch sie wogen schwer genug.

Die Nacht zum 23. Mai sah 104 Flugzeuge im Einsatz. Acht Bomber gingen in dem dichten Abwehrfeuer der rings um Portsmouth eingesetzten

Flak verloren. Es waren vor allem die Verbände der Kampfgeschwader 6 und 30 sowie der I./KG 66, die als Zielfinder eingesetzt wurden. Teile des KG 77 kamen hinzu. Sie flogen diese opfervollen Einsätze, die jedoch nichts an der Invasion ändern konnten.

Trotz aller Verluste und anderer Schwierigkeiten, wie beispielsweise Bombardierung der eigenen Horste und Plätze, starteten die Kampfflieger am Abend des 27. Mai zu einem weiteren Angriff. Diesmal konnten nur 66 Flugzeuge daran teilnehmen. Ihr Ziel war Weymouth. Die Hafenanlagen erhielten schwere Treffer.

Die Nacht zum 29. Mai sah Torquay im Fadenkreuz der Bombenschützen jener 65 deutschen Kampfflugzeuge, die diesen Angriff flogen. Am 29. Mai erfolgte der letzte deutsche Angriff auf London. Auch er wurde vom IX. FlK. geflogen, das in der Nacht zum 30. Mai mit 51 Maschinen Kurs auf den britischen Hafen Falmouth nahm und mit nur zwei Verlusten glücklicher war als alle Angriffsgruppen vorher. Dies war übrigens der letzte deutsche Luftangriff auf einen der Ausgangshäfen zur Invasion. In dem Augenblick, der die größte Chance der Vernichtung feindlicher Schiffe brachte, in den letzten sechs Tagen vor der Invasion, wurde kein neuer Angriff geflogen.

Wie aber sah es bei der Kriegsmarine aus? Welche Konsequenzen hatte sie aus der Führerweisung Nr. 51 gezogen? Lassen wir ihren Einsatz in ebenso kurzen, aber bezeichnenden Streiflichtern aufscheinen, um darzulegen, was zur präventiven Abwehr der großen alliierten Invasion von seiten der Kriegsmarine getan wurde.

Einzubringen wäre lediglich noch die Einsatzstärke der Luftwaffe an der Invasionsfront, um zu erklären, warum nicht alles, was der Luftwaffe zur Verfügung stand, hier in den Skat geworfen wurde.

Der Bestand der deutschen Luftwaffe an allen Fronten betrug im April 1944 3222 Flugzeuge, von denen rund 40 Prozent einsatzbereit waren.

Von den Geschwadern waren listenmäßig jene der Luftflotte 3 unter GFM Sperrle in Frankreich stationiert. In der gesamten Luftflotte 3 gab es jedoch nur zwei Jagdgeschwader in Frankreich: das JG 2 unter Major Bühlingen und das JG 26 unter Oberstleutnant Priller.

Die Masse der deutschen Jagdkräfte des im Westen liegenden II. Jagdkorps wurde für die Reichsverteidigung benötigt; die von GenMaj. Junck geführten Jagdkräfte hatten also keine Kräfte mehr frei. Sie sollten erst *nach* Invasionsbeginn nach Frankreich verlegt werden.

Dem II. Fliegerkorps unter GendFl. Bülowius unterstanden sämtliche Nahkampfverbände der Luftwaffe. Das gesamte Korps verfügte über 119 (!) einsatzbereite Flugzeuge.

Das I. Flak-Korps in Holland, Belgien und Nordfrankreich sowie das III.

Flak-Korps in Westfrankreich verfügten Ende Mai 1944 über 349 schwere, 407 leichte und mittlere Batterien. Hinzu kamen 36 Scheinwerfer- und 12 Luftsperr-Batterien. Entlang der Küste waren Funkmeß- und Radaranlagen der Luftwaffe errichtet worden. Sie konnten jede Bewegung in der Luft oder auf See erfassen und melden.

„Am Tage des Invasionsbeginns", berichtete der General der Jagdflieger Adolf Galland, „konnten dem Gegner nicht mehr als 319 Flugzeuge entgegengestellt werden. Das entsprach einem Kräfteverhältnis von bestenfalls 1 zu 20." (Siehe Adolf Galland: Die Ersten und die Letzten).

Aus dem Reich aber sollten erst nach dem Stichwort „Drohende Gefahr West" alle Verbände der Reichsverteidigung mit Ausnahme zweier Geschwader für den Schlechtwettereinsatz und der Zerstörer, also insgesamt 600 Flugzeuge, ins Invasionsgebiet überführt werden.

Dies mußte mit größtmöglicher Beschleunigung erfolgen. Und bevor diese Verlegung befohlen werden konnte, mußte man Klarheit über Zeit und Ort der Invasion haben. Diese Klarheit aber hatte man deutscherseits noch nicht einmal am 6. Juni 1944, als die Invasions-Armada bereits in die Seinebucht einlief. Noch immer hielt man dieses Unternehmen für die erwartete, weil gemeldete Täuschungsoperation der Alliierten. Die Hauptlandung wurde nach der Lagebeurteilung des OB West immer noch an anderer Stelle erwartet.

Diese völlige Fehlinformation und -interpretation der Lage war darauf zurückzuführen, daß von verschiedenen Seiten Meldungen einliefen, die anzeigten, daß noch immer über 50 alliierte Divisionen in den südenglischen Häfen auf ihren Einsatz warteten. Andere Seiten wollten sogar von 55–60 Divisionen wissen. Demgegenüber waren die gelandeten Divisionen tatsächlich nur ein geringer Teil.

Diese Meldungen in Verbindung mit der alliierten Desinformationskampagne führte deutscherseits zu den schwerwiegendsten Mißverständnissen und verhinderte eine Reihe von Maßnahmen, die der Invasion möglicherweise noch auf dem Strand ein schnelles Ende bereitet hätten.

Inwieweit gezielter Verrat mit im Spiele war, wird sich nie ganz aufklären lassen, daß aber auch dies befürchtet werden muß, liegt auf der Hand, wenn man die völlig absurden Befehle beispielsweise bei der Inmarschsetzung der drei Panzer-Divisionen der OKW-Reserve verfolgt.

Weitere besondere Erschwernisse, ja völlige Fehlaktionen kamen hinzu, wie im folgenden zu berichten sein wird.

Neben der geringen Anzahl der zur Verfügung stehenden Jagdflieger der beiden Jagdgeschwader fiel beim JG 26 folgendes schwer ins Gewicht und machte dieses Geschwader kampfunfähig: Am 17. Mai 1944 wurde die II. Gruppe des JG 26 von Cambrai-Süd nach Mont de Marsan in Südfrankreich verlegt, wo es einige hundert Kilometer weiter vom Schuß war. Dies angesichts einer täglich erwarteten alliierten Invasion zu befehlen, grenzt an und für sich schon an Hochverrat und Sabotage. Aber es kommt noch besser!

Durch die Luftangriffe der Alliierten auf Flugplätze und Bodenorganisationen ab dem 11. Mai wurde auch der Platz der I./JG 26 in Denain getroffen. Am nächsten Tage erhielt außerdem der Platz der III./JG 26 in Nancy-Essay schwere Treffer. Im Einsatz vom 1. Mai bis zum 5. Juni 1944 verlor das JG 26 20 erfahrene Flugzeugführer, die nicht mehr zu ersetzen waren.

Der Kampf des JG 26 im Mai 1944 entwickelte sich zu einer Zermürbungsschlacht, und bevor die II./JG 26 nach Südfrankreich verlegt wurde, hatte sie einige Viermot-Liberator abgeschossen.

Auch die III. Gruppe wurde mehrfach in Luftkämpfe mit ein- und rückfliegenden Bomberverbänden verwickelt und erlitt Verluste an Menschen und Maschinen. Dies wirkte sich auf die Einsatzbereitschaft am Invasionstage und danach negativ aus.

Einsatz der Kriegsmarine im Kanal

Eine der Hauptaufgaben der Kriegsmarine im Kanal war das Legen von Minensperren vor der feindlichen Küste ebenso wie vor der französischen Atlantikküste.

Minenträger waren in der Hauptsache die deutschen Schnellboote, die aus ihren Einsatzhäfen zu Vorstößen im Kanal und vor die englische Süd- und Südostküste ausliefen. In den Stützpunkten an der französischen Atlantikküste lagen die 2. S.Flot. unter KKpt. Opdenhoff, die 4. S.-Flot. unter KKpt. Fimmen, die 5. S.-Flot. unter Kptlt. Holzapfel (Müller), die 6. S.-Flot. unter Kptlt. Matzen, die 8. S.-Flot. unter KKpt. Zymalkowski, die 9. S.-Flot. unter KKpt. Frhr. von Mirbach und die 10. S.-Flot. unter Kptlt. Müller.

Zu Beginn des Jahres 1944 stießen immer wieder einzelne Flottillen zur englischen Südküste vor. Im Januar war zunächst die 5. S.-Flot., noch geführt von Kptlt. Müller, erfolgreich. Auch die 8. S.-Flot. schaltete sich immer wieder in die Kämpfe ein. Sie griff gemeinsam mit der 2. S.-Flot. am Abend des 23. Febr. 1944 vor Greath Yarmouth den britischen Konvoi 1371 an und erzielte Erfolge. S 94 kollidierte dabei mit S 128. Beide Boote mußten aufgegeben werden. Im Feuer des Gegners wurden die Besatzungen geborgen.

Mitte März liefen die Boote der 5. und 9. S.-Flot. von Brest zum Einsatz aus, um den bei Landsend laufenden Schiffsverkehr anzugreifen. Dieser Einsatz verlief erfolglos. Auf dem Rückmarsch wurden die Boote von britischen Zerstörern gestellt und beschossen. Mehrere Boote erlitten Schäden durch Nahtreffer. Auf S 143 fiel der Kommandant.

Im folgenden Zeitraum kamen auch die Boote der 4. und 5. T.-Flot. mehr und mehr ins Spiel. Die 4. T.-Flot., die im Jahre 1943 in der Biskaya ihre Boote T 25 und T 26 verloren hatte, erhielt von der 6. T.-Flot. als Ersatz die Boote T 28 und T 29.

Bereits am 5. Febr. stand T 29 mit den Minensuch-Booten M 156 und M 206 vor der bretonischen Küste im Gefecht gegen vier Feindzerstörer; dabei wurde M 156 beschädigt.

Diese T-Boote der beiden genannten Flottillen standen nicht nur im Vorpostendienst, sondern unternahmen auch Minenaufgaben und Geleitsicherungsfahrten.

Als am 26. April 1944 drei Boote der 4. T.-Flot. zu einer Minenunternehmung ausliefen, die vor der Nordküste der Bretagne durchgeführt werden sollte, tauchte beim Werfen der Sperre der britische Zerstörer „Black Prince", gefolgt von vier Zerstörern, auf. Bei den Zerstörern handelte es sich um „Ashanti" und die drei kanadischen Zerstörer „Athabascan", „Huron" und „Haida".

Die drei deutschen T-Boote hatten gegen diese Übermacht keine Chance. T 27 erhielt sehr schnell Treffer. KKptl. Kohlauf, der FloChef, der das Unternehmen führte, befahl „Torpedoangriff!"

In dieser Kampfsituation erhielt T 29 durch „Black Prince" schwere Treffer. Flammen schlugen aus dem Boot in die Höhe. T 29 verlor sofort an Fahrt und blieb dann gestoppt liegen. Das Boot sank sehr schnell. Mit ihm gingen der FloChef und der Kommandant, Kptlt. Grund, unter. Von der Besatzung fielen 135 Mann. 73 Soldaten konnten von einem VP-Boot gerettet werden.

Die Minenlegeaufgabe mit den T-Booten „Kondor", „Greif" und „Möwe" verlief ohne Feindberührung. Es war eine Defensivsperre, die es dem Gegner erschweren sollte, zur Küste vorzustoßen. Diese Minensperren brachten den Alliierten große Verluste ein.

Am Abend des 18. April legten auch die einsatzbereiten Boote der 4. und 9. S.-Flot. zu einer Minenoperation ab. Diesmal ging es in das Seegebiet der Isle of Wight, wo EMC-Minen geworfen wurden. Die 8. S.-Flot. verseuchte in dieser Nacht das Seegebiet und die äußeren Geleitwege des Gegners nordwestlich von Smith Knoll.

Der Angriff der 5. und 9. S.-Flot. am 20. April gegen einen gemeldeten britischen CW-Konvoi wurde durch dessen Geleitsicherung rechtzeitig erkannt und abgewehrt.

Nach einigen erfolglosen Angriffsunternehmungen gelang neun Booten der 5. und 9. S.-Flot. in der Lymebucht ein Erfolg. Sie stellten dort einen aus acht LST bestehenden Verband aus der großen Phalanx der Invasionsfahrzeuge. Die LST 507, 531 und 289 wurden torpediert. 197 Seeleute und 441 auf diesen Einheiten eingeschiffte Soldaten fielen.

Von Boulogne aus wurden am Nachmittag des 29. April die Boote der 5. und 9. S.-Flot. gegen Selsey Bill angesetzt, wo ein weiterer Konvoi erkannt worden war. Die S-Boote wurden durch das dichte englische Radarnetz erkannt und abgedrängt. Im Gefecht mit dem freifranzösischen Zerstörer „La Combattante" sank S 147.

In der Nacht des 29. April stießen auf dem Verlegungsmarsch von St. Malo nach Brest die Boote T 27 und T 24 vor St. Brieux auf die kan. Zerstörer „Athabascan" und „Haida". „Athabascan" wurde von T 24 schwer getroffen und geriet in Brand. Danach wurde der Zerstörer auch noch von einem Torpedofächer getroffen. Nach schweren Detonationen im Heck sank „Athabascan". Der zweite Zerstörer, der einen Rauchschleier um den sinkenden Zerstörer gelegt hatte, wurde von T 27 aufgefaßt und beschossen.

Beide deutschen Boote erhielten Treffer. T 27 mußte von seinem Kdt., Kptlt. Gotzmann, bei Morleix auf Strand gesetzt werden. Der Bergungsversuch durch die 24. MS-Flot. mißlang. T 27 wurde kurz darauf von britischen MTB torpediert. T 24 erhielt auf dem Rückmarsch am frühen Morgen einen Grundminentreffer, konnte aber noch nach Brest einlaufen.

Am 13. Mai standen S-Boote der 5. S.-Flot. im Gebiet der Isle of Wight auf Lauerposition, um auf Konvois zu operieren, die hier gemeldet worden waren. Sie stießen auf eine britische Zerstörerpatrouille. Diesmal erzielte „La Combattante" einen Erfolg; sie versenkte S 141. Sechs Tage später ging S 87 im Kanal durch Bombentreffer verloren.

Der Mai sah noch einen Verlegungsmarsch der Boote der 5. T.-Flot. von Cherbourg nach Le Havre. Am Abend des 23. Mai liefen die Boote „Kondor", „Greif", „Falke" und „Möwe" von Cherbourg aus. In der Seinebucht wurde der Verband von einem britischen Jagdbomberverband angegriffen. „Greif" erhielt schwere Treffer und ging am Morgen des 24. Mai unter. „Kondor" lief kurz darauf auf eine Mine, konnte aber aus eigener Kraft Le Havre erreichen. Dieser Hafen sollte ihm und einer Reihe anderer Boote zum Schicksal werden.

Damit hatte also die 5. T.-Flot. den Ausgangshafen zur Invasionsbekämpfung erreicht. Diese Boote der Schnellboots- und Torpedoboots-Flottillen waren neben den Kleinkampfverbänden der Kriegsmarine, den Vorposten-Flottillen, den Minensuch-Verbänden und den U-Jagd-Flottillen jedoch nicht die einzigen Kriegsmarine-Einheiten, die gegen die

Übermacht der Invasionsflotte einen hoffnungslosen Kampf führen sollten.

Die Einsatzstärke der Kriegsmarine an der französischen Westküste und im Kanal

Insgesamt standen an Marineverbänden fünf Torpedoboote in Le Havre zur Verfügung. Acht Schnellboote in Boulogne und 15 in Cherbourg kamen hinzu. 116 Minensucher lagen in verschiedenen Häfen zwischen Dünkirchen und St. Malo, während in Le Havre 21 und in St. Malo 23 Vorpostenboote stationiert waren.

Die insgesamt 42 Artillerie-Fähr-Prähme – AFP – verteilten sich ebenfalls auf mehrere Häfen der französischen Atlantikküste. 16 davon lagen in Boulogne, 15 in Fécamp und 11 in Ouistreham.

Die fünf deutschen Zerstörer wiederum hatten in den Häfen zwischen Brest und Bayonne ihre Liegeplätze, so auch 146 Minensuch- und Räumboote, 59 Vorpostenboote und ein weiteres Torpedoboot.

Die U-Boot-Führung hatte insgesamt 49 U-Boote zur Abwehr der Invasion in den Atlantikhäfen bereitgelegt. Davon lagen 24 in Brest, zwei in Lorient, 19 in St. Nazaire und vier in La Pallice.

Von dieser großen Zahl an Booten, mehr als die U-Boot-Waffe im September 1939 hatte einsetzen können, waren jedoch erst neun mit einem Schnorchelmast ausgerüstet, so daß sie auch unter Wasser mit Dieselantrieb fahren konnten.

Am Tage der Invasion – dies sei vorausgeschickt – waren 35 dieser U-Boote wirklich einsatzbereit, jene ohne Schnorchel aber so gut wie Freiwild für die einfach unvorstellbare Zahl ihrer Verfolger.

In niederländischen und belgischen Häfen lagen außer den bereits erwähnten Schnellbooten 47 Minensuch-Boote und 13 Vorpostenboote.

Stellt sich hier automatisch die Frage: Wo befanden sich die deutschen Großkampfschiffe? Warum wurden sie nicht hier vor der französischen Atlantikküste eingesetzt?

Die deutschen Großkampfschiffe befanden sich in norwegischen Gewässern oder in der Ostsee. Sie in Atlantikhäfen zu verlegen, wäre gleichbedeutend mit ihrer sofortigen Vernichtung durch die alliierte Luftwaffe gewesen, der die deutsche Luftverteidigung kein Paroli mehr bieten konnte, weil ihr Gros in den Weiten Rußlands eingesetzt war.

Die übertriebenen Zahlen, die im Zusammenhang mit der Invasion über die Anzahl der deutschen Torpedoboote und Zerstörer kursierten, sind schlichte Utopie. Es wurden Zahlen genannt, die ein Mehrfaches dessen bedeuteten, was überhaupt jemals an Torpedobooten und Zerstörern in Dienst gestellt worden war.

Großadmiral Karl Dönitz, seit Januar 1943 OB der Kriegsmarine, erklärte nach dem Kriege an verschiedenen Stellen, daß selbst der Einsatz *aller* Überwasserstreitkräfte in einem Verzweiflungsschlag vor der französischen Atlantikküste keine größeren Erfolge beschert hätte und die Invasion nicht hätte verhindern können. Es war einfach unmöglich, den westlichen Alliierten die Vorherrschaft im Kanal streitig machen zu wollen; von der Luftherrschaft erst gar nicht zu reden.

Kleinkampfverbände der KM waren ausgebildet worden oder befanden sich noch mitten in der Ausbildung. Sie sollten versuchen, in nächtlichen Überraschungsangriffen an die Invasionsflotte heranzukommen und diese anzugreifen. Auch dies konnten nur Einzelaktionen mit Aussicht auf Einzelerfolge bleiben. Hinzu kam eine neuentwickelte Druckmine, die „Auster".

Großadmiral Dönitz' Plan des Einsatzes der KM bei einer feindlichen Invasion sah der Reihe nach Maßnahmen vor, die sich aus der Beurteilung der Lage und nach den vermeintlichen Feindlandungen richteten. Der OB der KM erklärte zur feindlichen Absicht:

„Ich selber glaubte, daß der Gegner nach Möglichkeit bereits in dem Augenblick, in dem er aus den Booten an Land springen oder mit seinen Prähmen auf Land fahren würde, also in jener Phase der Invasion, die ihm am wenigsten die Entfaltung seiner Kräfte gestattete, wieder ins Wasser geworfen werden müsse. Wir hatten möglichst zu verhindern, daß er überhaupt einen Landekopf bilden konnte.

Ich hielt Admiral Kranckes Ansicht, die Küstenbatterien (die der Marineführung unterstanden) so aufzustellen, daß sie direkt und gezielt schießen konnten, für richtig. Dieses Schießen war ungleich treffsicherer und daher erfolgreicher als ein indirektes Sperrfeuer. Die Geschütze schienen mir in Strandnähe besonders durch Luftangriffe kaum mehr gefährdet als im Hinterland." (Siehe: Karl Dönitz: Zehn Jahre und zwanzig Tage).

Das Heer war im Gegensatz zu Admiral Krancke der Auffassung, daß auch die Küstenbatterien weiter rückwärts aufgestellt werden und demzufolge indirekt schießen müßten. Als Grund dafür wurde die besondere Gefährdung aus der Luft in Strandnähe angegeben, der wenig stichhaltig war.

Dennoch gab Hitler Dönitz nicht recht, als dieser ihm bei einer Lagebesprechung im FHQ darüber Vortrag hielt. Er blieb dabei, daß sich seine Auffassung mit jener des Heeres deckte. Die höchsten Führungsgremien hatten ihn dabei nach Kräften unterstützt und gegen Dönitz Stellung bezogen. Dies sollte sich schon bei Beginn der Invasion als ein schwerwiegender Fehler erweisen: einer unter den vielen, die gemacht wurden.

Noch eine schwerwiegende Unterlassung sei an dieser Stelle genannt. Sie betraf das Neuauslegen der inzwischen unscharf gewordenen alten Zeitminensperren in der Seinebucht. Der Wurfverband, der diese Aufgabe durchführen sollte, war bereits bei seinem Zusammenziehen in der Seinebucht vom Feind zerschlagen worden.

Das auch für die Seinebucht befohlene Auslegen der Küstenminen war ebenfalls noch nicht erfolgt. Dies hatte folgenden Grund: Entgegen dem Willen des Marine-Gruppenkommandos West, Admiral Krancke, war auf ausdrücklichen Befehl des OB West hin zuerst die Küste ostwärts von Le Havre mit Minen verseucht worden, weil man dort vordringlich den voraussichtlichen Landepunkt sah. Diese Meinung war der Obersten Wehrmachtsführung durch die verschiedenen gut lancierten „aufgefangenen Meldungen“ eingehämmert worden.

Die deutsche Kriegsmarine beabsichtigte letztlich folgende Abwehrmaßnahmen zur Verhinderung der Invasion:

„1. Durch den Einsatz von U-Booten, Sicherungsstreitkräften und Küstenartillerie die Landungsfahrzeuge zu vernichten.

2. Durch die Ausbringung großer Minenfelder aller Art entlang der gesamten europäischen Küste den Feind zu schwächen. Zum Einsatz gelangten neben den bekannten Minen auch neueste Konstruktionen, wie beispielsweise die „Auster“ und die neuen einfachen RMK- und KMA-Minen.

3. Durch den Einsatz von Kleinst-U-Booten, Einmann-Torpedos und anderen Kleinkampfmitteln der Kriegsmarine Angriffsoperationen auf große Schiffe im Invasionsgebiet zu unternehmen.

4. Verstärkte Angriffe mit neuen U-Boot-Typen auf die alliierten Atlantik-Geleitzüge.“ Diese neuen U-Boot-Typen standen jedoch nicht zur Verfügung. Sie sollten erst zum Schluß des Krieges mit den ersten Einsätzen an den Feind gelangen.

Die letzten Abwehrvorbereitungen

Adolf Hitler hatte am 20. März 1944 die Vertreter aller drei Wehrmachtsteile und die Kommandanten der Festungsbereiche in Frankreich zur Wolfsschanze befohlen, um mit ihnen die alliierte Landung zu besprechen. In einer langen Rede führte Hitler aus:

„Es ist selbstverständlich, daß eine Landung der Anglo-Amerikaner im Westen erfolgen wird. Eine Landung ist an keiner Stelle unserer langen Wasserfront unmöglich. Am meisten geeignet und damit am meisten gefährdet sind die beiden Halbinseln im Westen, bei Cherbourg und bei Brest. Sie bieten den Anreiz der leichtesten Möglichkeit zur Bildung eines Brückenkopfes, der unter einem Masseneinsatz von Luftwaffe und schweren Waffen aller Art planmäßig erweitert wird.

Das Allerwichtigste für den Gegner ist die Gewinnung eines Hafens für Anlandungen größten Ausmaßes."

Rommel, der zunächst wie GFM von Rundstedt der Ansicht war, daß ein Feindlandungsversuch im Mündungsgebiet der Somme stattfinden werde, war wenig später zu der Überzeugung gelangt, daß eine Invasion nur in der Seinebucht Erfolg haben könne und daß der Gegner dies auch wisse. Zu VAdm. Ruge sagte er anläßlich einer Inspektion an der Ostküste der Halbinsel Cotentin:

„Ich glaube auch, daß dieser Platz für einen Angriff in Frage kommt. Hier wären sie auch besser gegen westliche Winde und gegen die See geschützt." (Siehe: Friedrich Ruge: Rommel und die Invasion.).

Der OB des Marine-Gruppenkommandos West, Admiral Krancke, wiederum neigte dazu, die Scheldemündung mit dem Hafen Antwerpen als Ziel einer Invasion zu betrachten. Er sah aber auch in der Seinebucht eine Möglichkeit zu einer Großlandung.

Die deutsche Abwehr war nach der Amtsenthebung von Admiral Canaris im Febr. 1944 in einer Umorganisation begriffen, die folgenschwere Ergebnisse zeitigte. So durfte der OB West nicht mehr unmittelbar mit der Abwehr zusammenarbeiten. Es gab nach General Warlimonts Aussagen „durch die Geheimdienste viel Verwirrung und wenig Auskunft". (Siehe Liddell Hart: The other Side of the Hill).

Die deutschen Abwehrstellen in Frankreich, die Abwehroffiziere der Armeen und Heeresgruppen und deren Ic-Stäbe hatten insgesamt einen Personalbestand von 500 Mann. Diese erhielten eine von alliierter Seite nach einem raffiniert durchdachten Plan angefertigte und ausgestreute Überfülle einander widersprechenden Materials, das jede Klarheit restlos beseitigte.

Im Erinnerungswerk des britischen Geheimdienst-Chefs, Major-General Sir Kenneth Strong, sind alle diese Täuschungsmanöver aufgeführt; sie vermitteln ein faszinierendes Bild gezieler Desinformationen, denen der deutsche Nachrichtendienst aufsaß, aufsitzen wollte? (Siehe Sir Kenneth Strong: Geheimdienstchef in Krieg und Frieden). Wie diese Aktionen der Verschleierung in Gang gesetzt und durch immer neue Desinformationen genährt und bestätigt wurden, das sei im Abschnitt der britischen Vorbereitungen dargelegt.

Durch die Verstärkungen, die Hitler befohlen hatte, standen Anfang Juni 1944 insgesamt 58 deutsche Divisionen an der Westfront, davon acht in

Holland und Belgien, das Gros in ganz Frankreich. Die Hälfte etwa war in der Küstenverteidigung eingesetzt oder bestand in Ausbildungs- und Krankenverbänden. Unter den 27 voll einsatzfähigen deutschen Divisionen befanden sich insgesamt zehn *Panzer-Divisionen,* von denen – dies sei hier vorgetragen – bei Invasionsbeginn *keine einzige* so stand, daß die direkt gegen den anlandenden Feind hätte marschieren können.

Zur Sicherung der 320 km langen Küste der Normandie waren sechs Divisionen eingesetzt, vier davon im unmittelbaren Küstenbereich. Drei dieser sechs Divisionen lagen hinter den Strandabschnitten zwischen Cherbourg und Caen auf einer Abschnittsbreite von 65 km, eine zwischen Orne und Seine an der Küste.

Die Artilleriestellungen waren der Führerweisung und den nachfolgenden Ausführungsbestimmungen des OKW gemäß aufgestellt worden. Schwerpunkte waren: eine Batterie von drei 38-cm-Geschützen zwischen Cap Barfleur und Le Havre, die eine Reichweite von 34 km hatte. An der Ostküste der Halbinsel Cotentin gab es vier verbunkerte Geschützstellungen mit 15,5-cm-Geschützen und 10 Haubitzen-Batterien mit 24 Kanonen des Kalibers 15,2 cm sowie 20 Geschütze von 10,5 cm Kaliber.

Zwischen Isigny und Ouistreham befanden sich drei verbunkerte Batterien und drei weitere offene. Von Ouistreham bis zur Seinemündung waren es drei verbunkerte und zwei offene Batterien. Alle diese Geschütze hatten Kaliber zwischen 10 und 15,5 cm.

Im Gesamtabschnitt der Normandieküste zwischen Caen und Cherbourg befanden sich die Stellungen jener sechs Großkampf-Batterien, denen entscheidender Anteil an der Abwehr der Invasion zugesprochen wurde. Dies waren:

Die Heeres-Feldgeschütz-Batterie Merville.
Bewaffnung: vier 7,5-cm-Geschütze.
Die Heeres-Küsten-Batterie Graye.
Bewaffnung: vier 12,2-cm-Geschütze.
Die Marine-Batterie Longues.
Bewaffnung: vier 15,2-cm-Geschütze.
Die Heeres-Küsten-Batterie Azeville.
Bewaffnung: vier 10,5-cm-Geschütze.
Die Marine-Batterie St. Marcouf.
Bewaffnung: drei 21-cm-Geschütze und Flak.
Die Marine-Batterie „Hamburg“ (bei Cherbourg).
Bewaffnung: vier 24-cm-Geschütze.

Die deutsche Führung im Westen

Die Kommandostruktur der obersten deutschen Führung im Westen war verworren. Zunächst einmal gab es die Dienststelle des OB West. GFM von Rundstedt, der diese Dienststelle führte, konnte nur jene vier Armeen des Heeres befehligen, die sich im belgisch-französischen Raum befanden.

Dem neugebildeten Heeresgruppenkommando B unter GFM Rommel unterstanden die 7. Armee in der Normandie und die 15. Armee an der belgisch-französischen Kanalküste.

Darüber hinaus gab es eine Kommandostruktur der übrigen Truppen des Heeres. Während GendPzTr. Geyr von Schweppenburg als OB der Panzergruppe West fungierte, oblag dem GendInf. von Falkenhausen als Militärbefehlshaber Belgien und Nordfrankreich die Führung der dortigen Sicherungsverbände. Militärbefehlshaber Frankreich wiederum war General der Infanterie von Stülpnagel. Dieser befehligte alle Verbände, die dem OKW direkt unterstanden.

Die Sicherungs- und Polizeiverbände des Höheren SS- und Polizeiführers, SS-Obergruppenführer Oberg, unterstanden dem Befehl des Reichsführers SS, Himmler.

Von der Marine kam noch das Marine-Gruppenkommando West unter Admiral Krancke hinzu. Dieser war allein dem OKM verantwortlich. Seinem Befehlsbereich unterstanden auch die Marine-Landanlagen und die Küstenbatterien.

Als dritter Wehrmachtsteil stand die Luftwaffe unter GFM Sperrle mit der Luftflotte 3 in Frankreich. Sie umfaßte vier Fliegerkorps und ein Flakkorps. Das II. Fallschirm-Korps, das hinzukam, wurde taktisch der jeweils in seinem Bereich führenden Armee unterstellt, gehörte aber truppendienstlich ebenfalls zur Luftwaffe.

Es war GFM von Rundstedt, der immer wieder versuchte, zu einer einheitlichen Befehlsgebung zu gelangen. Er setzte schließlich durch, daß am 26. April 1944 noch die HGr G gebildet wurde, in welcher die 1. Armee am Atlantik und die 19. Armee in Südfrankreich zusammengefaßt wurden. Am 12. Mai übernahm GenOberst von Blaskowitz die Führung dieser neugeschaffenen HGr. G.

Die Verteilung der Truppen im Raum Frankreich stellte sich am 31. Mai 1944 folgendermaßen dar:

HGr. B (GFM Rommel): HQ in La Roche Guyon. Unterstellt:
7. Armee (GenOberst Dollmann), HQ in Le Mans,
15. Armee (GenOberst von Salmuth): HQ in Tourcoing.

HGr. G (GenOberst von Blaskowitz), HQ in Toulouse. Unterstellt:
1. Armee (GendInf. von der Chevallerie), HQ in Bordeaux.

19. Armee (GenInf. Sodenstern), HQ in Avignon.

In diesen beiden Heeresgruppen standen insgesamt 54 Infanterie- und Panzer-Divisionen mit insgesamt 797000 Mann. Hinzu kamen im Zuge der weiteren Heranziehung vier Waffen-SS-Divisionen und zwei Luftwaffen-Feld-Divisionen mit insgesamt 89000 Mann.

Die 7. Armee Dollmanns verfügte über folgende Korps:

LXXIV. AK, GenInf. Straube in Quincamp.

LXXXI. AK, GenPzTr. Kuntzen in Rouen.

LXXXIV. AK, GenArt. Marcks in St. Lô.

Aus dem Raume Caen bis hinunter zur Loiremündung waren die Divisionen der 7. Armee – von rechts nach links verlaufend – wie folgt in die Abwehrfront eingegliedert worden:

716. ID, 352. ID, 91. ID, 709. ID, 243. ID, 77. ID, 266. ID, 353. ID, 265. ID und 275. ID.

Die 59. ID war Armeereserve und lag im Raume Le Mans, während die 319. ID die Kanalinseln besetzt hielt.

Die Abwehrvorbereitungen waren getroffen. Waren sie ausreichend? Konnten sie überhaupt einer alliierten Großinvasion standhalten? Welche Anstrengungen hatten die Alliierten unternommen, um diesen Sprung auf das europäische Festland mit Aussicht auf Erfolg zu führen?

Niemand wußte das auf deutscher Seite, doch die Frage nach der Abwehr dieser unmittelbar bevorstehenden Invasion war auch Hauptpunkt einer letzten großen Besprechung vom 4. Juni im Hauptquartier des OB West, zu der alle Kommandeure und ihre Generalstabsoffiziere befohlen wurden. Einziger Tagesordnungspunkt: Wie kann eine Invasion abgewehrt werden?

Der Chefmeteorologe des OB West, Prof. Oberst Stöbe, meldete an diesem Abend: „Zunehmende Bewölkung, starker Wind, Regen und im Kanal Windstärke 6."

Damit schien klar, daß die Invasion nicht stattfinden werde, weil das Wetter zu schlecht war. Aber noch während die Experten hier diskutierten, wurden von ObltzS. Wesemann, Chef einer Radarstation am Kanal, auf dem Radarschirm viele „Blips" gemeldet, die von Wesemann als Schiffe angesprochen wurden.

Diese Meldung erreichte die höchsten Führungsstellen, ohne daß ihr besondere Bedeutung zugemessen wurde, denn die Oberste Führung war davon überzeugt, daß bei einem solchen Wetter keine Invasion stattfinden *konnte*.

Die Aufklärungseinheiten der Kriegsmarine wiederum, die zusätzliche Klarheit hätten bringen können, blieben wegen des zu hohen Seegangs am ganzen 5. Juni in ihren Häfen liegen.

Am Morgen des 5. Juni fuhr GFM Rommel mit seinem Dienstwagen nach Deutschland, um zum Geburtstag seiner Frau am 6. Juni in Herrlingen zu sein. Admiral Krancke reiste mit seinem Stab zu einer Besichtigung der Küstenbefestigungen und einiger Stützpunkte nach Südfrankreich. Das AOK 7 hatte zum 5. Juni alle Divisionskommandeure zu einer von GenOberst Dollmann geleiteten Planübung gebeten.

Als die deutschen Abwehrexperten am Abend des 5. Juni im BBC die beiden nicht in den Rahmen der Sendung passenden Sätze „Die Würfel liegen auf dem Tisch“ und: „In Suez ist es heiß“ vernahmen, stutzten sie zwar, ohne jedoch zu wissen, daß dies die von den französischen Widerstandskämpfern erwarteten Befehle waren. Diese Widerstandskämpfer gingen in ihre Ausgangspositionen, um in der Nacht zum 6. Juni sämtliche erreichbaren Telefonverbindungen zu zerstören und Gleis- und Bahnanlagen zu sprengen.

Um 21.15 Uhr dieses 5. Juni empfing die Abwehrstelle des AOK 15, die von Oberstleutnant Meyer geführt wurde, eine seltsame BBC-Botschaft. Sie bestand aus folgenden Worten: „Blessent mon coeur d'une langueur monotone.“

Die Experten übersetzten dies mit: „Verwunden mein Herz mit einer eintönigen Sehnsucht“. Dies wiederum war die zweite Zeile eines Herbstgedichtes von Paul Verlaine, die den Widerstandskämpfern die Eröffnung des Kampfes signalisierte.

GenOberst von Salmuth gab für die 15. Armee Alarmstufe 1. Die 7. Armee an der Normandieküste erfuhr weder etwas von diesem Teilgedicht noch über dessen Bedeutung.

Im HQ des OB West erhielt auch GenLt. Zimmermann diese Nachricht durch den Ic des OB West. Er ließ sofort Alarm geben.

Doch Rommel (der auf dem Wege nach Deutschland war) und die Kommandeure der 7. Armee, die inzwischen auf dem Rückweg vom Planspiel in Rennes zu ihren Verbänden waren, blieben ungewarnt. Da in den nächsten Stunden keine weiteren Alarmmeldungen einliefen, die diese ersten Warnungen bestätigt hätten, war man schließlich davon überzeugt, daß dies wieder einer der geschickt arrangierten blinden Schüsse war.

Zu dieser Zeit waren aber bereits die ersten Transportmaschinen und die Gleitflugzeuge dreier Fallschirmjäger- und Luftlande-Divisionen, welche die Initialzündung zur Invasion bildeten, in der Luft.

Vorbereitungen der Alliierten

Pläne zur Rückkehr aufs Festland

Auf der Konferenz zu Casablanca im Februar 1943 wurde nicht nur die bedingungslose Kapitulation Deutschlands beschlossen. Hier traten die USA auch mit der Forderung nach einer baldigen Invasion in Westfrankreich auf den Plan.

Die Pläne für die Rückkehr der Westalliierten auf den europäischen Kriegsschauplatz wurden bereits in Casablanca ausgearbeitet. GenLt. F. B. Morgan wurde als Chef des Stabes für die geplante Position eines Chefs des Obersten Befehlshabers vorgesehen. Dieser Chief of Staff to the Supreme Allied Commander, in der militärischen Abkürzungsmanie COSSAC genannt, sollte noch viel von sich reden machen.

GenLt. Morgan hat in seinem Werk „Overture to Overlord" diese Vorbereitungsphase minuziös geschildert. So schreibt er dort unter anderem:

„Die Planung der Operation Overlord wurde vor allem auch durch die Verzögerung bei der Ernennung eines alliierten Oberbefehlshabers erschwert."

COSSAC wurde ermächtigt, jenes Gebiet an der französischen Westküste auszusuchen, das für eine Invasion am besten geeignet schien. Ein solches Landungsgebiet mußte zum einen brauchbare Strände für die erste Landungsoperation aufweisen und zum anderen in der Nähe einige Häfen haben, die leicht erreichbar und groß genug waren, um den Nachschub und die nachzuführenden Truppen zu entladen.

Durch diese Vorbedingungen wurden die Landungsplätze auf zwei reduziert. Einmal der Pas de Calais zwischen Dünkirchen und der Sommemündung, zum anderen die Normandie- und Calvadosküste mit der Halbinsel Cotentin.

Es blieb Admiral Mountbatten vorbehalten, die Stabschefs im gemeinsamen Planungsstab davon zu überzeugen, daß nur die Normandie in Frage komme. Das Gebiet am Pas de Calais war sehr dicht mit Bunkeranlagen und verbunkerten Geschützstellungen versehen. Außerdem wurden hier vom britischen Geheimdienst, der eng mit dem französischen Widerstand zusammenarbeitete, nicht weniger als 25 deutsche Divisionen lokalisiert.

An der Normandieküste hingegen war der Atlantikwall noch unvollkommen. Außerdem lag hier nur ein Drittel der Kräfte, wie sie das Gebiet am Pas de Calais aufwies.

Darüber hinaus schützte die Halbinsel Cotentin die anlandenden Kleinfahrzeuge vor den üblicherweise sehr starken Westwinden, und das Hinterland schien für Panzeroperationen ebenso geeignet wie für die Anlage von Feldflugplätzen.

Einer der größten Engpässe im alliierten Kalkül waren die Landungsboote. Von ihnen war im Operationsfeld Mittelmeer eine Vielzahl aufgebraucht worden. Obwohl sich der Bau von Landungsfahrzeugen in den USA verdreifacht hatte, kamen viel zu wenige von dort nach Europa. Der ostasiatische Kriegsschauplatz verschlang alles, was die Werftindustrie der USA auf diesem Sektor schaffen konnte. Und das war eine Masse.

Allein im Jahre 1943 liefen von amerikanischen Werften 19482 Landungsfahrzeuge verschiedenster Typen vom Stapel und wurden fertiggebaut. Um so befremdlicher war es für COSSAC, daß der interalliierte Generalstab für die geplante Invasion nur 3323 Landungsfahrzeuge zur Verfügung stellen wollte. Davon wollte die US-Navy nur 1024 Fahrzeuge beisteuern.

„Die große Schwierigkeit bestand" nach Meinung mehrerer Fachleute „in der fest geschlossenen Faust von Admiral King, dem US-Oberbefehlshaber Pazifik, der nicht bereit war, sich mehr Landungsfahrzeuge als unbedingt nötig entreißen zu lassen." Wenn man bedenkt, daß Admiral King am 1. Mai 1944 über 31000 Landungsfahrzeuge zur Verfügung standen, scheint dessen Haltung einer Sabotage von Overlord gleichzukommen. Schließlich aber erklärte er sich unter dem massivem Druck von allen Seiten dazu bereit, das US-Kontigent von 1024 auf 2493 aufzustokken. Auch dies war noch nicht ausreichend, um Overlord und die dazu geplanten Truppen- und Materialverschiebungen über See zur französischen Atlantikküste durchzuführen.

Eine Produktionserhöhung in den britischen Werften war nicht möglich, weil diese bis an den Rand ihrer Kapazität mit Reparaturarbeiten vollgestopft waren und im Monat nur 150 Landungsfahrzeuge bauen konnten.

Man hatte GenLt. Morgan Transportkapazität für den Seetransport von fünf Divisionen und für den Lufttransport von zwei Divisionen zugesichert. Doch die See- und Luftfahrzeuge, die ihm dafür zur Verfügung gestellt wurden, konnten höchstens drei Divisionen und zwei Luftlande-Brigaden transportieren.

In seinem Planungsentwurf trug GenLt. Morgan den britischen Stabschefs vor, daß die Invasion nur geringe Erfolgsaussichten habe, „wenn es den Deutschen gelinge, mehr als zwölf motorisierte Divisionen binnen fünf Tagen nach der Landung an den Brückenkopf heranzuschaffen."

Während dieser Besprechung schlug GenLt. Morgan auch vor, daß man vor den Landestränden zwei künstliche Häfen durch versenkte Schiffe und Caissons bauten solle, um mit diesen „Mulberries“ sichere Landungspunkte zur Verfügung zu haben.

Winston Churchill wollte die Angriffskräfte um mindestens 20 Prozent heraufgesetzt wissen. Dies zwang zu einer drastischen Vermehrung der Landungsschiffe. Diesmal versprach Admiral King, sich die Sache durch den Kopf gehen zu lassen und nach Möglichkeit mit weiteren Fahrzeugen zu helfen.

Churchill besprach sich am 16. April 1944 mit dem Chief of the United States Army Staff, General Marshall, und sagte in bezug auf diese Misere:

„Alle Schwierigkeiten entspringen der absurden Knappheit an LST. Die Nachwelt wird nie begreifen, daß zwei Weltmächte wie die USA und Großbritannien wegen lächerlicher 100 bis 200 Spezialfahrzeuge in ihrer Planung derart eingeengt werden konnten.“ (Siehe Winston Churchill: The Second World War, Vol. V.).

Dies war nicht die einzige Mißhelligkeit, die es zwischen den westlichen Alliierten gab. Schon im Mai 1943 war dem britischen Befehlshaber in Portsmouth, Admiral Sir Little, und Commodore J. Hughes-Hallet die Marineführung des Unternehmens Overlord übertragen worden, die den Codenamen Unternehmen „Neptune“ trug; die Planung der Luftwaffen-Operationen lag in der Hand von Air Marshall Sir Trafford Leigh-Mallory, dem Befehlshaber des Fighter Command; Brigadegeneral Ray Barker wurde von der US-Army zum Stellvertreter von GenLt. Morgan ernannt. Aber immer noch gab es keinen alliierten Oberbefehlshaber für Overlord.

Ende 1943 war GenLt. Morgans Stab bereits mit 489 Offizieren besetzt, von denen 215 den Streitkräften der USA angehörten. Admiral Ramsay, der im Sommer 1943 die Invasion Siziliens geplant und geführt hatte, kehrte im Oktober 1943 nach England zurück und bezog im Norfolk House sein Stabsquartier als Marinebefehlshaber der Invasionsstreitkräfte. Sein Chef des Stabes wurde KAdm. E. Creasy.

Auf der Konferenz zu Teheran Ende November 1943 kamen endlich Präsident Roosevelt und Premierminister Churchill überein, den US-General Dwight D. Eisenhower mit der Position eines Obersten Befehlshabers für Overlord zu betrauen. Eisenhower nahm an, und die vereinigten Stabschefs gaben ihm gleich ihre generelle Direktive mit auf den Weg:

„Sie werden auf dem europäischen Festland Fuß fassen und gemeinsam mit den anderen Verbündeten Operationen unternehmen, deren Ziel das Herz Deutschlands und die Vernichtung seiner Streitkräfte ist.“ (Siehe: B. B. Schofield: Operation Neptune).

Die offizielle Ernennung Eisenhowers erfolgte am 6. Dez. 1943. General Bernard Montgomery wurde zum Oberbefehlshaber aller Landstreitkräfte ernannt. Beide flogen unmittelbar nach ihrer Ernennung nach Marrakesch zu Winston Churchill, der sich dort von einer Lungenentzündung erholte. In Marrakesch wurde die Änderung des Planungsentwurfs für Overlord durchgesprochen. Während General Eisenhower von dort zunächst in die USA flog, kehrte General Montgomery nach London zurück und drängte die Vereinigten Stabschefs, auf eine Verbesserung des COSSAC-Planes hinzuwirken.

Eisenhower und Montgomery waren zu der von Churchill geteilten Überzeugung gelangt, daß der nächtliche Initialangriff nicht von zwei Luftlande-Brigaden, sondern von drei Fallschirmjäger- und Luftlande-Divisionen geführt werden mußte, wenn er Aussicht auf Erfolg haben sollte. Und anstelle der drei Divisionen im ersten Treffen mußten nach ihrer Überzeugung fünf Divisionen gleichzeitig an Land gehen. Dahinter müsse außerdem eine schwimmende Reserve von zwei Divisionen bereitgehalten werden.

Admiral Ramsay stimmte dieser Aufstockung der ersten Landungsverbände voll zu, gab aber deutlich zu verstehen, er sei nicht sicher, die dazu benötigten Schiffe und Landungsfahrzeuge auch beschaffen zu können. Bis zum 1. Mai sei dies auf keinen Fall zu schaffen.

Montgomery schlug dem Oberbefehlshaber Eisenhower vor, die Operationen um einen Monat zu verschieben. Eisenhower und die vereinigten Stabschefs waren damit einverstanden.

Die ursprünglich zeitgleich mit der Landung in der Normandie geplante *zweite Landung in Südfrankreich* wurde auf einen späteren Zeitpunkt verschoben.

Die Operationsbefehle für Overlord wurden erstellt. Danach mußten 2468 Landungsfahrzeuge gestellt werden. Hinzu kamen 1656 Landungsboote und Fähren sowie 432 Hilfsschiffe einschließlich der Schlepper und Leitschiffe für die Mulberries, die über den Kanal geschleppt werden mußten.

Zu guter Letzt waren noch einmal 1260 Handelsschiffe notwendig, um Brennstoff, Munition, Ausrüstungs- und Versorgungsgüter aller Art an die französische Küste zu schaffen. Insgesamt mußte man etwa 7000 Fahrzeuge mit 100000 Mann Truppen der ersten Wellen nach Frankreich schaffen; gerade letztere mußten in der vorgesehenen Reihenfolge pünktlich gelandet werden. Dies war die größte Seearmada aller Zeiten. Es gab weder vorher noch nachher etwas, was diesem Aufbruch vergleichbar gewesen wäre. Und demzufolge gab es auch keine Erfahrungswerte.

Die Schwimmpanzer-Frage

Die Erfahrungen von Dieppe hatten gezeigt, daß amphibische Operationen von vornherein zum Scheitern verurteilt waren, wenn sie nicht unmittelbar vor der Landung durch Luftbombardements und Schiffsbeschießungen der Küstenstellungen unterstützt wurden. Mehr noch: im Augenblick des Anlandens, wenn die eigene Schiffsartillerie *und* die Luftwaffe ihr Feuer und die Bombenwürfe zurückverlegen oder gar einstellen mußten, war es notwendig, für die an Land gehenden Sturmtruppen aus nahebei eingesetzten und geleiteten Waffen ein Trommelfeuer auf die erkannten Feindstellungen und die schießenden Gegner zu unterhalten, um sie in Deckung zu zwingen, wenn nicht ganz auszuschalten.

COSSAC nahm sich dieser Erkenntnis an und bereitete den Bau schwimmender Artillerie-Träger vor. Es waren dies Kanonen-, Werfer- und Raketen-Batterien, die auf kleine Fahrzeuge montiert wurden.

Montgomery setzte diese Überlegungen von COSSAC in die Tat um indem er befahl, Geschütze, Pak und Panzer so auf Fahrzeuge zu verladen, daß sie den Strand im Augenblick des Anlandens unter Feuer nehmen konnten. Diese konnten dann in direktem Beschuß jene Feindstellungen vernichten, die nicht schon vorher durch Luftangriffe und Schiffsartillerie zum Schweigen gebracht worden waren.

In dieser Phase der Vorbereitungen gelangte man zu der Überzeugung, daß man das Feuer dieser „schwimmenden Artillerie“ noch durch die starke Feuerkraft amphibischer Panzer verstärken müsse. Panzer waren für eine gelandete Sturmtruppe die unabdingbare Voraussetzung, feindliche Stützpunkte anzugehen und in den Boden einzuwalzen, wenn nicht schon vorher diese Panzerkanonen den Gegner zum Schweigen gebracht hatten.

Die 79. PD war bereits im März 1943 durch Feldmarschall Alan Francis Brooke, Chef des Empire-Generalstabes, zu einem Versuchsverband umgerüstet worden. Ihr Kdr., GenMaj. Sir Percy Hobart, einer der Pioniere der englischen Panzerwaffe, hatte von FM Brooke Anweisung erhalten, einen Spezialpanzer zu entwickeln, der zum Angriff über den Kanal geschafft und kurz vor dem Strand ausgesetzt werden konnte, um sodann schwimmend das Ufer zu erreichen.

Hobart war von den konservativen britischen Generalstabsoffizieren, die seine „Kuckuckseier“ ablehnten, nach Ägypten abgeschoben und später in den Ruhestand versetzt worden. Als Winston Churchill seine Reaktivierung betrieb, mußte man ihn erst suchen. Man fand ihn als Unteroffizier in der Home Guard.

Hobart ging mit einem kleinen Stab panzerbesessener Offiziere im Winter 1943 an die Arbeit. Er ließ Bulldozer-Tanks bauen und erproben, entwarf Dreschflegelpanzer, mit denen Minenfelder unschädlich gemacht werden konnten, und baute einen gefährlichen Flammenwerfertank. Sein großes As aber, das er schließlich noch aus dem Ärmel zauberte, war der Duplex Drive Tank, kurz DD-Tank genannt. Dieser Panzer war mit zwei Antrieben ausgestattet, von denen einer ihn während des Schwimmens antrieb.

Am 27. Jan. 1944 wurde dieser amphibische Panzer zum erstenmal General Eisenhower vorgeführt. Dieser schickte am nächsten Tag einen Offizier seines Stabes mit einem britischen Ingenieur, der die Zeichnungen des DD-Tanks bei sich hatte, nach Washington; binnen 60 Tagen waren 300 Sherman-Panzer zu DD-Tanks umgebaut und befanden sich auf dem Wege nach England.

Der Panzer wurde mit einer Segeltuchumhüllung umgeben, die wasserdicht und zusammenlegbar war. Sie war außerdem imprägniert und garantiert wasserundurchlässig. Diese Umhüllung wurde um den Tank gelegt und aufgeblasen. Sie hielt – das erhärteten die Versuche – den Panzer schwimmfähig. Zwei Schiffspropeller gaben ihm eine Wassergeschwindigkeit von 4,3 kn in der Stunde. Dieser DD-Tank sollte in allen Abschnitten das Zünglein an der Waage bilden, wie die Einsatzschilderungen beweisen werden.

Die schwimmenden Häfen, Mulberries genannt, waren bereits 1917 von Winston Churchill zur Wegnahme der friesischen Inseln entworfen worden. Admiral Lord Louis Mountbatten hatte daraus „Molen zur Verwendung an offenen Stränden" entwickelt, die sich mit den Gezeiten schwimmend hoben und senkten. Das Versenkungsproblem war eine schwierige Frage. Dies war jedoch nicht für das Unternehmen Overlord vorgesehen gewesen, sondern 1942 für amphibische Operationen gegen die Inseln des Indischen Ozeans gedacht.

Als Overlord in die entscheidende Vorbereitungsphase ging, entsann man sich dieser Pläne und baute zwei vorgefertigte Häfen, die Mulberries A und B. Jeder dieser künstlichen Häfen sollte das Fassungsvermögen des Hafens von Dover haben.

Die Teile dieser Häfen sollten von England über den Kanal geschleppt werden, vor der Normandieküste auf Grund gesetzt und verankert werden. Für ihren Fertigbau wurden einschließlich der Schleppaktionen drei Wochen veranschlagt.

Bis dahin wollte man in jedem der fünf geplanten Landungsabschnitte eine Reihe alter Schiffe vor der Küste versenken und damit den landenden Leichtern Gelegenheit zum Löschen ihrer Güter und einen Wetterschutz schaffen.

Die alliierten Täuschungsoperationen

Der Tarnungsplan für Overlord sah drei verschiedene Operationen vor. Einmal mußte dem Gegner ein späteres Angriffsdatum als das tatsächliche vorgespiegelt werden. Sodann galt es, den Angriff im Osten des Küstengebietes vorzutäuschen, weil er im Westen stattfinden würde. Drittens aber war es wesentlich, der feindlichen Führung vorzuspiegeln, daß der erste (und einzige) Angriff lediglich ein Ablenkungsangriff sei und der wirkliche Angriff noch am Pas de Calais stattfinden würde.

John C. Masterman hat diese Täuschungsaktionen in seinem Werk „The Double Cross System" genau beschrieben. Daraus im folgenden einige Erläuterungen dazu:

„Bei der Täuschungsaktion für Overlord zogen wir großen Nutzen aus der Tatsache, daß wir das deutsche Agentennetz in Großbritannien unter Kontrolle hatten. – – – Wir konnten mit Sicherheit sagen, was die Deutschen von unseren Vorbereitungen nicht wußten und was ihnen bekannt war."

Die Sperrung des zivilen Reiseverkehrs zwischen England und Irland am 9. Febr. 1944 ließ sich natürlich nicht verheimlichen, ebensowenig die am 1. April wirksam werdende Besuchersperre im Umkreis von 16 km um alle jene Küstengebiete, in denen Invasionstruppen zusammengezogen waren.

Es gab eine erweiterte Postzensur und Einschränkungen bei der Ein- und Ausreise ausländischer Diplomaten.

Die Zahl der einzusetzenden Kriegsschiffe

Der im COSSAC-Plan aufgestellte Bedarf an Seestreitkräften belief sich auf 467 Kriegsschiffe. Die Britische Admiralität hielt diese Forderung für überzogen; daß der revidierte Plan nicht weniger, sondern mit 702 Kriegsschiffen erheblich mehr Einheiten vorsah, zeigt aber, daß COSSAC realistischer gedacht hatte. Diese Zahl wurde schließlich auch von der Britischen Admiralität anerkannt und genehmigt. Da eine solche Schiffsarmada nicht – wie ursprünglich geplant – von der Royal Navy der Dominions allein gestellt werden konnte, mußte die US-Navy ihren Anteil auch an der Kriegsschiffs-Kontingentierung beisteuern. Man benötigte Schlachtschiffe, Kreuzer und Zerstörer zur Niederkämpfung der feindlichen Küstenverteidigung und der Batterien in den rückwärtigen Küstengebieten. Fregatten, Korvetten und Geleitzerstörer wurden zum Schutz der Geleitzüge auf ihrer Fahrt über den Kanal benötigt, Sicherungsfahrzeuge und Küstenwachschiffe zur Abwehr feindlicher Schnellboot-Angriffe und zur Vernichtung von Kleinkampfmitteln, von denen die Abwehr Wunderdinge berichtet hatte.

Daß außerdem ein dichter Kordon schneller und kampfkräftiger Einheiten, vor allem Torpedoträger wie Zerstörer und Motor-Torpedoboote benötigt wurde, um die vor der Küste liegenden Beschießungsgeschwader zu schützen, verstand sich von selber.

Admiral Ramsay hatte während der Hafenliegezeit der Schiffe der Invasionsflotte die Befehlsgewalt den drei Marine-Bereichsleitern Nore, Portsmouth und Plymouth überlassen. Sobald jedoch die Invasion angelaufen war, unterstanden sämtliche Marinestreitkräfte ihm allein.

Die vereinbarten Sektoren waren an folgende Verbände verteilt worden:

Der östliche Sektor:
Östlicher Kampfverband: KAdm. Sir Philip Vian.
Flaggschiff des Verbandes: Flakkreuzer „Scylla".
Verband S (Sword): Admiral Arthur G. Talbot.
Flaggschiff: Führungsschiff „Largs".
Eingeschiffte Verbände: 3. brit. ID, 27. PzBrig.
Verband G (Gold): Commodore C. E. Douglas-Pennant.
Flaggschiff: Führungsschiff „Bulolo".
Eingeschiffte Verbände: brit. 50. ID, 8. PzBrig.
Verband J (Juno): Commodore G. N. Oliver.
Flaggschiff: Zerstörer „Hilary".
Eingeschiffte Verbände: 3. kan. ID, 2. kan. PzBrig.
2. Treffen:
Verband L: KAdm. B. E. Parry
Flaggschiff: Führungsschiff „Albatros".
Eingeschiffte Verbände: 7. brit. PD, 49. ID, 4. PzBrig. und 51. Highlander-Division.

Der westliche Sektor:
Westlicher Kampfverband: KAdm. Alan G. Kirk.
Flaggschiff: US-Kreuzer „Augusta".
Verband O (Omaha): KAdm. J. L. Hall.
Flaggschiff: „USS Ancon".
Eingeschiffte Verbände: 1. US-ID, Teile 29. US-ID
Verband U (Utah): KAdm. Don P. Moon.
Flaggschiff: „USS Bayfield".
Eingeschiffte Verbände: 4. US-ID.
2. Treffen:

Verband B: Commodore C. D. Edgar.
Flaggschiff: „USS Maloy“.
Eingeschiffte Verbände: 2., 9., 79., 90. und 29. US-ID.

Auf See hatten die genannten Marinebefehlshaber die Führung aller Kampf- und Angriffsverbände, bis die Truppen an der Küste ausgeschifft waren. Folgende Beschießungsverbände kamen noch hinzu:

Küstenbeschießungsverband Westsektor:
2. Kreuzer-Geschwader: KAdm. F. H. G. Dalrymple-Hamilton.
10. Kreuzer-Geschwader: KAdm. W. R. Patterson.
Küstenbeschießungsverband Ostsektor:
Freie französische Marine: KAdm. Jaujard.

Die Einsätze der Minenräum-Verbände

Wichtige Voraussetzung für einen ungehinderten Marsch zur französischen Atlantikküste war für alle Schiffsgruppen ein minenfreier Zufahrtsweg vom Ausgangspunkt bis an die feindliche Küste.

Daß sich südlich des 50. Breitengrades Nord und innerhalb zehn Meilen vor der französischen Küste über die gesamte Länge des Kanals verteilt Minenfelder befanden, war den Allierten bekannt. Lediglich ein südlich dieser Minenfelder verlaufender schmaler Streifen, der den Schiffsbewegungen des deutschen Küstenverkehrs vorbehalten war, konnte als minenfrei angenommen werden. In diesen minenfreien Bereichen sollten die Truppentransporter ihre Landungsboote aussetzen.

Zwischen diesem minenfreien Küstenweg und der Küste wurden sodann weitere Grundminen-Felder vermutet; deshalb mußte auch dieses Gebiet geräumt werden, damit der Zugang zu den Stränden frei wurde. Darüber hinaus waren dies *die* Standorte für die Küsten-Beschießungs-Geschwader.

Für jeden der Angriffsverbände mußten also zwei Wege durch die Minenfelder geräumt werden. Dazu war jeweils eine Minensuch-Flottille notwendig.

Diese minenfreien Wege waren im zweiten Zuge so rasch wie möglich zu erweitern, um größeren Raum für das Manövrieren zu gewinnen.

Zwischen dem genannten minenfreien deutschen Küstenweg und der Küste mußten ebenfalls Minenräum-Aktionen durchgeführt werden.

Für alle genannten Einsätze waren 255 Minenräum- und Bojenboote erforderlich. Die Leitung dieser entscheidend wichtigen Aufgabe lag für beide Sektoren jeweils in der Hand eines erfahrenen Minenräum-Spezialisten.

Die deutsche Luftwaffe ebenso wie die Schnellboote, die Torpedoboote und Zerstörer hatten aber auch das Gebiet vor der englischen Süd- und Südostküste verseucht. Auch hier mußte also mit dem Minenräumen begonnen werden.

Admiral Ramsay ließ am 2. April 1944 die ersten Befehle für das Unternehmen „Neptune" an die wichtigsten Dienststellen übergeben, weil dieser Gesamtbefehl eine Stärke von 1000 (!) Seiten hatte. KAdm. Samuel Morison, der federführende Seeoffizier des Geschichtswerkes „History of the United States Naval Operations in World War II" mokierte sich denn auch darüber, daß soviel Papier für detaillierte Befehle verschwendet werde, die doch nie zum Tragen kommen würden, weil die Organisation und der Verlauf einer solchen großangelegten Operation zwei verschiedene Arten Stiefel seien.

Britischerseits aber wollte man nichts dem Zufall überlassen. Später erwies sich dieser detaillierte Befehl oftmals als segensreich für die gesamten Invasionsstreitkräfte, weil jeder – auch ohne funktionierende Nachrichtenverbindungen – ganz genau wußte, was er zu tun hatte und was sein Nachbar tat.

Dieses Befehlsbündel ging am 10. April 1944 in Druck und wurde am 24. April an die in Frage kommenden Verbände verteilt.

Am 26. April verlegten Admiral Ramsay und sein Stab von London in das Operations-HQ nach Southwick House, das 15 km vom Haupt-Auslaufhafen Portsmouth entfernt lag. Die Häuser der Umgebung wurden für den Woman Royal Navy Service – den weiblichen Marine-Hilfsdienst – beschlagnahmt.

Im großen Salon von Southwick House wurde das Lagezimmer eingerichtet. An seiner Ostwand war eine große Reliefkarte des gesamten Operationsgebietes angebracht worden.

Als vorläufige D-Tage wurden der 5. bis 7. und der 18. bis 20. Juni 1944 festgelegt, weil in dieser Zeit der Sonnenaufgang etwa drei bis vier Stunden vor dem Eintreten des Hochwassers stattfand. Allerdings mußte für den Sprungeinsatz der Fallschirmjäger kurz nach Mitternacht des D-Tages die Nacht mondhell sein.

Die Hochwasserzeiten an den verschiedenen Stränden des weit auseinanderliegenden Landungsgebietes differierten um 75 Minuten. Daher konnte die erste Welle, die in fünf Gruppen landen sollte, nicht gleichzeitig an Land gehen. Dementsprechend mußten auch die Termine für das See- und Luftbombardement aufeinander abgestimmt sein.

Alle diese Fragen und vor allem jene der vorher auszuschaltenden Ziele an der Invasionsfront und im Hinterland waren in Southwick House besprochen; dementsprechende Befehle wurden erteilt.

Bevor jedoch die letzten Vorbereitungen an die Reihe kamen, bevor auch die Wetterexperten ihr „Grün“ für den Start dieses entscheidenden Unternehmens des Zweiten Weltkrieges gaben, galt es, die vorbereitenden Bombardierungen durchzuführen.

Alliierte Luftwaffe vor dem D-Tag

Neben den eifersüchtigen Rangeleien um die Vorherrschaft bei der Führung der alliierten Luftwaffenverbände zwischen den Hauptakteuren, Luftmarschall Harris, Air Marshall Leigh-Mallory und General Spaatz, hatte General Eisenhower als OB von „Overlord“ noch andere Widerstände zu überwinden, ehe er seine Vorstellungen über den Einsatz der Luftwaffe während der Invasion zum Tragen bringen konnte. Die Hakeleien gingen einige Male so weit, daß Eisenhower bereit war, „den ganzen Kram hinzuschmeißen“.

Der OB, der um die Wichtigkeit des vorherigen Luftwaffeneinsatzes bei der erfolgreichen Durchführung dieser Invasion wußte, konnte offiziell seit Ende März 1944 auf alle Luftwaffenverbände zurückgreifen, die über der gesamten westeuropäischen Front die Luftherrschaft ausübten. Seine Pläne, *wie* er von dieser scharfen Waffe Gebrauch machen wollte, wurden jedoch zunächst von der Luftwaffenführung nicht geteilt.

Die Strategische Luftwaffe, die in den Monaten vor der Invasion nach Eisenhowers Rezept vor allem das gesamte Eisenbahnnetz in Nordwestfrankreich, Belgien und Holland zerschlagen sollte, wollte nach dem Willen ihrer Führer zunächst die Werke für synthetisches Benzin in Deutschland und andere wichtige Industriezweige zerschlagen.

Eisenhower aber beharrte darauf, daß man alle Bahnlinien vernichten müsse, auf denen die Deutschen ihren Nachschub an Material und Truppen zur Invasionsfront schaffen konnten. Um dieses Ziel zu erreichen, mußten die strategischen Streitkräfte der USAAF ebenso antreten wie das Bomber Command der Royal Air Force. Und dies nicht nur einmal oder zweimal, sondern ununterbrochen im Dauereinsatz. Das würde bedeuten, daß für mindestens 4–5 Monate keine Ziele in Deutschland mehr angegriffen werden konnten.

Beide großen Luftwaffen-Verbände unterstanden jedoch nicht Eisenhowers Befehlsgewalt, sondern zunächst jener des interalliierten Komitees der Stabschefs.

Die Luftwaffen-Befehlshaber beider Seiten, General Spaatz ebenso wie Luftmarschall Harris, wähnten sich bei der Vernichtung der deutschen Industrie kurz vor dem Ziel und wollten um keinen Preis das Ende der Kraftprobe in der Luft versäumen.

Deutschland würde – das war ihrer beider einhellige Überzeugung – in die bedingungslose Kapitulation hineingebombt werden. Nach ihrer Meinung bedurfte es keiner Invasion, deren Ausgang doch recht unsicher war, wie alle Beteiligten zugeben müßten, um Deutschland zur bedingungslosen Kapitulation zu zwingen.

Während sich Luftmarschall Harris genau der Treffunsicherheit seiner Bomberverbände bewußt war und offen zugab, daß es beinahe unmöglich sei, Eisenbahnanlagen sicher zu treffen, hatte General Spaatz, Stabschef der US Army Air Force, andere Einwände. Die Fliegenden Festungen und Liberators seiner Luftverbände waren soeben dabei, die Anlagen zur synthetischen Treibstoffgewinnung in Deutschland zu zerschlagen.

Beide Luftwaffenchefs widersetzten sich also einem Monate dauernden „zweckentfremdeten" Einsatz. Sie waren nur bereit, unmittelbar vor der Invasion die vorbereitende Niederkämpfung der erkannten deutschen Stellungen durchzuführen und auch kurz nachher wichtige Ziele und Widerstandsnester anzufliegen und zu zerbomben; mehr aber nicht!

Eisenhower blieb bei seiner Forderung nach einem frühestmöglichen Einsatz *aller* Bomberkräfte für die Invasion. Sie erst sicherten nach seiner Meinung den Erfolg der Landung.

Eisenhowers Hartnäckigkeit setzte sich schließlich gegenüber Harris und Spaatz durch. Nachdem ihm Ende März 1944 die strategischen Luftstreitkräfte der Westalliierten durch den interalliierten Stab unterstellt worden waren, setzte er Luftmarschall Arthur William Tedder an die Spitze der anglo-amerikanischen Bomberverbände, womit Tedder zugleich auch praktisch zum Oberbefehlshaber aller interalliierten Luftstreitkräfte wurde. Oberbefehlshaber der Jägerwaffe war Air Marshal Leigh-Mallory. Er, der anfänglich für jene Rolle vorgesehen war, die nunmehr Tedder zu spielen hatte, wurde von den Amerikanern nicht akzeptiert, weil sie ihn dafür trotz seiner großen Erfolge als Jagdfliegerführer nicht geeignet hielten. Daß auch Luftmarschall Harris nicht für Leigh-Mallory war, versteht sich am Rande.

Nun galt es nur noch, jene Hemmschwelle zu überwinden, die dadurch gegen das Bomben französischer Bahnhöfe und Anlagen aufgebaut war, daß nun auch der „Freund" Frankreich Ziel von Bombenangriffen sein würde, die sicherlich Tausende, wenn nicht Zehntausende an Opfern kosten und die französischen Bahnanlagen für lange Zeit lahmlegen würden.

Winston Churchill bekam Gewissensbisse, und General Pierre König, Befehlshaber der Forces Francaises d l'Intérieur (F.F.I.), war ebenfalls der Überzeugung, daß dies nicht im Sinne der Befreiung französischen Landes und seiner Bürger sein könne. Er schlug vor, die gleiche Wirkung der

Lahmlegung der französischen Schienenwege durch Sabotage zu erzielen. Churchill war erleichtert und bat König, sich mit Eisenhowers Stab in Verbindung zu setzen.

In einem Gespräch mit Eisenhowers Stabschef, GenMaj. Bedell Smith, erklärte General König: „Sie nennen uns die Ziele, die Sie zerstört wissen wollen, und wir sorgen für ihre Zerstörung."

Doch Eisenhowers Stabschef war nicht für eine solche windige, zweifelhafte Sache zu gewinnen. Er wollte eine so wichtige Vorbedingung zur Verwirklichung der Invasion nicht dem Zufall und Ungefähr einiger Sabotagetrupps überlassen.

Um diese Bedenken aus dem Wege zu räumen, schlug General Portal, Chef des britischen Luftwaffenstabes, vor, daß man die französische Zivilbevölkerung im Umkreis der angegriffenen Ziele rechtzeitig bitten solle, das Gebiet zu verlassen.

Damit war der Plan, die deutschen Transportwege zu zerschlagen, hoffähig geworden; er wurde von Eisenhower als neue Direktive für die vereinigte Bomberwaffe herausgegeben.

Die zusammengerufenen Logistiker und Eisenbahnkenner Frankreichs kamen zu einer Sitzung zusammen, auf der sie die Ziele benennen sollten, die allen Schienenverkehr lahmlegen würden. Sie suchten 80 Schlüsselziele aus. 39 dieser Ziele erhielt das Bomber Command zur Eliminierung zugewiesen.

Bomben auf Frankreich und Deutschland

Mitten in der großen Angriffsoperation gegen Berlin durch die 8. USAAF, die am 6. März 1944 mit dem Einsatz von 627 B 17 und B 24 unter starkem Jagdschutz begann und bei welcher 68 feindliche Bomber und 11 Begleitjäger von der deutschen Verteidigung abgeschossen wurden, rüstete sich das Bomber Command der RAF zum ersten Schlag gegen ein französisches Ziel. Es hieß Trappes und lag 32 km westlich von Paris.

Dieser Angriff verlief erfolgreich, denn nicht nur der dortige Lokomotivschuppen, sondern auch die Gleisanlagen wurden mehrfach getroffen, so daß die Wiederinstandsetzungsarbeiten an diesem wichtigen Knotenpunkt bis Ende April dauerten.

Nacheinander wurden in den folgenden Wochen nicht weniger als 15 Verschiebebahnhöfe und 40 Lokomotiven-Depots zerstört. Dazwischen erfolgten nach wie vor Großangriffe auf deutsche Städte, wobei Berlin, Stuttgart, Friedrichshafen und Frankfurt überwiegend von Tagesangriffen der 8. USAAF erschüttert wurden. Essen, Berlin und Nürnberg folgten.

In der Nacht des 20. April flogen nicht weniger als 1000 Bomber der RAF am Himmel über Frankreich und Belgien und bombten weitere Bahnanlagen. Daß einige Dörfer und Städte hohe Verluste an Toten und Verletzten erlitten, wurde als „Betriebsunfall“ hingenommen.

Der 24. April sah Eisenbahnangriffe auf deutsche Hauptknotenpunkte durch einen weiteren Tagesangriff der 8. USAAF gegen Hamm und Koblenz sowie in der folgenden Nacht ebensolche des Bomber Command der RAF gegen Düsseldorf und Braunschweig.

Zum erstenmal erfuhr Frankreichs Öffentlichkeit von den beabsichtigten Angriffen gegen französische Ziele mehr, als am 24. April ein US-Angriff auf Rouen erfolgte, bei dem es 400 Tote und 700 Verletzte unter der französischen Zivilbevölkerung gab. Doch dies war noch lange nicht alles. Bei den Angriffen gegen deutsche Flugplätze rund um Paris gab es abermals mehrere Hundert Tote unter der Zivilbevölkerung.

Die Angriffe gegen Eisenbahnziele hatten Ende April ein solches Ausmaß erreicht, daß Oberst Höffner, der deutsche Transport-Offizier des OB West, am 2. Mai dem OKW melden mußte, daß die Versorgung der in Frankreich stehenden deutschen Truppen gefährdet sei. Von den täglich benötigten 100 Versorgungszügen waren im April nur etwa 60 eingetroffen. Im Mai sollte diese Zahl auf 32 Züge am Tage absinken.

Da sich unter den ausbleibenden Versorgungsgütern auch Kohlen in großer Menge befanden, die für die Bahn in Frankreich bestimmt waren, fielen indirekt noch weitere Züge durch diese Bombardierungen aus.

Die Arbeiten am Atlantikwall, die von GFM Rommel forciert worden waren, fielen aus Mangel an durchkommendem Materialnachschub aus.

Noch aber hatte die alliierte Luftoffensive gegen Ziele in Frankreich ihren Höhepunkt nicht erreicht, als vermehrt auch die Werke zur Treibstofferzeugung in Deutschland angegriffen wurden. Diese alliierte Luftoffensive begann am 12. Mai. Die Leunawerke in Merseburg erlitten dadurch bis zu 60 Prozent Ausfälle.

Von 160 Bombern, welche die Hydrierwerke von Brüx angriffen, konnten 46 abgeschossen werden. Dies war ein schwerer Schlag für die Alliierten, der sie jedoch nicht davon abbringen konnte weiterzumachen.

Die entscheidende Phase der alliierten Bombenangriffe auf die westlichen Transportwege von der Normandie bis nach Westdeutschland begann am 21. Mai mit einem Angriff von insgesamt 5000 Jagdflugzeugen und Jagdbombern, die im Tiefflug über die Straßen und Gleisanlagen hinwegflitzten und ihre Raketenbomben in die ausgemachten Ziele warfen oder in das, was sie dafür hielten.

Brücken und Viadukte, sogar fahrende Lokomotiven wurden ebenso erfolgreich angegriffen wie weite Strecken des Bahnnetzes und Bahnhöfe oder andere Bahnanlagen. Als am 28. Mai das Fazit gezogen wurde, waren 433 Loks vernichtet, 1500 lagen still, und der Bahnverkehr war auf 15 Prozent des Januarverkehrs abgesunken.

Bereits am 29. April 1944 hatte Paul-Henri Spaak, der Außenminister der belgischen Exilregierung, gegen einen Luftangriff der US-Tagbomber auf eines der dichtestbesiedelten Gebiete Belgiens protestiert. Französische Proteste gab es ebenfalls en masse, nachdem der große Untergangswirbel am 1. Juni 1944 eingeleitet worden war. Alle verfügbaren US- und britischen Bomber und Jagdbomber flogen Ziele in Frankreich an. Sämtliche Küstenanlagen und Verkehrsknotenpunkte lagen unter einem dichten Bombenhagel. Hauptziele waren die Brücken über Seine, Oise und Maas. Hier wurde vor allem das von der 9. USAAF entwickelte Verfahren des Einsatzes von Jagdflugzeugen und Jagdbombern als Sturzbomber mit Raketenbomben angewandt. Bis zum 5. Juni waren von den 24 zwischen Paris und der Küste über die Seine führenden Brücken 18 zerstört. Drei weitere mußten gesperrt werden, weil sie so schwer getroffen waren, daß sie einzustürzen drohten. Die drei letzten lagen unter dauerndem Feuer, so daß sie bei Tage nicht mehr benutzt werden durften.

Damit waren die französischen Proteste, die selbst das britische Kabinett – Churchill an der Spitze – erregt hatten, einfach ignoriert worden. Eisenhower hatte sich Churchills Vorschlägen des Zielwechsels auf deutsche Truppenansammlungen mit Erfolg widersetzt, denn er argumentierte so, daß bei solchen Versuchen auf einen getöteten deutschen Soldaten vier getötete französische Zivilisten kommen würden, weil diese Truppenansammlungen stets in Städten vorhanden seien und eine Trennung zwischen Truppen und Zivilisten nicht möglich sei.

Der Protest des französischen Komitees der Nationalen Befreiung wurde ebenso ignoriert wie jener von GenLt. Béthouart, dem Stabschef de Gaulles, der seiner Empörung über die Tötung seiner Landsleute laut Ausdruck verliehen hatte.

Dies nicht zuletzt dank der Schützenhilfe, die Eisenhowers Stabschef, GenMaj. Bedell Smith, bei dem Missionschef der französischen Militärmission in London, General Pierre König, erfuhr. Dieser nahm offenbar den Tod Tausender und Abertausender seiner Landsleute nicht so tragisch, denn er erklärte Smith:

„Es ist Krieg, da muß man damit rechnen, daß Menschen getötet werden. Wir würden das Doppelte der zu erwartenden Opfer hinnehmen, nur um die Deutschen loszuwerden.“ (Siehe: David Irving: Krieg zwischen den Generälen.)

Durch diese Bombardierung galt es als sicher, daß alle deutschen

Truppen, die sich noch nicht im Raum zwischen Seine und Loire befanden, nichts mehr mit der Entscheidung an der Küste zu tun haben würden.

Befehlsgliederung für die Invasion

Noch während diese Luftangriffe im Gange waren, hatten die Alliierten den endgültigen Plan für „Neptune" – die Überführungsaktionen von England an die französische Küste – genehmigt. In der Nacht vor der Landung der über See angreifenden Streitkräfte wurde der Einsatz von drei Luftlande-Divisionen vorgesehen. Es waren dies: Die 6. brit. LL-Div. im Tal der Orne, die 82. und 101. US-LL-Div. entlang der Basis der Halbinsel Cotentin.

Diese drei Divisionen hatten den Auftrag, die Flanken des Landekopfes zu decken, die deutsche Küstenverteidigung durch schnelle Angriffe aus dem Rücken heraus zu schwächen und die Ausgangsposition für den Durchstoß durch die Halbinsel Cotentin nach Cherbourg zu gewinnen und zu sichern.

Diesen Luftlandungen sollten unmittelbar nach Tagesanbruch die Landeunternehmungen von See her folgen. Der endgültige Ansatz war wie folgt geplant:

Nördlich und ostwärts der Viremündung: Landung der 1. US-Armee unter General Omar N. Bradley mit dem

VII. Korps, GenMaj. J. Lawton Collins, auf der rechten Flanke, genannt Abschnitt „Utah". Dem Korps standen die 4., 9. und 79. ID im ersten und die 90. ID im zweiten Treffen zur Verfügung.

V. US-Korps, GenMaj. L. T. Gerow, auf der linken Flanke, genannt Abschnitt „Omaha". Diesem Korps standen die 1. US-ID, und Teile der 29. ID im ersten sowie der Rest der 29. ID und die 2. ID im zweiten Treffen zur Verfügung.

Zwischen Bayeux und Caen
Landung der britischen 2. Armee

GenLt. M. C. Dempsey führte sie mit dem

XXX. Korps, GenLt. G. C. Bucknall, rechts im Abschnitt „Gold" mit der 50. ID und der 8. PzBrig. im ersten sowie der 7. PD und der 49. ID im zweiten Treffen.

I. Korps, GenLt. J. T. Crocker, links im Abschnitt „Juno" mit der 3. kan. ID und der 2. kan. PzBrig. im ersten und den Kommandos der 4. Spezial-Brigade im zweiten Treffen.

Im Abschnitt „Sword" standen die 3. ID und die 27. PzBrig. im ersten und die Kommandos der 1. Spezial-Brigade, die 51. ID und die 4. PzBrig. im zweiten Treffen.

Die Aufgaben, die der OB der Landstreitkräfte, General Bernard Montgomery, diesen Invasionsverbänden stellte, lautete: „Bildung von zwei Brückenköpfen am D-Tag. Einen zwischen Vire und Orne, einschließlich Isigny, Bayeux und Caen, den zweiten nördlich der Vire an der Küste der Halbinsel Cotentin mit Grenze am Carentan-Kanal und jenseits des Flusses Merderet." (Siehe Chester Wilmot: The Struggle for Europe).

Am 1. Juni 1944 fand im interalliierten HQ eine Sitzung statt, in welcher die Lage aufgrund der letzten Luftaufklärung und der abgehörten Feindfunksprüche besprochen wurde. Die Luftaufnahmen zeigten, daß deutscherseits die Vorstrandhindernisse weit nach vorn in die See hinaus vorgeschoben worden waren. Dies zwang Admiral Ramsay, darauf zu bestehen, daß diese Hindernisse angegangen werden mußten, solange die Wasserhöhe nicht mehr als 50 Zentimeter betrage. Dadurch veränderte sich die H-Zeit ein weiteres Mal. Die idealste Nacht zum Angriff würde jene vom 5. auf den 6. Juni sein, hatte der Wetterexperte errechnet. Auch der 7. Juni war noch – wenn auch mit Einschränkungen – annehmbar.

Die „Fabius" genannte Verbandsübung für vier der fünf großen Landeverbände fand bereits zwischen dem 2. und 6. Mai im Englischen Kanal statt. Der fünfte Verband, „Utah", hatte schon eine Woche vorher eine gleiche Übung durchgeführt.

Beim Auslaufen aus Portland war dieser Verband auf ein Rudel von neun feindlichen Schnellbooten gestoßen, die zwei Panzer-Landungsboote versenkten und ein drittes schwer beschädigten. Dabei gingen insgesamt 638 Soldaten, darunter 441 Soldaten des Heeres, verloren, die größtenteils ertranken. Aus dem Mittelmeer wurde aufgrund einer Weisung von Admiral King sofort Ersatz herbeigeschafft.

Am 15. Mai fand die bereits historisch gewordene Konferenz aller Kommandierenden in der St. Pauls-Schule in London statt, auf der neben König Georg VI. auch Premierminister Churchill, der OB der alliierten Streitkräfte General Eisenhower, Premierminister Feldmarschall Jan Christiaan Smuts, Bradley, Patton, Montgomery sowie die Armee-Oberbefehlshaber Sir Miles Dempsey und Henry G. Crerar anwesend waren.

General Eisenhower eröffnete die Sitzung mit den einleitenden Worten, daß hier – vor einer riesigen aufgebauten Reliefkarte – eine Einsatzbesprechung über die Invasion in Frankreich abgehalten werde und daß alle bisher aufgekommenen Unstimmigkeiten unter den drei Waffengattungen nunmehr begraben werden müßten. Er erteilte Montgomery, der übrigens hier zur Schule gegangen war, als erstem das Wort.

Montgomery erklärte in wenigen Worten, daß sein Gegenüber auf der anderen Seite des Kanals, Generalfeldmarschall Rommel, jedes Eindringen alliierter Truppen verhindern wolle und aus diesem Grunde die Küstenverteidigung erheblich verstärkt habe. Er rechnete hoch, daß es Rommel am D-Tage plus 1, also am Tage nach der Landung, gelingen müsse, neun Infanterie- und Panzer-Divisonen zum Gegenangriff anzusetzen. Am nächsten Tage könne er weitere zehn Divisionen ins Operationsgebiet nachführen, wenn er befürchten müsse, daß seine Kräfte von den Landenden überwunden werden könnten. Und habe er sich gar sechs Tage gehalten, dann sei er in der Lage, einen gewaltigen, alles hinwegfegenden Gegenangriff mit zehn Panzer-Divisionen zu führen.

Dies waren exakt die Zahlen, die Rommel hätten zur Verfügung stehen *können.* Daß sie ihm nicht zur Verfügung gestellt, sondern irgendwo im Nordosten Frankreichs, in Südfrankreich und Hunderte Kilometer hinter der Front der Landungsküste verblieben, mit einer solchen massierten Hilfeleistung hätte Montgomery nicht in seinen kühnsten Träumen rechnen dürfen. Dennoch war es so!

In Rommel sah Bernard Montgomery einen zu allem entschlossenen Heerführer. Im Gegensatz zu denjenigen deutschen „Experten", die es heute alle viel besser gemacht *hätten,* wenn sie an Rommels Stelle gestanden hätten, war Montgomery bereit, Rommels großes Können anzuerkennen.

Ein entscheidender Satz dieser Besprechung kam aus Montgomerys Mund, der ein weiteres Schlaglicht auf die Frage nach Sabotage und Verrat in bezug auf die Aufstellung der deutschen Panzer-Divisionen aufwirft. Monty erklärte:

„Rommel wird versuchen, die Landung unserer Panzer an der Küste zu hindern, indem er seine Panzer ganz vorn einsetzt, um uns im Augenblick der Anlandung zu treffen."

Das wäre das militärisch Notwendige gewesen. Das Gegenteil davon wurde getan, obgleich auch Rommel dies immer wieder gefordert hatte.

Nach General Montgomery sprachen die beiden Armeeführer der Alliierten, Bradley für die 1. US-Armee und Dempsey für die britische 2. Armee.

Admiral Ramsay stellte die Schwierigkeiten dar, die sich bei der gleichzeitigen Anlandung so vieler Truppen ergeben würden, und auch die Luftwaffen-Befehlshaber Harris und Leigh-Mallory gaben ihre Meinung bekannt. Auch jetzt noch war Bomber-Harris für eine Verstärkung der Bombenangriffe und ein Abbrechen der Invasionsvorbereitungen.

In seinen Memoiren schrieb Arthur Harris: „Sie werden sich an meine Erklärung erinnern, die ich in der St. Pauls School abgab, daß eine fünfmonatige Bombardierungspause Deutschland in die Lage versetzen wird, seine wichtige Kriegsproduktion in vollem Umfang wiederaufzunehmen."

Winston Churchill wurde schließlich durch diese sachkundigen Referate überzeugt, das Tüpfelchen auf dem „i" aber war General Pattons kurze Rede, die optimistisch und vorwärtsdrängend war, genauso wie Patton selber. Aber daß Patton nicht dabei sein würde, wenn es zur Landung kam und um die Gewinnung eines Brückenkopfes ging, das war Churchill damals nicht bewußt.

Churchill vertrat die Überzeugung, daß man vor allem flexibel sein müsse, um auch dann, wenn nicht alles nach Plan verlaufe, weiter aktiv bleiben und die große Linie weiterverfolgen zu können.

Abschließend erstattete General Montgomery dem König einen Bericht über die Landungsvorbereitungen und ihren wahrscheinlichen Verlauf. Chester Wilmot hat dieses Ereignis und damit auch die Persönlichkeit Montgomerys gewürdigt, als er berichtete:

„Der Abriß, den er gab, war meisterhaft und weitblickend, und als er sich dem Feind zuwandte, zeigte er, wie gründlich er die Eigenart des Gegners begriffen hatte." (Siehe Chester Wilmot: a.a.O.).

Montys letzte Worte in dieser Sitzung lauteten: „Wir müssen uns den Zugang zur Küste erzwingen und uns dort festsetzen, ehe der Feind genügend Reserven herangeführt hat, um uns in die See zurückzuwerfen." (Siehe B. B. Schofield: a.a.O.).

Von nun an ging alles Schlag auf Schlag. Die Operationsbefehle wurden laut Weisung der Obersten Führung am 25. Mai geöffnet. Am 28. Mai informierte der Stab Eisenhowers alle an der Invasion Beteiligten, daß der D-Tag der 5. Juni sein werde. Er gab auch die H-Zeiten für die einzelnen Verbände bekannt.

Die Marine-Truppen gingen an Bord; dort blieben sie zerniert. Niemand durfte mehr sein Schiff verlassen. Die Verladung der Heerestruppen begann am 31. Mai, und am 3. Juni war alles für das Auslaufen bereit.

Die Wetterfrage – das Zünglein an der Waage

Am Donnerstag, dem 1. Juni 1944, hatte sich das Azorenhoch, das bis dahin für strahlendes Sommerwetter gesorgt hatte, so weit abgeschwächt, daß sich der Himmel eintrübte. An diesem Vormittag fanden sich in der Bibliothek von Southwick House, der nunmehrigen Messe von Admiral Ramsay, die Herren des Stabes ein.

Alle warteten sie auf den Vortrag von Group Commander J. M. Stagg, dem ersten Meteorologen des Stabes, um die Aussichten für das Wetter am 5. Juni zu erfahren. Stagg hatte bereits vorher seinem Tagebuch anvertraut:

„Ziemlich optimistisch, aber zweifellos eine schwierige Grenzsituation." (Siehe J. M. Stagg: Forecast for Overlord).

Er erklärte an diesem Morgen, daß man bei Einsetzen des schlechten Wetters – das kommen werde – ab dem 2. Juni, also *auch* am Montag, dem 5. Juni, schlechtes Wetter haben werde. Dies war für die Offiziere ein ordentlicher Dämpfer ihrer Erwartungsfreude.

Am folgenden Morgen berichteten Stagg und seine Sachverständigen General Eisenhower und den drei Oberbefehlshabern in Southwick House, daß sich die Wetterlage in der Tat ungünstig entwickelt habe. Als schließlich Stagg nach ziemlich düsteren Prognosen mit seinen Experten den Raum verließ, bemerkte Admiral Creasy lakonisch:

„Sechs Fuß zwei Zoll Stagg und sechs Fuß und ein Zoll Düsternis." (Siehe Chester Wilmot: a.a.O.).

Abschließend hatte Eisenhower den Group Commander gefragt: „Besteht denn keine Aussicht, daß Sie morgen optimistischer sein werden?« Staggs Antwort lautete: „Nein, Sir!"

Damit stand die Invasion auf wackligen Füßen. Eine Verschiebung schien wahrscheinlicher als ein zeitgerechter Beginn. General Eisenhower entschied aber, daß jene Verbände, die jetzt schon in See gehen mußten, um zur vereinbarten Zeit am Einsatzort zu sein, ankerauf gehen sollten. Es handelte sich um den Schiffsverband, der in den Häfen von Süd-Devon versammelt war.

Am frühen Sonntag morgen des 4. Juni 1944 fiel in der Bibliothek von Southwick House die Entscheidung. Der D-Tag wurde auf den 6. Juni verschoben.

Um 5.15 Uhr ging diese Verschiebung und die sich daraus ergebende Stundenverschiebung bei den einzelnen Gruppen über Funk hinaus. Lediglich die für Utah bestimmte Gruppe U.2A mit 138 Schiffen, die am Abend des 3. Juni aus den Häfen von Süd-Devon ausgelaufen war, erhielt diesen Funkspruch nicht. Dieser Geleitzug stand am Morgen des 4. Juni um 9.00 Uhr südlich von St. Catherine's Point und lief Südkurs. Die beiden zu ihnen unterwegs befindlichen Zerstörer aus Portsmouth liefen an dem Konvoi vorbei und gerieten in ein Minenfeld. Sie mußten so lange gestoppt liegenbleiben, bis die 14. Minensuch-Flottille das Gebiet freigeräumt hatte.

Erst zwei Walrus-Flugzeugen gelang es, diesen Verband zu stoppen und ihn auf Gegenkurs zu bringen. Bei der Rückkehr in die Weymouth Bay kenterte LCT 2498 nach einer Maschinenpanne und sank. Die Besatzung konnte zum größten Teil geborgen werden.

Dieser Konvoi wäre bei seinem Weitermarsch mitten in deutsche

Minensperren geraten, wie die 14. MS-Flot. unter Commander Irvine wenig später feststellte; sein Verband schnitt fünf Minen. Zwei weitere Minen detonierten im Gerät.

Am Mittag dieses 4. Juni erließ die Britische Admiralität eine Sturmwarnung, und damit schien sich sich Staggs Vorhersage genau zu bestätigen.

Ein weiterer Zwischenfall, der sich in der Nacht zum Sonntag ereignete, versetzte den Oberbefehlshaber und die Befehlshaber der Teilstreitkräfte, die davon erfuhren, in Entsetzen. Und zwar hatte in der Nacht zum Sonntag, dem 4. Juni, eine Fernschreiberin der Associated Press auf einer freien Maschine, von der sie annahm, daß sie ausgeschaltet sei, eine kleine Fingerübung veranstaltet. Sie schrieb:

„Dringend – Press Association Blitz – Eisenhowers Hauptquartier meldet: alliierte Landung in Frankreich!"

Die Maschine war eingeschaltet. Die Meldung, die gar keine war, ging in die USA. Genau 30 Sekunden später wurde sie widerrufen. Das Glück der Alliierten bestand darin, daß auf deutscher Seite niemand diesen Funkspruch aufgenommen hatte.

Sonntag abend klarte es etwas auf. Um 21.30 Uhr trug Group Commander Stagg den Befehlshabern vor, daß sich die Lage über dem Nordatlantik schnell und gänzlich unerwartet zum Besseren entwickelt habe. Er war nun der Ansicht, daß am Morgen des 6. Juni das Wetter im Invasionsgebiet in etwa den Forderungen der See- und Luftwaffenbefehlshaber entsprechen werde. Allerdings werde es rasch wieder schlechter werden. Als nach langem Für und Wider Eisenhower Montgomery fragte, was er denn von einem Losschlagen am Dienstag halte, entgegnete dieser: „Ich würde sagen: los!" (Siehe J. M. Stagg: a.a.O.).

Eisenhower traf seine Entscheidung, doch Leigh-Mallory hatte noch Zweifel und bat um eine Vertagung um wenige Stunden, bis man sehen könne, daß die eingetretene Wetterberuhigung auch zutreffe. Man beschloß, am frühen Morgen des 5. Juni endgültig zu entscheiden.

Am Morgen des 5. Juni um 4.00 Uhr hatte Group Commander Stagg gute Nachrichten für die Befehlshaber dabei. Die Wetterbesserungen, so dozierte er, würden sich ausweiten, und das Wetter werde in der gesamten kommenden Woche nicht schlechter werden.

„Der Oberbefehlshaber und seine Kameraden waren nun andere Menschen", schrieb J. M. Stagg in seinem ausgezeichneten Werk. So war es auch, und Eisenhower bekräftigte dies: „Okay, wir marschieren!"

Zwei Stunden darauf liefen die Konvois aus den Häfen an der Südküste aus. Falmouth und Fowey, Plymouth und Salcombe, Dartmouth und Brixham, Torbay und Shoreham, Newhaven, Harwich und die Nore sahen die größte Armada aller Zeiten in die noch grob gehende See auslaufen.

Als alle Einheiten in See standen, liefen mehr als 3000 Landungsfahrzeuge und weit über 500 Kriegsschiffe in Richtung jener von den Minensuchbooten geräumten Fahrrinnen ins Gebiet „Z“ – den Piccadilly Zirkus –, wie die Soldaten diesen großen Sammelplatz auf See nannten.

Ihre weiteren Ziele waren Kleinst-U-Boote, die sich bereits vorher auf ihre Positionen begeben hatten, um als Einweiser und Markierer zu fungieren.

X 20 und X 23 im Einsatz

Die beiden Kleinst-U-Boote X 20 unter Lieutenant K. R. Hudspeth und X 23 unter Lieutenant G. B. Honour hatten die Aufgabe erhalten, das britische Landungsgebiet nach beiden Seiten zu begrenzen und die anlaufenden Invasionsstreitkräfte richtig einzuweisen, damit diese ihre vorgesehenen Stellen am Strand auch sicher erreichten.

Im Schlepp der beiden Fischereifahrzeuge „Sapper“ und „Dartheme“ am 2. Juni auslaufend, hatten sie am nächsten Tag das Einsatzgebiet erreicht, hatten die Leinen losgemacht und waren in sparsamer Marschfahrt, auf 10 m Wassertiefe eingependelt, auf die französische Küste zugelaufen. Alle fünf Stunden tauchten die beiden Kleinst-U-Boote auf Sehrohrtiefe empor. Die Kommandanten blickten rundum und ließen die Luftmasten ausfahren, um Frischluft in die Boote zu saugen.

In der Nacht zum 4. Juni überliefen sie im Überwassermarsch das deutsche Minenfeld und erreichten um 4.00 Uhr die Einsatzpositionen. Sie legten sich vier Stunden auf Grund, um sodann um 8.01 Uhr wieder auf Sehrohrtiefe aufzutauchen.

Der Kommandant von X 23 sah durch den Sehrohrausblick die Ornemündung. Durch eine Kreuzpeilung von zwei Kirchen und einem Berg wurde der genaue Standort ermittelt. Er war richtig. Dann legte sich X 23 wieder auf Grund. Auf der anderen Flanke tat die Besatzung X 20 das gleiche.

Mittels eines Spanndraht-Meßgerätes liefen X 20 und X 23 weiter auf die Küste zu und ankerten kurz vor Mitternacht zum 5. Juni auf den genauen Markierungspunkten.

Hier erhielten sie eine Stunde nach Mitternacht den FT-Spruch, daß der D-Tag 24 Stunden verschoben sei. Die beiden Boote liefen etwas in Richtung See ab. In ihren Innern hockten dicht aufeinander jeweils eine fünfköpfige Besatzung und zwei zusätzlich eingestiegene Offiziere der Combined Operations Pilotage Party, die die Aufgabe der Einweisung der eintreffenden Schiffskolonnen übernehmen sollten. Sie hatten nun noch einmal ganze 24 Stunden dicht unter der feindlichen Küste zu warten. Am späten Abend des 5. Juni um 23.15 Uhr stiegen beide Boote an die Wasseroberfläche empor, um ihre Positionen zu besetzen und über Funk zu erfahren, was zu tun war. Mit Erleichterung vernahmen sie, daß die Invasion marschierte.

Damit war ihre weitere Aufgabe klar umrissen. Sie lautete: „20 Minuten vor der H-Zeit auftauchen, Einschalten der Funkbaken und des Sonargerätes!“

Durch diese Hilfsmittel wiesen sie den sich nahenden Schiffsverbänden den Weg. Die Funkbaken befanden sich an den ausfahrbaren, sechs Meter langen Teleskopmasten und waren nach See gerichtet.

Unerkannt, von der Masse der landenden Soldaten gar nicht bemerkt, leisteten diese beiden Besatzungen einen großen Beitrag zum Gelingen der Landungsunternehmen.

Admiral Ramsay, der vom 1. Juni ab die operative Führung aller Streitkräfte für Overlord übernommen hatte, wurde am 4. Juni von dem Ersten Seelord der Britischen Admiralität, Admiral Sir Andrew Cunningham, aufgesucht. Der Admiral of the Fleet sagte dem Verantwortlichen, daß er volles Vertrauen in ihn habe. Ramsay dankte und gab ihm bereits jetzt den wenig später veröffentlichten Tagesbefehl bekannt.

Der Einsatzbefehl

„Wir haben die Ehre, an der größten amphibischen Unternehmung der Geschichte teilzunehmen, einer notwendigen Voraussetzung zur Eröffnung der Westfront in Europa, die im Zusammenwirken mit dem großen russischen Vormarsch die Kampfkraft Deutschlands zerschlagen wird.

Auf diese Gelegenheit haben wir lange gewartet, sie muß ergriffen und mit unbeirrbarer Entschlossenheit verfolgt werden. Die Hoffnungen und Gebete der freien Welt und der versklavten Völker Europas werden mit uns sein, wir dürfen sie nicht enttäuschen.

Es ist unsere Aufgabe, gemeinsam mit den Handelsflotten der vereinigten Nationen, unterstützt durch die alliierten Luftstreitkräfte, die alliierten Expeditionsstreitkräfte auf das Festland zu bringen, sie dort in einen sicheren Brückenkopf einzusetzen, diesen aufzubauen und zu erhalten und dabei in allem schneller zu sein als der Feind.

Wir wollen die Größe dieser Aufgabe nicht unterschätzen. Die Deutschen sind verzweifelt und werden erbitterten Widerstand leisten, bis wir sie ausmanövrieren und überwältigen, und das können und werden wir tun. Jedem von euch wird die Gelegenheit gegeben, durch Zielstrebigkeit und

Wendigkeit den furchtlosen Geist der Entschlossenheit zu beweisen, der jeden einzelnen stärkt und anfeuert und der in der Gemeinschaft unüberwindlich ist.

Ich vertraue darauf, daß jeder Mann sein Äußerstes tut, um den Erfolg dieses großen Unternehmens sicherzustellen, welches der Wendepunkt des europäischen Krieges ist.

Viel Glück euch allen und gute Fahrt!
gez. B. H. Ramsay, Admiral
Allied Naval Commander-in-Chief
Allied Expeditionary Force." (Siehe Admiral Sir Bertram Ramsay: „The Assault Phase of the Normandy Landings, ZS 10/1947)

Beinahe auf den Tag vier Jahre vorher waren die britischen Expeditionsstreitkräfte vom Strand von Dünkirchen nach England zurückgeflohen. Nun ging es wieder dorthin, wo es Revanche zu nehmen galt. Seinerzeit hieß der Mann, der die Expeditionsstreitkräfte rettete, Admiral Bertram Ramsay, und heute führte derselbe Mann sie wieder an die fremde Küste zurück. Wenn das kein gutes Omen war!

Vor den Schiffen her liefen die Minensuch-Boote, die zehn Fahrrinnen freizuräumen hatten. Da bedeutend weniger Minen lagen, als man befürchtet hatte, ging dies rascher als erwartet, und um 19.57 des 5. Juni 1944 meldeten die Ausguckposten auf den vorn laufenden Booten „Land in Sicht!"

Die normannische Küste tauchte vor den Booten auf. Als sich bereits zwei Flottillen dem Gegner zeigten, wurde von der Küste aus noch immer nicht das Feuer eröffnet. Hatte man sie nicht gesehen, oder hatte man den Befehl erhalten, noch nicht zu schießen?

Bei den Minensuchbooten handelte es sich um die Flottillen 7, 9, 14, 16, 18 und 19. Das Minensuchboot „Osprey" vom 7. Minensuch-Geschwader lief auf eine Mine und sank. Hinter den Minensuchbooten liefen insgesamt 42 Bojenboote, um die geräumten Minengassen kenntlich zu machen.

„Fortitude" – der große Bluff

Die seit dem 1. Juni auf Ziele zwischen Le Havre und Calais durchgeführten Luftbombardements täuschten die deutsche Führung gründlich über den Landeplatz des Unternehmens Overlord. Noch am Morgen des 5. Juni wurden die Anlagen am Pas de Calais weitergebombt, was die Täuschung um so perfekter machte, als keinerlei zuverlässige Agentenmeldungen aus Südengland durchkamen.

Als am 5. Juni die Dunkelheit einfiel, lief die zweite große Täuschungsoperation an, die dazu bestimmt war, nach Entdecken der riesigen Schiffsarmada durch die Deutschen die Täuschung über den wirklichen Einsatzort so lange wie möglich aufrechtzuerhalten.

Auf alliierter Seite kam es darauf an, daß die Hauptstreitmacht für die Invasion an der Normandieküste nach Einfall der Dunkelheit auf dem Drehpunkt „Piccadilly Circus“ unbemerkt auf den neuen direkten Kurs zum Ziel schwenken konnte.

Um dies zu erreichen, mußten die deutschen Meldesysteme an der Küste funktionsunfähig gemacht werden.

Durch die Luftüberwachung waren sämtliche deutschen Küsten-Radarstationen, die in jeweils 16 km Distanz zueinander errichtet worden waren, erkannt worden. Erkannt war auch, daß diese Stationen mit den weiter landeinwärts liegenden Stationen zusammengeschaltet worden waren. Auch die von der deutschen Kriegsmarine errichteten Seeziel-Radarstationen, die eine Reichweite bis zu 45 km auf See hinaus hatten, mußten überlistet werden.

Zunächst versuchte man, diese wichtigen Anlagen zur Früherkennung der Invasion durch Luftangriffe auszuschalten. Insgesamt konnten zehn davon außer Betrieb gesetzt werden. Die Mehrzahl aber arbeitete noch, und diese galt es zu täuschen. Die Täuschung sollte dergestalt verlaufen, daß eine Reihe dieser Horch-Warngeräte, die nördlich der Seinemündung lagen, von der Täuschung ausgenommen blieben, damit man deutscherseits wenigstens die Schein-Convoys erkennen und melden konnte.

Insgesamt wurden zu diesem „Fortitude“, also „Tapferkeit“ genannten Einsatz 105 Flugzeuge der RAF und 34 Schiffe der RN eingesetzt. Von diesen Schiffen operierten insgesamt 12 große Motorbarkassen, welche Sperrballone mitschleppten, in Richtung auf Cap d’ Antifer. Acht hielten direkt auf das Seegebiet vor Cap d’Antifer zu. Die beiden Flankenschiffe liefen in Höhe von Fécamp und Bruneval.

Vier weitere Barkassen, die westlich davon eingesetzt waren, liefen sechs Meilen ostwärts von Cap Barfleur auf die Küste zu. Alle diese Boote schleppten an langen Kabeln Sperrballone über sich mit. Diese wiederum verursachten auf den Radarschirmen der deutschen Küstenwachstationen Bilder vom Herannahen riesiger Großkampfschiffe.

Über diesen beiden „potemkinschen Armaden“ kreisten in weiten Kurven die eingesetzten Bomber, die anstelle von Bomben dicke Bündel Stanniolstreifen abwarfen. Diese „Windows“ verursachten auf den Radarschirmen der deutschen Wachstellen die gleiche Unmenge von „Blips“, wie sie durch eine gewaltige Luftflotte verursacht worden wären.

Vor Boulogne operierte ebenfalls eine Reihe solcher Geisterschiffe und Flugzeuge, die die gleichen Täuschungsmanöver durchführten.

Die deutsche Luftwaffe, besser gesagt, das, was von ihr im Einsatzraum vorhanden war, wurde direkt nach den ersten Meldungen über diese „Einflüge" alarmiert, und die gestarteten Nachtjäger erhielten Weisung, den Luftraum über Rennes zu erreichen und dort den Gegner zu stellen. Dort aber befand sich kein einziger Bomber der Alliierten. Die Täuschung war vollkommen gewesen. Man erwartete die alliierte Landung an der falschen Stelle.

Die Invasion stand unmittelbar bevor, und als erste würden die Fallschirmjäger der drei Luftlande-Divisionen ihren Fuß auf das europäische Festland im Westen setzen.

Die Invasion läuft

Fallschirmjäger- und Luftlandeeinsatz

Der Strandabschnitt Utah, der westlichste Landepunkt der alliierten Invasion, war an der südöstlichen Basis der Halbinsel Cotentin angesetzt worden. Hier sollte das VII. US-Korps unter General Collins landen und entgegen der in allen übrigen Landeabschnitten üblichen südlichen Angriffsrichtung nach Westen in die Halbinsel Cotentin hinein vorstoßen. Dieser Angriff war von General Eisenhower gefordert und akzeptiert worden.

Sinn dieses Stoßes in die Halbinsel Cotentin hinein war es, rasch einen tiefen Brückenkopf zu bilden, aus dem heraus mittels nachgeführter Divisionen der Vorstoß nach Norden auf Cherbourg, den großen Hafen an der Nordspitze der Halbinsel, geführt werden konnte, um diesen Hafen so rasch wie möglich in Besitz zu nehmen.

Zu diesem Zweck wurden Fallschirmjäger- und Luftlandeeinsätze mit Gleitflugzeugen vorbereitet, um sofort weiter im Innern der Halbinsel Fuß zu fassen und den Landekopf von vornherein groß genug zu halten.

Die beiden US-Luftlande-Divisionen wurden dem VII. US-Korps unterstellt. Es war die 82. LL-Div. unter GenMaj. M. B. Ridgway und die 101. LL-Div. unter GenMaj. Maxwell Taylor.

Die 6. britische LL-Div. unter GenMaj. Richard Gale hatte den Auftrag erhalten, zwischen Mitternacht und Morgengrauen des 6. Juni jene Brükken im Handstreich in Besitz zu nehmen, über denen die Fernstraße von Caen zur See den Fluß Orne und den Orne-Kanal überquert. Darüber hinaus hatte Gale Befehl erhalten, die deutsche Küstenbatterie Merville im Handstreich zu nehmen und auszuschalten.

Zur Abschirmung der Flanke der englischen Divisionen sollte GenMaj. Gale anschließend sechs Meilen ostwärts der Orne im überfluteten Dives-Tal fünf Brücken sprengen und das bewaldete Höhengelände zwischen diesen beiden Flüssen besetzen.

Dazu standen ihm zwei Fallschirmjäger-Brigaden zur Verfügung. GenMaj. Gales Truppe sollte bis zum Mittag des X-Tages durch eine Sondereinsatz-Brigade verstärkt werden, die sich, über See landend, bis zu diesem Zeitpunkt aus dem Abschnitt Sword zur Flanke durchgekämpft haben würde. Am Abend des D-Tages sollte dann noch der Rest der Division, die 6. Luftlande-Brigade, kurz vor Sonnenuntergang mit 250 Gleitern in den inzwischen freigekämpften Landeplätzen niedergehen, womit GenMaj. Gale dann seine gesamte Division plus der Sondereinsatz-Brigade zur Verfügung haben würde.

Um sich gegenüber den erwarteten Panzerangriffen der 21. deutschen PD halten zu können, die inzwischen in den Raum Caen – Falaise eingerückt war und sicherlich zum sofortigen Gegenstoß mit allen verfügbaren Panzern starten würde, galt es vor allem, noch in der Nacht der Landung panzerbrechende Waffen in Lastenseglern heranzuschaffen.

Der genaue Plan für die beiden Fallschirmjäger- und Luftlandeeinsätze lautete wie folgt:

„Für die beiden US-Luftlande-Divisionen: Landung quer über die Basis der Halbinsel Cotentin hinweg und Abriegelung der Halbinsel mit gleichzeitiger Isolierung von Cherbourg. Dazu springt die 101. LL-Div. (mit den Regimentern 501, 502 und 506) hart westlich des Strandsees (der durch die Überschwemmungsmaßnahmen der Deutschen entstanden war und von dessen Tiefe und Ausmaß man auf alliierter Seite nur vage und unzutreffende Vorstellungen hatte) und nimmt die schwere Küstenbatterie St. Marcouf. Inbesitznahme der Westausgänge für die auf Utah-Strand landenden Truppen durch die Sicherung der Dämme, die vom Strand aus ins Landesinnere führen.

Absprung des FJR 506 im Raume nördlich Carentan. Aufgabe: Sprengung der wichtigsten Straßenbrücken über die Douve und Sicherung der Südflanke des VII. US-Korps durch die Bildung einer Frontlinie entlang der Douve und dem Carentan-Kanal.

Absprung der 82. LL-Div. (mit den Regimentern 505, 507 und 508) unter GenMaj. Ridgway beiderseits des Merderet-Flusses, südlich und westlich von St. Mère Eglise und damit Verlängerung des Flankenschutzes nach Westen durch Sprengung der Brücken über die Douve und Sicherung der Übergänge über den Merderet."

Ziel dieser Aktionen war es, die deutschen Versuche, die Invasionstruppen hinter dem Überschwemmungsgebiet festzuhalten, zu durchkreuzen und ihnen vielmehr den Weg zum Durchstoßen auf die Westküste der Halbinsel zu ebnen.

Die Luftaufklärung für dieses Gebiet hatte ergeben, daß weder die Heeres-Küstenbatterie Azeville noch die Marine-Batterie St. Marcouf durch die vorherigen Luftangriffe vernichtet worden war.

General Montgomery, der OB der Landstreitkräfte für Overlord, erklärte in der ersten großen Besprechung:

„Unsere Soldaten, die wir in dieses Unternehmen schicken, müssen rot sehen. Wir müssen sie in absolutem Vertrauen auf unseren Plan völlig in die Höhe bringen; wir müssen sie mit ansteckendem Optimismus und Zuversicht erfüllen. Nichts darf sie aufhalten können, absolut nichts! Schicken wir sie in die Schlacht, dann *müssen* sie siegen!“

Die Einzelplanungen für die bereits in den Umrissen angedeuteten Aufgaben der 6. engl. LL-Div. sahen so aus:

Landung von sechs Gleitflugzeugen um 0.20 Uhr mit Pfadfinder-Infanterie und Pionieren im Gleitflug direkt an den beiden Hauptbrücken und Inbesitznahme vor deren Sprengung. Der gleichzeitig damit landende Vortrupp markiert den Landeplatz, auf dem die beiden FJ-Brig. eine halbe Stunde später, um 0.50 Uhr, springen werden.

Aufgabe für die 3. FJ-Brig: Angriff auf die Batterie von Merville und deren Ausschaltung.

Aufgabe für die 5. FJ-Brig: Halten der durch den Gleiterüberfall in eigenen Besitz gebrachten Brücken über Orne und Ornekanal. Vorbereitung und Sicherung des vorgesehenen Luftlanderaums nördlich Ranville zur Landung jener 72 Lastensegler, die um 3.30 Uhr mit Geschützen, Fahrzeugen und schwerer Ausrüstung landen werden.

Einsatz der zwei US-Luftlande-Divisionen

Von Westen aus flogen die beiden US-LL-Div. mit 850 Transportflugzeugen in zwei parallel zueinander verlaufenden Einflugschneisen quer über die Halbinsel Cotentin zu den Absprungplätzen an der Südostküste der Halbinsel im Großraum ostwärts des Merderet, nördlich und südlich von St. Mère Eglise. Von diesen Transportern gingen nur 20 verloren. Allerdings wurde die 101. LL-Div. unter BrigGen. Taylor weit verstreut über einen Raum von 40 × 24 km abgesetzt. Von den 6000 abgesetzten Fallschirmjägern hatten sich bis zum Tagesanbruch nur 1100 versammelt.

Die 82. LL-Div. unter GenMaj. Ridgway war im Sprungeinsatz glücklicher. Folgen wir den einzelnen Regimentern in ihre Absprungräume!

Die beiden Parachute-Regimenter 507 und 508 sowie der Stab, der Brigadegeneral Gavin unterstellt war, sollten noch westlich des Merderet niedergehen und die beiden Hauptübergänge über den Fluß besetzen. Für sie kam das Absetzkommando zu spät.

Als die grünen Lichter aufleuchteten und die Männer des FJR 508 unter Oberst Lindquist sprangen, wurden sie von dichtem MG-Feuer und dem Gebelfer leichter Flawaffen empfangen. Unter sich erkannte Oberst Lindquist eine hell leuchtende Wasserfläche. Der Oberst landete mit einem Teil seines Regimentes in 60 cm tiefem Wasser. Auf der Karte war eingezeichnet: „Hier wahrscheinlich weicher Boden.“ (Siehe S. L. A. Marshall: Night drop)

Das blaue Sammellicht des Regimentes sah wenige Minuten nach der Landung bereits die ersten sich sammelnden Fallschirmjäger. In den nächsten Minuten und Stunden sammelten sich mehr und mehr Kämpfer dieses und des Nachbar-Rgt. 507 sowie Artilleristen der KGr. A. Der Großteil des Materials jedoch verschwand im Wasser des Überschwemmungsgebietes. Dennoch konnten drei Materialsäcke aufgefunden werden, in einem befand sich ein Funkgerät.

Man hatte zunächst angenommen, im Überschwemmungsgebiet der Douve gelandet zu sein. Die ersten Erkundungen ergaben jedoch, daß man sich auf dem Ostufer des Merderet befand.

In der Nähe des Kdr. des FJR 508 landete auch BrigGen. Gavin. Er und sein Stab wurden von Gewehrschützen beschossen. Oblt. Olsen, Gavins Adjutant, landete unmittelbar vor dem Kdr. In dem weiten Obstgarten, in dem sie niedergegangen waren, sammelte sich die gesamte Gruppe.

Von hier aus konnte BrigGen. Gavin 20 Minuten nach dem Sammeln sowohl das rote Sammellicht des FJR 507 als auch das blaue des FJR 508 erkennen.

Bei der angesetzten Erkundung entdeckte Oblt. Olsen jenen Bahndamm, der auch Oberst Lindquist gezeigt hatte, wo er sich eigentlich befand: nämlich am Merderet. Unter Führung von Oberstleutnant Ostberg und Oberstleutnant Maloney trafen nacheinander 150 Fallschirmjäger in diesem Obstgarten ein. Es war inzwischen 4.30 Uhr geworden. Oberst Lindquist erreichte um diese Zeit bereits mit 100 Fallschirmjägern den Bahndamm und ging von dort aus in Richtung La Fière weiter. Die dortige Brücke sollte vom I./FJR 505 genommen werden. Lindquist argwöhnte, daß auch dieses Batl. falsch abgesetzt sein könnte, deshalb wollte er diese Aufgabe übernehmen.

Damit hatte er aber den vorgesehenen Einsatzort seines Rgt. etwa 1000 m nördlich Amfreville nicht erreicht. Vom ganzen Rgt. landete lediglich ein Spähtrupp dort. Das Rgt. konnte erst am dritten Invasionstag wieder vollständig gesammelt werden.

Oblt. Wisner, der mit 30 Soldaten des II./FJR 507 ebenfalls ostwärts des Merderet niedergegangen war, schloß sich dem Vorstoß von Oberst Lindquist an. Unterwegs sammelten sie weitere 70 versprengt niedergegangene Fallschirmjäger auf, so daß Lindquist nun über insgesamt 100 zugeführte zusätzliche Soldaten verfügte.

Diese KGr. stieß auf La Fière vor und stellte sich auf dem Ostufer des Merderet bereit.

Etwa um die gleiche Zeit waren andere Teile des II./FJR 507 unter Oberstleutnant Timmes mitten im Überschwemmungsgebiet abgesetzt worden. Timmes konnte in der nächsten Zeit lediglich zehn seiner Soldaten um sich versammeln. Er beobachtete das Aufsetzen von zwei Gleitern, die abermals zehn Soldaten ins Freie entließen. Mit diesen 20 Männern stieß er entlang dem Westufer des Merderet weiter vor und erreichte die Ortschaft Cauquigny. Hier hätten sie – genau La Fière gegenüber – einfach einen Brückenkopf bilden sollen. Als jedoch aus Richtung Amfreville Kampflärm aufbrandete, gingen sie dorthin weiter. Unterwegs konnten sie mehr und mehr versprengte Fallschirmjäger einsammeln.

Unmittelbar vor Amfreville stieß diese ad-hoc-Kampfgruppe auf einen Zug Fallschirmjäger des Rgt. 505. Als diese Gruppe sich der Ortschaft zuwandte, wurde sie von Gewehr- und MG-Feuer empfangen. Oberstleutnant Timmes mußte sich zurückziehen. Er verlor vier Tote und erreichte den Ausgangspunkt Cauquigny, wo sich BrigGen. Gavin bereits seit sieben Stunden befand.

In dem von hohen Hecken umschlossenen Gebiet wußte keine dieser beiden KGr. von der anderen. Lediglich ein Posten meldete Gavin, daß auch auf dem Ostufer US-Soldaten vorgingen (Es war dies die KGr. Lindquist).

Als BrigGen. Gavin den Befehl geben wollte, sich dieser KGr. anzuschließen, landeten in 400 m Distanz zwei Gleiter. Gavin schickte Oblt. Graham mit sechs Soldaten hin in der Hoffnung, dort schwere Waffen bekommen zu können, denn er verfügte lediglich über ein Raketen-Rohr und drei Munitionspacken. In den Gleitern befanden sich ein Jeep und eine 5,7 cm-Pak. 90 Minuten lang schaffte es Oblt. Graham nicht, die Pak zu entladen. Erst Oberstleutnant Maloney konnte dieses Kunststück fertigbringen.

Inzwischen war es 6.30 Uhr und taghell geworden. Der Verband unter BrigGen. Gavin war bis dahin auf 300 Mann angewachsen. Damit marschierte Gavin südwärts nach La Fière. Die dortige Brücke war noch nicht in eigener Hand, obwohl Oberstleutnant Timmes auf dem Westufer stand.

Die Eroberung von St. Mère Eglise sollte vom FJR 505 durchgeführt werden. Von dieser Stadt aus sollte das Rgt. den Merderet überschreiten und den vom Strandabschnitt Utah herankommenden Soldaten des VII. US-Korps den Weg öffnen. Dreiviertel des Spitzen-Regimentes landeten im Raum 4,5 km um das Landezentrum herum.

Mit dem III./FJR 505 erhielt Oberstleutnant Krause Befehl, die Stadt St. Mère Eglise zu erobern. Der Oberstleutnant landete in einem Garten, der – wie könnte es in der Normandie anders sein! – von einer Hecke umschlossen war. Binnen 15 Sekunden sammelte er 15 Männer um sich. Von ihnen ließ er vier Patrouillen bilden, die Auftrag erhielten, das Bataillon zu sammeln. Binnen einer Stunde standen ihm 108 Soldaten zur Verfügung. Ein Franzose, den man aufgriff, erbot sich, ihnen den Weg in die Stadt zu zeigen. Mit Hptm. de Long übernahm er die Führung der in zwei Gruppen aufgeteilten Streitmacht Krauses.

Zunächst ging es an Hecken entlang über einen schmalen Lehmweg vorwärts. 30 Minuten nach dem Antreten wurde St. Mère Eglise erreicht. In sechs KGr. aufgeteilt, ging es teilweise rechts und links um die Stadt herum und teils mitten hinein. Die Hauptgruppe stürmte direkt zum Zentrum durch. Hier wurde zunächst die Telefonleitung gekappt.

Mit Tagesanbruch wurden die in der Stadt liegenden Deutschen in ihren Betten überrascht, 30 wurden gefangengenommen und elf erschossen. Ein Teil entkam nach Süden.

Bereits hier zeigte sich, daß einige Kommandeure ihren Truppen Weisung gegeben hatten, keine Gefangenen zu machen. In vielen anderen Fällen wurde das gleiche praktiziert, wie auch David Irving in seinem Werk „Krieg zwischen den Generälen“ eindeutig zu berichten weiß.

Um 5.00 Uhr schickte Oberstleutnant Krause einen Melder zum Regiment und berichtete, daß er St. Mère Eglise habe. In der Absprungzone stieß der Melder auf den DivKdr., GenMaj. Ridgway und übergab diesem die Meldung, vergaß aber zu berichten, daß sie für Oberst Ekman bestimmt sei, den RgtKdr. von 505. Dieser, der Verstärkungen schicken sollte, war durch den Zufall der Abgabe der Meldung direkt an den DivKdr. überhaupt nicht orientiert. So blieb es 300 Fallschirmspringern überlassen, St. Mère Eglise zu verteidigen.

Um die Stadt abzuschirmen, hatte Oberstleutnant Vandervoort Befehl erhalten, Neuville nördlich von St. Mère Eglise in Besitz zu nehmen. Als er – verwundet, in einer Karre sitzend und von einem GI geschoben – kurz vor Erreichen des Zieles stand, erhielt er von Oberst Ekman Befehl, dort stehenzubleiben, wo er sich gerade befand. Um 8.10 Uhr wurde Vandervoort befohlen, umzukehren und St. Mère Eglise zu nehmen, weil man vom III. Batl. des Regimentes noch keine Nachricht hatte. Dieser Befehl wurde um 8.16 Uhr widerrufen, und eine Minute darauf erfolgte die Widerrufung der Widerrufung.

Oberstleutnant Vandervoort schickte eine Kp. nach Neuville und wandte sich mit seinem Gros gegen St. Mère Eglise, wodurch die Besetzung der Stadt bedeutend verstärkt wurde, denn er traf ja das III. Batl. dort an.

Von den 52 Gleitern, die mit Pak, Jeeps und Geräten beladen für diese Aufgabe gestartet waren, landeten nur 22 im befohlenen Raum.

Der deutsche Angriff erfolgte um 9.30 Uhr aus Süden. Zwei Kpn. Infanterie, zwei Spähwagen und zwei Sturmgeschütze griffen St. Mère Eglise an. Die südlichen Straßensperren hielten stand. Der Kampf zerflatterte in eine Reihe Einzelgefechte. Die deutschen Truppen wichen nach Westen aus und überschritten teilweise den Merderet. Nur auf der Höhe 20 bei der Stadt hielten sich die deutschen Verteidiger unbeirrt. Dort verfügten sie über Bunker und Artillerie-Stellungen.

Oberstleutnant Vandervoort kehrte mit zwei 5,7-cm-Pak nach Neuville zurück. Diese Ortschaft wurde den Tag über gehalten, dann zogen sich die US-Fallschirmjäger unter Vandervoort auf St. Mère Eglise zurück.

Am Mittag des 6. Juni stieß BrigGen. Gavin von La Fière aus nach Süden vor. Bei Chef-du-Pont, der alten Steinbrücke über den Merderet, wurden sie von Deutschen gestoppt und blieben liegen. Wann aber, so fragten sich die Fallschirmjäger der beiden US-Divisionen, kamen die Sonder-Kampfgruppen von Utah-Strand zu ihnen durch?

Colonel Raff in Nöten

Als am frühen Nachmittag des ersten Invasionstages Oberst Raff, der einen Panzerverband vom Strandabschnitt zu den Fallschirmjägern nach vorn führen sollte, erfuhr, daß die 82. Airborne-Division St. Mère Eglise genommen habe, befahl er den Aufbruch seiner Panzerkolonne von Utah-Strand, um mit diesem kampfstarken Verband so rasch wie möglich bis zu General Ridgway durchzustoßen.

Das III./PR 746, ein Zug der 4. Aufklärungsschwadron und 90 Soldaten des IR 325 marschierten los. Nach 90 Minuten konnten sie bereits den Kirchturm ihres Zieles erkennen.

Unmittelbar vor dieser Kampfgruppe war auch Oberst Van Fleet mit dem 8. PR durch dieses Gelände gerollt, um St. Mère Eglise zu erreichen, die Fallschirmjägerkräfte zu verstärken und den Brückenkopf zu sichern.

Als Colonel Raff die Straßenkreuzung von Les Forges erreichte und damit nur noch 3 km südostwärts von St. Mère Eglise stand, ließ er anhalten, denn von der Höhe 20, auf der sich ja noch deutsche Truppen hielten, wurde die nördlich von ihm vorgehende Kampfgruppe Van Fleet von Artillerie beschossen und geriet ins Stocken. Oberst Raff erkannte auf dem südlichen Teil dieser Höhe Betonbunker. Dennoch schien es für ihn eine zwingende Notwendigkeit, diese Höhe zu erobern, weil unmittelbar davor jene Gleiterzone lag, in welcher um 22.00 Uhr die Landung der insgesamt 170 Gleiter der 82. LL-Div. mit schweren Waffen, Fahrzeugen und Geräten niedergehen sollten. Da es bereits 17.00 Uhr war, hieß es rasch handeln, ehe es hier zu einer Katastrophe kam.

Oberst Raff befahl sofortige Aufklärung mit Spähwagen. Ein Panzer mit Hptm. Crawford als Kommandant deckte den Spähwagen des Leutnants.

Beide Fahrzeuge rollten die gewundene Straße zur Höhe 20 empor. Nach nicht einmal 300 m Fahrt erhielt der vorn fahrende Spähwagen einen

Volltreffer. Die Granate, die glücklicherweise nicht detoniert war, schleuderte den Spähwagen auf den dichtauffolgenden Panzer, dessen beide Ketten rissen.

Oberst Raff mußte nun mit allem, was er hatte, angreifen. Er ließ den Verband durch das von Hecken zerrissene Gelände entfaltet vorgehen. Links der Hauptstraße rollten die Panzer in einer Heckendeckung der Höhe entgegen. Als die beiden vorn rollenden Tanks ein freies Feld überquerten, wurden sie entdeckt. Eine Geschützsalve schlug mitten zwischen ihnen ein. Beide Panzer blieben brennend liegen. Nur drei Soldaten konnten diesen glühenden Särgen entkommen.

Oberst Raff ging mit seinem Adjutanten und einem Melder nach vorn. Hptm. Crawford meldete ihm, daß auf der Höhe die berüchtigten Achtacht-Flak lägen, die alles zusammenschießen würde, was sich hinaufwagte. Er argwöhnte auch, daß das zweite Feld, das noch vor ihnen lag, vermint sei.

Oberst Raff eilte zu Oberst Van Fleet hinüber, um eine aufeinander abgestimmte gemeinsame Angriffsaktion zu besprechen. Van Fleet lehnte dieses Ansinnen ab, sicherte aber die Hilfeleistung seiner Artillerie zu.

Es war inzwischen 21.00 Uhr geworden. Die Panzer waren bis zur nächsten Heckenabgrenzung vorgerollt. Von hier aus hatten sie freies Schußfeld auf die Höhe 20. Noch glaubte Oberst Raff bis zur Landung der Gleiter eine Stunde Zeit zur Verfügung zu haben, als plötzlich einer seiner Melder einen Überraschungsruf ausstieß: „Seht euch das an, dort oben!“ rief er.

Aufblickend sahen die zum Sturm bereiten Soldaten der KGr., wie keine 200 m über ihren Köpfen 60 Flugzeuge herankamen und ihre Gleiter in die Landezone schleppten.

„Von diesem Augenblick an“, berichtete Brigadegeneral S. L. A. Marshall, der mit der Bearbeitung der Kriegsereignisse der US-Fallschirmtruppe auf dem europäischen Kriegsschauplatz beauftragte Chronist, „war Oberst Raff nur noch ein entsetzter und hilfloser Zuschauer.“ Geben wir zur Schilderung der folgenden Ereignisse Marshall das Wort:

„Die Gleiter wurden genau über der Höhe 20 ausgeklinkt, aber nur wenige erreichten das Landefeld. Verzweifelt suchten sie sich oben zu halten, brachen links und rechts von Raffs Kampfgruppe durch Baumkronen und Hecken, landeten auf der Straße, schlitterten ein Stück dahin und blieben stecken.

Raff schien es, als ob nun auf der Höhe 20 ein Vulkan in Tätigkeit getreten sei. Gewehre, MG, Granatwerfer und Geschütze feuerten dort oben wild durcheinander.

Einige der Piloten hatten erfaßt, daß ihr Landegebiet unter dichtem Feuer lag; sie drehten ab und brachen durch die Baumkronen hinter Van Fleets Regiment 8 durch, um dort zu landen. Die Gleiter aber, die auf dem vorgesehenen Feld landeten, wurden fast ausnahmslos zerstört; entkamen sie dem Feuer, so spießten sie sich an den Pfählen auf, mit denen der Feind das Feld gespickt hatte.

Ein Gleiter landete ausgerechnet auf der Höhe 20. Die Mannschaft, die diese Landung unversehrt überstanden hatte, rollte einen Jeep heraus, ergriff ihre Ausrüstung und raste, die Feindstellung durchbrechend, die gewundene Straße hinunter an Oberst Raff vorbei.«

Soweit der knappe Bericht, der die ganze Dramatik dieser zehn Minuten nur unvollkommen wiedergibt, aber dennoch genau aufzeigt, was hier geschehen war.

Die Überlebenden trugen ihre verletzten oder verwundeten Kameraden in Sicherheit. Im Feld hinter dem Rgt. 8 sammelten die Offiziere alle Überlebenden. Für Oberst Raff war dieses Ereignis ein zutiefst deprimierender Auftakt seines Einsatzes, und seine Truppe war am Ende der physischen und psychischen Kraft. Das Rgt. 8 mußte für die Verwundeten sorgen.

Hier wurde unterlassen, einen Melder zu GenMaj. Ridgway zu entsenden und diesem jene Meldung zu bringen, auf die der General wartete. Es hätte nur eine Stunde gebraucht, um einen Melder zu ihm durchzubringen.

Oberst Raff äußerte später in seinem Bericht, daß er keinen Mann ausgeschickt habe, weil er der festen Überzeugung gewesen sei, daß General Ridgway durch Funksprüche über die Lage auf Utah-Strand unterrichtet worden sei. Ebenso wie er selber auf dem Strand FT-Sprüche der 82. LL-Div. erhalten hatte, hätte – nach seiner Meinung – auch Ridgway solche empfangen müssen. Auch die Nordgruppe der Gleiterformation landete in feindbesetztem Gebiet, denn der Zug Turnbull, der vom Kdr. des II./505, Oberstleutnant Vandervoort, nach Neuville geschickt worden war und diese Ortschaft auch neun Stunden gehalten hatte, war unmittelbar vor der Landung der Gleiter in ihrem Gebiet auf St. Mère Eglise zurückgeworfen worden. Die Deutschen waren bis dorthin nachgerückt und schossen in die Stellungen der 4./FJR 505.

Drei der hier landenden Gleiter der Nordgruppe gingen so nahe bei der 4. Kp. nieder, daß diese die Besatzungen in Sicherheit bringen konnte. Doch 200 m vor diesen Vorposten eröffneten deutsche MGs das Feuer auf die Gleiter und schossen mehrere herunter. Andere zerschellten an den Erdwällen oder spießten sich an den Pfählen auf, mit denen die

Wiesen von den Verteidigern gespickt waren. Diese Gruppe erlitt hohe Verluste an Soldaten, sie verlor fast alles Material.

Nur jene Gleiterformation, die nach Nordwesten ausholte und in der inzwischen bereinigten Absprungzone des von Oberst Ekman geführten FJR 505 niederging, konnte dies ohne Beschuß und Verluste durch Feindeinwirkung tun.

Die Verteidiger von St. Mère Eglise erhielten durch diese Gleiter Munition und Verpflegung, Funkgeräte und Jeeps, Pak, Bulldozer und Motorschaufeln. Damit war ihr Halten auch bei einem deutschen Panzerangriff möglich.

GenMaj. Ridgway, der den ganzen Tag über zwischen St. Mère Eglise und den Merderet-Übergängen hin- und hergeeilt war, konnte keine Nachrichten über Funk empfangen, weil seine FT-Geräte sämtlich vernichtet waren. Er wußte nicht einmal, ob die Landung an der Küste gelungen war. Er entschloß sich, den Raum St. Mère Eglise unter allen Umständen zu halten. Erst am späten Abend des 6. Juni und in den frühen Nachtstunden gelang es, durch Patrouillen und Spähtrupps Verbindung zu Teilen des von der Küste kommenden IR 12 aufzunehmen, das allerdings über die Große Lage ebenfalls nichts Genaues wußte. Erst als es Oblt. Winton mit seiner nach Nordosten vorstoßenden Patrouille gelang, weitere Männer des IR 12 zu finden und er wenig später – allein weitermarschierend – den GefStand der 4. ID erreichte und dort GenMaj. Barton antraf, klärte sich die verworrene Lage etwas. GenMaj. Barton berichtete, daß es auf Utah-Strand gut vorangehe und daß er seine Panzerjäger am kommenden Morgen nach St. Mère Eglise vorschieben werde.

Oblt. Winton brach hier vor Erschöpfung zusammen, und GenMaj. Ridgway mußte weitere acht Stunden warten, bevor er Gewißheit erhielt.

Wer waren nun diese Gegner der Fallschirmjäger? Im kommenden Abschnitt wird von ihnen die Rede sein, sobald auch der Einsatz der 6. brit. LL-Div. in knappen Zügen dargestellt ist.

Die 6. britische Luftlande-Division im Einsatz – Das Vorkommando

Es war 22.50 Uhr am 5. Juni 1944, als sich die 60 Soldaten des Vorkommandos um GenMaj. Richard Gale sammelten. Die Piloten gingen soeben an Bord, um ihre Maschinen zu checken.

Der General, „hochgewachsen und hager, sich wie ein Ladestock gerade haltend, mit rötlichem Gesicht, borstigem Schnurrbart und buschigen Augenbrauen“ (Siehe Chester Wilmot: a.a.O.), stand neben den Ablemarle-Transportern, welche die 60 Soldaten des Vortrupps nach Frankreich bringen sollten.

Als die Motoren ansprangen, stiegen die Fallschirmjäger ein. Nach einem Blinksignal starteten die sechs Flugzeuge der Reihe nach, kreisten über dem Platz, bis die letzte bei ihnen war, ehe alle gemeinsam in dichter Formation Kurs auf die französische Calvadosküste nahmen. Dieser Vortrupp hatte die Aufgabe, jene Navigationssignale zu setzen, die dem nachfolgenden Gros der Fallschirmjäger und Lastensegler die Landeräume anzeigten. Außerdem war ihnen eingeschärft worden, den Landeraum mindestens zwei Stunden feindfrei zu halten.

Nach dem Start dieser Vorreiter begann jener der Transportmaschinen, die das Gros der 6. LL-Div. nach Frankreich bringen sollten. Von zwanzig Flugplätzen des südlichen England stiegen sie gleichzeitig auf, und nachdem sie gesammelt hatten, nahmen sie ab 23.30 Uhr Kurs auf das europäische Festland.

Zwei Stunden darauf starteten die Gleiter-Formationen, die von Ablemarles geschleppt wurden. Die Armada überflog zunächst die bereits lange in See stehenden Schiffsverbände, die in beinahe unabsehbarer Formation durch die Nacht stampften.

In jedem der großen Gleiter steckten 26 Fallschirmjäger. Sie gingen einer ungewissen Zukunft entgegen, ebenso wie die Soldaten auf den Transportschiffen.

Während sie die Küste anflogen, sahen die Piloten der Schleppflugzeuge, wie eigene Bomber-Formationen Le Havre bombardierten und die deutsche Flak mit heftigem Abwehrfeuer darauf antwortete. Als sie dann selber die Küste überflogen, schwenkte dieses Feuer auf sie ein. Es ging durch den Stahlvorhang der feindlichen Flak hindurch, die ersten Verluste traten ein. Die Schleppflugzeuge stießen tiefer hinunter, um die bergende Wolkendecke zu verlassen und ihr Ziel zu finden.

Infolge dieses heftigen Flakfeuers konnte ein Großteil der Gleiter die Leuchtzeichen ihrer Pfadfinder nicht entdecken, aber sie befanden sich trotzdem an der richtigen Stelle, als die Piloten ihre geschleppten Segler ausklinkten, die nun in weiten Kreisen der Erde entgegensanken.

Wer von den Gleiterpiloten die Landelichter sah, der stürzte steil darauf herunter und landete mit schleifenden Bremsen auf Äckern und Wiesen. Einige gerieten in die auf Weisung von GFM Rommel auch auf diesen Wiesen angebrachten „Rommelspargel", die aus jeweils fünf starken, schräg in den Boden gerammten Pfählen bestanden, und zerschellten.

Eine Reihe der Gleiter setzte mit Bruchlandungen auf. Wieder andere kollidierten miteinander. Eine der Schleppmaschinen stürzte nahebei auf einen Acker und stand mit einem emporlodernden Aufschlagbrand Sekunden darauf in Flammen.

Trotz dieses grausigen Anblicks waren rund zwei Drittel der Segler ohne jede Havarie gelandet. Pak und Jeeps wurden aus den Materialseglern geborgen.

Gegen die Orne-Brücken

Die mit dem Handstreich gegen die beiden Ornebrücken beauftragten Männer der KGr. des Majors R. J. Howard waren in sechs Gespannen bereits um 0.15 Uhr über dem Ziel angelangt. Allerdings waren es hier nur noch fünf Gespanne. Diese lösten sich voneinander, und die schleppenden Halifax-Bomber flogen weiter. Die fünf Gleiter hingegen drehten in engen Spiralen erdenwärts. Die Halifax flogen zur Bombardierung von Caen weiter.

Als er das Ziel ausmachen konnte, flog der Pilot des ersten Gleiters im Sturzflug darauf zu. Er setzte 50 m vor dem Ostende der Kanalbrücke auf und kam mitten in einem Stacheldrahtverhau zum Stehen. Die Tür war blokkiert, mit einer Axt mußten sich die Männer den Weg nach draußen bahnen.

Als sie eben im Freien waren, landeten dicht neben ihnen zwei weitere Gleiter mit lautem Krachen. Der erste Zug des Brückenkommandos war bereits formiert und rannte über die Brücke. Noch befanden sich die Deutschen offensichtlich in ihren Luftschutzbunkern.

Als die Angreifer die Brückenmitte erreichten, begann ein deutsches MG zu feuern. Der vorn rennende Zugführer stürzte tödlich getroffen nieder. Die übrigen rannten weiter. Die beiden übrigen Züge befanden sich bereits im Nahkampf mit den am diesseitigen Ufer liegenden Deutschen. MG-Feuerstöße peitschten durch die Nacht, Schreie gellten, Befehle wurden gebrüllt. Pioniere kletterten in der Brückenverstrebung herum und machten die Sprengladungen unschädlich, indem sie alle Zündschnüre zerschnitten. Einem Teil der Männer des Sturmzuges gelang es, das Feuer zu durchlaufen und den Gegner am jenseitigen Brückenende zu überwinden. Die Kanalbrücke war in der Hand der Fallschirmjäger.

Die etwa 800 m ostwärts des Kanals liegende Brücke war einfacher zu packen. Einer der drei hierfür vorgesehenen Gleiter war zwar bereits im Dives-Tal niedergegangen, aber zwei Züge landeten in der Nähe und stürmten auf diese zweite Brücke zu. Sie fanden hier keinen einzigen Deutschen und konnten ungehindert die Sprengladungen unschädlich machen. Beide Brücken wurden gesichert.

Der Fallschirmjäger-Vortrupp, der bei Ranville gelandet war, markierte bereits den Absprungraum, der für die 2000 Fallschirmjäger der 5. FJ-Brig.

unter Brigadier J. H. N. Poett bestimmt war. Diese sollte 50 Minuten nach Mitternacht landen. Durch den Wind wurde der Vortrupp jedoch weit nach Osten abgetrieben. Er mußte dort den Landeraum abstecken, wo er niedergegangen war, weil keine Zeit mehr blieb, zum vorgesehenen Absprungraum zurückzumarschieren. Dies bedeutete, daß die 5. FJ-Brig., dort niedergehend, wo die Markierungen angelegt wurden, *noch* weiter nach Osten abgetrieben werden würde, wodurch sich die Fehlerquelle verdoppelte.

Es dauerte bis 2.00 Uhr, bevor das VII. Batl. 200 seiner insgesamt 620 Kämpfer gesammelt hatte. Von der Kanalbrücke her vernahmen sie starkes Feuer. Ostwärts der Orne konnte der Rest der Brigade noch vor der Landung des Gleiterkommandos den Landeraum bereinigen und das Dorf Ranville in Besitz nehmen. Damit war die Brücke über den Fluß nach Südosten gesichert. Von hier aus wurde ein schneller Gegenangriff der 21. PD der Deutschen erwartet. Aus diesem Grunde wurden sämtliche Pak, die man bergen konnte, in diesen Raum geschafft und zur Abwehr der erwarteten Panzer bereitgestellt.

GenMaj. Gale, der sich im Ranviller Schloß eingerichtet hatte, fuhr im Jeep zu den Brücken und überzeugte sich davon, daß sie trotz der geringen Kräfte optimal gesichert waren.

Als er zurückkehrte, sah er vom Schloß aus das freie Gelände mit Fallschirmen übersät. Die Jäger der 5. FJ-Brig. unter Brigadier S. J. L. Hill waren hier gelandet. Sie hatten einige spezielle Ziele erhalten, die von der Batterie von Merville bis zur Brücke von Troarn reichten.

Von dieser Brigade landeten Hunderte Jäger nicht an den vorgeschriebenen Plätzen, sondern im Überschwemmungsgebiet der Dives ebenso wie in den Bäumen des Bois de Bavent.

Von den im Divestal zu sprengenden fünf Brücken konnten dennoch vier in die Luft gejagt werden. Die fünfte, wichtigste, jene von Troarn, schien allen Versuchen, sie zu vernichten, zu trotzen. Erst als nördlich des Bois de Bavent, 11,5 km von der Landezone entfernt, ein Major mit sieben Pionieren landete, wurde auch hier die Sache angegangen. Die acht Soldaten fuhren in Richtung Troarn, gerieten am Rande der Stadt in einen Stacheldrahtverhau, hielten sich durch MPi-Salven den Gegner vom Leibe und machten ihren Jeep wieder flott. Nach links und rechts schießend, fuhren sie danach im schnellsten Tempo durch Troarn zur Brücke vor dem Ortsausgang der Stadt weiter. Sie erreichten sie, brachten ihre Sprengladungen an und jagten die Brücke in die Luft.

Ohne sich noch um ihren Jeep zu kümmern, der einen Plattfuß hatte, gingen sie zu Fuß zurück und schlugen sich bis zum GefStand von Brigadier Hill durch.

Die Sprengung dieser fünf Divesbrücken verschaffte den Luftlandetruppen gegenüber den aus Osten heranrückenden deutschen Verbänden jenen Zeitvorsprung, den sie brauchten.

Die Batterie Merville

Dieser Zeitvorsprung, den die Sprengung der Divesbrücken erreichte, war vor allem für das IX. FJ-Batl. unter Oberstleutnant T. H. B. Otway wichtig. Otway hatte den Auftrag erhalten, die Batterie von Merville auszuschalten, denn ihr Feuerbereich reichte in den See- und Strandabschnitt westlich der Orne hinein.

Die Aufklärung war davon ausgegangen, daß diese Batterie aus vier Kanonen vom Kaliber 15,5 cm bestehe. Man hatte die Stellungen als bombensichere Bunker und Kasematten „erkannt", die von Gräben umzogen waren, in denen etwa eine Kp. deutscher Soldaten in Rundumverteidigung und zur Rundumsicherung eingesetzt war.

Nach der Bildaufklärung verfügte diese Verteidigung über etwa 10 MG-Nester. Zwei Reihen Drahthindernisse lagen um den gesamten Komplex herum. All dies wurde nach den Agentenmeldungen noch von einem 100 m tiefen Minenfeld umgeben.

100 Lancasterbomber waren auf diese stark befestigte deutsche Batterie angesetzt worden. Direkt nach dem Bombardement sollte Oberstleutnant Otway mit seinem Batl., das mit allen Verstärkungen auf 750 Mann aufgestockt war, zur Sache kommen.

Bereits um 0.50 Uhr sollten Otways Truppen landen, sich bereitstellen und die Batterie Merville bis spätestens 5.15 Uhr erobern. Falls dies bis dahin nicht geschafft sein würde, müsse die Flotte die Beschießung von Merville übernehmen.

Die vier hier liegenden Geschützbunker waren seit März 1944 mit etwa 1000 Bombeneinschlägen beharkt worden. Von diesen lagen 50 im Batteriegebiet, aber nur zwei trafen die Geschützstellungen direkt. Die Bunker waren angekratzt, aber nicht durchschlagen worden.

Oberstleutnant Otway hatte in mehreren Übungen in England an einem nachgebauten Modell die Inbesitznahme geprobt.

Der vorbereitetende Bombenangriff, von 109 Lancaster-Bombern durchgeführt, verpuffte unwirksam, weil die Bomber anstelle der Geschützstellung das Dorf Gonneville vernichteten. Der unmittelbar vor dem Bombenangriff gesprungene Erkunderzug wäre um ein Haar von den eigenen Bomben erschlagen worden.

Bei den Landungen der Fallschirmjäger und der Gleiter mußte man feststellen, daß zwischen den vorherigen Kriegsspielen und der jetzigen

Wirklichkeit ein gravierender Unterschied bestand. Der Feind schoß mit seiner Acht-acht, als die ersten Maschinen in ihren Feuerbereich gerieten, und sie schoß sehr wirksam, wie die ersten Volltreffer bewiesen.

Die Piloten unternahmen artistische Ausweichmanöver und setzten ihre Fallschirmjäger dort ab, wo sie sich gerade befanden, um so rasch wie möglich aus dieser Todeszone herauszukommen. Einige Gleiter rissen dabei ab und landeten irgendwo in der Wildnis. Fünf Gleiter, deren Schleppseile vorher gerissen waren, stürzten in den Kanal.

Der Absprung der Fallschirmjäger ging völlig schief. Ein Teil wurde viel zu weit ostwärts abgesetzt, ein anderer geriet in den Schlamm des Dives-Ufers, eine Kampfgruppe landete gar 48 km vom Landeplatz entfernt.

Oberstleutnant Otway, der mit einigen Männern seines Stabes nahe dem HQ eines deutschen Batl. niederging, erreichte den Landeplatz. Hier hatten sich bis 2.50 Uhr – volle zwei Stunden nach dem Absprung, – ganze 150 Fallschirmjäger eingefunden. Sie verfügten über ein (!) MG und einige Sprengmittel, die zur Zerstörung der ganzen Batterie nicht reichten. Von den Werfern, der Pak, den Flammenwerfern, der schweren Sturmausrüstung, den Pionieren und den mit ihnen abgesprungenen Ärzten war nichts zu sehen.

Otway beschloß, mit dieser Handvoll Männer anzugreifen. Aber bis zur Batterie Merville waren es noch 2,4 km. Er marschierte an der Spitze seiner Männer in Richtung Merville und stieß unterwegs auf Major George Smith mit jener Patrouille, die den Auftrag hatte, die Drahtverhaue zu durchschneiden, Minengassen freizuräumen und die Feindstellungen zu erkunden. Diesen Auftrag hatten sie bereits durchgeführt. Smith erstattete Otway einen Bericht und gab ihm die Minengassen-Skizzen.

Als sich die KGr. Otway der Batterie näherte, erhielt sie aus den deutschen Verteidigungsstellungen Feuer. Otway stellte zwei Gruppen von jeweils 15 Männern auf, welche die Bresche der Pioniere in den Hindernissen verbreitern sollten. Vier weitere Stoßtrupps von jeweils zwölf Soldaten erhielten Befehl, gegen die deutschen Bereitstellungen vorzugehen.

In etwa 500 m Distanz zur Batterie Merville war nun alles bereit und wartete auf das Eintreffen des Handstreich-Kommandos, das die Initialzündung bewirken sollte. Es bestand aus drei Gleitern mit 60 Soldaten und wirksamen Waffen. Als diese Schleppflugzeuge herangekommen waren und ihre Blinksignale Otway zeigten, daß jetzt die drei Gleiter ausklinken würden, atmete er befreit auf. Dies wenigstens schien zu klappen.

Die Küstenflak eröffnete das Feuer, und später bellten auch die 2-cm-Fla-MW des Stützpunktes dazwischen. Sie trafen einen Gleiter, der sofort qualmend abdrehte und in der Nähe des Strandes eine Bruchlandung machte.

Die beiden anderen Gleiter kreisten über der Batterie und warteten auf die Beleuchtung des Landegeländes, die durch einen Leuchtmunition schießenden Werfer erfolgen sollte. Dieser stand jedoch nicht zur Verfügung. Beide Gleiter landeten infolgedessen weit vom Schuß, weil sie das brennende Dorf Merville für ihr Ziel hielten.

Um 4.30 Uhr gab Oberstleutnant Otway den Befehl zum Angriff. Mit zwei Bangalore-Torpedos wurden Breschen in den Drahtverhau gesprengt, zwischen denen die Sturmtruppen – durch das feindliche MG-Feuer hastend – hindurchrasten.

Während eine der Sturmgruppen sich den feindbesetzten Gräben zuwandte, stürmte die zweite direkt auf die Batterie zu. Bis auf eine Distanz von 30 m kamen die Fallschirmjäger an die Stahltüren heran, welche die Geschützstände geschlossen halten sollten. Zwei dieser Türen standen jedoch offen, und durch zwei geballte Ladungen und MPi-Feuer in den Bunker hinein wurde die Besatzung überwunden. Die Geschütze wurden sofort gesprengt.

Es handelte sich jedoch nicht um die gefährlichen 15,5-cm-Geschütze, sondern um solche vom Kaliber 7,5 cm, die nicht so weit reichten, um die Schiffe vor der Küste zu gefährden.

Die Grabenbesatzungen kämpften verbissen. Der Einsatz dauerte genau 30 Minuten, dann war Merville in Otways Hand. 100 Deutsche waren gefallen, 22 verwundet in Gefangenschaft geraten. Otways Truppe hatte 66 Tote, der Großteil seiner Leute wurde verwundet.

Das Fazit dieses teuer erkauften Sieges: Die Batterie war überhaupt nicht zur Seezielbekämpfung geeignet, sie hätte die alliierten Landungen in keiner Weise beeinflussen können.

Oberstleutnant Otway gab um 4.45 Uhr der sich nähernden Flotte vor der Küste das vereinbarte Leuchtzeichen, daß sich die Batterie in eigener Hand befinde.

Da er keine Bestätigung erhielt, zog er sich schließlich aus der Batterie Merville zurück, um nicht von der Schiffsartillerie erfaßt zu werden, die ja das Feuer eröffnen wollte, wenn keine Nachricht vom Gelingen des Handstreichs durchkommen würde.

Eine KGr. des deutschen IR 736 nahm wenige Stunden darauf Merville wieder in Besitz. Es gelang den Grenadieren, die Batterie wieder feuerbereit zu machen, weil die Sprengungen mit dem geringen Material nicht umfassend genug gewesen waren.

Die Grenadiere hielten Merville bis zum Mittag des 7. Juni. Erst am Nachmittag wurden sie überwältigt.

Ein zweiter Gegenanstoß mit Unterstützung einiger Sturmgeschütze brachte Merville abermals in deutsche Hand. Bis Anfang Juli sollte diese Batterie noch mehrfach ihren Besitzer wechseln. Das Fazit dieses Sondereinsatzes: „völlig überflüssig!“

Deutsche Abwehr gegen die alliierten Luftlandetruppen

Marinebatterie St. Marcouf

Als im GefStand der Marinebatterie St. Marcouf der Feldfernsprecher rasselte, wurde Oberleutnant Walter Ohmsen, Chef dieser Küstenbatterie, die der MarArtAbt. 260 unterstand, an den Apparat gerufen. Am anderen Ende der Leitung war Oberst Triepel, Kdr. des Heeres-Küsten-Artillerie-Regimentes 1261, dem auch die MarArtAbt. 260 unterstand. Von seinem GefStand auf der Ginsterhöhe in La Pernelle nahe einer noch arbeitenden deutschen Funkmeß-Station hatte Triepel beste Sicht auf die See.

„Hören Sie, Ohmsen", erklärte Oberst Triepel, als sich der Batteriechef gemeldet hatte, „unsere Funkmeß-Station meldet den Anflug eines starken Bomberverbandes in Richtung Marcouf-Azeville. Dies dürfte die neue Reaktion auf die gestrige Aufklärertätigkeit sein. – Deshalb Alarmstufe zwei für die Batterie. Veranlassen Sie alles Notwendige!"

Dieser Befehl wurde zu den Bunkern und den einzelnen Geschützstellungen durchgegeben. Die Besatzungen verschwanden in den Eingängen zu ihren Bunkern mit ihren vier Meter dicken Betonkuppeln. Nur die Posten am Splittergraben und die Bedienungsmannschaften der feuerbereiten Acht-acht-Flak blieben auf ihren Posten.

Die Marinebatterie St. Marcouf war zu einem entscheidenden Schwerpunkt der deutschen Abwehr an der Südostküste der Halbinsel Cotentin ausgebaut worden. Vier 21-cm-Langrohrgeschütze, sechs 7,5-cm- und ein 15-cm-Geschütz standen auf der Einbauliste, die allerdings bis zum Abend des 5. Juni nicht ausgeführt worden war.

In die Bunker hatten inzwischen 400 Marine-Artilleristen Einzug gehalten. Am 19. April war das erste in seinem Bunker installierte Langrohrgeschütz eingeschossen worden. Am nächsten Tage bereits überflogen die feindlichen Raketenjäger die Stellungen und bombten sie. Dennoch wurden die Stellungen weiter ausgebaut, in der Runde eine Masse „Rommelspargel" aufgestellt und Minenfelder gelegt. Zwei weitere Langrohrgeschütze wurden in den folgenden Wochen eingebaut und eingeschossen. Die Flak war Ende Mai vollzählig versammelt. Die Batteriebesatzung war in den Ortschaften St. Marcouf und Crisbecq untergebracht.

Am späten Abend des 5. Juni 1944 um 23.00 Uhr gab es in St. Marcouf Fliegeralarm. Viermotorige Bomber befanden sich nach den Meldungen im Anflug auf die Küste. Sie hatten den Auftrag, dieser gefährlichen Batterie mit 600 Tonnen Bomben den Garaus zu machen.

Als die Bomber auf Schußweite herangekommen waren, eröffneten die sechs Acht-acht-Flak das Abwehrfeuer. Pausenlos krachten die Einschläge. Die erste Acht-acht wurde von einem Volltreffer vernichtet, dann traf es die zweite. Nacheinander wurden alle sechs außer Gefecht gesetzt; die weiterröhrende Bomberarmada erreichte St. Marcouf und belegte auch das dortige Schlößchen mit einer tödlichen Bombenladung.

Der GefStand von Oblt. Ohmsen im Schloß wurde vernichtet, eine Reihe dort befindlicher Soldaten verschüttet. Ein Melder brachte diese Hiobsnachricht zur Batterie. Ohmsen schickte sofort alle freizumachenden Männer mit Schaufeln und Hacken zum Schloß, um die Verschütteten zu befreien.

Als der Batterieoffizier mit den Rettungsmannschaften kurz vor Erreichen des Schlosses beschossen wurde, als schemenhafte Gestalten auftauchten und dann niederschwebende Fallschirme zu erkennen waren, eilte der Oberleutnant zur Batterie zurück und meldete seinem Chef, daß sie von feindlichen Fallschirmjägern beschossen worden seien.

Ohmsen ließ sofort einen Stoßtrupp von 20 Mann mit dem Oberleutnant vorgehen. Sein Befehl lautete: „Nehmen Sie so viele Gegner wie möglich gefangen und bringen Sie sie hierher!"

Unter Beachtung aller Vorsichtsmaßregeln schlichen die Männer durch die Nacht. Immer wieder erklang das Quaken von Fröschen durch die Finsternis, und bald stellten sie fest, daß es sich hier um Erkennungszeichen des Gegners handelte. Sie nahmen die ersten Amerikaner gefangen, griffen nach dem Quarren und ahmten ihrerseits das Quaken der Frösche nach, wodurch ihnen mehr und mehr Gegner in die Hände fielen. Mit 20 gefangenen Fallschirmjägern des FJR 502 kehrten die Männer des Stoßtrupps in die Batterie zurück.

Die Befragung dieser Gefangenen ergab, daß diese KGr. Weisung erhalten hatte, die Geschützstellung der 1./AR 1261 unter Oblt. Erben bei St. Martin de Varreville zu erobern.

Die gleichzeitig damit alarmierten Männer des II./IR 919 trieben nunmehr mit einer Reihe Stoßtrupps die feindlichen Angreifer aus dem Dorf St. Marcouf zurück in den Sumpf.

Azeville und Montebourg

Im Stützpunkt Azeville der 9./HeKüstArtRgt. 945, die über vier fest eingebaute 12,2-cm-Kanonen verfügte, wurde etwa um die gleiche Zeit Alarm gegeben. Oblt. Kattnig, der Stützpunktführer, eilte nach der Alarmmeldung eines Flakpostens ins Freie; er erkannte die feindlichen Transportsegler und die Truppentransporter, aus denen soeben Fallschirmjäger abgesetzt wurden.

Aus allen Rohren wurde das Abwehrfeuer eröffnet, einige der Transportmaschinen wurden getroffen und drehten qualmend ab, eine stürzte brennend herunter. Hier war der gegnerische Überraschungsschlag rasch abgewehrt. Aber bei der Nachbar-Batterie unter Oblt. Habel landeten die Fallschirmjäger mitten im Zeltlager der Batteriebesatzung. Die deutschen Soldaten wurden – ob sie sich ergaben oder nicht – niedergemacht. Oblt. Habel konnte sich mit einigen Männern den Weg nach Azeville freischießen. Sie berichteten dort, was sich bei ihnen ereignet hatte. Aber nach Azeville sollten die US-Fallschirmjäger vergebens streben. St. Marcouf hielt ebenfalls, soviel stand bereits jetzt fest.

Auch im Abschnitt des GR 919 in Montebourg und beim GefStand des III./GR 919 ostwärts davon war etwa 50 Minuten nach Mitternacht die Luft vom Donner der anfliegenden Flugzeuge erfüllt. Oblt. Hoffmann, der Wachhabende, hörte den Motorenlärm und eilte ins Freie.

Er sah sechs Gleiter genau auf den GefStand des Batl. zufliegen. Dann erblickte er kurz dahinter die aus den Transportern aussteigenden Fallschirmjäger. Er gab Alarm. Der Kampf hatte nun auch hier begonnen und entwickelte sich in der Nacht zu einem Gefecht, das auf beiden Seiten mit List und Tücke geführt wurde.

Im gesamten Frontbereich der 709. ID, welche die Ostküste von Cotentin verteidigen sollte, lagen die Soldaten in den einzelnen neu eingerichteten Stützpunkten. Der DivKdr., GenLt. von Schlieben, hatte versucht, die von GFM Rommel bei dessen Besichtigung am 11. Mai vorgebrachten Beanstandungen auszumerzen, aber er hatte weder genug Leute zum Schanzen noch genügend Schanzmittel.

Als hier die Alarmmeldung von der Landung feindlicher Fallschirmjäger einlief, die hinter den Stellungen der Division niedergegangen waren, war man zunächst skeptisch. Dennoch wurden sofort Spähtrupps losgeschickt, die bald darauf mit den gelandeten Fallschirmjägern in Gefechte verwickelt waren. In diesem Abschnitt wurden Soldaten des FJR 506 gefangengenommen.

Beim LXXXIV. Armeekorps in St. Lô

Im HQ des LXXXIV. AK in St. Lô befanden sich um Mitternacht des 6. Juni der Chef des Stabes, Oberstleutnant von Criegern, der Ia, Major Viebig, und der Ic, Major Hayn. Diese Offiziere wollten um Mitternacht mit ihrem Kommandierenden General zu dessen 53. Geburtstag anstoßen.

Am Vormittag dieses Tages war GendArt. Marcks noch bei dem in Rennes stattfindenden Kriegsspiel der 7. Armee gewesen. Es hatte den bezeichnenden Titel „Luftlandung und ihre Abwehr" getragen.

Major Hayn brachte die Meldung mit, daß ein viermotoriger Bomber im Anflug abgeschossen worden und bei Agneaux ins Meer gestürzt sei. Dies war nach den um 22.00 Uhr des 5. Juni eingehenden Meldungen über starke Einflüge der erste Beweis, daß die Normandieküste angepeilt war.

Wenig später wurden die Fallschirmjäger der 82. LL-Div. unter GenMaj. Ridgway mitten über der Halbinsel Cotentin abgesetzt; ihnen schlossen sich die Fallschirmjäger der 101. US-LL-Div. an.

Die Geburtstagsfeier nahm dennoch ihren Anfang. Aber um 1.11 Uhr klingelte der Feldfernsprecher. General Marcks, der noch mit seinen Offizieren zusammensaß, um über die sich häufenden Einflugmeldungen zu sprechen, nahm den Hörer auf. Er deutete auf den zweiten Hörer, den sein Chef des Stabes ergriff und ans Ohr preßte.

Der Fernspruch kam vom Ia der 716. ID. Sein Inhalt lautete: Feindliche Fallschirmtruppen sind ostwärts der Ornemündung abgesprungen. Hauptabsprungraum Bréville – Ranville und der Nordrand des Waldes von Bavent. Hauptaktion gilt den Dives-Brücken und den Übergängen über die Orne. Gegenmaßnahmen laufen. (Siehe: Friedrich Hayn: Die Invasion – von Cotentin bis Falaise)

Im Korpsstab wurde sofort die Frage aufgeworfen, ob es sich hierbei lediglich um Fallschirmlandungen von Widerstandskämpfern oder um größere Feindoperationen handeln könne. Der Ic des Korps verneinte den Absprung von Widerstandskämpfern mit dem Hinweis darauf, daß dieser Raum zu nahe an deutschen Hauptkampflinien liege und daß Widerständler nie so nahe herangehen würden.

Wenige Minuten darauf schrillte der Feldfernsprecher auf dem Schreibtisch des Generals ein zweites Mal. Diesmal war Oberst Hamann, der Kommandeur der 709. ID, am anderen Ende der Leitung. Seine Meldung lautete:

„Feindliche Fallschirmjäger südlich St. Germain-de Varreville und bei St. Marie du Mont gelandet. Eine zweite Gruppe westlich der Hauptstraße Carentan – Valognes beiderseits des Flusses Merderet und an der

Straße bei St. Mère Eglise. Stab III./GR 919 hat Gefangene der 101. US-Luftlande-Division gemacht."

Ein Blick auf die Uhr zeigte General Marcks, daß es bereits 1.45 Uhr war. Aber noch waren sich seine Offiziere nicht einig. Erst mit Beginn der Morgendämmerung war es beim LXXXIV. AK klar, daß dieser Angriff kein Kommandounternehmen à la Dieppe war, sondern eine ausgewachsene Invasion. Die bis zu diesem Zeitpunkt eingelaufenen Meldungen zeigten den ganzen Umfang der Luftlandungen auf, und bei diesem Umfang war mit sehr großen von See nachkommenden Streitkräften zu rechnen.

An beiden Flanken des LXXXIV. AK waren insgesamt drei Luftlande-Divisionen niedergegangen. Im Bereich der 711. und 719. ID die 6. brit. LL-Div., weiter im Westen um Cotentin bei der 709.ID die 82. und 101. US-LL-Div.

Die verschiedensten Einsatzorte dieser Feindtruppe aus der Luft ließen erkennen, daß man sich durch diesen Einsatz aller Brücken und Straßenkreuzungen versichern wollte, um diese einmal für die nachfolgenden Landungstruppen freizuhalten und zum anderen die weiter im Hinterland gelegenen Brücken zu sprengen, damit die deutschen Einsatzkräfte nicht herankamen.

Dies hier – das war nicht nur General Marcks, sondern allen seinen Stabsoffizieren klar – war eine großartig angelegte Operation zur Flankensicherung einer ganzen Armee, die über See kommen würde. Und nach dem Einsatz der Fallschirmjäger zu urteilen, mußte diese Armee zwischen der Orne- und Viremündung an Land gehen, sonst ergaben die Fallschirm- und Luftlandungen keinen Sinn.

Diese Überlegungen des LXXXIV. AK waren richtig, doch wurden sie auch von der Obersten deutschen Führung geteilt? Hatte man dort bereits genaue Erkenntnisse, und münzte man diese in rasche Reaktionen um?

Beim Marine-Gruppenkommando West in Paris

Eine halbe Stunde vor Mitternacht zum 6. Juni 1944 hatten sich im Lagezimmer der Marine-Gruppenkommandos West in Paris die Herren des Stabes versammelt. Seit einigen Tagen wurden diese mitternächtlichen Konferenzen abgehalten, weil eine Entscheidung in der Luft lag.

Einem der wenigen deutschen Aufklärer, die über See bis nach England vorgestoßen waren, gelang es, an der englischen Südostküste eine Landungsübung zu entdecken. Sie hatte vor drei Wochen unter genau jenen Umständen stattgefunden, wie sie sie jetzt am Abend des 5. Juni und in der Nacht zum 6. Juni herrschen würden. Wie damals war nun in den frühen Morgenstunden Niedrigwasser und Mondlicht, zwei Komponenten, die das Gelingen einer Invasion wahrscheinlicher machten.

Der Stabsoffizier, der die Ortungsergebnisse der Funkmeßstellen zusammenfaßte, berichtete, es lägen keine besonderen Ortungsergebnisse vor. Der Ia des Stabes Kpt.S. Wegener, trat an den Lagentisch und verlas die soeben eingegangene Wochen-Lagenmeldung aus dem Stabsquartier von GFM Rommel. Sie lautete:

„Planmäßige Fortsetzung und Steigerung der feindlichen Luftangriffe und verstärkte Verminung der eigenen Häfen mit verbessertem Minenmaterial deuten auf eine Erhöhung der feindlichen Absprungbereitschaft hin. Die Zusammenfassung der Luftangriffe auf die Küstenbefestigungen zwischen Dünkirchen und Dieppe sowie auf die Seine-Oise-Brücken bestätigen den vermutlichen Schwerpunkt einer Großlandung.

Seit dem 1. Juni verstärkte Durchgabe von Alarmsprüchen für französische Widerstandsorganisation im feindlichen Rundfunk. Nach bisherigen Erfahrungen nicht als Hinweis unmittelbar bevorstehenden Invasionsbeginns anzusehen und auswertbar.

Die Luftaufklärung ergab in Dover unbedeutende Zunahme des Landungsfahrzeug-Raumes. Die übrigen Hafenbereiche der englischen Südküste wurden nicht aufgeklärt. – – –

Überblick über Hafenbelegung an gesamter englischer Südküste durch Luftaufklärung dringend erforderlich."

Der Chef des Stabes, VAdm. Hoffmann, blickte nach Ende des Vortrages fragend zum Verbindungsoffizier der Luftwaffe beim Marine-Gruppenkommando West, dem Ia des Stabes der Luftflotte 3, Oberstleutnant Queißler, hinüber. Dieser erhob sich und führte aus:

„Das schlechte Wetter hat Aufklärungsflüge am heutigen Tage über Südengland unmöglich gemacht. Es wurde nur mit einigen Flügen über der holländischen Küste aufgeklärt."

Anschließend kam der „Wetterfrosch" der Luftflotte 3, Major Lettau, zu Wort. Seine Prognose lautete:

„Der Gegner hat drei Perioden schönen Wetters nicht ausgenutzt. Der vorgestern in seinen ersten Auswirkungen beobachtete Wetterumschwung läßt eine Invasion binnen der nächsten 14 Tage unmöglich erscheinen."

Der Funküberwachungsoffizier meldete sich zu Wort: „Wir sollten nicht vergessen, daß ‚die Stimme des SHAEF' über den Sender der BBC vor gut zwei Stunden die verschlüsselten Meldungen für die Widerstandsgruppen durchgegeben hat. Anstatt der sonst üblichen fünf bis sieben Minuten wurden für diese Durchsage volle 20 Minuten benötigt."

„Auch aus der Funküberwachungsstelle des OB West wurde das Abhören einer Sendung gemeldet. Darin heißt es, daß alle Widerstandskämpfer ihre Radioempfänger besetzt halten sollten, weil neue entscheidende Meldungen durchgegeben werden würden."

„Und wie sieht die Seelage aus?" fragte der Chef des Stabes. „Die nicht zerstörten Funkmeß-Stationen zwischen Cherbourg und Le Havre haben gemeldet, daß sie gestört werden. Alle Stationen zwischen Fécamp und Calais hingegen haben bereits ab 22.00 Uhr ungewöhnlich starke Schiffsbewegungen im Kanal gemeldet. Aus diesem Grund wurde von GenOberst Salmuth für die 15. Armee Alarm gegeben, weil die Landungen eines Gegners zwischen Orne und Schelde danach am wahrscheinlichsten sind."

„Was ist mit der 7. Armee?" fragte einer der Offiziere. „Feldmarschall von Rundstedts Stabschef, General Blumentritt, glaubt nicht, daß dies bereits die Invasion ist. Er hält alles nur für weitere Störmanöver. Der OB West hat auf diese Beurteilung hin keine weiteren Vorsichtsmaßregeln angeordnet."

„Bitte, Herr Oberstleutnant, berichten Sie aus Ihrem Sektor", forderte KptzS. Wegener den Funkhorch-Experten auf.

„Zwischen 22.00 und 23.00 Uhr fing die Funkhorch-Abteilung West in Brest eine Reihe Wettermeldungen amerikanischer Wetterstationen auf, die für mittelschwere und schwere US-Bomberverbände bestimmt waren. Obgleich noch niemals vorher US-Bomberverbände in Nachteinsätzen beobachtet wurden, mußten wir aufgrund dieser Erkenntnisse alle verfügbaren Nachtjagd-Einheiten alarmieren."

KptzS. Wegener schloß die Besprechung und bat alle Herren des Stabes, sich zur Verfügung zu halten, damit er sie rasch informieren könne, falls dies notwendig werden würde.

Als die Sitzung gerade geschlossen wurde, stürmte ein Offizier der Stabsfunkstelle in den Raum und überreichte dem Ia eine Meldung. VAdm. Hoffmann blickte den Ia fragend an.

„Meldung von der Funkmeßstelle auf Cap Hague, Herr Admiral! Sie besagt: ‚Viele Ortungen bei der britischen Insel Wight.'"

„Fragen Sie sofort zurück, ob man dort die Überzeugung hat, daß es sich um ungewöhnliche Schiffsbewegungen handelt."

Kpt. z. S. Wegener eilte zum Schreibtisch, auf dem der Fernsprecher stand. VAdm. Hoffmann ging durch den Raum zur Stirnwand hinüber, an der eine Karte des gesamten Gebietes der möglichen Landungen hing. Ein Blick zeigte ihm, daß Cap Hague an der äußersten Spitze der Halbinsel Cotentin lag. Dort also, der britischen Küste am nächsten, waren Ortungen aufgefangen worden. Der Ia hatte inzwischen die Verbindung mit der Funkmeßstation bekommen. Wer ihn anblickte, sah, daß sich die auf seinem Gesicht liegende Spannung löste. Abschließend befahl der Ia erhöhte Wachbereitschaft und legte den Hörer auf. Dann meldete er dem Vizeadmiral: „Es handelt sich offenbar um einen ganz gewöhnlichen Küstengeleitzug, Herr Admiral."

Damit war die Sitzung beendet. Die Männer verließen den Besprechungsraum. Eine Minute darauf erlosch das Licht in fast allen Räumen des großen Etagenhauses am Bois de Boulogne.

Kpt. z. S. Wegener hielt es nicht lange in seinem Zimmer. Er ging nach unten und ließ sich in seinen Schreibtischsessel fallen. Ein ungutes Gefühl, eine Ahnung von irgend etwas Entscheidendem, was sich gerade jetzt irgendwo draußen auf See tat, hielt ihn wach.

Es war genau 1.45 Uhr, als auf dem Schaltbrett vor ihm vier Lämpchen aufglühten. Die im großen Wachraum anwesenden Offiziere sprangen gleichzeitig auf. Schrill klang das Telefon. Wegener nahm den Hörer auf, vernahm die Meldung und drückte auf den Alarmknopf, dessen Schrillen alle Stabsoffiziere aus den Betten riß. Er ließ sich mit dem Zimmer des Stabschefs verbinden, und als VAdm. Hoffmann sich meldete, sagte Wegener: „Herr Admiral, kommen Sie bitte sofort ins Lagezimmer! – – – Ich glaube, die Invasion marschiert!"

Zwei Minuten darauf war VAdm. Hoffmann im Bademantel zur Stelle. Die übrigen Offiziere trafen fast gleichzeitig mit ihm ein. Alle traten um die Karte herum, vor der sich Kpt. z. S. Wegener aufgestellt hatte. Hier waren nun jene Punkte erleuchtet, von denen Warnmeldungen eingegangen waren. Als Wegener Cap Hague erreichen wollte, war die Leitung dorthin tot.

„Funkkreise einschalten! – Frage an Halbinsel Cotentin: Was ist los?" Eine Minute darauf kam auch schon die Antwort: „Viele Zacken auf der Braunschen Röhre!" Dann meldete sich Pointe de Barfleur: „Viele Zacken auf dem Schirm, Richtung noch ungewiß!"

Nun folgte die Meldung aus Saint Pierre en Port: „Ortungen, die sich in Richtung auf die französische Küste zubewegen. Anscheinend Störungen, da Zahl der Ortungen unendlich hoch."

Doch VAdm. Hoffmann ahnte mehr, als er dies mit Bestimmtheit hätte sagen können, daß dies keine Störungen waren, sondern die größte Schiffsarmada aller Zeiten, die sich auf die Invasionsküste zubewegte. Das war die Invasion!

Kpt. z. S. Wegener ließ sich mit dem Chef des Stabes der OB West verbinden. General Blumentritt war sofort am Apparat. „Hier Marine-Gruppenkommando West. Herr General, die feindliche Invasionsflotte ist unterwegs!" „Spielen Ihnen die Funkgeräte auch keinen Streich?" fragte General Blumentritt zurück." Die Wetterlage ist doch für eine Landung viel zu ungünstig." „Die Meldungen sind zuverlässig, Herr General!"

„Danke, Herr Kapitän. Dann werde ich jetzt für alle Truppen an der Küste höchste Alarmstufe geben, Ende."

Der Ia ließ sich nunmehr mit Admiral Krancke, dem OB des Marine-Gruppenkommandos West, verbinden, der sich zu dieser Zeit in Arcachon bei Cap Ferret aufhielt. Als sich die Gegenstelle meldete und Krancke an den Hörer gerufen wurde, übergab Wegener an VAdm. Hoffmann. Dieser sagte nur einen Satz: „Herr Admiral, die Invasion läuft!"

„Danke, Hoffmann. Hiermit gebe ich das Stichwort: ‚Großlandung Seinebucht!' Ich komme sofort zurück. Erwarten Sie mich in vier Stunden und verständigen Sie sofort die Seekriegsleitung,' Ende."

Um 3.05 Uhr erhielt der OB der Kriegsmarine, Großadmiral Dönitz, die Meldung aus Paris von der nunmehr laufenden Invasion. Ihm wurde die Landung von mindestens drei Fallschirmjäger-Divisionen gemeldet. Dies alles gab Dönitz die Überzeugung, daß er es mit der richtigen Invasion und nicht mit einer Scheinlandung zu tun hatte.

Um 3.38 Uhr wurde die U-Boot-Gruppe „Landwirt", die in den Biskayahäfen lag, alarmiert. Die acht bereits mit Schnorcheln ausgestatteten Boote aus Brest und die weiteren Schnorchelboote aus Lorient liefen in den Raum nördlich Cherbourg. Die Boote ohne Schnorchel erhielten den Seeraum südwestlich von England zugewiesen. Alle übrigen Boote erhielten ihre Aufklärungsstreifen und marschierten in Richtung Biskaya. Der Befehl für alle Boote lautete:

„Letzter Einsatz! – Aufgetaucht mit Höchstfahrt marschieren! Vor angreifenden Flugzeugen nicht tauchen! Aufgetaucht abwehren."

Um 3.10 Uhr erhielt die in den norwegischen Häfen liegende U-Boot-Gruppe den Alarmbefehl. Alle Boote, die in See standen, erhielten Weisung, sich weiter dort aufzuhalten, wo sie sich gerade befanden, und Befehle abzuwarten.

Gleichzeitig mit den U-Booten erhielten alle anderen leichten Seestreitkräfte in den Atlantikhäfen die Angriffsbefehle.

Was war eigentlich nach dem Absprung der alliierten Fallschirmjäger an Feindverbänden zur See unterwegs nach dem Festland?

Die größte Armada aller Zeiten

Allgemeine Übersicht

Insgesamt brachen zum Unternehmen Overlord aus den englischen Häfen folgende Einheiten oder Verbände der Alliierten auf oder kamen in den nächsten 48 Stunden hinzu:

Sieben Schlachtschiffe, zwei Monitore, 24 Kreuzer, drei Kanonenboote, 123 Zerstörer und 1073 kleinere Kriegsfahrzeuge. Die Zahl der Landungsfahrzeuge betrug insgesamt:

Western Naval Task Force: 1700.
Eastern Naval Task Force: 2426.

Insgesamt galt es, 5358 Schiffe 26 verschiedener Bautypen nach Frankreich zu bringen. Alle Einheiten und Verbände mußten die berüchtigte Zone „Z" passieren, die von den Soldaten infolge ihrer Verkehrsdichte „Piccadilly Circus" genannt wurde.

Dieser Dreh- und Rangierplatz auf See lag 18 km südostwärts der Insel Wight und hatte einen Durchmesser von nur 10 sm. Durch die sog. „Mickey Mouse Diagrams" war ein reibungsloses Durchschleusen über diesen Punkt hinweg geregelt worden.

Vom Piccadilly Circus aus begannen jene „Spouth", fünf Fahrstraßen für die einzelnen Gruppen, die man durch den deutschen Minengürtel freigeräumt hatte. Von ihrem engsten Trichter aus weiteten sie sich strahlenförmig aus, um nach Passieren des feindlichen Minenfeldes noch weiter auseinanderzufächern und die einzelnen Landezonen anzulaufen, die, von Westen nach Osten verlaufend, die Bezeichnungen Utah, Omaha, Gold, Juno und Sword trugen.

Die Western Task Force unter KAdm. Alan C. Kirk transportierte die 1. US-Armee unter General Omar N. Bradley mit dem V, und VII. Korps, während die Eastern Task Force unter KAdm. Sir Philip Vian die 2. brit. Armee unter General Sir Miles Dempsey mit dem I. und XXX. Korps nach Frankreich zu bringen hatte.

Die alliierten Luftwaffenverbände wurden nunmehr nach langem Gerangel und auch noch weiter andauernden Eifersüchteleien von Luftmarschall Sir Trafford L. Leigh-Mallory befehligt. Ihm stand die beinahe sagenhafte Zahl von 13000 Kampflugzeugen aller Art zur Verfügung, von denen allerdings „nur" 11590 einsatzbereit waren.

Die RAF mit den unterstellten Einheiten und Verbänden der australischen, belgischen, französischen, holländischen, kanadischen, norwegischen und neuseeländischen Luftwaffe stellten insgesamt 5510 einsatzbereite Flugzeuge. Die 8. USAAF wiederum hatte 6080 Flugzeuge ins große Spiel geworfen.

Insgesamt standen in dieser gewaltigsten Luftarmada aller Zeiten 3440 schwere Bomber, von der B 17 – Flying Fortress – über die B 24 – Liberator – und Halifax bis zur alten bewährten Lancaster. Die 930 mittleren Bomber setzten sich aus den Typen Mitchell, Boston, Mosquito, B 26 – Marauder – und A 20 – Havoc – zusammen.

Etwa 1500 Flugzeuge hatten Weisungen, als Aufklärer, Artilleriebeobachter, Küstenschutz-Patrouillen oder zur U-Boot-Bekämpfung zu starten. Auch der schnelle Verwundetentransport gehörte zu ihren Aufgaben.

Die Jägerwaffe der Alliierten bestand aus 4190 Jägern und Jagdbombern. Da gab es die bewährte Spitfire ebenso wie die P 47 – Thunderbolt – und die P 51 – Mustang.

Die alliierte Lufttransportflotte setzte sich aus 1360 Flugzeugen und 3500 Lastenseglern zusammen.

Von diesen unvorstellbaren Luftstreitkräften war der Atlantikwall bereits an vielen Stellen zerschlagen worden. Die lückenlose Kette der Funkmeß-Stationen war durch die Vernichtung oder Beschädigung von 64 dieser Stationen aufgebrochen.

Die fünf Landungszonen lagen so weit auseinander, daß man für die lokalen Ebbezeiten besondere Landungszeiten für die einzelnen Strände berechnen mußte.

Hier die einzelnen Landungsoperationen und ihre Verbände.

Landungsverband Utah

Der Verband Utah unter KAdm. Moon auf USS „Bayfield“ hatte 6.30 Uhr als Zeitpunkt der Anlandung erhalten. Als dieser Schiffspulk den Ausschiffungsraum 11,5 sm ostwärts Utah-Strand erreichte, war es genau 2.28 Uhr. Die Fahrt bis hierher war bei grober See ungestört verlaufen. Alle 1000 Schiffe waren heil durchgekommen und brachten an Bord insgesamt 30000 Mann Truppen für den westlichsten Landeabschnitt mit. Hinzu kamen etwa 3500 Fahrzeuge.

Auf 30 m Wasser gingen die großen Schiffe nun vor Anker. Die 116 Einheiten des Verbandes U2A (I) mit der ersten Welle der Sturmtruppen und das Küstenbeschießungsgeschwader mit dem Schlachtschiff „Nevada“, dem Monitor „Terror“, den US-Kreuzern „Tuscaloosa“ und „Quincy“ und den britischen Kreuzern „Enterprise“, „Hawkins“, „Black

Prince“, „Soemba“ und acht Zerstörern traten in Aktion.

Das zweite Treffen mit U2A (II) verfügte über 127 Schiffe. Sie würden nach der Landung der ersten Welle anlanden.

Der Strand, den es für die Gruppe Utah zu betreten und zu erobern galt, war ein 15 km breiter Geländestreifen an der Ostküste der Halbinsel Cotentin zwischen St. Martin de Varreville und La Madeleine. In diesem Abschnitt lagen auch die beiden der Küste vorgelagerten Inseln von St. Marcouf. Von den deutschen Küstenbatterien war an dieser Stelle vorerst nichts zu hören.

Um 4.30 Uhr legten die Landungsboote mit der ersten Sturmgruppen-Welle von den Transportern ab. Bis zur Küste würden die Soldaten noch zwei Stunden in den schaukelnden Kähnen hocken oder liegen müssen.

Die erste Welle sollte von acht Tank-Landungsschiffen begleitet werden, auf denen jeweils vier Schwimmpanzer transportiert wurden. Diese Schiffe hatten wegen des schlechten Wetters ihre Geschwindigkeit nicht halten können und trafen erst um 4.45 Uhr im Transportbereich ein.

Bei seinem Eintreffen dort erkannte der Transportoffizier des Panzerverbandes PC 1176, daß die Panzer nicht rechtzeitig mit der Infanterie, die bereits unterwegs war, eintreffen würden, wenn er sie – wie dies befohlen war – vier km vor der Küste zu Wasser lassen würde. Deshalb brachte er seinen Konvoi bis auf 1,6 km an die Küste heran, ehe er die Tanks zu Wasser ließ. Dies bedeutete aber, daß die LCT durch die deutsche Minensperre mußten. Ein Leitungsboot und ein LCT liefen denn auch beim Überqueren der Cardonnet-Bank auf Minen und sanken. Von den insgesamt 32 Schwimmpanzern kamen also nur noch 28 an.

Aus den bereits 500 m vor dem Strand wegen des Niedrigwassers auf Grund laufenden Landungsfahrzeugen sprangen die angelandeten Sturmtruppen ins seichte Wasser und liefen den vor ihnen aufragenden Dünen entgegen, von deren Höhen ihnen das Feuer von Granatwerfern, MG und Gewehren entgegenschlug.

Die bereits um 5.20 Uhr vorhergegangenen Bombardements des Strandes zeigten noch jetzt ihre Wirkung. Die beiden Spitzen-Bataillone der 4. US-ID erhielten zehn Minuten nach ihrem Vonbordgehen Unterstützung durch die soeben gelandeten Panzer; sie eröffneten das Feuer auf jene deutschen MG-Stände, die erkannt worden waren. Hinter den nun die Spitze übernehmenden Panzern kamen die Männer der Sturmgruppen bis 9.00 Uhr in breiter Front 2 km weit landeinwärts. Damit hatten sie die Strandhindernisse überwunden.

Eine Küstenbatterie hatte bereits um 5.05 Uhr das Feuer auf die beiden US-Zerstörer „Fitch“ und „Coppy“ eröffnet, die ihre Küstenbeschießungspositionen 2,5 sm vor der Küste an der Nordflanke eingenommen hatten.

Um 5.20 Uhr ergriffen 276 Bomber der IX. US Army Air Force, die unterhalb der Wolkendecke anflogen, um wenigstens einigermaßen Sicht zu haben, die erkannten Batterien an der Küste an. Sie warfen 4400 Bomben, ohne daß es ihnen gelang, diese Batterien zum Schweigen zu bringen.

Um 5.40 Uhr nahm eine Batterie bei St. Vaast – La Hogue Minensucher unter Feuer, die bis dicht unter den Strand gelaufen waren, um jene Minen zu entschärfen, die binnenseits des deutschen Küstenweges gelegt worden waren.

„Black Prince" eröffnete auf diese Batterie das Feuer, die sich nunmehr auf diesen englischen Kreuzer einschoß.

Admiral Morton L. Deyo, Befehlshaber des Küstenbeschießungsverbandes, gab um 5.36 Uhr den Befehl, das Feuer aus allen Rohren zu eröffnen. 45 Minuten lang tobte nun an dieser Stelle vor der Küste eine feuerspeiende Hölle. Die 35,5-cm-Geschütze der „Nevada" und die 38-cm-Geschütze der „Erebus" hämmerten auf die erkannten deutschen Stellungen ein. Ihr Feuer wurde wirkungsvoll von den Salven der Kreuzer und Zerstörer unterstützt.

Um 6.10 Uhr starteten Flugzeuge, die den Auftrag hatten, eine Nebelwand zwischen der Küste und den Schiffsansammlungen zu legen. Dadurch sollten die nunmehr eintreffenden Landungsfahrzeuge abgeschirmt werden. Nur an einer Stelle war diese Nebelwand unterbrochen, weil das Flugzeug, das hier die Nebelschwaden legen sollte, abgeschossen war. In diese Lücke geriet der Zerstörer „Corry". Er wurde von zwei deutschen Batterien unter Feuer genommen, versuchte, im Zickzackkurs den einhauenden Granaten zu entkommen, und lief dabei auf eine Mine. „Corry" sank um 6.41 Uhr.

Genau 700 m vor der Küste erhielten die Landungsboote mit der ersten Welle der Sturmtruppen Feuerunterstützung durch die LCG (L), jene großen Kanonenträger, die mit ihren 12-cm-Geschützen die deutschen Verteidigungsstellungen aus kurzer Distanz voll eindeckten.

Unmittelbar bevor die Soldaten dann aus den Booten sprangen, feuerten 17 LCT (R) aus 12,7-cm-Raketenwerfer ihre Geschosse auf den Strand.

„Eine Wolke aus Staub und Rauch verdeckte die Küste vollständig, und ein starker Gezeitenstrom versetzte die Landungsboote 1500 m weit nach Süden. Dies erwies sich als glückliche Wendung, denn an diesem Strand fanden die Sturmtruppen fast keinen Widerstand." (Siehe: B. B. Schofield: a.a. O.).

Um 6.45 Uhr – fünf Minuten nach der vorgegebenen H-Zeit – erreichten die Sturmtruppen festen Boden. Um 7.45 Uhr wurde St. Martin de Varreville von ihnen in Besitz genommen. Mit Ausnahme der Schwimmpanzer zog alles nach.

Eine Welle folgte der anderen in jeweils 10 bis 20 Minuten Abstand zueinander, bis alle Truppen dieses Landeabschnittes mit der 26. Welle an Land waren. Bis 9.45 Uhr waren 15 Wellen an Land gegangen.

Die Lage auf Utah-Strand war bereits konsolidiert, als GenMaj. Barton, Kdr. der 4. US-ID, mit seinem Stab um 14.00 Uhr die Küste Frankreichs erreichte. Bis zum Abend waren hier 21328 Soldaten, 1742 Fahrzeuge und 1695 Tonnen Versorgungsgüter gelandet. Utah war fest in der Hand der Invasionstruppen.

„Blutiges Omaha!“

Der nach Osten anschließende Strandabschnitt Omaha jedoch sah harte und verlustreiche Kämpfe. Hier hatte eine zu beiden Seiten etwa 30 m hohe Klippe ein natürliches Hindernis gebildet. Hinzu kam, daß auf dem vier Meilen breiten Abschnitt vier kleine Wasserläufe ins Meer mündeten. Hier befanden sich auf dem Vorstrand Hindernisse, die in drei Reihen Tiefe gestaffelt waren. Die abschließende Kieselbank zum Ufer hinter dem aus Sand bestehenden, etwa 300 m breiten Vorstrand war vermint.

Stacheldrahtverhaue waren beinahe überall den Landenden im Wege, und an den Wasserläufen befanden sich Betonhindernisse, ferner ebenfalls Minenanlagen. Auf den Klippen und an deren Flanken waren Stellungen mit MG-Nestern, Werfern und Bunker mit leichter Pak und Artillerie eingebaut.

Hier verteidigten die 716. ID und Teile der 352. ID; letztere, noch kurz vor Invasionsbeginn mit Teilen in diesen Raum vorverlegt, war eine sehr kampfstarke Truppe.

Insgesamt gab es in diesem Landeabschnitt 16 Bunkerstützpunkte und Unterstände, leichte Artillerie, Pak, Werfer- und MG-Nester.

Der Verband Omaha unter der seemännischen Führung von KAdm. John L. Hall marschierte durch die freigeräumten Wege 3 und 4 der Küste entgegen. Das Küstenbeschießungs-Geschwader hatte die Spitze übernommen. Zu ihm gehörten: Der Verband C unter KAdm. C. F. Bryant auf dem Schlachtschiff „Texas“. Das Schlachtschiff „Arkansas“, die Kreuzer „Glasgow“, „George Leygues“ (franz.), und „Montcalm“, sowie sieben US-Zerstörer, kamen hinzu.

Hinter diesem Verband dichtauf folgte die Gruppe 0-1 mit dem Flaggschiff „Ancon“, 15 Transportern, 33 LCT (L), und zwei LCH, die von fünf Zerstörern gesichert wurden.

Die Nachhut wurde von dem langsamen Convoy 0-2 mit 127 Landungsschiffen und einer Reihe kleiner Seefahrzeuge gebildet.

Die Küstenbeschießungsgruppe lief mit kleiner Fahrt in die ihr zugewiesene Beschießungsposition westlich und ostwärts des Landungsgebietes. Sie traf übrigens bereits um 2.20 Uhr dort ein und ankerte.

30 Minuten später ankerte auch die schnelle Gruppe 0-1 im Transportbereich, 11 sm vor der Küste, von wo aus die Landungsfahrzeuge die Truppen an Land bringen sollten.

Hier, wo der Windschatten der Halbinsel Cotentin nicht mehr wirksam war, wurden die vor Anker liegenden Schiffe hart gebeutelt. Bevor noch der eigene Küstenbeschießungsverband das Feuer eröffnen konnte, blitzten um 5.30 Uhr durch den bedeckten Himmel über der Küste die Flammenlanzen der Abschüsse einer ersten deutschen Batterie bei Port en Bessin auf. Das Feuer galt dem Schlachtschiff „Arkansas“. Dieses erwiderte das Feuer, obgleich der Zeitpunkt der offiziellen Feuereröffnung noch nicht gekommen war. Diese sollte erst um 5.50 Uhr stattfinden.

Pünktlich um 6.00 Uhr röhrte ein Bomberverband über diese Flotte hinweg, um die deutschen Küstenverteidigungsanlagen zu vernichten. Er warf seine Bomben viel zu spät, so daß sie im Hinterland einschlugen und lediglich Schaden und Tote unter der Zivilbevölkerung forderten.

Die Angriffsverbände fuhren zeitgerecht in ihren kleinen Nußschalen los. In vier Wellen sollten sie landen. Mit der ersten Welle war die Landung der Amphibienpanzer vorgesehen. Danach waren LCT mit Tanks und gepanzertem Räumgerät zur Säuberung der Strandräume vorgesehen. Als dritte Welle sollte die gesamte Infanterie folgen, die dann bereits auf den Feuerschutz der Panzer würde zählen dürfen. Zum Schluß kam noch das Sprengkommando. Die Zeitverteilung der Landung aller vier Wellen belief sich auf ganze acht Minuten Differenz.

Als die Amphibienpanzer der Gruppe Omaha-1 2½ Meilen vor dem Strand ausgesetzt wurden, sanken fünf von ihnen sofort in der mit Stärke fünf gehenden See. Die drei übrigbleibenden wurden dadurch gerettet, daß Lt. H. P. Sullivan, der Kdt. von LCT 600, die Rampe seines Fahrzeuges wieder hochziehen ließ, als er sah, daß die ersten Panzer wie Steine untergingen. Er steuerte nun auf die Küste zu und landete die letzten drei Panzer direkt auf dem Strand.

Auf der rechten Flanke hatte man das Aussetzen der Panzer verboten, weil die Seebedingungen zu schlecht waren. Hier fuhren die Panzer-Landungsschiffe direkt bis zum Strand und setzten ihre Panzer um 6.29 Uhr ab. Diese rollten feuernd von den LCP herunter.

Inzwischen hatte längst das Feuer der Küstenbeschießungsgruppen begonnen, die bis fünf Minuten vor der H-Zeit auf den Strand schossen. Das fehlgegangene Luftbombardement hatte die Verteidigung nicht getroffen. Dies sollte für die landenden Sturmgruppen verheerende Folgen haben.

Als diese um 6.35 Uhr die Strände Dog, Easy und Fox erreichten, in die Omaha-Strand unterteilt war, erhielten sie schweres MG- und Werferfeuer. Das Durchwaten einer 50 bis 100 m breiten Stelle tiefen Wassers und das Vorbeilavrieren an den bis zu 300 m tiefgestaffelten Vorstrandhindernissen kostete Zeit, und diese Zeit stand dem Gegner zur Abwehr zur Verfügung. Die Zahl der Opfer machte dies deutlich. In der starken Brandung verloren die Sprengkommandos einen Teil ihrer Ausrüstung und der Sprengmittel. Daß es ihnen dennoch gelang, von den 16 vom Strand ins Land hinein geplanten Wegen fünf gangbar zu machen, grenzt an ein Wunder.

Der nach Osten treibende Gezeitenstrom versetzte die anlandenden Kontingente. Dies trug sehr zur allgemeinen Verwirrung bei. Der US-Seekriegshistoriker Samuel Morison hat dies sehr plastisch dargestellt, als er schrieb:

„Entlang des gesamten Omaha-Strandes sah man eine auseinandergerissene, verwirrte und teilweise führerlos gewordene Masse an Infanterie, die sich ohne seitlichen Zusammenhalt und ohne Artillerie-Unterstützung an den Deich kauerte, um sich vor dem vernichtenden Feuer zu schützen. An langen Strecken des Strandes (überwiegend des Westteiles) war überhaupt niemand an Land gegangen. Nur zwei von den acht Kompanien der ersten Welle befanden sich dort, wo sie auch landen sollten.« (Siehe Samuel Morison: United States Naval Operations in World War II).

Die zweite Welle landete um 7.00 Uhr. Bis dahin war das Feuer der Verteidiger noch nicht abgeflaut, schoß der Gegner noch aus allen Kampfständen. Bis 8.00 Uhr war im gesamten Westsektor noch kein einziger Mann über den Strand hinaus vorgedrungen. MG-Salven nagelten sie hinter der spärlichen Deckung der Dünen fest.

Durch Funk wurden die Zerstörer herangerufen. Diese Einheiten liefen bis auf 800 m an die Küste heran und eröffneten aus allen Waffen das Feuer auf die deutschen Geschütz- und MG-Stellungen. Erst jetzt gelang es, Kampfstand nach Kampfstand der Deutschen zum Schweigen zu bringen.

Die Gruppe Omaha-2 landete bis 10.30 Uhr. Damit befanden sich zwar sämtliche Sturmtruppen dieses Strandabschnittes an Land, aber die Lage war verzweifelt. Hier beispielsweise die Geschichte des I./IR 116, in der dieser Kampf plastisch aufgezeichnet wurde:

„Das Bataillon hatte den Unterabschnitt Dog-Green zum Ziel erhalten. Noch auf dem Wege dorthin wurde eines der sechs Landungsfahrzeuge schwer getroffen und sank. Ein zweites blieb nach einem Volltreffer liegen. Die vier restlichen Boote liefen dem Strand und damit dem Feuer der Verteidiger entgegen. Noch 350 m vor dem Uferdamm liefen alle vier Fahrzeuge auf Dreck. Die Boote stoppten, ihre Rampen wurden heruntergelassen, und die Männer des I./IR 116 sprangen ins Wasser, das ihnen bis zur Brust reichte.

Als hätte der Feind nur darauf gewartet, gerieten nun sämtliche Boote in MG-Kreuzfeuer. Die zuerst ins Wasser gesprungenen Soldaten sackten zusammen und stürzten. Dann war es mit der Ordnung vorbei. Es schien allen, als würden sie nur zum rettenden und dennoch so gefährlichen Ufer gelangen, wenn sie sich ins Wasser stürzten, um aus dem Bereich dieses heftigen Feuers hinauszugelangen. Doch die schwere Ausrüstung zog die schwimmenden Soldaten herunter, und bald kämpften sie darum, über Wasser zu bleiben.

Einige wurden verwundet, andere ertranken. Aber ein paar kamen unverwundet durch das MG-Feuer an Land. Als sie – hier angekommen – feststellen mußten, daß sie sich nicht würden halten können, gingen sie ins Meer zurück, um sich solcherart – nur die Köpfe über Wasser haltend, – zu decken. Die Überlebenden gingen mit der steigenden Flut weiter vor, wobei sie gelegentlich hinter den Vorstrandhindernissen Deckung fanden, und kamen schließlich an Land.« (Siehe: Kampfbericht des I. Bataillons des Infanterie-Regimentes 116 ZS 1944).

Die 1. Kp. dieses Batl. war binnen zehn Minuten nach dem Vornbordgehen führerlos. Alle Offiziere und ein Teil der Unterführer fielen, wurden verwundet oder ertranken. Schließlich mußte sich der überlebende Rest dieser Sturm-Kp. um die Bergung der im Wasser schwimmenden und um Hilfe rufenden Kameraden kümmern.

Genau 25 Minuten nach der Y-Zeit folgten die Männer der nächsten Kompanie auf Dog Green; sie fand hier nur Überreste der 1. Kp. wieder, und zwar hinter den Dünen am Strand. Eine Reihe von Booten, die in Dog Green landeten, wurden von MG-Salven getroffen, ein anderer Teil durch die Flutversetzung weiter nach Osten getrieben. Dort wurde der Strand nicht so stark verteidigt.

Von dieser Kp. gelang es zwei Gruppen von insgesamt 35 Mann, sich durch die Drahtverhaue und Minenfelder über den Damm hinweg bis zum Dorf Vierville vorzuarbeiten.

Die sechs Landungsboote der dritten Einsatz-Kp. wurden durch die bereits wieder einsetzende Flut westlich von Dog Green an Land gespült. Sie hatten es leichter und konnten durch eine Minengasse die Vorstrandhindernisse sehr rasch überwinden und die Böschung hinaufgelangen.

Das V. Rangers-Batl., das hinter dem I. Batl. landete, erreichte mit der

3. Kp. gleichzeitig Vierville. Beide Einheiten verstärkten die zwei genannten Infanteriegruppen, die diese Ortschaft bereits erreicht hatten.

Sie wehrten gemeinsam einen deutschen Gegenangriff ab, der durchgeschlagen hätte, wenn die Rangers nicht rechtzeitig zur Stelle gewesen wären.

Weiter ostwärts landeten die beiden übrigen Bataillone des IR 116 beiderseits von Les Moulins. Hier hatte die Flotte bei der Küstenbeschießung einige Häuser getroffen, die in Flammen standen. Der sich dort entwickelnde dicke Qualm entzog die Landenden den Blicken der Verteidiger. Im dichten Rauch kam es jedoch zu einem heillosen Durcheinander, weil die meisten Kpn. der beiden Batl. zu weit ostwärts der vereinbarten Landungsziele ankamen.

Es ging nur sehr langsam vorwärts, weil die dichten Minenfelder die Soldaten dazu zwangen, in Reihe durch die schmalen geräumten Minengassen zu gehen. Erst als ein Streifen gefunden wurde, in dem die Minen bereits durch Granateinschläge zur Detonation gebracht worden waren, wurde ein breiterer Sturmweg für beide Batl. in Richtung St. Laurent frei.

Das Durcheinander vergrößerte sich noch dadurch, daß man inzwischen auch schwere Waffen und Fahrzeuge gelandet hatte. Alles staute sich auf dem Strand, weil die Pioniere noch keinen größeren Ausgang hatten räumen können. Noch immer peitschte aus den deutschen Hauptstützpunkten das Feuer der Verteidiger. Fahrzeuge gingen in Flammen auf, Benzinexplosionen dröhnten, Munition detonierte, Flammen stoben gen Himmel.

Das nachfolgende Regiment, das um 9.30 Uhr landen sollte, fand ein Chaos vor.

Im Ostabschnitt von Omaha war um 6.30 Uhr das 16. Rgt. gelandet. Auch hier waren die deutschen Verteidigungsanlagen durch das alliierte Luftbombardement nicht getroffen worden. Außerdem hatten Strömung und Gezeiten die Landungsfahrzeuge über eine halbe Meile nach Osten versetzt. In Easy Red, wo das II./IR 16 landen sollte, trafen nur 100 Mann ein und wurden kaum beschossen. Anders in Fox Green, wo zwei Kpn. landeten. Hier schossen alle deutschen Geschütze, MG und Werfer auf den Strand. An dieser Stelle hatten die Deutschen zur Deckung von Colleville eine starke Verteidigungsbastion aufgebaut. Das ganze Drama von Dog-Green wiederholte sich an dieser Stelle.

Die wenigen Männer auf Easy Red wurden zunächst auf dem Strand festgenagelt. Als ein Leutnant und ein verwundeter Unteroffizier der Pioniere zu den Stacheldrahthindernissen vordrangen und der Leutnant die hinter dem Steinwall der Strandböschung in Deckung liegenden Soldaten aufforderte heranzukommen, blieben diese zunächst liegen. Erst als die beiden die erste Bresche in den Verhau sprengten, kamen die anderen nach.

Eine weitere gelandete Kp. folgte auf diesem Wege. Diesen wenigen Männern gelang es, bis auf Angriffsentfernung an den starken deutschen Verteidigungsigel heranzukommen. Ein Bunker nach dem anderen wurde zum Schweigen gebracht.

Das ResBatl., das kurz darauf gelandet wurde, suchte einen eigenen Weg durch das verminte Gelände zu finden. Es geriet mitten in die Minenfelder, verlor 47 Soldaten, kam aber mit 300 Männern durch und ging in Richtung Colleville vor.

Das zweite SturmBatl. des IR 16, das durch deutsche Artillerie mehrere Landungsfahrzeuge verloren hatte, wurde weit auseinandergerissen. Eine Kp. traf erst 90 Minuten später ein. Eine zweite driftete eine halbe Meile zu weit nach Osten ab. Dies war insofern ein Gewinn, als dadurch die Truppe ungehindert an den Strand kam, sich im Schutze einer Klippe sammeln konnte und einen zwar steilen, aber nur schwach verteidigten Weg nach oben fand.

Der obere Klippenrand wurde gegen 9.30 Uhr erreicht. Von hier aus ging das Batl. langsam gegen Port en Bessin vor, den vereinbarten Treffpunkt mit den britischen Soldaten.

Der GefBericht des V. US-Korps, der General Bradley um 9.30 Uhr erreichte, klang alles andere eher als optimistisch. Er lautete: „Sturmeinheiten in Auflösung, schwere Ausfälle, Verlust wichtiger Ausrüstung.« (Siehe : Omar N. Bradley: a.a.O.).

Der US-Landebefehlshaber in Nöten

Auf dem schweren Kreuzer „Augusta“, dem Flaggschiff von Admiral Kirk, war General Bradley um 3.35 Uhr durch die Alarmglocken geweckt worden, welche die Besatzung auf Gefechtsstationen rief. Er griff nach seinem Helm und eilte auf die Brücke. Admiral Kirk erwartete ihn hier bereits. Er kam aber noch rechtzeitig, um das gewaltige Geschwader von 1300 Bombern der RAF an Steuerbord der „Augusta“ vorbeifliegen zu sehen. Diese Bomber sollten die französische Atlantikküste von der Seine bis hinüber nach Cherbourg bomben.

Ein von der deutschen Flak getroffener Bomber stürzte direkt auf die „Augusta“ herunter. Doch dann richtete er sich noch einmal kurz auf, drehte im Bogen um den Kreuzer herum und explodierte beim Aufschlag auf das Wasser.

„Augusta“ lief mit nur fünf Knoten Fahrt in ihre Feuerposition hinein.

Auf der offenen Brücke des schweren Kreuzers erlebte der OB der US-Landetruppen die einzelnen Phasen dieses Angriffs mit.

Um 5.47 Uhr erhielt General Bradley die Meldung, daß 15 deutsche Schnellboote aus Cherbourg ausgelaufen seien, um die US-Flotte anzugreifen. Alles war von dieser Aussicht nicht mehr als „leicht amüsiert". Man hörte und staunte: 15 deutsche Schnellboote gegen die angloamerikanische Flotte!

Um 5.50 Uhr eröffnete die „Augusta" das Feuer. Ihre 20-cm-Türme waren auf die Küste gerichtet. Alle übrigen Schiffe dieses Beschießungsverbandes fielen fast gleichzeitig in das Feuer ein. Über die nachfolgenden Bombenangriffe berichtete General Bradley:

„Um 6.15 stiegen dicke Rauchwolken an der Küstenlinie empor, als die schweren Bomber der VIII. USAAF dort ihre Bomben warfen. Kurze Zeit später wußten wir, daß die meisten der 13 000 Bomben, die von diesen schweren Bombern geworfen worden waren, harmlose Feuerwerke im Heckengelände drei Meilen hinter der Küste veranstaltet hatten."

Um die Gefahr für die landenden und auf dem Strand vorgehenden Infanteriegruppen zu verringern, hatte man zu weit rückwärts abgeladen. Dieser Sicherheitsspielraum verringerte die Wirksamkeit schwerer Luftangriffe entscheidend.

Um 6.45 Uhr erreichte die erste Meldung das Flaggschiff Admiral Kirks, daß die erste Welle den Strand erreicht habe. Um 8.30 Uhr wurde General Bradley gemeldet, daß die beiden Angriffs-Regimenter die Strandverteidigung der Deutschen durchbrochen hätten und sich schon auf dem Vorstoß ins Innere des Landes befänden. Vom V. Korps kamen noch keine Neuigkeiten. Erst um 10.00 Uhr traf auch der erste Bericht von General Gerow ein. Er lautete lakonisch: „Minenhindernisse! – Fortschritt langsam – DD-Tanks für ‚Fox-Green' gesunken."

An Bord der „Augusta" und an Bord der „Ancon", auf der General Gerow und GenMaj. Huebner an den Funkgeräten hockten, herrschte Ungewißheit. Keiner der genannten Generale hatte eine Kontrolle über die Vorgänge am Strand.

Beunruhigt über die Verkehrsstockungen auf Omaha-Strand, befahl Admiral Kirk einem seiner Artillerieoffiziere, zu einer Aufklärung an Land zu fahren. Bradley schickte einen seiner Stabsoffiziere mit. Beide Offiziere fuhren auf einem Schnellboot zum Strand. Als sie eine Stunde später völlig durchnäßt von dort zurückkehrten, brachten sie einen erschreckenden Bericht von der Lage am Strand mit.

Danach lag die 1. ID, vom Feindfeuer festgenagelt, hinter dem Strandwall, während der Gegner den gesamten Abschnitt mit seinen leichten Waffen bestrich. Die Unterwasserhindernisse hatten von den Pionieren nicht entfernt werden können. Sechs Wege waren durch diese Hindernisse geräumt worden, bevor die zurückkehrende Flut den Arbeiten ein Ende bereitete.

Das V. US-Korps meldete kurz darauf, daß die Lage an allen vier Strandausgängen kritisch sei.

Für den gesamten Omaha-Strand wurde die Stunde um Stunde weiter hinter der Sollzeit zurückbleibende Landezeit zu einer Krise für die folgenden Truppen der zweiten Landungswelle. Es galt immerhin, im Omaha-Bereich weitere 25000 Mann und 4500 Fahrzeuge nachzulanden, während erst ein Teil der ersten Angriffskräfte in Stärke von 34 000 Mann und 3300 Fahrzeugen an Land gebracht werden konnte.

Wie auch immer: Der Aufbau des Brückenkopfes mußte durch Improvisationen irgendwie geschafft werden, wenn man einer feindlichen Gegenoffensive standhalten wollte. Die Lage war nach General Bradleys Bekundungen durch das schlechte Wetter und das wirkungslose Luftbombardement kritisch geworden.

Wenig später erfuhr Bradley von GenMaj. Gerow, einer der Gründe für das schlechte Durchkommen auf Omaha-Beach bestehe darin, daß die Deutschen anstelle der Landesschützen und „anderer Lumpentruppen“ auf Rommels Befehl hier eine Front-Division – die 352. ID – eingeschoben hätten.

Diese Tatsache war unmittelbar vor dem Auslaufen der „Augusta“ bereits Bradleys Stabschef bekanntgegeben worden. Dieser hatte die Information auch sofort an das V. Korps und an die 1. ID weitergeleitet. Doch es war zu spät gewesen, um die Truppe darüber zu informieren, da sich diese bereits in den Landungsbooten befand. Außerdem hätte eine Orientierung nichts geändert.

Um 13.30 Uhr erhielt Bradley einen weiteren Funkspruch vom V. Korps: „Weiterhin im Abschnitt Easy Red und Easy Green an den Stränden niedergehalten. Fox Green erreichte die Höhen hinter dem Strand.“

Die Batterie Pointe du Hoc

Wenden wir uns nunmehr einem Sonderunternehmen zu, das Bradley der „Provisional Ranger Force“ unter Lieutenant-Colonel James E. Rudder gegen die starke deutsche Batterie bei Pointe du Hoc 5½ km westlich von Dog-Strand angesetzt hatte.

Rudder, ein Rancher aus Brady in Texas, erhielt für diese Aufgabe 200 Soldaten, um mit ihnen unter einer 30 m hohen Klippe zu landen und die darauf stehende Feind-Batterie zu zerstören. Hinzu kamen Deckungstruppen in Stärke von zwei weiteren Kompanien. Rudder hatte sein Team an den Felsenklippen der Insel Wight trainieren lassen. Zum Erklettern der Klippen wurde ihm Sondergerät zur Verfügung gestellt. Es waren Taue mit Greifhaken an den Enden und vier extrem lange Leitern. Diese Leitern waren von der Feuerabteilung in London erbaut und auf Plattformen in sechsrädrigen Amphibien-Lastwagen – DUKW genannt – montiert worden. Sie konnten im Wasser eine Fahrt von 18 km in der Stunde erzielen, sollten an die Klippen heranfahren und die oberen Leiterhaken über die Klippen legen. Dann würde das Sonderteam über die Leitern die Klippen erklettern.

Als Rudder GenMaj. Huebner, dem Kdr. der 1. ID erklärte, daß er den Sturmtrupp an der Spitze führen würde, sagte dieser, daß er nicht riskieren dürfe, in der ersten Runde ausgeknockt zu werden, und gefälligst weiter hinten führen möge. Rudder entgegnete: „Tut mir leid, Sir! Dieser Weisung kann ich nicht gehorchen. Wenn ich dies nicht so machen darf, werde ich das Kommando nicht übernehmen."

Der Angriff fand so statt, wie Rudder dies beabsichtigte. Das Schlachtschiff „Texas" hatte die bewußte Batterie bereits mit einer Anzahl Breitseiten unter Feuer genommen. Als die erste Kp. um 7.05 Uhr landete, warteten die beiden übrigen Einheiten auf ihren LCA in den Ausgangspositionen. Die deutsche Artillerie beschoß diese Boote.

Rudders Crew aber fuhr mit ihren DUKW an die Klippen heran. Die Beschießung durch die „Texas" hatte große Breschen in die Klippe gerissen. Die davor niedergegangenen großkalibrigen Granaten hatten Trichter ausgewühlt, die jeder Weiterbewegung der DUKW ein Ende bereiteten.

Von den Höhen peitschte den Rangers das Feuer der Verteidiger entgegen, die sich inzwischen sowohl von dem Luftbombardement als auch von der Schiffsbeschießung erholt hatten. Handgranaten prasselten auf die emporkletternden Rangers herunter. Von den mittels Raketen emporgeschossenen Seilen landeten einige mit ihren Greifzacken jenseits der Klippen und verhakten sich dort. Die Rangers zogen sich daran Hand über Hand empor.

Die beiden Zerstörer „Satterlee" und „Tallybond" schossen über die Köpfe der Rangers hinweg auf die feindlichen Stellungen. Die ersten Rangers glitten über die Klippenhöhe, und Sekunden nach ihnen folgte eine ganze Reihe nach. Sie fanden hier auf der Höhe, die sie nach schweren Verlusten erreichten, eine von Bomben und Granaten umgewühlte Landschaft und zwei Geschütz-Lafetten vor. Das, was ihre eigene Aufklärung seit Wochen fotografiert hatte, waren keine Geschützrohre gewesen, sondern Telegrafenmasten, die als Tarnung in die Lafetten eingesetzt worden waren.

Die Kanonenrohre selber wurden 1200 m weiter rückwärts in einem Apfelgarten gefunden. Sie waren während des Bunkerbaues entfernt worden. Allerdings waren es schwere französische Geschütze, die – wenn sie feuerbereit gewesen wären – eine Reichweite von 20 km gehabt hätten. Auch Mengen von Munition wurden gefunden. Die Reste dieser Batterie wurden zerstört.

Die Rangers drangen bis zur Straße Vierville – Grandcamp vor und richteten hier eine provisorische Verteidigungsstellung ein. Sie hielten einigen schwachen Gegenangriffen stand, bis die endlich vom Omaha-Strand nachrückenden Sturmtruppen sie entsetzten.

Die Reservegruppe des Landungsverbandes Omaha in Stärke von 48 LST unter der Führung von Commodore C. D. Edgar traf um 14.30 Uhr im Landungsgebiet ein. Die LST ankerten unmittelbar vor den Stränden. Um 17.15 Uhr verließ der Kdr. der 1. ID, GenMaj. C. J. Huebner, mit seinem Stab die „Ancon" und fuhr an Land, um vorn bei der Truppe den GefStand einzurichten.

Die Verluste in diesem Strandabschnitt am D-Tag sollen sich auf 4000 Mann belaufen haben. Wenden wir uns nunmehr den britischen Strandabschnitten zu! Dort war es zunächst der Gold-Strand, der sich an Omaha-Beach anschloß.

Kampf um Golden-Beach

Auf der 40 km langen Küstenstrecke zwischen Port en Bessin und der Ornemündung lagen die drei britisch-kanadischen Strände. Der westlichste, Omaha zunächst liegende wurde mit „Gold" bezeichnet; er war in die Unterabschnitte How, Item, Jig und King unterteilt. Die Landeabschnitte waren King und Jig. Ein Sonderkommando hatte Befehl erhalten, Port en Bessin handstreichartig in Besitz zu nehmen.

Die gesamte Kommandostruktur im britischen Bereich stellte sich am D-Tag folgendermaßen dar:

Die britische 2. Armee, die den britischen Strandabschnitt übernehmen sollte, hatte gleichzeitig auch jene von Winston Churchill gegebenen Versprechungen wahrzumachen: an der französischen Atlantikküste zu landen und Frankreich wieder zu befreien. Der britische Kriegspremier hatte dies in einer Rundfunkansprache vom 2. Okt. 1940 dem französischen Volk mit folgenden Worten versprochen:

„Denkt immer daran, daß sich unser ganzes Volk und Empire die Aufgabe gestellt haben, Europa von der Nazipest zu säubern. Gute Nacht also! Schlaft, um Kraft zu gewinnen für den Morgen! Denn dieser Morgen wird kommen."

Nun war es also soweit, und die „Britische Befreiungsarmee", wie man die 2. Armee beziehungsvoll nannte, war unter der Führung des bewährten Generals Dempsey in See gegangen, um das gegebene Versprechen einzulösen.

Das I. und das XXX. Korps dieser Armee repräsentierten die besten Truppen des Commonwealth. Es standen im I. Korps die 3. brit., die 3. kan. und die 49. brit. ID. Hinzu kamen diverse Kommandos.

Im XXX. Korps standen die berühmte 7. PD und die 50. und 51. ID. Dies waren jene Truppen, die Rommel in Afrika Paroli geboten hatten.

General Dempsey hatte folgenden Auftrag erhalten: „Decken der 1. US-Armee zu deren Einnahme der bretonischen Häfen und der Halbinsel Cherbourg. Inbesitznahme des Landegebietes zwischen Bayeux und Caen, Sperrung der Hauptstraße zwischen den beiden Städten und dem Fallschirmjäger-Landekopf der 6. brit. LL-Div. Vorstoß mit Panzerverbänden am D-Tag auf die Hochebene bei Villers Bocage und Evrécy. Einnahme von Caen am D-Tag plus 1."

Britische Kriegsschiffe eröffneten 40 Minuten vor Tagesanbruch das Feuer auf die Feindstellungen an der Küste. Ihre Ziele waren in Sonderheit die Küstenbatterien, die bereits in der Nacht zuvor schwer gebombt worden waren.

Im Abschnitt des XXX. Korps erwiderten nur noch vier 15-cm-Geschütze dieses Feuer. Im Duell mit den Geschütztürmen der „Ajax" und anderer Kriegsschiffe wurden alle vier Geschütze rasch zum Schweigen gebracht.

Wenden wir uns wieder dem ersten Strandabschnitt zu! Bei Gold-Strand war die Küste flach. Die ostwärts von Port en Bessin gelegenen hohen Klippen gingen in ein sandiges Steilufer über, das an den höchsten Punkten zirka 15 m über der Mittelwassermarke lag.

In diesem Abschnitt lagen einige deutsche Küstenartillerie-Stellungen. So die 15-cm-Batterie von Longues, die auf den How-Abschnitt feuern konnte. Hinter dem Item-Abschnitt weiter ostwärts befand sich eine weitere Stellung mit drei Geschützen, darunter eine Flak-Acht-acht. Direkt gegenüber King-Strand lag eine 12,2-cm-Batterie in starken Bunkern.

Der Verband Gold wurde auf See von Commodore E. C. Douglas-Pennant auf dem Führungsschiff „Bulolo" befehligt. Um 4.45 Uhr erreichte der über die Wege 5 und 6 seinem Ziel zustrebende Verband jene Position 6,7 Meilen vor dem Strand, von der aus die Landungsboote ausgesetzt werden sollten.

Das Küstenbeschießungsgeschwader K mit den Kreuzern „Ajax", „Argonaut", „Emerald" und „Orion" (Flaggschiff) sowie 14 Zerstörern mit dem Zerstörerführer „Flores" lief vor dem Landungsverband her.

Der Unterstützungsverband setzte sich aus drei LCG – es waren dies

Landungsschiffe, die man zu Kanonenbooten umgebaut hatte –, acht Landungsboote mit Raketenwerfern, vier LCS – als Feuerunterstützungsgruppe mit sMG bestückt – und sieben Flak-Landungsbooten zusammen. Hinzu kamen drei Regimenter motorisierter Artillerie auf 16 LCT. Der gesamte Verband für Gold verfügte damit über 243 Schiffe.

H-Zeit war 7.25 Uhr. Ihr vorausgehend sollte ab 5.45 Uhr die Beschießung der deutschen Verteidigungsstellungen einsetzen.

Durch das geballte Feuer aller Schiffseinheiten konnten die erkannten deutschen Batterien in der 90 Minuten dauernden Beschießung ausgeschaltet werden. Lediglich die in festen Betonkasematten befindliche Batterie von Longues hatte diesen Granatenhagel und die in der Nacht zuvor erfolgte Bombardierung heil überstanden. Sie eröffnete um 5.57 Uhr das Feuer auf das Führungsschiff „Bulolo".

Als Antwort darauf erwiderte „Ajax" das Feuer und konnte die Batterie nach 20minütigem Feuerwechsel zum Schweigen bringen.

Die hier eingesetzten Amphibienpanzer erlitten nicht das Schicksal der US-Panzer gleicher Art, denn die Verantwortlichen entschieden, daß sie nicht ausgesetzt, sondern direkt bis zur Küste geschafft werden sollten. Unmittelbar hinter den LCT, die gepanzerte Fahrzeuge und Pioniere mit Sprengmitteln an Land brachten, folgten die Panzerlandungsschiffe nach.

Die im Abschnitt Jig landenden Angriffstruppen wurden von dem deutschen Stützpunkt Le Hamel mit Granatfeuer belegt. Die Zerstörer, die versuchten, diese Batterie auszuschalten, konnten nicht so hoch schießen. Erst nach heftigem Beschuß aus kurzer Distanz durch die Kanonen- und Flakboote wurde diese Batterie gegen 16.00 Uhr zum Schweigen gebracht.

1,5 km ostwärts des Abschnittes King lag die deutsche Batterie La Rivière. Die hier an Land gehenden Truppen wurden von heftigem MG- und Geschützfeuer empfangen. Erst als die Panzer gelandet waren und zum Dorf La Rivière vorrollten, konnten diese Verteidigungsstellungen überwunden werden.

Der Gesamtangriff der britischen Truppen wurde belebt, als um 11.00 Uhr das zweite Treffen mit der 56. und 151. Brigade landete. Die Landungszeit hinkte zwar um eine volle Stunde hinter dem Plan her, aber bis 12.30 Uhr hatten sich beide Brigaden in dem hier bereits über den Strand hinausgehenden Brückenkopf gesammelt und damit einen 3 km tiefen und 4,8 km breiten Brückenkopf gebildet.

Die deutsche Besatzung von Le Hamel wehrte sich immer noch heftig. Doch um 16.00 Uhr schwieg diese Verteidigungsstellung und war in englischer Hand. Das Hampshire-Batl. ging – teilweise auf Panzern aufgesessen – weiter vor und erreichte bis zum Abend Arromanches, 3,2 km weiter südlich gelegen.

Die 56. Brigade stieß im Verlauf des Nachmittags und Abends des D-Tages 9,5 km weit ins Landesinnere vor. Bayeux lag im Bereich der Engländer, und möglicherweise hätten sie diese Stadt noch in der Nacht in Besitz nehmen können, denn Spähtrupps drangen beinahe unangefochten in die nördliche Vorstadt ein.

Die 151. Brigade wiederum erreichte 4,8 km weiter südostwärts von Bayeux die Straße nach Caen. Die nach links anschließende 69. Brigade hatte ebenfalls 9,5 km weit vordringen können.

Als die Nacht einfiel, hatte sich der Landekopf der 50. brit. ID auf 9,5 × 9,5 km ausgeweitet. Damit lagen die Spitzenverbände nur noch wenige Kilometer hinter den Vorausberechnungen zurück. Bayeux war fast schon in englischer Hand, und die Deutschen hatten keine Möglichkeit mehr, über diesen wichtigen Straßenknotenpunkt Reserveverbände zum Gegenangriff auf Omaha-Beach heranzuführen.

Zwar lagen in dem etwas über 11 km breiten Geländestreifen zwischen Omaha-Strand und dem britischen Abschnitt Gold noch einige deutsche Truppen, doch diese wurden durch verschiedene Kommandos in Atem gehalten.

An der Ostflanke hatte das XXX. Korps die Verbindung mit dem rechten Flügel des I. Korps – den Kanadiern der 3. can. ID – hergestellt.

Die 3. brit. ID unter GenMaj. T. G. Rennie hatte Auftrag, Caen zu erobern. Die 3. kan. ID sollte den 18 km von der Küste entfernt gelegenen Flugplatz Cerpiquet im Handstreich zu gewinnen versuchen. Für sie kam es darauf an, noch vor der im Großraum Falaise liegenden deutschen 21. PD Caen zu erreichen. Was der Generalstab der Alliierten allerdings nicht wußte, war die Tatsache, daß Teile der 21. PD bereits in Caen lagen. Dennoch gelang es den Spitzenverbänden, bei Anbruch der Nacht bis auf Sichtweite an Caen heranzukommen.

Die brit. 8. Brigade, mit Amphibienpanzern und Landungsbooten voller Panzersturmtruppen versehen, hatte kurz nach ihrer Landung um 7.30 Uhr in Queen White rasch die Dünenbefestigungen gewonnen und drei Ausgänge für ihre Panzer geschaffen. Hermanville wurde um 9.00 Uhr erreicht, und voraus kamen bereits die Höhen von Périers in Sicht.

Dort aber hatte die Pak-Abt. der 21. PD mit ihren 24 Acht-acht-Kanonen Stellung bezogen.

Als die feindlichen Panzer in den Feuerbereich dieser Waffen gerieten, wurden sie mit wohlgezielten Schüssen empfangen und machten kehrt. Einen Teil der Panzer mußte die 8. Brigade hier zerschossen zurücklassen. Der Infanterieangriff blieb liegen. Die 8. Brigade erlitt herbe Verluste. Deutsche Pak, das sollte sich in diesen turbulenten Stunden zeigen, hatte an mehreren Stellen solche Sperr-Riegel aufgebaut.

Die Kommandos der 1. Spezial-Brigade und eine Gruppe Brückenpioniere stießen durch Colleville bis zur Orne durch und vereinigten sich um 13.30 Uhr mit Teilen der 6. LL-Div. Doch die 3. ID konnte erst acht Stunden später nach Benouville vorstoßen und den Fallschirmjägern Entlastung bringen.

Die auf Ranville vorrollenden britischen Panzer wurden von einem südlich des Dorfes geschickt getarnt liegenden deutschen Pak-Riegel gestoppt.

Der Kdr. der 3. brit. ID, GenMaj. T. G. Rennie, mußte nun versuchen, so rasch wie möglich nach Caen vorzustoßen. Dazu hatte er seine 185. Brigade vorgesehen. Er befahl dem II. Batl., den Kings Sropshire Light Infantry, auf Panzern des Staffordshire Yeomanry-Panzer-Regiments aufgesessen, den direkten Stoß aus Hermanville auf Caen. Zur Flankensicherung setzte er das II. Batl. des Warwick-Rgt. und das I. Batl. des Norfolk-Rgt. ein.

Aber die 8. Brigade schaffte die Eroberung von Périers – die erste Voraussetzung zur Eroberung von Caen – nicht. Dadurch blieb die Panzerunterstützung aus, und GenMaj. Rennie mußte aus Hermanville die Bataillone der Angriffskräfte zu Fuß gegen Caen antreten lassen. Die Norfolks sollten auf einer Nebenstraße ebenfalls zu Fuß gegen Caen vorrücken. Die nachfolgenden Panzer würden sie bald erreicht haben und sie aufnehmen.

Doch dies geschah nicht, und so fiel Caen nicht am D-Tag. Diese Stadt sollte sich in den folgenden Tagen und Wochen ständig als Pfahl im Fleische der britischen Truppen halten.

Sieben Sonderaufgaben waren im britischen Sektor der Invasion ebensovielen Kommandos anvertraut worden. Eines dieser Kommandos setzte sich aus französischen Truppen zusammen.

Unter Führung von Oberstleutnant C. F. Philipps wurde das Royal Marine Commando zur Inbesitznahme von Port en Bessin eingesetzt. Dieser Hafen war durch Wellenbrecher geschützt und von See aus nicht zu erobern, weil dort die deutschen Verteidiger zu stark waren und von diesen Wellenbrechern aus freies Schußfeld auf See hatten. Aus diesem Grunde wurde die Eroberung von Port en Bessin mittels Handstreich geplant.

Um 9.30 Uhr landete das RMC im Jig-Bereich, der 15 km ostwärts des Zieles lag. Von den 16 Landungsfahrzeugen gingen fünf bei der Anlandung verloren, elf wurden beschädigt. Die Männer dieses Kommandos mußten etwa 50 m durch das Wasser waten, ehe sie den Strand erreichten. Sie verloren im Abwehrfeuer der Verteidiger einen Teil ihrer Ausrüstung und sämtliche Funkmittel.

In La Rosière wurden sie den ganzen D-Tag über aufgehalten. Erst nachdem es ihnen gelungen war, diese Ortschaft in Besitz zu nehmen und sich mit den dort vorgefundenen deutschen Waffen und Geräten neu auszurüsten, ging es zügig weiter. Nach einer Feindberührung am späten Abend erreichten sie Port en Bessin und gruben sich südlich des Hafens ein. Am anderen Morgen gelang es ihnen, Feuerunterstützung durch den Kreuzer „Emerald" zu erhalten. Außerdem setzte die RAF raketenbestückte Jäger ein, und im Sichtschleier einer aus dem Raume Arromanches mit Nebelgranaten schießenden eigenen Batterie begann der Angriff gegen den Hafen.

Nach hartem Kampf wurden die Verteidiger überwältigt und die beiden als leichte Flakschiffe im Hafen liegenden deutschen Einheiten geentert. Port en Bessin war in britischer Hand.

Juno-Strand – Midshipman Fowler

Nach Osten an Gold-Strand anschließend war Juno-Strand in die drei Abschnitte Love, Mike und Nan unterteilt. Die vorgelagerten Felsriffe veranlaßten eine Zeitverschiebung im Einsatz der Angriffstruppen auf 7.35 Uhr bei Mike und 7.45 Uhr bei Nan. Im Mike-Bereich mündete die Seulles ins Meer.

Dem Strand gegenüber, in Beny sur Mer, fünf km landeinwärts, befand sich eine deutsche Batterie. Direkt an der Wasserlinie waren eine Handvoll Stützpunkte errichtet worden. Hier verteidigte die 716. ID, die sich zum größten Teil aus frontunerfahrenen Truppen, darunter Soldaten polnischer und russischer Abstammung, zusammensetzte.

Der Verband Juno stand unter dem Kommando von Commodore G. N. Oliver, der seinen Stander auf dem Führungsschiff „Hilary" gesetzt hatte. Um 5.50 Uhr sollte dieser Verband die Aussetzposition sieben Meilen vor dem Strand erreicht haben.

Das Küstenbeschießungsgeschwader E lief an der Spitze der Gruppe. KAdm. F. G. H. Dalrymple-Hamilton auf dem Kreuzer „Belfast", der Kreuzer „Diadem" und 11 Zerstörer kamen hinzu.

Die Unterstützungsgruppe bestand aus sieben LCG, acht LCT (Rocket), sechs LCS (L), sechs LCF (Flak). Vier Regimenter mot. Artillerie auf acht LCT (Armoured) und acht LCT (High Explosive), gehörten zu den drei gebildeten Gruppen J-1, J-2 und J-3. Insgesamt verfügte diese Gruppe über 187 Schiffe.

Von den durch J-1 ausgesetzten Panzern, die nur 1000 m vor dem Strand zu Wasser gelassen wurden, gingen acht verloren. Der Rest erreichte bis 8.10 Uhr die Küste.

Die in den Landing Craft Tank eingeschifften Panzer mit den Sprengtrupps der Armoured Vehicle Royal Engineers kamen erst um 8.16 Uhr, volle sechs Minuten *nach* der Infanterie, auf den Strand. Auch hier setzte sehr bald die Flut ein und verhinderte größere Räumarbeiten der Pioniere.

Die für den Nan-Abschnitt vorgesehene Gruppe J-2 landete um 8.11 Uhr. Zuerst die Pioniere und Sprengtrupps und um 9.11 Uhr die Sturmtruppen. Hier der Bericht über den Midshipman Fowler, den Ersten Wachoffizier auf einem LCT, auf dem sich Panzer der 2. kan. PzBrig. befanden:

„Als sein Fahrzeug auf Strand lief, geriet es unter heftiges deutsches Feuer. Als ein Geschütz Ladehemmung hatte, eilte der Kommandant von der Brücke auf das Deck, um dem Geschützführer zu helfen, die Hemmung zu beseitigen. Ehe er das Geschütz erreichte, wurde er tödlich getroffen.

Nunmehr übernahm Midshipman Fowler das Kommando. Er fuhr weiter, obwohl das Rudergeschirr des LCT zerschossen war. Im feindlichen Feuer ließ er die Panzer entladen. Als eine Handgranate auf dem Deck des LCT landete, griff Oberheizer J. Gamble blitzschnell zu und warf sie über Bord. Sie explodierte, ohne Schaden anzurichten.

Trotz weiterer Verluste der Besatzung – zwei Soldaten fielen, drei wurden verwundet – ließ Fowler die Entladung durchführen. Als er danach ablegen wollte, mußte er feststellen, daß sein Boot sich auf Dreck festgefahren hatte. Sofort eilte Fowler an Land. Er fand den Fahrer einer Heeres-Planierraupe, der das Boot mit seinem Gerät leicht anlüftete und anschob, so daß es freikam und den Rückmarsch antreten konnte.

Midshipman Fowler, der bis dahin noch nie ein Schiff geführt hatte, brachte sein Landungsboot – mit den Maschinen steuernd – nach mehreren Stunden Fahrt an die Südküste Englands zurück.« (Siehe: Gordon Holman: Stand by to Beach, ZS 1944)

Aus den MG-Ständen am Strand wurde bei den Anlandungen immer noch geschossen. Eine Stunde benötigten die hier gelandeten kanadischen Truppen, um diese Widerstandsnester auszuschalten.

Die LCA (Hedgerow) Landungs-Kampffahrzeuge der Gruppe J-2, waren glücklicher als die der Gruppe J-1; diese waren sämtlich bis auf eines versenkt worden, jene aber erreichten unter Führung von Lieutenant-Commander J. L. Moulton, Cdr. des Royal Marine Commando 48, den Strand, nachdem die LCA ihre geladenen 216 Raketen von jeweils 27 Kilo Gewicht auf den Strand und in die Widerstandsnester geschossen hatten.

Von seinen sechs kleinen Infanterie-Landungsbooten, von denen jedes 90 Mann an Bord hatte, kollidierten zwei mit den Vorstrandhindernissen; die Infanterie mußte an Land schwimmen, wobei eine Reihe Männer ertranken. Als die übrigen vier Boote um 8.30 Uhr landeten, wurden sie von dem deutschen Stützpunkt St. Aubin aus mit Geschütz- und Gewehrfeuer empfangen.

Das Kommando 48 verlor über die Hälfte seiner Männer. Dennoch gelang es ihm, den Strand zu überwinden und nach Osten Raum zu gewinnen. Das Kommando sollte sich nach Niederkämpfung des deutschen Widerstandes mit dem Kommando 41, das sich von Lion sur Mer aus nach Westen vorarbeitete, 11 km ostwärts des Nan-Strandes vereinigen.

In Langrune, nur 1,5 km vom Strand entfernt, blieb das Kommando zunächst vor stark befestigten und verminten Feindanlagen liegen. Da diese deutschen Stellungen zur See hin durch einen 3,15 m hohen Betonwall mit Graben gesichert waren, mußten Panzer her.

Den ganzen Tag über wurden die Männer um LtCol. Moulton hier festgehalten. Ein Centaur-Panzer und später noch ein Sherman kamen angerollt. Doch auch sie konnten den Durchstoß nicht erwirken. Um 22.00 Uhr wurde das Kommando von dieser Stelle abgezogen und anderswo eingesetzt, wo ein deutscher Gegenangriff mit Panzern erwartet wurde.

Der Angriff auf Langrune wurde erst am Morgen des 7. Juni fortgesetzt. Erst um 11.30 Uhr ergab sich der Rest der Deutschen dem Kommando, das wenig später seinen Marsch fortsetzen konnte.

Die Reserve-Brigadegruppe erreichte den Nan-Bereich von Juno-Strand um 11.33 Uhr und schiffte ihre Truppen in einer Viertelstunde aus. Das Führungsschiff „Hilary“ ging um 17.15 Uhr näher an die Küste heran, und VAdm. Vian, der am Nachmittag den gesamten Landeabschnitt mit einem Kutter abgefahren war, kehrte auf die „Scylla“ zurück, die ins Sword-Gebiet hinüberlief.

Der Verstärkungsverband war mit seiner Gruppe L-1 in Stärke von 13 Landungsschiffen mit dem HQ der 21. Heeresgruppe unter General Montgomery und der Reserve in Gestalt der 51. ID Highlanders vor dem Strand eingetroffen und vor Anker gegangen. Das Landungs-Ship-Dock „Northway“ war, mit DUKW beladen, im Geleit mit vier beladenen Küstenschiffen ebenfalls in diesem Vorstrand-Ankergebiet eingetroffen. Von einer wie auch immer gearteten deutschen Luftwaffentätigkeit wurde hier nichts bemerkt.

Die Landung auf Sword-Strand

Dieser östlichste Invasionsabschnitt begann 9,5 km ostwärts St. Aubin sur Mer und zog sich bis zum Mündungsgebiet der Orne hin, an deren Westseite der Caen-Kanal verlief. Dieser Abschnitt war in die Sektionen

Oboe, Peter, Queen und Roger unterteilt. Die ersten Sturmtruppen sollten lediglich in der Queen-Sektion landen. Der dafür vorgesehene Ankerplatz lag im Wirkungsbereich jener Großkampfbatterie, die mit drei 40,6-cm-Geschützen nördlich Le Havre stationiert war.

Diese Batterie war – zum Glück für den Landungsverband Sword und die benachbarten Strände – bereits einige Tage vorher durch einen Bombenangriff der RAF ausgeschaltet worden. Aus dem Gesamtgebiet von Le Havre und Umgebung wurde jedoch noch mit einigen weiteren Batterien gerechnet.

Auch im Sword-Strandbereich gab es Felsenriffe, doch die Strände waren hier schmaler als bei Juno. Im Mündungsgebiet der Orne befand sich eine hohe, langgestreckte Sandbank, die sich etwa eine Meile tief in die See fortsetzte. Hinter den westlichen Sektoren standen niedrige Klippen. Dies alles bewog die Führung der 21. HGr. zur Landung ausschließlich im Queen-Brigadeabschnitt, der leichter zu knacken schien.

Im Abstand von 1,5 km zum Queen-Abschnitt befand sich eine Batterie mit vier 10-cm-Geschützen. Hier schien – nach dem erkannten Abzug einer 15-cm-Batterie – der Strand nicht so stark verteidigt wie an den drei weiter westlich gelegenen Stellen.

Sword-Abschnitt sollte von See her durch den Verband S unter KAdm. A. G. Talbot auf dem Führungsschiff „Largs“ besetzt werden. Dieser Verband war bereits am Morgen des 5. Juni von Spitehead ausgelaufen und hatte sich vor der Isle of Wight mit dem Küstenbeschießungsverband D unter KAdm. W. R. Patterson vereinigt.

KAdm. Patterson befand sich mit seinem Stab auf dem Kreuzer „Mauritius“. Um den Kampf gegen die Küstenbatterien im Großraum Le Havre erfolgreich durchzustehen, erhielt dieser Verband besondere Verstärkungen. Er bestand danach aus den Schlachtschiffen „Warspite“ und „Ramillies“, dem Monitor „Roberts“, den Kreuzern „Arethusa“, „Danae“, „Frobisher“ und dem polnischen Leichten Kreuzer „Dragon“. 13 Zerstörer kamen hinzu.

Der Unterstützungsverband setzte sich aus drei LCG (L), fünf LCT (Rockets), drei LCS (L), vier LCF (Flak) und acht Regimentern motorisierter Artillerie zusammen. Letztere waren auf acht großen LCT (Armoured) eingeschifft worden. Sie gehörten zur Angriffsgruppe S-3. Gemeinsam mit den Gruppen S-1 und S-2 verfügte der Verband für Sword über 285 Schiffe.

Der Verband S war ohne Zwischenfälle über die Leitwege 9 und 10 zur Ausgangsposition gelaufen. Als „Warspite“, „Ramillies“, „Roberts“ und Arethusa“ ihre Ankerpositionen am Südende des Weges 10 erreicht hatten, eröffneten sie ihr Feuer auf die Küstenziele.

In dem inzwischen von Minen geräumten Abschnitt zwischen den Wegen 9 und 10 erreichten kurz darauf „Scylla", „Mauritius", „Danae", „Frobisher" und „Dragon" ihre Feuerpositionen.

Mit der Gruppe S-2 lief Führungsschiff „Largs" weiter auf den Aussetzungspunkt der Schwimmpanzer zu, die sich einem Konvoi der Gruppe S-2 angeschlossen hatten.

Ostwärts dieses Landungsgebietes begann die RAF mit dem Legen des vereinbarten Rauchschleiers, unter dessen Sichtschutz die Sturmtruppen an Land gehen sollten. In dieser Phase stießen vier Torpedoboote der 5. deutschen T.-Flot. aus Le Havre in diesen Verband hinein und eröffneten den Angriff mit einem gemeinsamen Torpedoschuß.

Hier eingeblendet diese Unternehmung aus deutscher Sicht um die Kontinuität des Handlungsablaufes zu sichern.

5. Torpedoboots-Flottille: „Angriff!"

Am frühen Morgen des 6. Juni lief bei der 5. T.-Flot. in Le Havre folgender Funkspruch ein: „An alle: Feindlandungen in der Seinebucht zwischen Cabourg und St. Marcouf!"

Zwei Minuten darauf ließ der Flottillenchef, KKpt. Hoffmann, die in Alarmbereitschaft liegenden Boote T 28, „Jaguar", „Möwe" und „Falke" ablegen.

Um 4.42 Uhr wurde die Außenmole von Le Havre passiert. Um 5.05 Uhr wehrten alle vier Boote gemeinsam einen feindlichen Luftangriff ab. Sechs Minuten darauf wurde Hoffmann gemeldet: „Große Schatten an Steuerbord voraus!"

KKpt. Hoffmann ließ darauf zuhalten. Um 5.18 Uhr griffen abermals Feindflugzeuge den kleinen deutschen Verband an. Mit Hartruderlegen konnte der Verband den geworfenen Bomben entkommen. KKpt. Hoffmann ließ das Feuer auf die Bomber eröffnen. Einer drehte schwarzqualmend ab.

Unmittelbar darauf sichteten die Ausgucks auf den vier Torpedobooten einen Schiffsverband, der aus Schlachtschiffen und Kreuzern bestand. KKpt. Hoffmann ließ über Funk melden:

„Vor Ouistreham Schlachtschiffe und Kreuzer!" Damit wollte er veranlassen, daß die Luftwaffe diesen Verband angriff. Danach befahl Hoffmann: Torpedoangriff!"

Um 5.35 Uhr eröffneten die feindlichen Schiffe das Feuer. Gleichzeitig damit schossen alle vier Boote ihre Sechser-Torpedofächer. Beim Gegner wurden mehrere schwere Detonationen gehorcht, und auf ständig wechselnden Kursen mußten die vier Boote dem einhauenden Feuerorkan ausweichen.

Der nächste um 5.45 Uhr erfolgende Jaboangriff wurde ebenfalls abgewehrt. Die T-Boote schossen mit der Flak und den Seeziel-Batterien Vorhang, so daß die Jabos nicht herankamen. Zwei Jabos wurden getroffen, sie drehten ab und verschwanden im Tiefflug außer Sicht. KKpt. Hoffmann ließ den nächsten FT-Spruch absetzen:

„Sechs Schlachtschiffe, etwa 20 Zerstörer, Torpedos verschossen. Durch Luftangriff starker Munitionsverbrauch. Bleibe vor Le Havre."

Die von den vier Torpedobooten geschossenen Torpedos liefen zwischen den Schlachtschiffen „Warspite" und „Ramillies" hindurch. Einem weiteren konnte das Führungsschiff „Largs" mit rascher Ruderbewegung entkommen, einer traf den norwegischen Zerstörer „Svenner", der binnen weniger Minuten sank.

Der Zufall – oder war es Glück? – hatte den Gegner vor einem schweren Verlust bewahrt.

Als KKpt. Hoffmann um 6.07 Uhr gemeldet wurde, daß die Boote der 18. Vorposten-Flottille vom Gegner beschossen würden, ließ er kehrtmachen und auf diesen Feindverband zuhalten, um dessen Feuer auf sich zu ziehen und die VP-Boote zu entlasten. Dichtes Feuer ging auf die vier T.-Boote nieder, sie schwenkten auf Nordkurs, wehrten abermals vier angreifende Jabos ab und erreichten wenig später Le Havre.

Daß sich diese Nußschalen überhaupt hinausgewagt und den Kampf aufgenommen hatten, war dem Gegner völlig unverständlich. Doch zurück zu Sword-Strand und den dortigen Ereignissen!

Sword Strand: Die Royal Marine Commandos 41, 45 und 46

Bei der anschließenden Küstenbeschießung durch den Flottenverband, den die Boote der 5. Torpedoboot-Flottille angegriffen hatten, erhielt „Warspite" durch eine deutsche Küstenbatterie, die aus dem Raume Bennersville feuerte, einen Nahtreffer. Er war so unangenehm, daß das Schlachtschiff seinen Ankerplatz verlegen mußte. Bis 9.30 Uhr dauerte die Beschießung, dann antwortete keine der dortigen deutschen Batterien mehr.

Die Landung im Abschnitt Queen des Sword-Strandes war für 7.25 Uhr vorgesehen. Die hier landenden Truppen sollten der 6. LL.-Div. unter GenMaj. Gale zur Hilfe kommen, die in der Nacht abgesprungen waren. Diese Hilfe wurde bereits sehnlichst erwartet. Angriffsspitzen sollten die Amphibienpanzer sein. Sie hatten sich nach dem Kleinst-U-Boot X 23 zu richten, das vor dem Abschnitt Queen lag.

Von den 40 Amphibienpanzern, die fünf km vor der Küste zu Wasser gelassen wurden, kamen 34 gut ins Wasser. Auf dem Weg zur Küste sanken zwei, ein dritter wurde von einem LCT gerammt. Die übrigbleibenden 31 Panzer erreichten um 7.30 Uhr den Strand. Damit war die Feuerunterstützung der hier landenden Truppen gesichert.

Die auf den LCT an den Strand geschafften Panzer kamen bis auf ein Landungsboot, das ausgefallen war, gleichzeitig mit den Amphibienpanzern dort an. Eine deutsche Werfergranate traf den auf einem der eingeladenen und auf Deck stehenden Panzer angebrachten Bangalore-Torpedo und brachte ihn zur Explosion.

Der Widerstand war an dieser Stelle – wie erwartet – gering. Die fünf Minuten später in Feuerposition vor dem Strand eingetroffenen LCT (Armoured) eröffneten aus ihren 9,5-cm-Geschützen das Feuer. Die LCT (Concrete Buster) liefen auf den Strand. Zwei von ihnen blieben getroffen zurück.

Es war 7.50 Uhr, als hier die 1940 nach England emigrierten französischen Truppen mit einigen Dutzend Männern wieder ihren Fuß auf den Boden ihres Vaterlandes setzten. Pak und Werferfeuer forderten hier die ersten Opfer. Die letzte Gruppe der Angriffs-Brigade Queen erreichte um 9.43 Uhr den Strand.

Die Zwischen-Brigade folgte in der nächsten Stunde nach. Die Landemanöver der Reserve-Brigade allerdings verzögerten sich, weil der schmale Sandstreifen dicht verstopft war.

Der Angriff auf Sword-Strand rollte. Dreschflegel-Panzer jagten die Minen hoch und bereiteten den Sturmtruppen den Weg durch Qualm und Pulverdampf. Noch immer schossen einige deutsche Werfer in die dichten Gruppen der anlandenden Fahrzeuge. Von ihnen gingen bis Mittag sieben verloren.

Es war genau 15.35 Uhr, als im Sword-Abschnitt KAdm. Talbot landete, um sich auf dem Strand vom Fortgang der Angriffe zu überzeugen. Als er gerade an Land ging, griffen sieben Ju 88 an, die tief herunterstießen und mit allen Bordwaffen auf die Landungstruppen feuerten. Nur ein rascher Sprung in die nächste Deckung rettete KAdm. Talbot.

Von den Landungsfahrzeugen hatten sich inzwischen 24 auf dem Strand festgefahren. Talbot ließ nach Rückkehr zu seinem Schiff Arbeitskommandos zusammenstellen und an Land schaffen, um bei der Räumung der total verstopften Strände zu helfen.

Das Royal Marine Commando (RMC) 41 unter LtCol. Gray war in fünf LCI (S) um 8.45 Uhr bei Lion sur Mer im Abschnitt Peter gelandet. Dies war 300 m westlich der vorgesehenen Landungsstelle. Dennoch gelang es diesen Männern rasch, den gefährlichen Strandabschnitt zu überwinden und nach Lion sur Mer vorzustoßen. Hier wurden sie von den Deutschen gestoppt.

Da an dieser Stelle kein Durchkommen war, wurde Feuerunterstützung angefordert. Der nun folgende zwei Stunden dauernde Beschuß durch Zerstörer brachte keine Änderung der Lage. Lion sur Mer hielt sich bis zum anderen Morgen.

Das RMC 41 setzte am Morgen des 7. Juni den Vorstoß nach Westen fort, stieß bei Petit Enfer auf das RMC 46, das auf diese Ortschaft angesetzt war, inzwischen die Ortschaft in Besitz genommen und 65 Gefangene gemacht hatte. Aber noch war das Ziel der Vereinigung mit dem auf Juno-Strand gelandeten RMC 48 nicht erreicht.

Das RMC 45, geführt von Oberstleutnant N. C. Ries, war um 9.10 Uhr in La Brèche am Ortsrand von Ouistreham gelandet und zur Unterstützung der 6. LL-Div. nach Osten vorgestoßen. Bei Franceville geriet es in das Abwehrfeuer deutscher motorisierter Artillerie, die in einem Waldstück am Südrand dieser Ortschaft in Stellung gegangen war. Das Kommando erlitt herbe Verluste.

Am Sword-Strand kam es noch am Abend des 6. Juni zu einem Zwischenfall, der Opfer durch eigene Waffen forderte. Und zwar wurden dort am Ankerplatz der Schiffe um 23.00 Uhr feindliche Bomber im Anflug gemeldet.

Da zur gleichen Zeit aber auch 300 Lufttransportflugzeuge und geschleppte Gleiter mit Verstärkungen für die 6. LL-Div. eintrafen, wurden diese für die deutschen Bomber gehalten und unter Feuer genommen. Zwei Flugzeuge wurden abgeschossen, drei beschädigt, eine Reihe Gleiter rissen ab und kamen nicht mehr zum Einsatz.

VAdm. Vian erhob nach diesem Vorkommnis die Forderung, daß weitere Luftlande-Operationen nur bei Tageslicht erfolgen dürften, um solche Katastrophen in Zukunft zu vermeiden.

Am Ende des ersten Tages war klar, daß die Landung und das Festsetzen auf und hinter dem Strand gelungen war. Die Operationen waren mit dem Verlust von 304 Landungsfahrzeugen bezahlt worden.

Im britischen Sektor der Invasionsfront konnten am ersten Tage 70472 Mann gelandet werden. Die Verluste betrugen 1848 Mann und waren weitaus geringer als vorher befürchtet. Was den britischen ebenso wie den US-Stellen auffiel, war das völlige Fehlen der deutschen Luftabwehr, die sicherlich an diesem Morgen des D-Tages ein verheerendes Feuer auf den Strand hätte legen und die alliierten Truppen hätte dezimieren können.

Dies war eigentlich vorausgesehen worden, und vorbeugend hatte man den gesamten britischen Landungsraum durch neun Jäger-Squadrons gedeckt, während drei Staffeln Thunderbolts die Hochsicherung übernommen hatten. Vier zusätzliche Lightning-Squadrons sicherten die Seewege von der Insel zum Festland.

Der ANCFX-Report on Neptune, Band 1, hat jene Bemerkungen festgehalten, die Admiral Ramsay am Ende dieses Tages der Ungewißheit geäußert hatte: „Am Ende des D-Tages hatten wir nur noch *eine* unmittelbare Sorge, ob das Wetter sich schnell genug bessern würde, damit wir mit dem planmäßigen Aufbau des Brückenkopfes beginnen konnten."

Was aber war mit den deutschen Truppen? Was wurde aus dem felsenfesten Entschluß von GFM Rommel, den alliierten Landungen noch im Moment der Anlandung – im Stadium der größten Verwundbarkeit – zu begegnen und den Feind mit den Panzerverbänden ins Meer zu werfen?

Der D-Tag auf deutscher Seite

Die drei deutschen Panzer-Divisionen

In seinem GefStand in St. Lô befahl GendArt. Marcks nach Eingang der Meldungen über Luftlandungen im Raume Carentan, das einzige Reserve-Rgt. in Richtung Carentan in Marsch zu setzen.

Zur gleichen Zeit gab GenOberst Dollmann Befehl, die im Raume St. Mère Eglise gelandeten Fallschirmjäger in einer konzentrierten Angriffsaktion zu vernichten. In Roche-Guyon wies GenLt. Speidel als Vertreter Rommels die 21. PD, die als Reserve der HGr. B im Großraum Falaise stand, an, das rechte Orneufer vom Feind zu säubern.

Von seinem HQ in Saint Germain befahl GFM von Rundstedt die sofortige Alarmierung der Panzer-Lehr-Division und der 12. SS-PD „HJ“. Er ließ den Divisionskommandeuren ankündigen, daß beide Divisionen so rasch wie möglich in Richtung Caen in Marsch gesetzt würden.

Das LXXXIV. AK stand in den frühen Morgenstunden des 6. Juni allein im Abwehrkampf. Die 15. Armee hatte keinerlei Befehle erhalten. Das OKW, das inzwischen längst verständigt worden war, hatte das II. FschKorps unter GenLt. Meindl zum Einsatz bei der 7. Armee freigegeben.

Die im Raume Avranches in Reserve liegende 77. ID unter GenLt. Stegmann und die 17. SS-PGD unter BrigFhr. Ostendorff wurden ebenfalls dem LXXXIV. AK zugeführt.

Der Chef des Stabes des OB West, General Blumentritt, rief um 5.55 Uhr den stellvertretenden Chef des Wehrmachtsführungsstabes, General Warlimont, in Berchtesgaden an und teilte diesem als Stellvertreter von GenOberst Jodl mit, daß die Invasion begonnen habe.

Hitler schlief noch, und niemand wagte es, ihn zu wecken. Statt dessen rief Warlimont GenOberst Jodl an und übermittelte diesem, was der OB West gemeldet habe. GenOberst Jodl glaubte nicht an eine Invasion, er hielt die Landung der Fallschirmjäger für ein großangelegtes Täuschungsmanöver. Die eigentliche Invasion würde – nach seiner festen Überzeugung – in der unteren Normandie stattfinden.

Die 21. Panzer-Division im ersten Einsatz

Bereits in den frühen Morgenstunden des 6. Juni 1944 hatte GenLt. Richter, Kdr. der 716. ID, die ersten von den amerikanischen Fallschirmjäger-Verbänden genommenen Ortschaften zurückgewonnen. Lediglich Bénouville blieb in feindlicher Hand. Hier kamen die Panzerjäger und die Panzergrenadiere des GR 192 zu spät. Oberstleutnant Rauch hatte sein II. Batl. unter Major Zippe bereits um 2.04 losgejagt. An der Spitze fuhr die schwere Kp. unter Oblt. Braats mit ihren 7,5 cm-Geschützen auf Sfl, gefolgt von FlaMW-Zug (mot.) und dem Granatwerferzug.

Als diese um 3.30 Uhr auf den Gegner stieß, hatte dieser die wichtige Brücke bei Bénouville bereits überschritten. Im Feuer von den fahrenden Kampffahrzeugen herunter wurde der Feind bis auf den Westausgang der Ortschaft zurückgedrückt und die westliche Brückenauffahrt abgeriegelt. Aber über die Brücke kamen die deutschen Infanteristen nicht. Schwere Pak und Infanterie-Geschütze des Gegners feuerten, was das Zeug hielt. Dann rollten die ersten Feindpanzer über die Brücke. Der erste wurde vom Volltreffer einer 7,5-cm-Granate abgeschossen. Der zweite brach in die Ortschaft ein und zog einen Trupp Infanterie nach, der die Deutschen auf die Dorfmitte zurückdrückte.

„Wir benötigen Panzer!“ forderte Oberstleutnant Rauch. GenLt. Richter ließ sich mit GenMaj. Feuchtinger verbinden und bat diesen, eine Abt. seines PR 22 in Marsch zu setzen.

Zunächst jedoch gelang es GenMaj. Feuchtinger nicht, beim LXXXIV. AK die Freigabe seines PR 22 zu erreichen. So wurde hier kostbare Zeit vergeudet, ehe die ersten Panzer doch noch die Freigabe erhielten und auf den Schauplatz rollten.

Das PR 22 hätte sofort zur Stelle sein können, denn es war bereits um 2.01 Uhr durch GenMaj. Feuchtinger alarmiert worden, dem kurz zuvor vom LXXXIV. AK „Alarmstufe II“ durchgegeben worden war. Er hatte daraufhin sofort Oberst von Oppeln-Bronikowski angerufen und ihm befohlen, sein PR 22 zu alarmieren.

Hermann von Oppeln-Bronikowski, rußlanderfahrener Panzerkommandeur, rief sofort die I. Abteilung. Er brauchte dem AbtKdr., Hptm. von Gottberg, nichts mehr zu sagen, denn dieser hatte mitgehört und meldete, seine Abt. sei in 15 Minuten abmarschbereit.

Danach rief von Oppeln auch die II. Abt. an. Major Vierzig erhielt Weisungen, die angesetzte Nachtübung sofort abzubrechen, die Einsatzbereitschaft herzustellen, sofort scharfe Munition zu laden und den Vollzug der Einsatzbereitschaft zu melden.

Eine Stunde darauf stand das PR 22 einsatzbereit und konnte gegen diesen Feind vorrollen und ihn vernichten. Damit warteten insgesamt 98 Panzer IV mit warmlaufenden Motoren auf den Befehl zum Gegenstoß in Richtung Küste. Diesem Panzerkeil mußte es gelingen, dem Gegner alle inzwischen erreichten Brücken und Stellungen zu entreißen und ihn ins Meer zu werfen, denn das PR war rechtzeitig einsatzbereit.

Alle warteten auf den Befehl zum Losschlagen. Aber Stunde um Stunde verrann, und der Gegner konnte sich mehr und mehr festsetzen. GenMaj. Feuchtinger wartete die ganze Nacht vergebens auf den erlösenden Befehl. Da er sich darüber im klaren war, daß die 21. PD dem Schauplatz der Landungen am nächsten stand, gab er um 6.30 Uhr selbständig seinen Panzern den Befehl, die 6. LL-Div. anzugreifen, die sich in einem improvisierten Brückenkopf oberhalb der Orne eingegraben hatte.

Bis dahin war seit 4.00 Uhr auch die aus der Verbandsübung herausgelöste Abteilung einsatzbereit.

Kaum hatte GenMaj. Feuchtinger diese Entscheidung getroffen, als er von der HGr. B die Weisung erhielt, daß er der 7. Armee unterstellt sei und seine Befehle nunmehr vom IV. AK erhalten werde.

Inzwischen war die I. Abt. des PR 22 von Hermann von Oppeln-Bronikowski in Marsch gesetzt worden. Mit seinem Stab fuhr der RgtKdr. zu diesem Verband hinüber, setzte sich an dessen Spitze und trieb zur Eile an.

Es war inzwischen 8.00 Uhr geworden und schon lange taghell. Die II. Abt. erhielt den Befehl, nach Nordosten anzutreten, um den ostwärts der Orne niedergegangenen Gegner zu vernichten.

Noch während der Verband vorrollte, erhielt Oberst von Oppeln Befehl, nicht die feindlichen Luftlandetruppen ostwärts der Orne anzugreifen, sondern gegen den inzwischen seegelandeten Hauptgegner westlich des Flusses anzutreten.

Die dadurch notwendig werdende Schwenkung brachte Hptm. von Gottberg und den RgtStab von der Spitze weg ans Ende der Marschkolonne.

Der Befehl zur Schwenkung war vom LXXXIV. AK gekommen. Dieses Korps hatte nunmehr die Führung übernommen. Gen. Marcks war der Meinung, daß man mit Panzern nichts gegen einen luftgelandeten Feind ausrichten könne und gegen die britischen Seelandungen mit ihren massierten Wagenparks und Panzern mehr erreichen würde. Lediglich die 4./PR 22 wurde gegen die Stützpunkte der brit. Fallschirmjäger angesetzt.

Daß diese Kehrtwendung und das Einnehmen der richtigen Marschrichtung dennoch zügig voranging, war der Disziplin der Panzerfahrer zu verdanken.

Die II./PR 22 rollte nunmehr in schnellster Fahrt in Richtung Caen. Bei der I. Abt. fuhr Oberst von Oppeln mit seinem Stab. Er trieb immer wieder zur Eile an. Doch die Stunden, die man auf der Stelle getreten hatte, waren nicht mehr einzuholen. Hier wurde der erste entscheidende deutsche Fehler gemacht und trotz gegenteiliger Erkenntnis und dauernder Aussprüche darüber der Gegenstoß entscheidend verzögert. Wenn man bedenkt, was 98 der besten deutschen Panzer unter einem tatkräftigen Kommandeur hätten erreichen können, wenn man voraussetzt, daß diesem Panzerverband das Hinwegfegen der noch dünnen britischen Linien und die Vernichtung der britischen Tanks gelungen und damit der Invasion ein entscheidender, ja schlachtentscheidender Schlag hätte versetzt werden können, dann weiß man, was diese Zurückhaltung durch irgendwelche Stellen für die Alliierten bedeutete.

Mit dem PR 22 ging es mitten durch das von vielen Bomben zerstörte, immer noch brennende Caen. Die Verbindung zur II. Abt. war abgerissen. Die Ornebrücke bei Rouville wurde erreicht. Sie war unzerstört und noch nicht vom Feind besetzt. Das PR 22 überschritt hier die Orne und stellte sich jenseits des Flusses zum Angriff nach Norden in Richtung Nouville–Beuville bereit.

Es war inzwischen 14.30 Uhr geworden, als die II./PR 22 mit über 40 Panzern, die selbständig vorgerollt war, angriffsbereit stand. Noch immer war die am Morgen befohlene Funkstille nicht aufgehoben, und die zwischen den beiden Abteilungen bestehende Unwissenheit über die Vorhaben der jeweils anderen Abteilung schlug sich negativ nieder. Oberst von Oppeln mußte Melder und Offiziere zur II. Abt. unter Major Vierzig schicken, um die notdürftigsten Verbindungen herzustellen.

Als Major Vierzig aber weiter vorfühlte, gelang es ihm, die I./PR 22 mit ihren drei Kampf-Kpn. zu sichten. Sie war – wie er erkannte – bereits in die Angriffs-Ausgangsstellung vorgerückt. Er setzte sich daraufhin mit seinen Panzern links daneben. Dann versuchte er, mit Hptm. von Gottberg persönlich Verbindung aufzunehmen, was ihm schließlich auch gelang.

Als die beiden AbtKdr. jenen Hügel erreichten, den Oberst von Oppeln mit seinem RgtStab gewählt hatte, um das von Hecken durchzogene Gelände besser überblicken zu können, sahen sie, daß der RgtKdr. bereits Besuch hatte.

GendArt. Marcks war soeben hier eingetroffen. Er begrüßte von Oppeln und kam nach den ersten verbindlichen Worten gleich zur Sache:

„Wenn es Ihnen, Oppeln, nicht gelingt, die Engländer ins Meer zu werfen, dann haben wir den Krieg verloren."

„Ich wollte ihm sagen, daß wir dies aus der langen Wartezeit nicht folgern könnten, denn danach hätten wir ja unendlich viel Zeit gehabt; aber ich unterließ es, wohl wissend, daß es so war, wie ich es dachte." (Siehe Hermann von Oppeln-Bronikowski: Brief an Herrn Franz Kurowski.)

„Ich greife an!" lautete statt dessen die Antwort des Panzeroffiziers, der mit steinernem Gesicht vor dem Kommandierenden General stand.

Es war 14.33 Uhr, als Oberst von Oppeln den entscheidenden Befehl gab: „Kommandeur an alle: Stoß zur Küste! – Panzer – – – marsch!"

Während GendArt. Marcks zum GR 192 weiterfuhr, sich – dort angekommen – mit seinem Spähwagen an die Spitze des I./GR 192 setzte und auch hier den „Stoß zur Küste!" befahl, hatte der Angriff begonnen, der die Entscheidung bringen konnte und sollte. An und für sich hätten schon längst alle drei Panzer-Divisionen, die dafür ausersehen waren, seit Stunden im Angriff gegen den landenden Feind stehen und diesen ins Meer zurückwerfen sollen. Nun aber standen hier ein Panzer-Regiment und ein Grenadier-Regiment viele Stunden verspätet zur Verfügung.

Oberst von Oppeln fuhr, gefolgt vom RgtStabszug, vor. Die beiden Verbände zielten mit ihrem Stoß genau in die Lücke der beiden Strandabschnitte Juno und Sword.

Dem I./GR 192 mit dem Kommandierenden General an der Spitze gelang es in rommelscher Manier, durch die Nahtstelle zwischen der brit. 3. und der kan. 3. ID durchzustoßen und in den Landekopf hineinzurollen.

Bei den Panzern sah dies etwas anders aus, aber das I./GR 192 stieß direkten Weges bis zur Küste hinunter und stand am Abend des 6. Juni 1944 um 20.15 Uhr am Strand. Sie fanden die Stützpunkte der 716. ID und richteten sich darin ein.

„Hier halten wir, und wenn nun unsere Panzer kommen, ist die Sache gelaufen."

Aber die Panzer kamen nicht. Als sie, geführt von Oberst von Oppeln, vor Bieville zu einer Höhe emporrollten, wurden sie von der dort oben inzwischen aufgestellten Pak empfangen, die keine Stunde vorher hier angekommen und in Stellung gegangen war. Der Führungspanzer des RgtStabszuges flog nach einem Volltreffer in die Luft. Sekunden darauf brannte ein zweiter, dann ein dritter, vierter und fünfter Panzer.

Die deutschen Panzer waren genau in einen Pakriegel hineingefahren. Die beiden feindlichen Divisionen hatten ihre panzerbrechenden Waffen in letzter Sekunde hierher vorschaffen können.

Hier, zwischen Périers und Bieville, entschied sich das Schicksal des PR 22 und wahrscheinlich auch der Schlacht um den Landekopf. Ein Durchbruch, das war Hermann von Oppeln-Bronikowski rasch klar, war hier nicht mehr zu schaffen. Nicht mit seinen Panzern; und andere, die hier hätten sein sollen, standen nicht zur Verfügung.

Der RgtKdr. dirigierte seine Panzer etwas weiter nach vorn und bis dicht an eine Waldbürste heran, wo sie vor Fliegersicht gedeckt standen und auch vom alliierten Schiffsgeschützfeuer nicht erfaßt werden konnten.

Was von Oppeln noch immer nicht wußte, war, daß das I./GR 192 bei Lion sur Mer die Küste erreicht hatte und dort auf ihn und seine Panzer wartete.

Das II./GR 192 hielt mit nur einer Kp. bei Bénouville an der Orne dem immer mächtiger werdenden Feinddruck stand.

In dem Luftwaffenstützpunkt Douvres, der den britischen Landestrand Juno flankierte, hielten sich noch immer 230 Soldaten der Luftwaffe und eine Handvoll hierher zurückgewichener Infanteristen mit drei Pak, drei 5-cm-Kanonen, etwa 12 Flammenwerfern und 20 MG gegen jeden feindlichen Angriff. Hier führte Oblt. Igle und erwies sich in den folgenden neun Tagen als eiserner Steher. Der Stützpunkt Douvres hielt. Und auch hier warteten die Verteidiger von einer Stunde zur anderen, von einem Tag zum anderen auf Entsetzung durch die Panzerverbände, die ihnen versprochen worden war.

Als die Kampfgruppen der 27. brit. InfBrig. die vorgeprellten Panzer angriffen, mußte Oberst von Oppeln den Panzern den Befehl zum Eingraben geben. Sie konnten dadurch sämtliche Angriffe stoppen. Doch diese Landungstruppen hatten damit nichts mehr vom PR 22 zu fürchten, das nun hier festgenagelt war. Das feindliche Schiffsgeschützfeuer konzentrierte sich auf die vorn am Strand liegenden Grenadiere. Bombenangriffe folgten nach. Dann erfolgten von beiden Flanken Angriffe mit dem Ziel, die Deutschen hier abzuschneiden und auszuhungern.

Das war für die Führung der KGr. der Zeitpunkt, da sie den Rückzugsbefehl geben mußte, zumal die Munition zur Neige ging. Von beiden Seiten unter Beschuß genommen, wichen die Grenadiere auf ihre Ausgangsstellungen zurück.

Auch die 8./GR 192 wurde auf die Linie des haltenden PR 22 zurückgenommen. Im Trommelfeuer der Schiffsgeschütze und in dauernden Feindangriffen blieb die erreichte Linie der Panzer erhalten. Von hier aus hoffte Oberst von Oppeln-Bronikowski mit Hilfe der 12. SS-PD „HJ“ unter Brigadeführer der Waffen-SS Witt erneut antreten zu können.

Die 12. SS-Panzer-Division „HJ“ an der falschen Stelle

Die 12. SS-PD „HJ“ war zu Invasionsbeginn in ihrer Ausbildung fertig und voll einsatzbereit. Unter ihrem Kdr. Brigadeführer Witt war sie bereits im April aus ihrem Ausbildungsraum in die Normandie verlegt worden, um im Raume Lisieux etwa 30 km von der Küste entfernt Quartiere zu beziehen.

Dann wurde die Division überraschend durch GendPzTr. Geyr von

Schweppenburg noch einmal 50 km weiter zurückverlegt, so daß sie ihrer Aufgabe, den Feind im Zeitpunkt seiner Anlandung ins Meer zu werfen, auf keinen Fall mehr gerecht werden konnte.

Am frühen Morgen des 6. Juni um 3.00 Uhr lief eine Meldung der 711. ID, GenLt. Reinhardt, bei Brigadeführer Witt ein, daß hinter dem linken Flügel der Division feindliche Fallschirmjäger gelandet seien. Nun alarmierte der DivKdr. die gesamte Division, ohne vom Korps einen Alarmbefehl erhalten zu haben. Er ließ Teile des PGR 25 in Richtung Caen aufklären.

Es war genau 7.00 Uhr, als Brigadeführer Witt den Einsatzbefehl von Oberstgruppenführer Dietrich, dem KommGen. des I. SS-PzK., erhielt. Dietrich teilte Witt mit, daß die Division zur Verfügung des LXXXI. AK stehe und sich im Raume Lisieux versammeln solle.

Da man inzwischen bei der Division wußte, daß der Gegner beiderseits der Orne gelandet war und Lisieux nicht in dieser Richtung lag, sondern nur den früheren Standort der Division kennzeichnete, war man überrascht. Dieser Umweg mußte zu großen Zeitverlusten führen. Der Marsch aus dem Unterkunftsraum direkt in den Kampfraum war nach der fundierten Ansicht von Brigadeführer Witt der schnellste Weg, an den Feind zu kommen und ihn zu vernichten, bevor er sich festgesetzt hatte.

Er erhob sofort Bedenken beim I. SS-PzKorps, doch diesem unterstand die Division nicht mehr. Sie war ja dem LXXXI. AK unterstellt worden. Damit konnte Sepp Dietrich dieser Division keinen Befehl mehr geben. Eine Draht- oder Funkverbindung zur HGr. B bestand nicht, so daß man auch dort nicht auf diese Ungeheuerlichkeit angesichts eines von Stunde zu Stunde stärker werdenden Gegners hinweisen konnte.

Die neuen Marschbefehle wurden durch Kradmelder zu den einzelnen Verbänden gebracht und trafen bis 10.00 Uhr dort ein. Das PGR 25 trat nunmehr mit unterstellten Spezialeinheiten um 10.00 Uhr an. Das ebenfalls verstärkte PGR 26 folgte eine Stunde später nach. Ihm sollte bei Lisieux die II./SS-PR 12 zugeführt werden. Die I./PR 12 befand sich bereits beim PGR 25 und rollte mit diesem in den Raum Lisieux. Brigadeführer Witt blieb mit einem kleinen Divisionsstab in Akon ostwärts Tillières zurück, wo er durch Fernsprecher mit den höheren Stäben verbunden war. In Lisieux wurde ein vorgeschobener Meldekopf errichtet.

Es war 15.00 Uhr, als die HGr. B der 12. SS-PD „HJ“ über das I. SS-PzK. fernmündlich den Befehl gab, als Versammlungsort den Raum westlich Caen zu benutzen. Dort sollte sie sich nunmehr bereitstellen. Dazu sei sie ab sofort dem LXXXIV. AK unterstellt. Wenig später wurde sie wieder dem I. SS-PzKorps unterstellt, womit sie wieder dort gelandet war, wo sie sich am Morgen befunden hatte, nur daß inzwischen unwiderbringliche Stunden zum Handeln verloren waren.

Dies kann nicht anders denn als Manipulation bezeichnet werden, die zum Ziele hatte, diese schlagkräftige Division vom Feind fernzuhalten. Um 16.00 Uhr erhielt die Division den Einsatzbefehl: „Verstärktes SS-PGR 25 Versammlung im Raume Westrand Carpiquet – Verson – Louvigny. Verstärktes PGR 26 links daneben im Raume St. Mauvieu – Cristot – Fontenay – le Pesnel – Chueux. PiBatl. 12 im Raume Tilly sur-Seulles. DivStabsquartier Nordzipfel des Forêt de Grimbosq." (Siehe: Panzermeyer: Grenadiere.)

Auf dem Marsch zur Front, volle 16 Stunden nach der ersten Feindmeldung und am hellen Nachmittag erhielten die einzelnen Kampfgruppen starkes Bomben- und Bordwaffenfeuer von Jagdbombern und Jägern, die sich auf alles stürzten, was fuhr, und auch die französischen Flüchtlingstrecks bombten, die aus dem total zerstörten Caen in Richtung Falaise flüchteten.

Vom I. SS-PzKorps erhielt die Division noch während des Vormarsches der Spitzenverbände zur Front den Befehl, am 7. Juni um 12.00 Uhr links neben der 21. PD zum Angriff nach Norden anzutreten und den gelandeten Feind ins Meer zu werfen.

Die Forderung von GFM Rommel, den Feind entweder ganz an der Landung zu hindern oder aber ihn im Zeitpunkt seiner Schwäche unmittelbar nach der Anlandung mit gepanzerten Kräften direkt anzugreifen und ins Meer zu werfen, war nicht befolgt worden. *Der Angriff erfolgte 30 Stunden zu spät!*

Anstatt die 21. PD unter den Befehl des I. SS-PzKorps zu stellen, was die Befehlsgebung am Feind vereinfacht hätte, um dann mit diesen beiden starken Divisionen – ungeachtet der Fallschirmjägerlandungen in ihrem Rücken – zur Küste durchzustoßen, dann nach Westen einzuschwenken und den Strandbereich aufzurollen, war durch eine völlig irre und frontferne Befehlsgebung eine heillose Verwirrung angezettelt worden. *Daß darin Methode lag, ist aus den vielen gleichlaufenden Aktionen der Desinformationen und des befohlenen Fehlverhaltens deutlich geworden.*

Dieser Streitmacht der beiden starken Panzer-Divisionen hätte bis spätestens 12.00 Uhr des 6. Juni – *und nicht des 7. Juni* – noch die dritte dazu bestimmte Panzer-Division zugeführt werden müssen: die Panzer-Lehr-Division, zu deren Aufstellung kein geringerer als der Inspekteur der Panzertruppe, Generaloberst Guderian, gesagt hatte, daß sie dazu aufgestellt und bestimmt sei, „eine Invasion an der französischen Atlantikküste wieder ins Meer zu werfen".

Die PLD hätte in einem entsprechenden frontnahen Raum unterge-

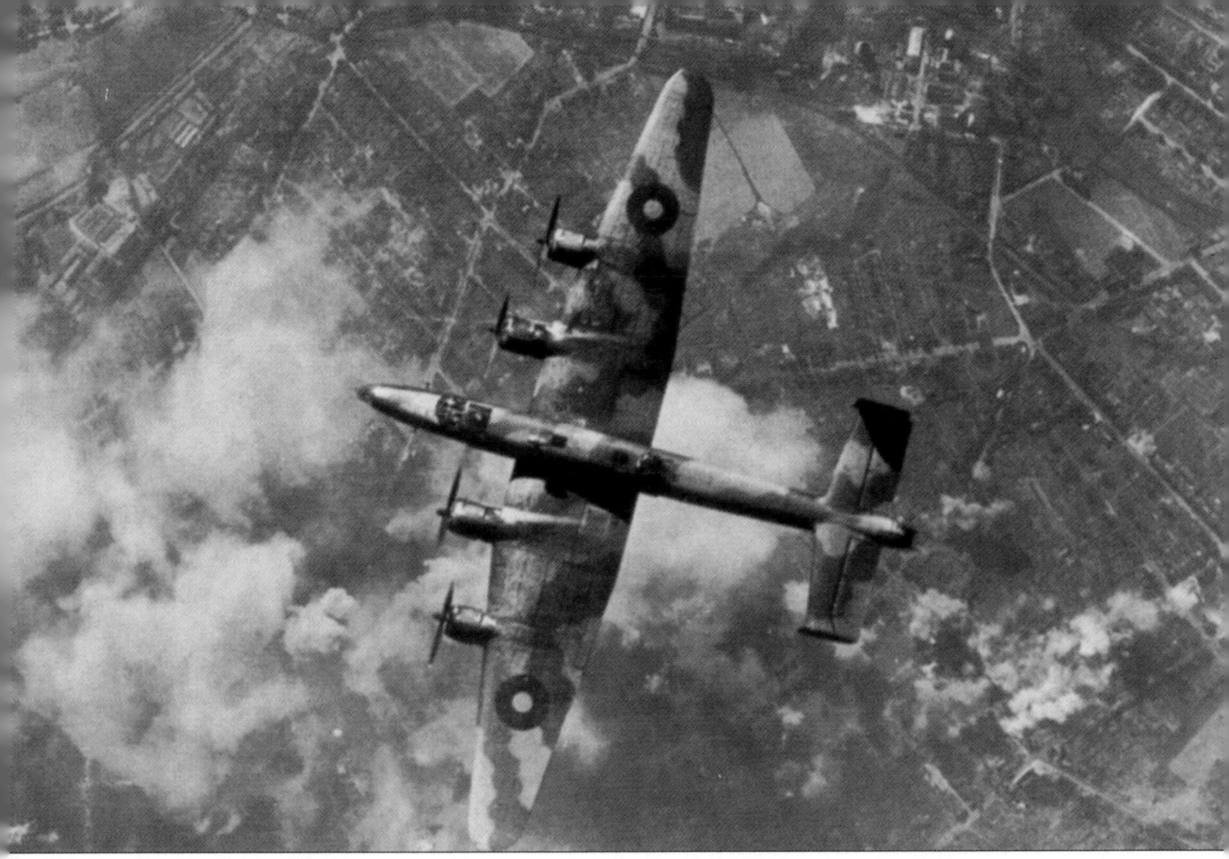

Bomber vom Typ Handley Page „Halifax“ brachten Tod und Vernichtung.

Die Avro „Lancaster“ Mk II war ebenso todbringend.

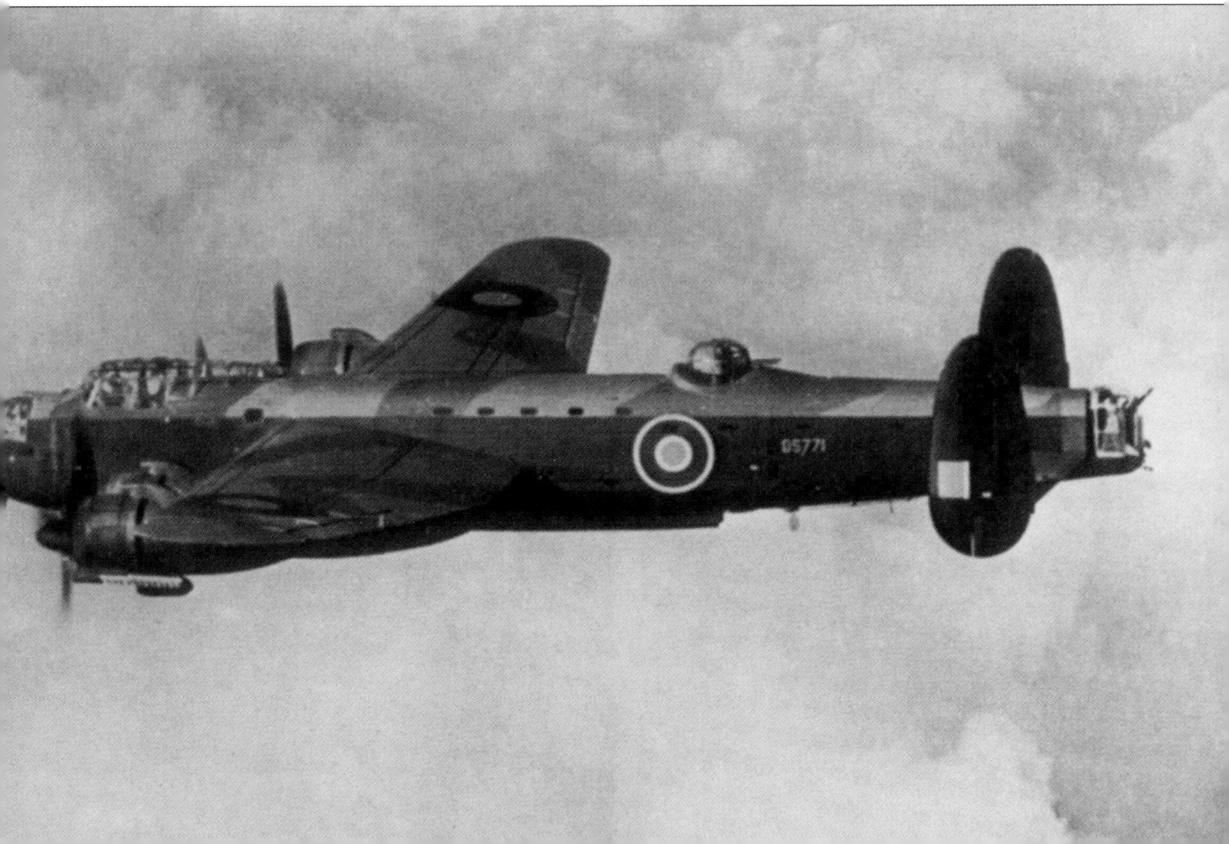

General Henry D.G. Crerar (links) und General Dwight D. Eisenhower

General der Panzertruppe Eberbach führte die Panzergruppe West und später die 7. Armee während der Invasion.

An der Küste wird nicht mehr geschossen.

US-Truppen in zerstörten französischen Städten

Kriegspremier Winston Churchill mit Bernard Montgomery an der Invasionsfront

Generalfeldmarschall Rommel an der Orne, im Hintergrund ein abgeschossener Segler

Standartenführer Jochen Peiper, Kommandeur des SS-Panzer-Regimentes 1 der „LAH“

General James Dolittle, Befehlshaber der berüchtigten 8. USAAF

General Carl A. Spaatz, Befehlshaber der strategischen Luftstreitkräfte in Westeuropa

Vizeluftmarschall Arthur Coningham (Mitte)

General Troy H. Middleton (rechts), der mit dem VIII. US-Korps Brest eroberte

Eine V 1 wird zur Abschußstelle geschafft.

Bereitstellung zum Angriff im US-Sektor

Oben links: Unteroffizier Rudolf Brasche von der Panzer-Lehr-Division

Oben: Oberstleutnant Prinz Schönburg-Waldenburg, Kommandeur der II. Abteilung/ Panzer-Lehr-Regiment 130 der Panzer-Lehr-Division

Links: Hauptmann Walter Scherf, Chef der 3. Kompanie/schwere Panzer-Abteilung 503

Sepp Dietrich im Gespräch mit Michael Wittmann

Michael Wittmann entschied die Schlacht bei Villers Bocage.

Soldatenfriedhof Marigny – letzte Ruhestätte von General Marcks

Generalleutnant Bayerlein, Kommandeur der Panzer-Lehr-Division, im Gespräch mit seinen Regimentskommandeuren Oberst Scholze und Oberst Gutmann (von links nach rechts)

Oben: Major Josef Priller, Kommodore des Jagdgeschwaders 26 an der Invasionsfront

Links: Der General der Jagdflieger, Adolf Galland (links), versucht das äußerste.

Oben: Grenadiere mit MG und Panzerfaust gehen nach vorn.

Oben rechts: Caen ist völlig zerstört.

Rechts: Englische Infanterie greift an, ein deutsches MG-Nest eröffnet das Feuer.

Auch St. Lô brennt.

Besprechung Eisenhower – Montgomery

Vizeadmiral Morton L. Deyo, Befehlshaber des Küstenbeschießungsverbandes Cherbourg

Alliiertes Plakat bei Marigny mit deutscher Bemerkung

Generalleutnant Carl W. von Schlieben geht in die Gefangenschaft.

Die westalliierten Befehlshaber im Londoner Hauptquartier; von links: General Bradley, Admiral Ramsey, Luftmarschall Tedder, General Eisenhower, General Montgomery, Luftmarschall Leigh-Mallory, Generalmajor Bedell Smith

Das Hauptquartier des Oberbefehlshabers West in Fontainebleau; von links: General der Panzertruppe Geyr von Schweppenburg, Generaloberst Blaskowitz, Generalfeldmarschall Sperrle, Generalfeldmarschall von Rundstedt, Generalfeldmarschall Rommel, Vizeadmiral Krancke

bracht *und* direkt nach den ersten gesicherten Unterlagen über die Feindlandungen zur Küste durchstoßen *müssen*. Ihre weit über 200 Panzer hätten ohne jeden Zweifel *jeden* gelandeten Feind ins Meer geworfen. Doch dort, wo sie bei Invasionsbeginn stand, war sie zu einer Statistenrolle und zu völliger Untätigkeit verurteilt. Doch darüber später mehr.

Der Eindruck läßt sich einfach nicht beiseite wischen, daß hier an den verschiedensten Befehlen bewußt gedreht worden ist *und* daß andere, ebenfalls entscheidende Befehle überhaupt nicht gegeben wurden.

So beispielsweise wurde das III. Flak-Korps unter General Pickert, das die Aufgabe hatte, unmittelbar nach Invasionsbeginn mit seinen motorisierten Kräften direkt ins Invasionsgebiet hineinzustoßen und den Feind durch gezielten Beschuß außer Gefecht zu setzen, überhaupt nicht vom Invasionsbeginn informiert. Man wußte dort nichts davon, daß der Gegner nicht nur gelandet war, sondern bereits ins Landesinnere vordrang. Die Flak-Batterien des III. Flak-Korps standen an der Somme! General Pickerts GefStand befand sich in Amiens. Drei Flak-Regimenter mit einer Vielzahl an schweren 8,8 cm-Flak-Batterien standen nutzlos herum, während sie an der Küste im Invasionsraum dringend benötigt wurden und mit ihrer Feuerkraft *jeden* Gegner vernichtet hätten.

Am Vormittag des 6. Juni hatte das III. Flak-Korps noch nicht die leiseste Ahnung davon, was sich seit vielen Stunden an der Küste tat. Als schließlich General Pickert die ersten Meldungen erhielt, fuhr er sofort nach Paris zum Stab des OB West, um seine Befehle persönlich zu holen. Hier erst erfuhr er von der brisanten Lage, die ihn sofort handeln ließ. Er brachte seine Flakkräfte auf den Marsch. Auch sie wurden unterwegs gebombt und von Tieffliegern mit Raketenbomben und Bordwaffenfeuer belegt. Dadurch aufgehalten, trafen sie erst am 8. abends und am Vormittag des 9. Juni im Frontbereich ein. Der Marsch dorthin hatte das Korps über 200 Tote gekostet. Damit waren zwei der drei entscheidenden Panzer-Divisionen *und* das III. Flak-Korps nicht rechtzeitig am Feind, und der GefStand der dritten Panzer-Division, der 21. PD, befand sich am Abend des 6. Juni immer noch 30 km von der Küste entfernt bei St. Pierre sur Dives. Wo aber war die Panzer-Lehr-Division?

Die Panzer-Lehr-Division in Warteposition

Die PLD lag im Großraum Nogent-le-Rotrou, einem Gebiet zwischen Le Mans und Chartres, in den Quartieren. Ihr Kdr. war GenLt. Bayerlein, Rommels Generalstabschef in Afrika. Sie verfügte über 260 Panzer und 800 armierte Ketten- und Halbkettenfahrzeuge. Sie war die *einzige* deutsche

PD, die zu 100 Prozent gepanzert war. Sie allein wäre imstande gewesen, eine Invasion ins Meer zu werfen, wie GenOberst Guderian es dem DivKdr. gesagt hatte, als er die Division besuchte: „Bayerlein, Ihr Ziel ist nicht die Küste! – Ihr Ziel ist das *Meer*!“

Trotz der vielen Proteste von GenLt. Bayerlein, der wußte, daß es so zu einem Fiasko kommen mußte, war die Division in ihrem Aufstellungsraum so plaziert worden, daß die Panzer, die am langsamsten waren, auch am weitesten zurückhingen. Bayerlein wurde kategorisch verboten, Teile der Division umzugruppieren. Er rief immer wieder General Warlimont vom Wehrmachtsführungsstab an, um diese katastrophale Situation zu ändern, doch laut Warlimont behielt sich das OKW *alle* Befehle für die PLD vor und unterstellte sie sich direkt als Eingreifreserve.

Diese unverständliche Maßnahme kann man einfach nicht als Unfähigkeit der Wehrmachtsführung ansehen, denn das war sie gewiß nicht. Sie muß im gemeinsamen Rahmen aller übrigen taktischen und operativen Fehler gesehen werden, die jeder Kriegführung hohnsprechen und nicht von jenen Experten gemacht sein konnten, die die Blitzkriege durchgeführt und in Rußland gewaltige Schlachten geschlagen hatten. Daß einer solchen Obersten Führung so gravierende Fehler unterlaufen könnten, die selbst ein junger Offizier auf der Kriegsschule nicht machen würde, ist nicht denkbar. Nur eine gezielte Desinformation, verbunden mit lancierten Meldungen und frisierten Lageberichten, konnte diese Handlungen herbeigeführt haben. Wer dafür verantwortlich ist, daß ist nach wie vor der *weiße Fleck in der Kriegsgeschichte.*

Die PLD jedenfalls, die den Feind bei seiner Anlandung ins Meer werfen sollte, stand bei Invasionsbeginn nicht nur in der falschen Aufstellung, sondern darüber hinaus auch noch 150 km (!) von der Küste entfernt. Jene Division, die zum direkten Gegenschlag gegen einen gelandeten Feind aufgestellt und bestmöglich bewaffnet worden war, die im Morgengrauen des 6. Juni zur Küste hätte rollen sollen, befand sich 150 km von dieser Front entfernt; das bedeutete, daß sie mindestens 20 Stunden fahren mußte, um diesen Raum zu erreichen.

Am Morgen des 6. Juni 1944 klingelte im GefStand von GenLt. Bayerlein in Nogent-le-Rotrou um 2.30 Uhr der Feldfernsprecher. Hptm. Alexander Hartdegen, Bayerleins OrdOffz., weckte den Kommandeur. Bayerlein ging ins Wachzimmer und übernahm den Hörer. General Warlimont, Chef des Stabes des Wehrmachtsführungsstabes, war am anderen Ende der Leitung. Er berichtete:

„Feindliche Fallschirmlandungen an der Calvadosküste und an der Ostküste der Halbinsel Cotentin. Vielleicht ist dies die erwartete Invasion. Wahrscheinlich aber sind es nur Scheinmanöver, denn die Funkmeß-

Zentralen beim Cap Gris Nez und Cap d'Albrecht, ferner die Funkmeß-Station Le Touquet in Paris Plage melden ebenfalls Annäherung großer Feindverbände über See. Die Panzer-Lehr-Division ist zum Vormarsch mit Stoßrichtung Caen in Alarmzustand zu versetzen."

In den Unterkünften um das Stabsquartier herum begannen sofort die Vorbereitungen. In den nächsten Stunden meldeten die einzelnen Verbände ihre Einsatzbereitschaft. Aber der Einsatzbefehl ging nicht ein.

Zu allem Übel war durch OKW-Befehl die Verlegung der schweren Abteilung des PR 130 der PLD nach Polen bereits durchgeführt worden. Noch in der Nacht ließ GenLt. Bayerlein, selbständig handelnd, diese Transporte stoppen. Jene Teile, die noch auf den Transport warteten, erhielten Befehl zurückzukommen. Das Gros aber, die Tiger und Panther der schweren Abteilung, trafen erst Tage später bei der Division ein und standen ihr somit ebenfals nicht zur Verfügung.

Dieser Transport wurde befohlen, als allen Beteiligten klar war, daß die Invasion täglich stattfinden konnte. Dazu erübrigt sich jeder Kommentar.

Immer wieder rief GenLt. Bayerlein am Morgen des 6. Juni die vorgesetzten Stellen an und bat um die Freigabe der Division zum Marsch an die Front. Doch man ließ diese Division einfach stehen. Noch am Mittag stand sie alarmbereit dort, wo sie acht Stunden vorher auch schon gestanden hatte. Nun aber fegten bereits die ersten Jabopulks über die noch getarnten Fahrzeuge der Division hinweg, und allen war klar, was geschehen würde, wenn die Verbände ihre Deckungen verlassen würden. Was im Schutze der Dunkelheit noch harmlos gewesen war, das würde bei hellem Tageslicht zur Katastrophe ausarten.

Mit seinem OrdOffz. fuhr GenLt. Bayerlein nach Le Mans ins HQ der 7. Armee, wo er durch GenOberst Dollmann erfuhr, daß die PLD ab sofort dem Kommando der 7. Armee unterstellt sei. Ebenso die 12. SS-PD „HJ". GenOberst Dollmann befahl den Abmarsch der PLD zu 17.00 Uhr mitten im hellsten Tageslicht.

GenLt. Bayerlein, der aus Afrika die verheerende Wirkung alliierter Luftangriffe auf Fahrzeugkolonnen kannte, schlug vor, nachdem man schon so lange gewartet hatte, bis zum Einfall der Dämmerung zu warten. Aber nun *mußte* die Division *sofort* marschieren. Um jeden Preis!

GenMaj. Pemsel, Chef des Stabes des AOK 7, verlas einen soeben eingegangenen Funkspruch: „Der OB West weist auf Wunsch des OKW darauf hin, daß der Gegner im Brückenkopf noch am 6. Juni abends vernichtet wird, da Befürchtungen verstärkter Luftlandungen und Seenachlandungen bestehen. Gemäß GenOberst Jodl sind alle Truppen auf die Einbruchstelle Calvadosküste zu in Marsch zu setzen. Der dortige Einbruch muß *heute noch* bereinigt werden."

Dieser Befehl erging um 16.00 Uhr, nachdem die PLD bereits seit über neun Stunden auf der Stelle getreten hatte. Bayerlein wies darauf hin, daß GenOberst Jodls Befehl, der viel zu spät erfolgt war, nunmehr nichts anders als ein Todesurteil für die PLD sei und daß man außerdem diesen Befehl nicht erfüllen könne. Die Distanz von 150 km konnte bei einer Marschgeschwindigkeit einer ganzen Division von 8 km in der Stunde nicht mehr am 6. Juni durchmessen sein. Auch das war jedem Kriegsschüler klar.

Generaloberst Dollmann erklärte abschließend: „Die Panzer-Lehr-Division muß in den frühen Morgenstunden des 7. Juni im Raum südlich Caen stehen. Die britische 185. Brigade ist bei den Höhen von Périers durchgebrochen und marschiert auf Caen zu. Caen aber ist für uns von größter Wichtigkeit."

Das war die Stadt natürlich auch vorher schon, ohne daß es irgend jemandem eingefallen wäre, diesem Faktum Rechnung zu tragen.

Der Hinweis von GenLt. Bayerlein, daß eine Panzer-Division unter erhöhter Luftgefahr marschierend auf keinen Fall das 150 km entfernte Caen am Morgen des 7. Juni erreichen könne, fruchtete nichts. Man schlug dem erfahrenen Truppenführer allen Ernstes vor, den direkten Weg nach Caen zu nehmen. Dazu aber hätte die PLD völlig umdirigiert werden müssen. Dies bei mehr als 1000 Fahrzeugen.

Man gab ihm den gutgemeinten, aber unsinnigen Rat mit auf den Weg, er möge zusehen, daß er auf und neben den Straßen möglichst ungerupft davonkomme. Vor diesen Wunschtraum hatten die Alliierten aber ihre Luftgeschwader gesetzt, wie sich sehr rasch zeigen sollte.

Nach Nogent-le-Rotrou zurückgekehrt, ließ GenLt. Bayerlein die Kommandeure in seinen GefStand bitten und gab den Abmarschbefehl für 17.00 Uhr aus. Er schärfte den Kommandeuren ein, die Fahrzeuge so gut wie möglich zu tarnen.

Um 17.00 Uhr rollte die PLD auf fünf Vormarschstraßen los. Die riesigen Staubwolken, die von den Kettenfahrzeugen aufgewirbelt wurden, zeigten dem Gegner, wo der Feind marschierte. Lassen wir hier den Situationsbericht von GenLt. Bayerlein einfließen:

„Ich fahre mit zwei Pkw und zwei Funkstellen meines Gefechtsstabes vor der mittleren Kolonne, dem PGR 901, auf der Straße Alençon – Argentan – Falaise. Bereits bei Beaumont-sur-Sarthe zwingt uns der erste Jaboangriff in Deckung. Es geht noch mal gut. Aber die Kolonnen werden immer weiter auseinandergerissen. Da die Armee Funkstille befohlen hat, besteht nur Meldeverbindung. Als ob die Funkstille verhindern könnte, daß uns Jabos und Aufklärer, die am Himmel hängen, erkennen. Dafür aber wird dadurch die Divisionsführung daran gehindert, sich ein genaues Bild vom Stand des Vormarsches zu machen und davon, wo die Spitzenverbände stehen. Dauernd muß ich Offiziere losschicken und selbst zu den Verbänden fahren.

Alle fünf Marschstraßen sind von meinen Einheiten belegt. Natürlich ist der Vormarsch durch die feindliche Luftaufklärung erkannt worden. Bald hängen Bomber über den Straßen, zerschlagen Kreuzungen, Dörfer und Städte, die im Vormarschbereich liegen, und stürzen sich auf die Fahrzeugschlangen.

Um 23.00 Uhr durchfahren wir den Ort Sèes. Er liegt unter ‚Christbaumbeleuchtung'. Schwere Bomben krachen in das bereits schwer beschädigte Städtchen; durch!

Gegen 2.00 Uhr nähern wir uns Argentan. Es ist taghell von Bränden und Explosionen. Die Stadt bebt unter dem Bombenhagel der rollenden Angriffe. Wir gelangen bis in den südlichen Vorort, dann ist ein Weiterkommen unmöglich. Ganz Argentan brennt. Wir befinden uns in einem Hexenkessel. Auch hinter uns ist nun die Straße blockiert. Wir sind in der brennenden Ortschaft eingeschlossen. Staub und Rauch nehmen uns die Sicht.

Funken sprühen über die Fahrzeuge hinweg. Glimmende Balken und eingestürzte Häuser versperren alle Wege ins Freie. Immer noch hängen die Flugzeuge überall am Himmel. Ihre Leuchtbomben hüllen die Häuser in strahlende Helle. Beißender Qualm verschlägt uns den Atem. Wir müssen zu Fuß einen Ausweg erkunden. Pioniertrupps arbeiten an der schwer beschädigten Ornebrücke. Um 3.00 Uhr gelingt es uns, aus dem brennenden Gefängnis über die Felder in Richtung Flers auszubrechen.

Gegen Morgen läßt die Bombardierung nach. Die Straße über Ecouché – Briouze – Flers ist gut zu befahren. Wir sind um 4.00 Uhr in Flers, das ebenfalls unter den Bombardierungen gelitten hat. Um 5.00 Uhr erreichen wir Condé-sur-Noireau. Von den Marschkolonnen der Division ist weit und breit nichts zu sehen. Sie quälen sich mühselig über die zerbombten Wege. Wie Argentan, so waren alle übrigen Knotenpunkte hinter der Invasionsfront zusammengebombt, offensichtlich mit dem Ziel, den Vormarsch der deutschen Reserven zum Einsatz bei Caen zu verhindern." (Siehe Fritz Bayerlein: Panzer-Lehr-Division, Mission-Report Januar 1944 bis 28. July 1944.)

Beim PR 130 der PLD lief der Vormarsch wie folgt ab: „Dröhnend rollten die Panzer nach Norden. Ihre Besatzungen suchten unentwegt den Himmel ab. Plötzlich waren sie da! Niemand wußte, woher sie gekommen sind. Röhrend kamen die Jabos näher, flitzten im Tiefflug über Büsche und Heckenreihen hinweg. Eine uns begleitende Vierlingsflak eröffnete das Feuer. Durch konzentrierten Beschuß wurden die anfliegenden Jabos aus dem Kurs geworfen. Vorn an der Kolonnenspitze dröhnte die erste Detonation. War das einer von uns?

Vorrollend sahen wir die wieder in ihren Luken auftauchenden Besatzungen. Neben der Straße ein abgeschossener Jabo, das ausgelaufene Benzin brannte lichterloh. Bordmunition platzte mit lautem Geknatter auseinander.

Doch der Tod hatte auch in unseren Reihen zugeschlagen. Ein Kübelwagen wurde Opfer der Tiefflieger. Zwei Kameraden fanden dabei den Tod. Es sind die ersten Toten der PLD während der Invasion.

Noch drei Fliegerangriffe mußte das PR 130 über sich ergehen lassen, bevor es dunkel wurde. Aber an Rast war nicht zu denken. Der Marsch ging weiter. Erst um Mitternacht zwang der Spritmangel zu einem Halt. Panzerbesatzungen tankten ihre Wagen auf. Die Gefechtsfahrzeuge wurden ebenfalls aufgetankt. Kettenbolzen mußten ausgewechselt werden, Motorendeckel knallten zurück. Die Fahrer beugten sich darüber, kontrollierten und reparierten. Nach einer Stunde wurde wieder aufgesessen. ‚Panzer marsch!' hieß es anstatt der ersehnten Pause."

Beim PGR 901 ging es auf der befohlenen Marschstraße Illiers–Domfront – Rennes – Falaise – Condé – St. Marie (bei Caen) vorwärts. Wo die Einheiten durch Städte oder größere Ortschaften rollten, waren diese bereits von alliierten Bombergeschwadern heimgesucht worden. In Falaise waren ganze Straßenzüge dem Erdboden gleichgemacht worden. Erst am 8. Juni gegen 18.00 Uhr traf dieses Regiment in St. Marie hart südlich Caen ein.

Caen brannte lichterloh. Schwere Schiffsartillerie der Alliierten streute das gesamte Aufmarschgebiet der Division ab. Die 9. (sInfGesch-Kp. Sfl) PGR 901 unter Hptm. Hennecke ging direkt in St. Marie in Stellung. Auch diese Kp. hatte die ersten Ausfälle erlitten. Zwei Munitionswagen mit 100 Granaten waren durch Jabos mit Raketenbomben vernichtet worden. Der Troß-Lkw wurde ebenfalls von Jabos abgeschossen. Fahrer ObGefr. Griethe verbrannte im Wagen. Nach Einfall der Dunkelheit erreichte die 9./PGR 901 Vendés, erkundete das Gelände und ging sofort in Stellung.

Das PGR 902 unter Oberst Gutmann war am 6. Juni um 17.00 Uhr aus Vibraye aufgebrochen. Am frühen Morgen des 7. Juni begann auch sein Leidensweg. Mit dem ersten Tageslicht tauchten die ersten Jabos auf. Sie konnten in der grellen Helligkeit jedes Ziel erkennen, wenn es sich auch noch so gut getarnt hatte.

In ihren oben offenen SPW hockend, wurden die Panzergrenadiere immer wieder angegriffen und aus den Wagen hinausgeschossen. Besonders hart traf es das I. Batl., dem schließlich nichts anderes übrigblieb, als in einem Waldstück unterziehen und die Dunkelheit abzuwarten, wenn es nicht völlig vernichtet werden sollte.

Einige km vor Brouay blieb dieses Rgt. liegen. Oberst Gutmann errichtete den RgtGefStand in einem Deckungsloch von 1,5 m Tiefe. Wenig später kreiste hier auch schon ein Artillerie-Beobachter, und kurz darauf schoß sich die Schiffsartillerie mit einem Trommelfeuer schwerer und schwerster Geschütze auf diese Stellungen ein. Das Rgt. erlitt schwere Verluste, noch ehe es überhaupt in den Kampf eingegriffen hatte.

So verlief der erste und zweite Marschtag bei der PLD, die als OKW-Reserve den Auftrag hatte, den Feind bei seiner Anlandung zu bekämpfen und ihn so schnell wie möglich wieder ins Meer zu werfen.

Wenden wir uns nunmehr einem Fallschirmjäger-Verband zu, der seit dem ersten Invasionstag im Abwehrkampf stand!

Das Fallschirmjäger-Regiment 6 im Abwehrkampf auf Cotentin

Ab Anfang Mai wurde das FJR 6, das unter Major Friedrich-August Frhr. von der Heydte ab Januar 1944 aufgestellt worden war, in die Normandie verlegt, wo es als Korpsreserve dem LXXXIV. AK unterstellt wurde. Als GendFl. Student, der OB der Fallschirmtruppe, am Abend des 5. Juni im GefStand dieses Rgt. bei Carentan eintraf, war Major von der Heydte gerade in den Nachbarabschnitt gefahren. Die Fallschirmjäger bereiteten ihrem Oberbefehlshaber ein „Blitzfestessen“.

Danach stand Kurt Student vor der Karte des RgtAbschnittes. Als er sich wenig später verabschiedete, sagte er nur zwei Worte: „Seid wachsam!“

In der kommenden Nacht war es bereits soweit. Am nachtdunklen Himmel öffneten sich die Sprungluken der US-Transportmaschinen, und Fallschirmjäger von der anderen Feldpostnummer fielen vom Himmel.

In seinem Stützpunktbereich nahm Ofw. P. einen US-Major, zwei Hauptleute und 73 Paratroopers nach kurzem, aber hartem Kampf gefangen.

In den frühen Morgenstunden des 6. Juni fuhr Major von der Heydte nach Carentan, um die Gefangenen persönlich zu befragen. Sie erwiesen sich als Angehörige des FJR 501 der 101. US-LLDiv. Major von der Heydte rief das LXXXIV. AK an, nachdem die Telefonverbindung zur 709. ID nicht zustande gekommen war. Major Viebig, der Ia des Korps, meldete sich, und von der Heydte berichtete ihm, daß dies die Invasion sei. General Marcks meldete an die 7. Armee weiter.

Es war 9.00 Uhr an diesem 6. Juni, als Major von der Heydte in St. Côme du Mont eintraf. Vom Kirchturm der Ortschaft aus suchte er durch sein Fernglas die Küste und die See ab. Vor sich sah er im hellen Morgenlicht die unübersehbare Invasionsflotte vor dem Landeabschnitt Utah.

„Das *ist* die Invasion“, bemerkte von der Heydte zu seinem Adjutanten, bevor sie in den RgtGefStand zurückkehrten, der ab sofort in St. Côme du Mont eingerichtet wurde.

Major von der Heydte versuchte nunmehr, sein Rgt. nach vorn zu holen. Er beabsichtigte, im Angriff über St. Marie du Mont und Turqueville die Küste bei La Madeleine zu erreichen. Als das I./FJR 6 St. Marie du Mont erreichte, meldete ein zurückgeschickter Kradmelder, daß sie bis dahin durchgekommen seien. Major von der Heydte hatte den Stab um die Karte versammelt. Er deutete auf die beiden Ortschafen, die es zu erreichen galt.

„Wenn es dem II. Batl. jetzt gelingt, bei Turqueville einzudrehen und über den Damm durch das Überschwemmungsgebiet vorzustoßen, dann haben wir die Landungsstelle der Amerikaner abgeriegelt“, erklärte er. Doch dazu kam es nicht mehr. Ein FT-Spruch vom II. Batl. zeigte von der Heydte, der auf einem Krad nach St. Marie du Mont gefahren war, daß der Gegner bereits bei St. Mère Eglise stand. Von dort aus erhielt das II./FJR 6 unter Hptm. Mager starkes Feuer.

„Chef an Mager“, ließ von der Heydte den BatlKdr. wissen, „nicht zur Küste eindrehen, sondern auf St. Mère Eglise vorstoßen, die Ortschaft nehmen und damit unsere Flankenbedrohung ausschalten!“

Der Angriff lief zunächst gut vorwärts, scheiterte dann aber in unmittelbarer Nähe von St. Mère Eglise an den dort liegenden starken Feindkräften, die inzwischen gut mit schweren Waffen versorgt worden waren.

Am Morgen des 7. Juni befahl von der Heydte den beiden Bataillonen, sich zur Verteidigung in den erreichten Räumen einzurichten.

In seiner neuen Stellung bildete das FJR 6 den Sicherheitsriegel an der Haustür der Halbinsel Cotentin. Es hatte einen 20 km breiten und 15 km tiefen Geländestreifen zu verteidigen. Der Gegner aber wurde hier von Stunde zu Stunde stärker. Immer wieder gelangen ihm Einbrüche in die weit auseinanderliegenden Stützpunkte, die danach wieder freigekämpft werden mußten. Zwei Luftlande-Divisionen wurden erkannt, gegen die es sich zu behaupten galt.

Zwei Tage und Nächte dauerten die verbissenen Kämpfe bereits an, als mitten in einer Lagebesprechung am 8. Juni der RgtGefStand von feindlichen Panzerrudeln eingekreist wurde. Der RgtKdr. setzte dagegen seinen Radfahrzug an. Der erste RgtSchreiber, Ofw. H. Bräu, übernahm mit Meldern, Funkern und Schreibern die Nahsicherung und vernichtete mit seinen Männern einige Shermanpanzer mit Sprengmitteln.

Währenddessen beendete Major von der Heydte seine Befehlsausgabe und erklärte zum Schluß, daß sie mit den wenigen ihnen zur Verfügung stehenden Mitteln versuchen müßten, den Gegner so lange wie möglich zu halten. Die Panzer wurden abgewiesen.

Durch Sümpfe watend, Flüsse durchschwimmend und in nächtlichen Ansprüngen griffen die Fallschirmjäger ihren Gegner immer wieder im Rücken an, mußten aber dennoch bis zum Abend des 8. Juni kämpfend auf den Nord- und Ostrand von Carentan ausweichen. Hier, an der Nationalstraße 13, bildete das Rgt. einen neuen Sperr-Riegel zwischen den beiden großen US-Brückenköpfen.

Carentan wurde zum heißest umkämpften Platz an der gesamten Invasionsfront. Unter dauernden Luftbombardements, im Feuer der feindlichen Schiffsgeschütze lagen die Fallschirmjäger am Stadtrand in ihren flachen Gräben, denn dort, wo der Sumpf begann, lief jedes Loch, das tiefer als 30 Zentimeter war, rasch voll Wasser. Der Gegner wurde zurückgeschlagen, sooft er auch angriff. Die Regimentsärzte operierten am Stadtrand in einem alten Weinkeller. Hier wurden alle versorgt, wie sie eintrafen: Deutsche, Amerikaner, Engländer und Franzosen. So wie es der RgtKdr. befohlen hatte.

Lassen wir an dieser Stelle, den Geschehnissen an den übrigen Brennpunkten vorauseilend, den weiteren Einsatz der deutschen Fallschirmjäger am geistigen Auge vorüberziehen! Im Kampf Fallschirmjäger gegen Fallschirmjäger war es dem FJR 6 fast gelungen, die 101. US-LL-Div. zu zerschlagen. Aber dafür zahlten die Deutschen einen hohen Blutzoll. Am frühen Morgen des 10. Juni schlugen sich die letzten 25 Jäger des I. Batl. zum RgtGefStand durch und meldeten die völlige Vernichtung des Bataillons. 25 von 700 Soldaten hatten den mörderischen Kleinkrieg überstanden. In St. Marie du Mont eingeschlossen, war dieses Batl. buchstäblich vernichtet worden.

Am Mittag des 10. Juni erschien ein amerikanischer Parlamentär vor der Stellung des II./FJR 6 unter Hptm. Mager und forderte von der Heydte auf, sich ehrenvoll zu ergeben. Der RgtKdr. lehnte diese Aufforderung von GenMaj. Taylor ab.

Am Abend dieses Tages warfen Ju 52 über den Stellungen des FJR 6 Verpflegungsbomben und Munitionsbehälter mit Granatwerfer-, MPi- und MG-Munition ab.

Als der Gegner kurz darauf mit starken Kräften angriff, hatten die überlebenden Fallschirmjäger wieder genügend Munition, um diesen Angriff zu stoppen und die beiden Einbrüche auf beiden Flanken abzuriegeln.

Dadurch aber hatte Major von der Heydte die Mitte seiner Abwehrfront entblößen müssen. Hier stießen Panzer und Pak des Gegners rasch durch.

Am Mittag des 11. Juni tobte am Ortsrand von Carentan der Nahkampf. Der vorgeschobene RgtGefStand in Pommenauque nordwestlich Carentan wurde von US-Fallschirmjägern angegriffen. Beim Gegenstoß fiel Lt. Brunnklaus, einer der tapfersten jungen Offiziere des Regimentes. Am Abend dieses 11. Juni meldete das Oberkommando der Wehrmacht:

„Bei den schweren Kämpfen im feindlichen Landekopf und bei der Vernichtung der im Hintergelände abgesetzten feindlichen Fallschirm- und Luftlandetruppen hat sich das FJR 6 unter Führung von Major von der Heydte besonders ausgezeichnet.“

Der RgtKdr. ließ am 11. Juni auf den Höhen südwestlich der Stadt Stellungsmöglichkeiten und Ausweichwege erkunden. Er schickte das ihm inzwischen unterstellte Georgier-Batl. 795 dorthin, um diese Auffangstellungen notdürftig auszubauen.

Als er wenig später selbst zu den erkundeten Stellungen fuhr, kam ihm ein Pkw entgegen. Darin saß der Kdr. der 17. SS-PD „Götz von Berlichingen“, Brigadeführer Ostendorff, mit seinem Ia, Obersturmbannführer Konrad.

Nach seinem gegebenen Lagebericht erfuhr Major von der Heydte, daß sein Rgt. ab sofort dieser Division unterstellt sei. Er bat darum, daß man Teile der Division, die erst im Anrollen war, zur Unterstützung seiner Fallschirmjäger gegen Carentan einsetzen möge, weil dann die Stadt zur Gänze zurückzugewinnen war. Dies wurde abgelehnt, denn am 12. Juni sollte der Großangriff gegen den Landekopf Utah stattfinden. Brigadeführer Ostendorff wollte deshalb seine Kräfte nicht aufsplittern.

Major von der Heydte warnte den Brigadeführer davor, nicht zu voreilig zu sein, der Gegner sei sehr hart. „Das werden wir schon hinkriegen, Heydte“, meinte Ostendorff, „die Amis können auch nicht härter sein als die Russen.“

„Härter nicht“, erwiderte der Fallschirmjäger-Kommandeur, „aber bedeutend besser ausgerüstet. Sie haben eine Feuerwalze aus Panzern, Artillerie, Schiffsgeschützen und Flugzeugen zur Verfügung.“ (Siehe Friedrich-August von der Heydte an Franz Kurowski, für „Sprung in der Hölle“.)

„Wir werden sehen“, beschloß Ostendorff diese Besprechung, „Ihre Fallschirmjäger werden es schon noch bis morgen schaffen, dann sind wir hier.“

Als Major von der Heydte in seinen vorgeschobenen GefStand zurückkehren wollte, war dieser vom Gegner eingenommen worden. Um 17.00 Uhr dieses 11. Juni mußte von der Heydte den Räumungsbefehl geben. Die letzten Fallschirmjäger verließen Carentan und zogen sich in die vorbereiteten rückwärtigen Stellungen zurück. Damit war die zum Halten der

Halbinsel entscheidende Riegelstellung, die zwischen den beiden Landeköpfen Utah und Omaha bestanden hatte, verschwunden. Nur ein Bataillon der 17. SS-PD „Götz von Berlichingen“ hätte genügt, diesen wichtigen Punkt der Front zu halten.

Die Überreste des FJR 6 kämpften sich in der Nacht durch den Schleier der Gegner hindurch und setzten sich am Stadtrand im Hotel du Commerce und im Bahnhof von Carentan fest. Diese Stellungen wurden am 12. Juni gehalten. Als dann der Angriff der 17. SS-PD „Götz von Berlichingen“ im Abwehrfeuer der Alliierten zusammenbrach, mußte auch die KGr. von der Heydte ihre Stellungen am Stadtrand aufgeben und sich Schritt für Schritt beiderseits der Straße kämpfend zurückziehen.

Bis zum 25. Juni wurde – das sei hier noch vorgetragen – Périers erreicht.

Was aber war mit Caen geschehen? Hatte der Gegner diese Stadt, die am D-Tag plus 1 gewonnen werden sollte, wirklich in Besitz?

Bomben auf Caen

Die Stadt Caen wurde von der alliierten Führung als besonderes Ziel gekennzeichnet. Man hatte beschlossen, so rasch wie möglich in den Besitz von Caen zu gelangen. Dies setzte nach alliierter Auffassung voraus, sie zuerst zum Sturmangriff reifzubomben.

Um sich wenigstens einen Anschein von Besorgnis gegenüber den „französischen Freunden“ zu geben, die es ja zu befreien galt, wurden in der Nacht des 5. Juni Flugblätter über der Stadt mit dem Hinweis abgeworfen, daß die Bahnstation, das Kraftwerk und wichtige Gebäude der Stadt gebombt werden würden. Die Zerstörung von Kirchen, Klöstern, Krankenhäusern und Wohnhäusern war kein Flugblatt-Thema.

Das Mutterhaus der Klöster Le Bon Sauveur in Caen wurde von seinen Bewohnern „die Stadt in der Stadt“ genannt. In normalen Zeiten befanden sich in diesen Heil- und Pflegestätten etwa 2000 Menschen, in der Mehrzahl Geisteskranke, Taubstumme und Blinde. In der Nacht zum 6. Juni aber war die Zahl der Insassen auf über 10000 angestiegen.

Die Nonnen des Klosterkomplexes waren einigermaßen beruhigt, denn die Flugblattankündigung sagte ihnen ja, daß sie nichts zu befürchten haben würden. Ihre Klosteranlagen standen nicht auf der Liste der zu bombenden Ziele. Also waren sie und die ihnen anvertrauten 10000 Schutzbefohlenen völlig sicher.

Am Invasionstag um 15.00 Uhr begann nach einem vorbereitenden Bombenangriff in der Nacht zum 6. Juni ein starker alliierter Großangriff auf Caen. Das Klosterseminar und die Schule Ste. Marie wurden schwer getroffen und einige hundert Kinder getötet oder verwundet. Dann hämmerten Bomben auch in das Kloster zur Heiligen Familie hinein. Unmittelbar darauf traf es auch noch die zum Kloster gehörende Schule.

Nun strömte der Zug der Fliehenden in die Nervenheilanstalt der Schwestern und in das Kloster hinein. Die drei großen Klostergebäude, die als Irrenanstalt dienten, wurden von einem wahren Bombenhagel getroffen und stürzten in sich zusammen. Unter ihren Trümmern begruben sie Hunderte Patienten und Nonnen. Hunderte weiterer wurden verletzt. Panik brach aus, und alle drängten in die Keller hinunter. Aus der Entbindungsstation tauchten die Mütter mit ihren zum Teil soeben erst geborenen Kindern auf. Eine der Schwestern des Klosters Bon Sauveur berichtete dazu:

„Die jungen Mütter stützten sich gegenseitig, hielten ihre Kinder fest in den Armen und schluchzten laut. Wir hörten die Schreckensschreie und das Donnern der Kanonen und vernahmen, wie sich eine Stimme zum Gebet erhob und Gott um unseren Schutz anflehte.

Wir sahen Brandbomben fallen und Häuser in Flammen aufgehen. Flugzeuge stießen herab und zogen dann steil wieder hoch, nachdem sie ihre tödlichen Bomben abgeworfen hatten. Bomben explodierten und Maschinenwaffen knatterten.

Gegen Mitternacht suchten etwa 400 Nonnen und ebenso viele Mädchen des Ordens von den Barmherzigen Schwestern Schutz bei uns. Ihr Stift und Heim war verbrannt und 16 Nonnen in den Flammen umgekommen. Im Raume Caen war fast jedes Kloster getroffen worden."

Das also, fragten sich die Bewohner Frankreichs, waren die Aktionen ihrer Befreier. Dieser Angriff auf Caen kostete etwa 7000 Todesopfer.

Am 6. Juni flogen die Alliierten übrigens 14674 Einsätze und verloren dabei, überwiegend durch die deutsche Flak, 133 Flugzeuge, darunter 77 Bomber.

Die Einsätze der deutschen Luftflotte 3 beziffern sich auf 319, von denen 59 Nachteinsätze waren.

Letzte Erkenntnisse am Abend des 6. Juni 1944

Am Abend des ersten Invasionstages war der OB West immer noch der Ansicht, daß dies nicht die Hauptinvasion sein könne. Trotz aller entgegenstehenden Fakten (drei Luftlande-Divisionen setzte man nicht zu einem Scheinangriff im Hinterland des Gegners ein, wenn man sie nicht durch den Hauptangriff herausholen wollte) war GFM von Rundstedt der Überzeugung, daß man mit einer zweiten Invasionslandung rechnen müsse.

Auch Hitler war der Ansicht, daß weiter im Norden ein zweiter Invasionsschlag erfolgen werde, und selbst GFM Rommel hatte sich zu dieser Ansicht bekehrt, daß der Angriff, so stark er auch geführt wurde, nur ein Ablenkungsschlag sei. Damit wolle der Gegner, so wurde in den höchsten Führungsstäben argumentiert, die deutschen Kräfte westlich der Seine binden, um danach direkt zum Hauptangriff gegen den Pas de Calais anzutreten. Das alliierte Ziel der vielen Verschleierungstaktiken und der Vortäuschung eines noch in unabsehbarer Größe auf der Insel einsatzbereit stehenden Potentials war erreicht.

Auch die Landung an der südöstlichen Flanke der Halbinsel Cotentin wurde als weiteres Ablenkungsmanöver gewertet, gewissermaßen als ein Versuch der Alliierten, den Deutschen die Bedrohung von Cherbourg vorzutäuschen, um sich dann Caen zuzuwenden und solcherart doppelt taktierend vom größten Ziel, der Seine und dem Pas de Calais, abzulenken.

Deutscherseits hatte man sich zu dem Entschluß durchgerungen, die 15. Armee, die nördlich der Seine stand, zur Deckung der V-Waffen-Abschlußplätze und des kurzen Weges ins Ruhrgebiet stehenzulassen. Lediglich die 346. ID dieser Armee war für den D-Tag über die Seine vorgegangen. Dazu hatte die Armee eine Tiger-Abteilung und ein Flak-Regiment an die bedrohten Abschnitte abgeben.

Die taktische Reserve der 15. Armee, bestehend aus fünf Infanterie- und zwei Panzer-Divisionen, blieb dort stehen, wo sie sich gerade befand. Die 7. Armee stand damit der alliierten Landung allein gegenüber. Ihr waren allerdings die operativen Reserven des OKW zugeteilt, die in den bereits genannten drei Panzer-Divisionen bestanden. Doch was sollte sie beispielsweise mit einer PLD anfangen, die 150 km hinter der Front stand? Daß sie zudem noch viele Stunden nutzlos und sinnlos aufgehalten wurde, kam hinzu. Der 12. SS-PD „HJ“ ging es ebenso, und die 17. SS-PD gar befand sich südlich der Loire, über 420 km vom Ort des Geschehens entfernt und dazu noch ohne Panzer. Bei Annahme einer weiteren Landung am Pas de Calais wäre sie *noch weiter* vom Schuß gewesen. Hier verfängt also nicht einmal die Mutmaßung einer zweiten Invasion, für die man diese Divisionen aufsparen wollte.

GFM Rommel mußte die Abriegelung des Landegebietes durch die vorhandenen Infanterie-Divisionen befehlen und gleichzeitig versuchen, mit einem Panzerangriff aus dem Raume Caen den Gegner wieder ins Meer zu werfen.

Am Morgen des 7. Juni teilte er die deutsche Front vor den Landeabschnitten. Und zwar übernahm die PzGr. West die Führung aller deutschen Verbände vor dem Großteil der britischen Sektoren und das LXXXIV. AK mit dem II. FschKorps unter General Meindl den US-Sektor sowie einen schmalen Streifen des britischen Sektors. Das II. FschKorps bezog seinen GefStand in Torigny sur Vire.

Hitler, der sich der Rückführung der 319. ID von den Kanalinseln widersetzte und diese verbot, ließ auch die dort eingesetzte Flak-Brigade und das Panzer-Regiment nicht zurückrufen. Er veranlaßte aber die rasche Zuführung der 77. ID aus der Bretagne, der 265. ID aus Lorient und der Kampfgruppe Heinz der 275. ID unter Führung von Oberst Heinz aus St. Nazaire. Ebenso befahl er den Schnelltransport der 3. FJD unter GenLt. Schimpf an die Invasionsfront. Im Anmarsch befanden sich außerdem noch die Heeres-PzJägAbt. 657 und die Werfer-Brigade 7.

Der zweite Tag

Eisenhowers Befehle – Die Lage im US-Sektor

Am Morgen des 7. Juni stellte sich die Lage in den beiden US-Sektoren Utah und Omaha nicht eben rosig dar. Hier war entgegen den Fortschritten im britischen Sektor von Erfolgen keine Rede, auch wenn sich die gelandeten Truppen auf dem Strand und teilweise dicht dahinter hatten behaupten können, weil einfach kein einziger Gegenangriff mit Panzern gegen sie gestartet worden war. An dieser Stelle hätte eine einzige Panzer-Abteilung genügt, um als Zünglein an der Waage den Kampf endgültig zu entscheiden.

Im Abschnitt Omaha hätte eine Handvoll deutscher Panther-Panzer den Gegner ohne jeden Zweifel ins Meer geworfen, wie die Experten zugeben mußten.

„Wir waren nicht aus der Gefahr heraus", berichtete Omar N. Bradley. „Auf dem schmalen, nur Fünf-Meilen-Brückenkopf von Omaha-Strand hatten wir unser Operationsziel verfehlt. Die deutsche Artillerie schoß noch immer auf diesen Landeabschnitt. – Nichtsdestoweniger fanden wir einigen Trost in der Tatsache, daß fünf Regimenter bei Morgengrauen am Omaha-Strand hatten landen können. Eine wunderbare Leistung im Hinblick auf die Unordnung und das Durcheinander am Strand.

Wie auch immer: Der Feind hatte für unsere Verzögerung am Strand teuer bezahlt."

Damit meinte er die 352. ID, die den Landenden Paroli geboten hatte. Sie war eine von Rommels Feld-Divisionen, die nunmehr hier gebunden war.

Auf Utah-Strand war die Situation nicht viel besser. Dennoch konnte General Collins hier die vorgegebenen Ziele für den ersten Tag überschreiten und sich weiter als geplant nach Süden vorschieben. Während der Nacht gelang seinen Spitzenverbänden sogar die Vereinigung mit der 82. LL-Div. Ridgways.

General Bradley bemerkte zu den deutschen Chancen am frühen Morgen des 7. Juni: „Am Morgen dieses Tages hatte das feindliche Oberkommando in Berlin die Meldung Rommels erwartet, daß die alliierte Landung gestoppt sei und daß man den Gegner in den Kanal zurückgeworfen hatte. Aber mit dem Verstreichen des D-Tages hatte der Feind seine besten Chancen verloren, uns zu vernichten. Am Morgen des 7. Juni hatten wir nicht einmal die Herrschaft über den am meisten gefährdeten Strand-

Brückenkopf (Omaha) verloren, aber die Alliierten bauten auf, und ihre Streitkräfte wuchsen ständig weiter an.

Ich hatte lange Zeit gefürchtet, daß der Feind seine gesamte Luftwaffe gegen unsere Landung einsetzen würde. Für die Zeit, während derer wir unsicher in der Luft hingen und erst einen schwachen Brückenkopf gebildet hatten, hätten wir sehr kritische Schwächungen durch die feindliche Luftwaffe erleiden können.

Während der Tagesstunden des 6. Juni hatten jedoch nur einige feindliche Jagdbomber unseren Jägerschirm durchbrochen, um einige wenig effektive Einsätze über den Strand hinweg zu fliegen. Unsere konzentrierten Angriffe auf die deutschen Fliegerbasen in Frankreich hatten die gegnerischen Luftstreitkräfte hinter die deutschen Grenzen zurückgetrieben." (Siehe Omar N. Bradley: a.a.O.)

Was es mit der Luftwaffe auf sich hatte, das sei im nächsten Abschnitt dargelegt.

Die deutsche Jägerwaffe am D-Tag und danach

Als der OB der Luftflotte 3, GFM Sperrle, die ersten Meldungen über die alliierten Landungen in der Normandie erhielt, standen ihm zwar papiermäßig das IX., X. und II. Fliegerkorps, die 2. Flieger-Division, das II. Jagdkorps und die Aufklärungsgruppe 122 zur Verfügung, doch die Gesamtstärke aller Verbände betrug nicht mehr als 481 Flugzeuge, darunter 64 Aufklärer und etwa 100 Jagdflugzeuge. Aber auch diese Zahlen standen nicht zum Einsatz bereit, sondern insgesamt nur 319 Flugzeuge. Ihnen standen auf alliierter Seite etwa 10000 einsatzbereite Flugzeuge gegenüber.

In der Nacht zum 6. Juni schaffte es eine kleine Gruppe deutscher Kampfflugzeuge, einen auf die Normandieküste zulaufenden Konvoi anzugreifen. Der Erfolg war jedoch bescheiden.

Am D-Tag hatten dichte allierte Jäger- und Jagdbomberverbände den Landeraum hermetisch abgeschirmt. Nur zweimal gelang es kleinen Jagdbomberpulks der Deutschen, den alliierten Luftabwehr-Riegel zu durchbrechen und in den Landeabschnitten zum Bombenwurf zu kommen.

„Die Alliierten", bemerkte der General der Jagdflieger Adolf Galland in seinem Werk „Die Ersten und die Letzten", „hatten vom ersten Augenblick der Invasion an die absolute Luftherrschaft."

Die deutschen Truppen aber wußten von diesem Mißverhältnis nicht mehr, als was sie sahen. Ihre Unzufriedenheit mit der eigenen Luftwaffe, die sich scheinbar verkroch, wuchs von Stunde zu Stunde, besonders dann, wenn die alliierten Jagdbomber ungehindert im Tiefflug über deutsche Kolonnen hinwegbrausen und ihre Bomben werfen konnten.

Die Verlegung der Jagdfliegerverbände aus dem Reich nach Frankreich, die auf das Stichwort „Drohende Gefahr West" hin anlaufen sollte, verzögerte sich durch die nicht erfolgende Ausgabe des Stichwortes dazu erheblich. Erst am 7. Juni wurde vom OKW dieses Stichwort gegeben, womit das Eingreifen dieser Verbände gegen die landenden Feindkräfte bereits illusorisch geworden war, weil sich ein Großteil der Invasionstruppen bereits nicht mehr auf dem Strand befand. Erst am 8. Juni konnten die ersten Jagdgeschwader in Frankreich einsatzbereit gemeldet werden.

Bis zu diesem Zeitpunkt hatten sich die Jäger der JG 2 und 26 mit insgesamt nie mehr als 80 Flugzeugen in den Abwehrkämpfen aufgeopfert.

Die Verbände der Reichsverteidigung und die knappen Reserven, nach General Gallands Angaben etwa 600 Flugzeuge, trafen ab dem 8. Juni in ihren vorgesehenen französischen Horsten ein. Bereits auf den Verlegungsflügen erlitten sie schwere Verluste. Die Koordinierung dieser Verlegungen war katastrophal.

Das II. Jagdkorps verlor alle Übersicht, weil die Nachrichtenlage ebenso niederschmetternd war. Im Überführungsflug wurde die Hälfte aller Jäger bereits in Luftkämpfe mit dem Gegner verwickelt. Die vorgegebenen Flugplätze und Horste wurden vielfach nicht gefunden, Bruchlandungen waren keine Seltenheit.

All dies war so verlustreich, daß ein vorheriges Verbringen in die französischen Horste auf keinen Fall solche Verluste gefordert hätte und man dann auch am 6. Juni mit Beginn der Invasion einige hundert Flugzeuge mehr hätte zum Einsatz bringen können. Die Gefahr der Bombardierung dieser Verbände auf französischen Horsten war geringer als jene der überstürzten Überführungsflüge. Auch hier drängt sich einem der Eindruck auf, daß zumindest offensichtliche Fehlentscheidungen einen effektiveren Einsatz der Jägerwaffe verhindert hatten.

Während sich dieses Durcheinander nur sehr zögernd auflöste, befanden sich diejenigen Jäger, die im Westen eintrafen, und jene wenigen, die bereits dort stationiert waren, in einem opfervollen Einsatz.

Am 6. Juni war das JG 26 unter seinem Kommodore Oberstleutnant Priller mit zwei (!) Flugzeugen einsatzbereit. Die II. Gruppe befand sich zur Auffrischung in Südfrankreich auf dem Flugpaltz Mont de Marsan, während die I. Gruppe damit befaßt war, den neu zugewiesenen Flugplatz Metz zu belegen.

Diese aller taktischen Selbstverständlichkeit hohnsprechende Verlegung sämtlicher Gruppen dieses Geschwaders war durch das II. Jagdkorps angeordnet worden. Sie bedeutete praktisch die Ausschaltung des Geschwaders, wie die Einsatzbereitschaftsmeldung vom 6. Juni mit *zwei* Flugzeugen beweist.

GenMaj. Junck, der KommGen. des II. Jagdkorps, war acht Tage vorher von Oberstleutnant Priller vor der unmittelbar bevorstehenden Invasion gewarnt worden. Dazu Priller: „Ich warnte vor der kommenden Invasion und gab zu bedenken, daß eine Verlegung unmöglich zu verantworten sei, wenn die Führung ernsthaft mit einer Invasion rechne.

General Junck gab mir zu verstehen, daß ich aus dem Blickwinkel des Geschwader-Kommodore nicht beurteilen könne, was sich in der großen staatlichen Entwicklung ergeben würde."

Kurz und schlecht: Am 6. Juni war das JG 26 mit zwei Flugzeugen einsatzbereit, und zwar der Kommodore und sein Katschmarek. Mit dieser „Einsatzstärke" flog Oberstleutnant Priller in den Kampfraum.

„Ich habe geheult vor Wut, daß ich nur zwei Flugzeuge hatte. Es wäre schon etwas zu machen gewesen, aber bei der Überlegenheit von mehreren hundert Feindflugzeugen konnte ich froh sein, daß ich mit meinem Katschmarek nicht abgeschossen wurde." (Siehe Josef Priller: JG 26 – Geschichte eines Jagdgeschwaders.)

Die in Mont de Marsan liegende II./ JG 26 unter Hptm. Naumann erfuhr um 5.00 Uhr des 6. Juni von den ersten Landungen am Kanal. Sie startete um 7.00 Uhr, verlor eine Maschine durch Bodenberührung und kam nicht zum Einsatz, wenigstens ist nichts darüber bekannt.

Auch die I. Gruppe unter Hptm. Staiger wurde eingesetzt. Oblt. Kunz schoß südostwärts Caen eine Mustang ab. Uffz. Hans Winter wurde vom Gegner abgeschossen.

Nach den Flugbuch-Eintragungen von Lt. Schild hatte auch die III./JG 26 am 6. Juni unter Führung von Major Mietusch den ersten Tiefangriff geflogen.

Die Invasion führte die drei Gruppen zwar rasch wieder zusammen, doch die wichtigen Einsätze der ersten Stunden und Tage fehlten und waren nicht mehr einzuholen. Vom 6. bis 30. Juni – dies sei vorgetragen – verging kein Tag ohne Luftkämpfe, Abschußerfolge und Verluste. In den 3½ Wochen gelang es dem JG 26, mit der I. und II. Gruppe (die Erfolge der III. Gruppe konnten nicht eruiert werden) vier Feindbomber und 58 Jagdflugzeuge abzuschießen. Davon kamen auf das Konto von Oberstleutnant Priller eine Liberator und drei Jäger. 31 Flugzeugführer des JG 26 wurden im selben Zeitraum abgeschossen.

Das JG 4, das am 7. Juni als erstes aus dem Reichsgebiet mit 25 Flugzeugen ins Invasionsgebiet startete, verlor auf dem Überführungsflug insgesamt 21 Maschinen. Vier (!) erreichten ihr Ziel. Einige, die sich nur verflogen hatten, kamen in den nächsten Tagen beim Geschwader an.

Generalleutnant Galland war zweimal für mehrere Tage bei seinen Jagdfliegern an der Westfront. Sein Augenzeugenbericht über die Ereignisse vermittelt einen Überblick über die Lage:

„Meine Eindrücke waren erschütternd. Zu den trostlosen äußeren Verhältnissen kam eine weitgehende innere Zerrüttung. Das ständige Gefühl hoffnungsloser Unterlegenheit, die schweren Verluste, die Aussichtslosigkeit des Kampfes, die uns noch nie so deutlich demonstriert worden war, die Vorwürfe von oben, der Mißkredit, in den die Luftwaffe ohne eigenes Verschulden geraten war, machten diese Wochen zur schwersten Zerreißprobe, der die Jagdwaffe je unterzogen wurde." (Siehe Adolf Galland: a.a.O.)

Die hohen Verluste zwangen die Jägerführung dazu, eine Gruppe nach der anderen aus dem Kampf zu ziehen und ins Reich zurückzuverlegen. Die deutsche Luftwaffe spielte aufgrund dieser Tatsachen während der Kämpfe in der Normandie keine Rolle. Dies nicht zuletzt auch wegen der falschen Dislozierung vor dem Beginn der Invasion, die, wie sich im nachhinein erwies, verlustreicher war, als es ein Verbleiben im französischen Raum hätte werden können.

Allgemeine Übersicht

Den 7. Juni über hatten die anglo-amerikanischen Kräfte im Landungsgebiet weitere Geländegewinne erzielt. Die 2. brit. Armee konnte ihren Landekopf auf 35 km Breite und 9 bis 18 km Tiefe ausdehnen. Bayeux war ohne weiteren Schußwechsel in alliierte Hand gefallen.

Im US-Sektor lag Omaha-Beach jedoch noch immer unter deutschem Beschuß. Erst als die 1. US-ID nach Süden durchbrechen konnte, ließ das deutsche Feuer nach. Die Aure wurde überschritten, und bis zum Abend des 7. Juni war auch die Krise bei Omaha-Beach überwunden.

Im Utah-Abschnitt verfügten die Deutschen trotz der verhältnismäßig leichten Landung der US-Verbände über entsprechende Reservetruppen, um die siegessicher vorprellenden US-Truppen rasch zu stoppen.

Die 82. LL-Div. wurde völlig isoliert und pausenlos angegriffen. Die Divisionsführung setzte einen FT-Spruch ab, der der Führung zeigte, daß Artillerie benötigt wurde.

Über den Merderet vorstoßend, traten die deutschen Truppen in den frühen Morgenstunden des 7. Juni an dieser Stelle zum Gegenangriff an. Dieser Vorstoß wurde erst 400 m vor GenMaj. Ridgways GefStand gestoppt.

Als an dieser Stelle um 7.00 Uhr die ersten Gleiter mit Munition und

Waffen landeten und auch Material und Munition an Lastenfallschirmen abgeworfen wurde, stabilisierte sich die Lage etwas. Um 10.00 Uhr konnte die Verbindung mit den Landungstruppen hergestellt werden.

Mit Gleitern gelandete Infanterie hatte die Verteidiger verstärkt, und als sich der Abend des 7. Juni niedersenkte, war im Abschnitt der 4. US-ID der Landekopf auf 12,5 km Tiefe und 14,5 km Breite ausgeweitet worden.

Der 7. Juni sah immer noch keinen deutschen Panzerangriff, der als erste Maßnahme gegen einen gelandeten Feind hätte erfolgen sollen. Einzig im Raume Caen war das alliierte Landungs- und Durchbruchskonzept nicht aufgegangen. Caen, der Schlüssel zur Normandie, blieb in deutscher Hand.

Der von General Montgomery geplante Umfassungsangriff mit dem I. Korps vom rechten Orneufer bis Cagny im Südosten von Caen und vom XXX. Korps mit der 7. PD – den berühmten „Wüstenratten" des Afrikafeldzuges – aus dem Raume Bayeux sollte Caen in raschem Ansprung erobern. Das XXX. Korps sollte sodann im handstreichartigen Vorstoß Tilly-sur-Seulles, Villers-Bocage und Noyers-Bocage gewinnen, dann nach links schwenken und die Höhe von Evrecy südlich Caen erreichen.

Um die dann noch bestehende Lücke zwischen Cagny und Evrecy zu schließen, sollten weitere Luftlandetruppen eingesetzt werden. Hierfür stand nur noch die 1. brit. LL-Div. zur Verfügung, die einsatzbereit auf südenglischen Flugplätzen lag. Zur Ausführung kam dieser Plan jedoch nicht.

Eisenhower, Bradley und Montgomery

Als der Bootsführer seinen LCVP an die Leiter des Flaggschiffes von Admiral Ramsay „Augusta" herangebracht hatte, sprang General Bradley auf die ausgebrachte Leiter und ging an Bord des Flaggschiffes.

Er wurde von dem an der Reling stehenden OB der Invasionsstreitkräfte, General Eisenhower, mit folgenden Worten begrüßt:

„Hallo Brad! Sie haben uns gestern morgen alle sehr erschreckt. Warum – zum Teufel! – haben Sie uns nicht wissen lassen, was bei Ihnen los war?"

„Wir haben Ihnen jede einzelne Kleinigkeit über Funk sofort mitgeteilt", lautete Bradleys Antwort, „jede einzelne Meldung, die von Gee (Gerow) und Collins kam."

Eisenhower schüttelte den Kopf. „Bis zum späten Nachmittag ist nichts durchgekommen. Nicht ein verdammtes Wort, ich wußte nicht, was Ihnen passiert sein könnte."

„Aber Ihr Hauptquartier hat jeden Funkspruch bestätigt. Prüfen Sie das bitte nach." (Siehe: Omar N. Bradley: a.a.O.) (Es zeigte sich, daß der

Dechiffrierapparat in Montgomerys HQ zusammengebrochen war und das Funk-Büro mit dem Entschlüsseln volle zwölf Stunden hinter den Ereignissen herhinkte.)

Die Besprechung der beiden Generale verlief harmonisch, und Bradley erhielt für seine Armee weitere Instruktionen. Als er sich am Nachmittag von Admiral Kirk verabschiedete, um an Land zu gehen, warnte dieser ihn vor den Gefahren, doch Bradley wollte vorn nach dem Rechten sehen. Er ließ sich in einem LCM bis nahe vor den Strand bringen. Hier wurde er von einem DUKW aufgenommen und sicher ans Ufer gebracht. Er fuhr von hier aus in einem rasch organisierten Wagen ins HQ von General Collins, das in einem heckenumgebenen Farmhaus eingerichtet worden war.

In einer Scheune wurden die Unterlagen geprüft. GenMaj. Eugene M. Landrum, Collins' Stellvertreter, legte Bradley die Meldungen der Sturmtruppen vor, aus denen hervorging, daß die 4. ID nach Norden eingeschwenkt war, um den Strand von den letzten deutschen Widerstandsgruppen zu säubern, während die 101. LL-Div. nach Süden mit dem Ziel vorgestoßen war, sich mit dem V. Korps zu vereinigen. Gleichzeitig stand Ridgway mit der 82. LL-Div. ostwärts des Merderet. Den Einheiten westlich des Flusses war befohlen worden, so rasch wie möglich aufzuschließen.

GenMaj. Ridgway hatte nördlich von St. Mère Eglise einen feste Position bezogen. Damit befand er sich mit seiner Truppe rittlings der Straße Carentan–Cherbourg, die sie hielten, so daß sie die linke Flanke der 4. ID deckten.

GenMaj. Landrum brachte Bradley auch einen maschinengeschriebenen Report der 82. LL-Div. zur Kenntnis, der den US-OB der 1. Armee zu der Bemerkung veranlaßte, daß Ridgway sich doch in einer sehr guten Position befinden müsse, wenn er sogar einen Maschinenschreiber in Aktion habe.

Bevor General Bradley zur „Augusta" zurückkehrte, sagte er dem stellvertretenden KommGen. des V. US-Korps: „Gut, Gene, Ihre Truppen sind dabei, den Krieg in wilder Hast zu gewinnen. Ich gehe jetzt, um die Hochzeit meiner Tochter zu feiern."

Damit fuhr Bradley auf demselben abenteuerlichen Wege, auf dem er gekommen war, zurück.

Die große Drohung Caen

Der Scheinangriff, den die britischen Truppen an und für sich hätten führen sollen, um den Hauptangriff der US-Truppen gegen die Halbinsel Cotentin und Cherbourg zu entlasten, wurde bereits zu Beginn der

Invasion etwas ganz anderes, als es sich die Verantwortlichen hätten träumen lassen.

Dieser Täuschungsangriff war gegen Caen gerichtet. Diese Stadt war auch für die Deutschen von eminenter Bedeutung, weil von dort aus jeder Angreifer mit schnellen Verbänden rasch jene 80 km Distanz zur Seine hätte zurücklegen können und weil die Entfernung bis Paris nur ganze 190 Kilometer betrug. Diese Distanz war für einen Panzerverband in dem für Panzerbewegungen günstigen Gelände südlich Caen binnen zweier Tage zurückzulegen.

„So wurde", berichtete General Bradley, „aus diesem Scheinangriff ein Opfergang, getragen vom britischen Nationalstolz. Während wir an der äußeren Flanke noch umeinanderliefen, mußten die Briten dem deutschen Gegenschlag standhalten und sie dort binden. Strategisch entsprach dies durchaus einer logischen Arbeitsteilung, denn Caen war *der* Punkt, zu dem im Alarmfalle die deutschen Reserven hindirigiert werden würden." (Siehe Omar N. Bradley: a.a.O.)

General Bernard Montgomery, der OB der gesamten Landstreitkräfte, kam am Morgen des 7. Juni auf einem englischen Zerstörer an der „Augusta" längsseits. Er war darüber besorgt, daß die Strandabschnitte noch nicht vereinigt sein würden, bevor Rommel seine Truppen zum Gegenangriff versammelt, damit losgeschlagen und an einzelnen Strandabschnitten einen Durchbruch erzielt haben könnte.

Das primäre Ziel Caen hatte sich den britischen Truppen entzogen. Empfindlich auf den Angriff gegen ihr eigenes Kommunikationszentrum Caen reagierend, hatten die Deutschen eine Gegenoffensive aus Caen in Richtung Küste geplant; in ersten Ansätzen standen bereits die Truppen dafür zur Verfügung. Dies alles brachte Montgomery zur Kenntnis.

Der 7. Juni sah die 3. brit. ID in einem frontal gegen Caen gerichteten Angriff. Rechts davon setzte die 3. kan. ID zu einem Vorstoß nach Südosten an. Die Panzer-Brigaden beider Divisionen suchten als Rammböcke den Verteidigungsring der Deutschen zu durchbrechen.

Hinter diesen Angriffstruppen hatten im Landebereich des I. brit. Korps die Nachlandungen der 51. ID und einer Panzer-Brigade begonnen. Auch sie sollten in den Kampf um Caen eingreifen und eine rasche Entscheidung erzwingen helfen.

Rechts von diesen Ausschiffungsorten wurde das XXX. Korps verstärkt, indem dort die 7. PD, die 49. ID und eine weitere Panzer-Brigade ausgeschifft wurden.

Die 7. PD hätte an und für sich bereits am D-Tag zur Küste geschafft werden sollen. In Höhe von Dover war dieser Konvoi jedoch von deutscher Küstenartillerie unter Feuer genommen worden. Das Libertyschiff „Sambut“ war nach zwei Volltreffern in Brand geraten und gesunken. Dies hatte den Rückzug des Konvois bedingt.

Am Mittag des 7. Juni wurde Bayeux von der 50. ID erreicht und kampflos besetzt, da sich die deutschen Truppen um Caen konzentriert hatten.

Auf den Höhen südlich und südostwärts von Bayeux grub sich die 50. ID ein und nahm durch vorgeworfene schnelle Teile die Straße Bayeux–Caen nach Osten bis zur Höhe ostwärts von Bretteville l'Orgueilleuse in Besitz. Der Landekopf der brit. 2. Armee hatte sich damit bis zum Abend des 7. Juni auf eine Länge von 35 km und eine Tiefe von 8–16 km ausgedehnt.

Das brit. XXX. Korps stieß am späten Abend des 7. Juni auf Port-en-Bessin vor und nahm diese Stadt und den Hafen durch einige Kommandos in Besitz. In den frühen Morgenstunden des 8. Juni konnten diese Kommandos die erste Verbindung mit dem V. US-Korps herstellen. Damit standen nunmehr die Alliierten in einer geschlossenen Front von 56 km Breite an Land.

Omaha-Strand jedoch lag noch immer unter deutschem Feuer, und die 29. US-ID hatte es nicht geschafft, den deutschen Sperr-Riegel zu durchstoßen. Erst als die 1. US-ID im Angriff Geländegewinne nach Süden erzielte, konnten die meisten Feind-Batterien zum Schweigen gebracht werden. Einige wenige freilich behaupteten sich weiterhin als Pfahl im Fleische der Angreifer. Bis zum Abend des 7. Juni war jedoch die Krise auf Omaha-Strand beseitigt.

Rommels Reaktionen auf ein Täuschungsmanöver

Als am Morgen des 7. Juni im HQ der HGr. B die Meldung einging, daß im Großraum Coutances–Lessay westlich St. Lô Fallschirmjägerlandungen aus mindestens 300 Transportmaschinen stattgefunden hätten, schloß Rommel daraus, daß mit dieser neuen Luftlandung ein Angriff von See aus gegen die Westküste der unteren Halbinsel Cotentin eingeleitet werden sollte. Er gab folgenden Befehl heraus:

„Zusammenfassung aller Kräfte und Störung der Anlandungen durch Artillerie auch von Osten her. Ein Fußfassen des Gegners muß unter allen Umständen verhindert werden.“

Dieser Befehl blieb bis zum Morgen des 8. Juni in Kraft. Dann war man sich dessen bewußt, daß in diesem Raum nichts anderes als – Puppen abgesetzt worden waren und daß man einem Scheinangriff aufgesessen war.

Durch eigene Spähtrupptätigkeit wurde am 7. Juni morgens erkannt, daß die 6. LL-Div. der Engländer ostwärts der Orne im Begriff stand, ihren Brückenkopf zu erweitern. Da daraus auch eine Umfassungsbewegung gegen Caen eingeleitet werden konnte, wurde die KGr. von Luck zusammengestellt, um diesen Brückenkopf einzudrücken.

Diese KGr., bestehend aus dem PGR 125 und der 4./PR 22 mit weiteren Unterstützungswaffen und Pionieren, stieß zunächst zügig vor. In ihren SPW waren die Panzergrenadiere gegen Infanteriefeuer geschützt. Ranville war das Ziel der Panzer-Kpn. Hier lag der Stab der 6. LL-Div. Es ging zunächst durch das feindfreie St. Honorine. Als die Panzer jenes Höhengelände erreichten, auf dem am Tage zuvor die Lastensegler niedergegangen waren, erhielten sie Feuer. Die Grenadiere wurden abgesetzt und gruben sich ein. Die Panzer jedoch durchrollten das Feuer. Sie erreichten den Hügelkamm, wo auch sie durch dichtes Artilleriefeuer gestoppt wurden und nach links auf Longueval abdrehten.

Die KGr. von Luck war mitten in die feindlichen Infanterie- und Artilleriestellungen hineingefahren. Einer der Panzer erhielt einen Treffer am Turm und blieb mit abgewürgtem Motor liegen. Ein zweiter Wagen, der zu dem liegengebliebenen zurückgeschickt wurde, erhielt ebenfalls einen schweren Treffer. Der links davon vorrollende Panzer konnte zwei jener Feindpak ausschalten, die dieses wirksame Feuer auf die Panzer-Kpn. der Deutschen eröffneten; dann wurde auch er getroffen. Die überlebenden Panzer mußten sich auf eine nicht so stark verteidigte Stellung des Gegners zurückziehen.

Dieser Angriff der KGr. von Luck brachte keine großen zählbaren Erfolge, er veranlaßte aber die Führung der 3. brit. ID dazu, das Gros der Division, das gegen Caen rollte, aus diesem Angriff herauszunehmen und damit die Brücken bei Ranville und Bénouville zu sichern. Auch Oberst von Luck war der Überzeugung, daß die einzige Chance, den Gegner wieder ins Meer zu werfen, *nur* am Morgen des 6. Juni bestanden hatte.

„Ich hatte keine Angriffsgenehmigung und – soviel ich weiß – meine Division auch nicht", sagte er. „Danach aber war es nur noch unsere Aufgabe, die Ausweitung des britischen Brückenkopfes durch Gegenangriffe zu verhindern und der Führung die notwendige Zeit für den Aufbau einer rückwärtigen Verteidigungslinie zu schaffen.

Der britische Brückenkopf wurde für besonders gefährlich gehalten, da ein Ausbruch daraus die deutsche Flanke in der Tiefe getroffen hätte und den Gegner in offenes panzergängiges Gelände hätte gelangen lassen."

Der andere Vorstoß aber, der mit den Hauptkräften noch am 7. Juni geführt werden sollte, hatte jenes große Ziel vor Augen: Teilung des Landekopfes, Durchstoß bis zum Meer und Vernichtung der britischen Truppen im Gold- und Sword-Abschnitt. Er sollte von den bereitstehenden

Panzern des PR 22 unter Oberst Hermann von Oppeln-Bronikowski und den ebenfalls bereitstehenden Teilen der 12. SS-PD „HJ“ geführt werden.

Daß an und für sich auch die PLD dazu ausersehen war, schien vergessen, zumal ja inzwischen auch durchgesickert war, daß diese Division unterwegs schwere Verluste durch Bomberverbände erlitten hatte und nicht rechtzeitig zur Stelle sein konnte.

Die Panzer-Lehr-Division am 7. Juni

Am Morgen des 7. Juni um 5.00 Uhr erreichte GenLt. Bayerlein mit seinem Stabswagen Condé-sur-Noireau. Von hier aus waren es immer noch 50 km bis Caen. Bayerlein wartete hier auf das Eintreffen des PGR 901, das die gleiche Marschstraße benutzte.

Bereits um 4.00 Uhr hatte der DivKdr. der PLD über Funk weitere Befehle von der 7. Armee angefordert. Er hoffte, daß GenOberst Dollmann ein Einsehen haben und die Division hier über Tage bis zum Einfall der Abenddämmerung stehenlassen würde. Doch nichts dergleichen: Der OB der 7. Armee befahl den sofortigen Weitermarsch zur Front.

Nach Eintreffen der Antwort kurz nach 5.00 Uhr verließen die Verbände der PLD ihre Deckungen und fuhren weiter. Ihr Ziel war Caen. Eine halbe Stunde darauf dröhnten aus Norden die ersten Bomberverbände heran. Britische und US-Bomberverbände flogen in „Parteitaggeschwadern“ über die vorrollenden Teile der PLD hinweg und warfen ihre Bomben auf die erkannten Kolonnen, auf Straßenkreuzungen und Verkehrsknotenpunkte.

Aus allen Bordwaffen feuernd flitzten Tiefflieger über die Kolonnen hinweg. Raketenbomben krachten auseinander. Die ersten der so wichtigen Tankwagen wurden getroffen und standen Sekunden darauf in hellen Flammen. Selbst die Straßengräben, in die sich die Männer geworfen hatten, wurden von den Jabos beharkt. Die Fahrzeuge der I-Staffel wurden schwer getroffen.

Vor Condé blieben alle Einheiten endgültig liegen. GenLt. Bayerlein suchte Verbindung zum I. SS-PzKorps aufzunehmen, dem die PLD zum Angriff gegen den Landekopf unterstellt worden war, vergebens. Erst am späten Nachmittag des 7. Juni gelang es, den KorpsGefStand dieses Korps bei Thury-Harcourt zu finden.

GenOberst der Waffen-SS Sepp Dietrich gab der PLD Befehl, mit jeweils einer KGr. bis zum Morgengrauen des 8. Juni die Einsatzräume von Norrey und Brouay an der Bahnlinie Caen–Bayeux zu erreichen.

Dietrich betonte: „Sie *müssen* diese Linie bis morgen früh besetzt haben. Von dort aus werden Sie gemeinsam mit der 12. SS-PD „HJ“ und der

21. PD auf breiter Front zum Angriff antreten, mit dem Ziel: den Gegner ins Meer zu werfen.“

Der Ia des I. SS-PzKorps gab dazu die notwendigen Erläuterungen, indem er berichtete, daß GenMaj. Witt mit der 12. SS-PD „HJ“ bereits Feindberührung habe und daß auch die 21. PD unter GenMaj. Feuchtinger bereits im Gefecht gestanden hatte. Der Beginn des Angriffs wurde auf 12.05 Uhr des 8. Juni festgesetzt. Das PR 22 unter Oberst von Oppeln sollte gemeinsam mit dem PGR 25 unter Standartenführer der Waffen-SS Kurt Meyer den Stoß nach Norden führen.

GenLt. Bayerlein befahl seinem Fahrer Kartheuß, zum vorläufigen GefStand nach Proussy zurückzufahren. Auf der Fahrt sahen die Männer im Stabswagen bereits die verheerende Wirkung, die das alliierte Bomben- und Bordwaffenfeuer der Luftangriffe auf die PLD gehabt hatte. Die ganze Straße war von ausgebrannten und zerschossenen Fahrzeugen gesäumt.

Um 22.00 Uhr an diesem 7. Juni erreichte der Stabswagen mit GenLt. Bayerlein die Höhe 238. Plötzlich tauchten drei Jabos auf, stießen tief herunter und flogen knapp 50 m hoch auf den Wagen zu. GenLt. Bayerlein befahl zu stoppen. Als der Wagen mit kreischenden Reifen hielt, sprangen alle hinaus und in Deckung.

Schon fetzten die ersten Granateinschläge an der Fahrerseite in den Wagen hinein. Dreimal wiederholten die Jabos diesen Angriff. Unteroffizier Kartheuß war tot, GenLt. Bayerlein wurde durch eine Splitterwunde leicht am Kopf verletzt.

Während Hptm. Hartdegen in Richtung Coulvain ging, um beim dort liegenden PGR 902 unter Oberst Gutmann einen Ersatzwagen zu organisieren, kam ihm bereits ein von Gutmann geschickter Wagen entgegen. Man hatte dort den Feuerüberfall bemerkt und sofort gehandelt.

„In schneller Fahrt rollte der Kübelwagen nach Proussy zurück, wo Oberstleutnant i. G. Kauffmann, der Ia der PLD, den Kommandeur seit 24 Stunden erwartete. Kauffmann hatte bereits die Verlustliste zusammengestellt. Bis 19.30 Uhr dieses 7. Juni waren fünf Panzer und 40 gepanzerte Benzin-Tankwagen mit jeweils zweieinhalb Tonnen Treibstoff verlorengegangen. Hinzu kamen 84 Halbkettenfahrzeuge und Geschütze auf Sfl sowie 90 Kraftwagen. Damit hatte die PLD, ohne Feindberührung gehabt zu haben, bereits über ein Zehntel ihres Bestandes verloren. Die Hauptroute Viere–Villers Bocage war zur ‚Jabo-Rennstrecke‘ geworden.“ (Siehe Franz Kurowski: Die Panzer-Lehr-Division.)

Mit den Kommandeuren besprach Fritz Bayerlein am späten Abend die für den 8. Juni zu gebenden Weisungen. Im Raume Norrey sollte das PGR 901 mit unterstellten zwei Panzer-Kpn. antreten. Führer dieser KGr. war

Oberst Scholze. Die Panzer führte Major Prinz von Schönburg-Waldenburg.

Das PGR 902 unter Oberst Gutmann, ebenfalls durch zwei Panzer-Kpn. der II./PR 130 unterstützt, erhielt den Kampfraum Brouay zugewiesen. Nach Erreichen dieses Raumes sollte es sich dem Angriff der 12. SS-PD „HJ“ anschließen, der direkt auf die Küste zielte.

Der Großangriff schien nun tatsächlich doch noch anzulaufen. Er erfolgte – das wußten alle Kommandeure – 48 Stunden zu spät. Die alliierte Luftüberlegenheit übertraf alle Befürchtungen Bayerleins. Aber wie hatten die beiden anderen Panzer-Divisionen diesen 7. Juni überstanden?

12. SS-PD „HJ“ und die 21. PD im Einsatz

Am frühen Morgen des 7. Juni machte GenMaj. Feuchtinger, Kdr. der 21. PD, seinen Nachbarn – die 12. SS-PD „HJ“ – darauf aufmerksam, daß sich der Feind auf den Flugplatz Carpiquet am Stadtrand von Caen zubewege. Die sofort angesetzte Gefechtsaufklärung zeigte den Platz jedoch noch feindfrei.

Teile der 716. ID hielten noch Buron; Les Buissons jedoch war bereits von Feindtruppen besetzt.

Der linke Flügel der 21. PD hielt bei Epron an der Bahnlinie. Weiter westlich davon befanden sich keine deutschen Truppen mehr. Damit lagen der Westteil von Caen und auch Carpiquet dem Zugriff des Gegners ungeschützt preisgegeben, wenn nicht sofort etwas geschah.

Das verstärkte SS-PGR 25 unter Oberst Meyer fuhr auf der Straße Villers Bocage–Caen vor. Ein OrdOffz. unterrichtete ihn über die Lage, so daß er wenig später seinem Kdr., der sich auf dem GefStand der 21. PD befand – der lag in St. Pierre – genaue Meldung machen konnte.

Brigadeführer Witt befahl folgendes: „Die Division greift den Feind zusammen mit der 21. PD an und wirft ihn ins Meer zurück. Angriffsbeginn ist 12.00 Uhr am 7. Juni.“

Im Vorgeschobenen GefStand des PGR 25 im Kloster Ardenne, in dessen Turm auch eine Artillerie-B-Stelle eingerichtet worden war, erhielt Meyer die Meldungen seiner BatlKdr., daß sie mit ihren Truppen die befohlenen Berreitstellungsräume erreicht hätten. Um 10.00 Uhr meldete der Kdr. des SS-PR 12 50 Panzer IV einsatzbereit. Der Rest war noch unterwegs zur Front.

Das Feuer der feindlichen Schiffsartillerie heulte ununterbrochen über den GefStand hinweg und schlug weiter landeinwärts ein. Die Stadt Caen lag mitten im Einschlagssektor dieser Vollsalven. Das Kloster Ardenne wurde kurz darauf von Bombern angegriffen. Dann rollten die ersten Feindpanzer heran und tasteten sich gegen die Stellungen der Deutschen vor. Aus Buron rollten sie in Richtung Authie weiter. Alle Schweigepak des PGR 25 waren auf diese Stahlkolosse gerichtet.

Von seinem Beobachtungsposten im Turm des Klosters gab Oberst Meyer den Befehl, noch nicht zu schießen, sondern den Gegner möglichst nahe herankommen zu lassen. Dann ließ er sich mit Oberst Wünsche, dem Kdr. des PR 12, verbinden und gab diesem die Feindlage durch.

Als der weiter vorrollende Gegner Authie durchrollt hatte und auf Franqueville vorstieß, befahl Meyer den Angriff. Oberst Wünsche ließ seine Panzer anrollen. Gleichzeitig damit eröffnete die Pak das Feuer auf die sehr nahe herangekommenen Feindpanzer der 2. kan. PzBrig., deren Regiment 27 diesen Angriff durchzuziehen suchte. Begleitet wurde dieser Verband von den Highlanders der 9. kan. InfBrig.

Die ersten Feindpanzer standen Sekunden nach den Abschüssen in Flammen. Aus dieser Distanz wurde jeder Schuß ein Treffer. Panzer brannten auf oder platzten in Munitionsdetonationen auseinander. Die Highlanders gingen fluchtartig zurück und versuchten, ihren Ausgangspunkt Authie wieder zu erreichen.

In diesem Augenblick ließ „Panzermeyer" seine Grenadiere antreten. Auf ihren SPW rollten sie in die feindlichen Infanterie-Verbände hinein.

Gleichzeitig mit der feindlichen Infanterie erreichten auch die Grenadiere des PGR 25 den Ortseingang. Während das III. Batl. in die Ortschaft vorstieß, stürmten das I. und II. Batl. in die tiefe Flanke des Gegners hinein. Franqueville wurde erobert, Authie fiel den deutschen Panzergrenadieren zu. Das nächste Ziel lautete Buron.

Auf einem Krad fuhr „Panzermeyer" zum III. Batl. seines Regimentes nach vorn. Unterwegs wurde ihm das Krad zerschossen. Ein Kradmelder hielt an und ließ ihn aufsitzen. So erreichte Oberst Meyer den Kdr. seines III. Batl., von wo aus er nach kurzer Orientierung zum II. Batl. weiterfuhr, das nach Norden angriff. Als Meyer schließlich beim I. Batl. eintraf, stellte er fest, daß der Angriff der 21. PD, der die tiefe rechte Flanke seines Rgts. decken sollte, nicht vorangekommen war. Die Sturmtruppen erhielten aus der freien Flanke starkes Feuer und wichen nach Malon aus. Oberst Meyer, der gerade hier eingetroffen war, zeigte nach vorn. Die Männer drehten, schlossen sich ihm an und besetzten die aufgegebenen Stellungen erneut.

Hier stießen Shermanpanzer vor und gerieten in den Feuerbereich des in Stellung gegangenen Pakzuges. Zwei Sherman wurden abgeschossen. Eintreffende eigene Panzer bereinigten diese Krisensituation.

Als Oberst Meyer wenig später zum RgtGefStand zurückkehrte, fand er hier etwa 150 Gefangene der 9. Highlanders der 3. kan. ID vor.

Als nun auch westlich Muc vorrollende Feindpanzer gesichtet wurden, mußte der eigene Angriff eingestellt werden. Teile der 7. kan. PzBrig. gingen hier mit den Regina Rifles und dem Canadian Scottish Regiment vor.

Das am weitesten vorgedrungene I. Batl. wurde in Höhe der 21. PD zurückgenommen. GenMaj. Witt befahl die Verteidigung in den erreichten Stellungen.

Erst hier erfuhr Oberst Meyer von seinem RegtArzt, daß die Sankas mit den groß aufgemalten Rote-Kreuz-Emblemen von feindlichen Jabos ununterbrochen angegriffen und zusammengeschossen worden seien. Ein Großteil seiner Sanitäts-Kp. war gefallen.

Sechs eigene Panzer waren verlorengegangen, von denen vier wieder repariert werden konnten. Das kan. 27. PR unter LtCol. Mel Gordon hatte 28 Sherman-Kampfwagen verloren. Die Highlanders hatten den Verlust von 245 Mann zu beklagen.

Damit waren die Feindangriffe gegen den ungeschützten Westteil von Caen gestoppt worden. Allerdings war damit der Angriffsbeginn für die Panzer-Divisionen zum Vorstoß auf die Küste noch am 7. Juni hinfällig geworden. Überdies waren beide Divisionen noch immer nicht vom OKW freigegeben worden.

Das war alles, was sich am 7. Juni in bezug auf einen Angriff zur Küste getan hatte. Die 21. PD war jedoch nicht etwa aus eigenem Antrieb stehengeblieben, sondern war bei Epron vom Gegner gestoppt worden. Auf der linken Flanke waren die Reste der 716. ID vom kan. 6. PR durchbrochen worden. Dieses war bis auf Sichtweite an den Flugplatz Carpiquet herangekommen und stand damit bereits im Rücken der Truppen der 12. SS-PD „HJ“.

Am Morgen des 8. Juni befahl der OB der HGr. B dem I. SS-Pz-Korps, mit allen drei Divisionen (die PLD würde bis dahin herangekommen sein) zwischen Bayeux und Caen anzugreifen.

An diesem Tage war beim Bergen eines in der Viremündung aufgelaufenen Landungsbootes durch Kosaken des 439. Ost-Batl. ein Befehl des VII. US-Korps mit Zeitplan gefunden worden, aus dem nicht nur die Planungen dieses Korps, sondern auch jene des V. US-Nachbarkorps und des XXX. brit. Korps zu ersehen waren.

Dieser Befehl machte endgültig klar: Dies *war die Invasion*. Die Landung der Amerikaner zielte auf Cherbourg, und es ging darüber hinaus bei dieser westlichen Landungsoperation um den Gewinn der Halbinsel Cotentin.

Darüber hinaus war bei Putot-en-Bessin von der Pak des SS-PGR 26 ein kanadischer Panzer abgeschossen worden, in dem man eine Karte fand, auf der sämtliche Decknamen eingezeichnet waren, mit denen die Alliierten die deutschen Verteidigungsstellungen benannt hatten. In einem anderen, bei Authie abgeschossenen Panzer wiederum wurde die Kopie eines Funk- und Funkschlüsselverfahrens gefunden.

Aus allen Funden ging zweifelsfrei hervor, daß der Gegner über jede deutsche Anlage an der Küste und weiter im Hinterland genau Bescheid wußte. Nun erkannte man auf deutscher Seite klar, was diese Tarnnamen bedeuteten, und zusammen mit den erbeuteten Funkschlüsseln war man in der Lage, den feindlichen Funkverkehr zu entschlüsseln.

Der 8. Juni brachte den entscheidenden Gegenstoß zur Küste immer noch nicht. Statt dessen schossen die feindlichen Schiffsansammlungen stundenlang im Salventakt auf die erkannten deutschen Stellungen, griffen Jagd- und Hochbomber fast ununterbrochen an, wurde weiterhin Nachschub aller Art an den Strand gekarrt. Die Truppenstärken der Alliierten und ihre schweren Waffen waren von Stunde zu Stunde größer.

Mit seinem DivKdr., Brigadeführer Witt, fuhr Oberst Meyer am Nachmittag des 8. Juni seinen Regimentsabschnitt ab. Wieder wurden die Männer von Tieffliegern gejagt. Auf den RgtGefStand erhielt Mayer Befehl, mit seinem Rgt. und der ihm unterstellten 1./PR 12, die voll mit Panthern ausgestattet war, das I./PGR 26 zu entlasten. Dieser Entlastungsstoß richtete sich gegen Bretteville–l'Orgueilleuse.

Oberst Wünsche, der RgtKdr. der Panzer, der seine 1. Kp. begleiten wollte, rollte an der Spitze vor. Es ging durch Rots in Richtung Bretteville. Kurz vor Erreichen von Bretteville eröffneten die Panzer im Vorrollen das Feuer auf die an den Abschlußblitzen erkannten Feindstellungen. Sie stießen mitten in die Ortschaft hinein. Oblt. von Büttner, der Chef der PzKp., wurde durch Bauchschuß verwundet und starb wenige Minuten später. Oberst Meyers Krad erhielt einen Volltreffer und stand plötzlich in Flammen. Grenadiere wälzten ihren Kommandeur auf dem Sandweg hin und her, um die Flammen, die ihn umzüngelten, zu ersticken.

Der GefStand der kan. Regina Rifles wurde überrannt. Aber die Grenadiere des PGR 26 kamen nicht nach; sie waren vor einer starken Sperre hängengeblieben, und Oberst Meyer mußte seine KGr. auf die Höhen ostwärts von Rots zurücknehmen. Hier wurde gehalten.

Am Mittag des 9. Juni übernahm das I./PGR 26 diese Stellungen. Obersturmbannführer Wünsche war in diesem geschilderten Sturmlauf ebenfalls verwundet worden.

Am Nachmittag dieses 9. Juni traf der OB der PzGr. West, GendPzTr. Geyr von Schweppenburg, auf dem DivGefStand ein. Nach kurzer Orientierung fuhr er zum GefStand des PGR 25 weiter, wo Oberst Meyer die Lage meldete.

Der General berichtete Meyer, daß nunmehr in der Nacht zum 11. Juni der Angriff der drei Panzer-Divisionen starten sollte. Mit diesen Divisionen wollte er endgültig zur Küste vorstoßen und den Gegner schlagen. Daß dies bereits nicht mehr möglich war, weil der Gegner ein Vielfaches seiner anfänglichen Kräfte und schweren Waffen zur Verfügung hatte und die drei deutschen Panzer-Divisionen auf dem Marsch zur Front und in den vielen verzettelten Einzelaktionen Kraft verloren hatten, wurde schlichtweg ignoriert.

Die Lage bei der Panzer-Lehr-Division

Als die alliierten Schiffsgeschütze am Morgen des 8. Juni das Feuer eröffneten, hatte das PGR 901 unter Oberst Scholze seinen Bereitstellungsraum Norrey erreicht, während die verschiedenen Marschgruppen des PGR 902 unter Oberst Gutmann erst nach Kampf den Raum Brouay gewannen. Panzer der 3. kan. PD, die den Auftrag erhalten hatten, den Flugplatz Carpiquet in Besitz zu nehmen, standen mit ihren Spitzeneinheiten bereits in Brouay.

In erbitterten Nachtgefechten erkämpfte sich das Rgt. 902 seinen Einsatz- und Bereitstellungsraum und erlitt dabei herbe Verluste. Feindpanzer wurden mit Nahkampfmitteln vernichtet. Oberst Gutmann wurde verwundet. Für ihn übernahm Major Welsch die Regimentsführung.

Die Einheiten des AR 130 unter Oberst Luxenburger hatten den Bereitstellungsraum noch nicht erreicht. Am Morgen des 8. Juni fuhr Oberst Luxenburger mit seinen AbtKdr. Oberstleutnant Zeisler, Hptm. Graf Clary-Aldringen und sechs Soldaten nach vorn, um die beste Vormarschstraße für sein Rgt. zu erkunden. Sie stießen auf ein kan. Panzerrudel des Rgt. „Inns of Court" und wurden gefangengenommen.

Oberst Luxenburger, der im Ersten Weltkrieg bereits einen Arm verloren hatte, wurde von zwei kan. Offizieren gefesselt, bewußtlos und blutig geschlagen und dann als Kugelfang auf einen der Panzer gebunden. Die übrigen Männer wurden kaltblütig von den Panzerbesatzungen niedergeschossen.

Oberstleutnant Zeisler, dem es gelungen war, verwundet zu entkommen, berichtete von dieser unglaublichen Tat. Den von den Schüssen der Offiziere schwer verletzten Hptm. Graf Clary-Aldringen fanden Angehörige des SS-PGR 26. Der Sanitäter Klöden leistete ihm Erste Hilfe.

Damit waren jene Worte im gefundenen Notizbuch eines kan. Captains über die Befehlsausgabe vor der Invasion Wahrheit. Sie lauteten:

„Gefangene sind nicht zu machen!"

Alle gefangengenommenen Soldaten der 3. kan. PD bestätigten diesen

Mordbefehl. Das Notizbuch wurde dem OB der 7. Armee, GenOberst Dollmann, übergeben, der es nach Berlin weiterschickte.

Am anderen Tage wurde Oberst Luxenburger gefunden; er hing noch immer festgebunden auf dem Panzer und lebte noch. Er starb drei Tage später, nicht ohne noch die Mordtat zu bestätigen.

Zurück zur Panzer-Lehr-Division!

Auf dem neuen DivGefStand der PLD in Le Mesnil-Patry gingen bis zum Mittag des 8. Juni die Klarmeldungen der einzelnen Verbände ein, die die befohlenen Bereitstellungen erreicht hatten. Nun *mußte* der Angriffsbefehl kommen, doch dieser erfolgte nicht.

Am Abend erschien GFM Rommel im GefStand von GenLt. Bayerlein. Dieser erfuhr durch den OB der HGr. B, daß der avisierte Großangriff auch am 8. Juni nicht stattfinden könne. Rommel erklärte:

„Also, Bayerlein, alle Dispositionen sind über den Haufen geworfen. Die 50. britische ID hat Bayeux genommen – unsere speziellen Freunde aus der Wüste." – „Und was soll jetzt geschehen?" – „Sie müssen Ihre beiden Kampfgruppen und die Artillerie noch in dieser Nacht nach Westen umgruppieren, und zwar in den Raum Tilly. Von Tilly bis Bayeux sind es nur 11 km. Das neue Angriffsziel der PLD ist Bayeux! Sie haben diese Stadt am 9. Juni zurückzugewinnen." (Siehe Franz Kurowski: Die Panzer-Lehr-Division.)

Die Umgruppierung erfolgte in der Nacht. Unbemerkt vom Gegner rollten die Panzer in die neue Bereitstellung. Am frühen Morgen des 9. Juni war diese Bewegung abgeschlossen. Da jedoch zu dieser Zeit bereits die ersten feindlichen Panzerrudel auf der Straße Bayeux–Tilly vorrollten, mußte der Angriff westlich dieser Straße angesetzt werden. Dazu stieß die PzAufklAbt. 130 unter Hptm. von Born-Fallois nach vorn. Mit ihr fuhr auch der DivKdr. mit wenigen Offizieren seines Stabes. Die Abteilung erreichte gegen Mittag des 9. Juni Ellon, umfuhr diese feindbesetzte Ortschaft und kam nach Arganchy. Bis Bayeux waren es von hier aus noch ganze 5 km.

Britische Schiffsgeschütze feuerten jetzt in diesen Aufmarschraum hinein. Die abgesessenen Panzergrenadiere suchten hinter den Panzern Schutz. Diese schoben sich weiter vor. Die II./PR 130 unter Major von Schönburg-Waldenburg rollte mit allen vier Kpn. vor. Als der Kirchturm von Ellon in Sicht kam, erhielten sie Feuer. Von dort aus schossen Einheiten der 49. brit. ID auf die Panzergrenadiere.

In breiter Front rollten die Panzer – immer wieder in Gruppen Schießhalt machend – vor und brachen den Feindwiderstand. Die ersten Feindpanzer tauchten auf und wurden abgeschossen. Die Panzer der PLD rollten nach Ellon hinein, und nun konzentrierte sich das feindliche Artilleriefeuer auf diese Ortschaft, in der Freund und Feind dicht beieinander standen. Die 8. und 7. Kpn. der II./PR 130 stießen bis zum Nordrand von Ellon durch. Die Panzergrenadiere folgten nach. Ellon war feindfrei.

Damit war auch hier der Ausgangspunkt des Angriffs auf Bayeux erreicht. Doch bevor dieser begann, ging vom I. SS-PzKorps der Befehl ein, der alle schockierte: „Angriff auf Bayeux einstellen! Division geht auf Tilly zurück und gräbt sich dort ein!“

Diese Entscheidung hatte sich als notwendig erwiesen, weil starke kan. Kräfte an der Nahtstelle zwischen der 12. SS-PD „HJ“ und dem PR 130 eingesickert und bis in den Raum Tilly–Audrieu–Cristot vorgedrungen waren.

Das I./PGR 901 unter Major Uthe blieb in Ellon und wurde von der 6. und 8./PR 130 unterstützt, die von hier aus zu einem Gegenstoß gegen die dicht herangekommenen Feindkräfte antraten und diese zurückjagten.

Um 14.00 Uhr stellte sich die 8./PR 130 im Raume Fontenay bereit, um von hier aus in einem Zuge bis zur Küste vorzupreschen. GenLt. Bayerlein fuhr zum KorpsGefStand, wo er den Auftrag erhielt, im Raume Tilly mit der PLD zur Verteidigung überzugehen. Die Linie Cristot–Verriéres mit ihrem Mittelpunkt Tilly sollte gehalten werden.

Die II./PR 130 rollte vor. Die Dörfer Audrieu und Choutain wurden erreicht. Zwischen diesen beiden Dörfern hielten die Panzer noch einmal an. Danach ging es weiter. Aufgegebene Stellungen der Gegner wurden erreicht, und als die Panzer in eine nur etwa 300 m breite Schneise zwischen zwei Waldstücken hineinfuhren, erhielten sie massiertes Artilleriefeuer. Es gab keine Möglichkeit mehr, zu drehen. Mit voller Fahrt ging es durch diese Schneise. Vorn rollte der AbtKdr. Major Prinz von Schönburg-Waldenburg. Als er 200 m voraus aufblitzte und sich die dort stehende geschickt getarnte Pak enttarnte, war es schon zu spät. Die Granate durchschlug, frontal auftreffend, den Turm des Spitzenpanzers. Major von Schönburg-Waldenburg war sofort tot. Alle übrigen Männer in diesem Panzer wurden schwer verwundet. Pakabschüsse hallten, Panzerkanonen antworteten, Artillerie feuerte dazwischen. Auf dem Gefechtsfeld übernahm Hptm. Ritgen die Führung. Er entschloß sich, die Panzer zurückzunehmen.

Am Abend des 9. Juni zeigte es sich, daß der Schwerpunkt der britischen Aktionen sich in den Raum Tilly verlagerte. Nachdem es General Montgomery nicht gelungen war, Caen frontal zu erobern, wollte er nunmehr aus dem Raume Bayeux auf Tilly vorstoßen, die Höhen von Villers Bocage gewinnen und dann aus dem Rücken auf Caen eindrehen.

Damit begann nicht nur für die PLD ein neuer Abschnitt der Invasionsschlacht, der Tilly hieß.

Noch immer war die I./PR 130 unter Major Markowski, die ja nach Polen in Marsch gesetzt worden war, nicht zur Division zurückgekehrt. GenLt.

Bayerlein erwartete sie nun jedoch stündlich. Und wenn sie erst zur Hand war, würde man weitersehen.

Doch nun zurück zum Westteil der Verteidigunslinie und damit zur Marinebatterie St. Marcouf.

Marinebatterie St. Marcouf im Abwehrkampf

Als der 6. Juni zu Ende ging, hätte nach dem alliierten Einsatzplan St. Marcouf ebenso wie die Heeres-Küstenbatterie Azeville durch Stoßtrupps der US-Streitkräfte in Besitz genommen sein müssen. Doch am Abend des 6. Juni schossen beide Batterien immer noch.

Dies bekamen besonders die Truppen der 4. US-ID zu spüren, die ihren Nachschub von den St.-Marcouf-Inseln erhielten, wohin sie vorher alle Fahrten gerichtet hatten.

Die Batterie St. Marcouf hatte am 6. Juni bereits einige Erfolge erzielt, doch dann schossen sich die Schiffe des hierfür vorgesehenen Küstenbeschießungs-Verbandes auf diese Batterie ein. Die Batterie traf einen als Kreuzer angesprochenen Zerstörer der Amerikaner, der in der Mitte durchbrach und sank. Die zur Hilfeleistung herbeilaufenden Zerstörer erhielten ebenfalls Treffer. Die 21-cm-Granaten dieser Batterie legten einen tödlichen Schleier aus Stahl vor die Küste, und in ihr Feuer fielen die Batterien von Azeville und Quineville ein.

Die Schiffsgeschütze erwiderten dieses Feuer, und schnelle Zerstörer legten Nebelschleier vor die Transportgebiete, um den deutschen Batterien die Sicht zu nehmen.

Doch die den Rauchschleier durchstoßenden und auf den Strand zulaufenden Landungsboote wurden gesehen und beschossen. Einige erhielten Treffer und sanken.

Die 4. Batterie des Heeres-Küstenartillerie-Regimentes 1261 unter Oblt. Schulz bei Quineville versenkte ebenfalls einen Zerstörer durch Volltreffer. Der RgtKdr., Oberst Triepel, konnte von seinem GefStand auf der Ginsterhöhe aus diese Treffer genau beobachten. Sein Report lautete:

„Der Zerstörer versuchte, durch das Steuern von Zickzackkursen diesem Beschuß zu entgehen. Aber er erhielt Treffer um Treffer. Als einer der Treffer seine Ruderanlage lahmlegte, drehte sich das Boot im Kreise und blieb schließlich bewegungsunfähig liegen. Es bekam rasch starke Schlagseite nach Backbord und sank."

Im Abschnitt Utah verlor die US-Navy drei Zerstörer. Die Marinebatterie St. Marcouf im Abschnitt Omaha war nach den Bekundungen von Admiral King einer der schwierigsten Prüfsteine für die Navy.

„Sie hat uns schwer zu schaffen gemacht. Gegen sie setzten wir nicht nur das Schlachtschiff ‚Nevada' ein, sondern auch noch die ‚Arkansas' und die ‚Texas', die wir von Utah-Strand abziehen mußten, um dieser Batterie Herr zu werden.

Nachdem diese beiden letztgenannten Schlachtschiffe vor dem Strand Omaha eingetroffen waren, erhielt rasch das erste der drei 31 cm-Geschütze von St. Marcouf einen Volltreffer vor den Bunker und fiel aus. Zwei Langrohrgeschütze feuerten weiter und erzielten Treffer auf einem Zerstörer, der mit Hartruderlegen abdrehte. Dadurch geriet er in den Feuerbereich von Quineville hinein, wo er abermals getroffen wurde.

Eine Stunde nach dem Eingreifen der beiden zusätzlichen Schlachtschiffe schlug eine 35,6 cm-Granate der „Nevada" in die Schießscharte des zweiten Geschützes. Geschütz und Besatzung waren vernichtet. Damit waren beide der durch Bunker gesicherten Geschütze ausgefallen, und nur noch das dritte in einer Erdumwallung stehende Geschütz feuerte, mit dem aber nur noch die Landungsstelle unter Feuer genommen werden konnte. Oblt. Ohmsen ließ diese Stelle mit Schnellfeuer beschießen. Panzer, Lastwagen und Truppen, die hier angelandet wurden, gingen in den Einschlägen der großkalibrigen Granaten unter. Hier vollzog sich der zweite Teil von „Bloody Omaha".

Aus 22 Geschützen gingen nach wie vor Granaten von 30,5 bis 35,6 cm Kaliber auf St. Marcouf nieder. Rauch, Flammen und glühender Stahl machten das Batteriegebiet zu einer Feuerhölle.

Mitten in diesem Todesorkan waren einige Instandsetzungstrupps draußen und machten eines der drei Langrohrgeschütze wieder einsatzbereit. Andere schufteten wie wild, um auch das zuerst ausgefallene Geschütz wieder schußbereit zu machen.

Auch in Azeville waren zwei Geschütze ausgefallen; dies meldete Oblt. Kattnig. Die Beobachtungsstelle Ginsterhöhe gab durch, daß ein Kreuzer und zwei Zerstörer versenkt und zwei weitere Zerstörer und ein Schlachtschiff beschädigt worden seien.

Um Mitternacht zum 7. Juni war die Truppe von St. Marcouf von 400 auf 300 Soldaten zusammengeschmolzen. Ein Spähtrupp verließ die Batterie und stieß ins Dorf Marcouf vor. Hier traf er auf den Gegner und kehrte nach kurzem Feuerwechsel mit sechs Gefangenen zurück.

Am Morgen des 7. Juni um 7.00 Uhr meldete Oblt. Kattnig aus Azeville, daß nun auch sein drittes Geschütz ausgefallen sei. Damit hatte er nur noch ein 10,5-cm-Geschütz feuerbereit. Er bat Oblt. Ohmsen, dies zur Ginsterhöhe zu melden, weil seine Verbindung dorthin ausgefallen war.

Den alten Marineartilleristen von St. Marcouf war es in der Nacht gelungen, eines der beiden ausgefallenen Geschütze wieder feuerbereit zu machen. Damit konnte St. Marcouf am Morgen des 7. Juni den Kampf erneut aufnehmen.

Ein aus Crisbecq vorgetragener feindlicher Infanterieangriff wurde von den Marineartilleristen abgeschmettert. Als US-Fallschirmjäger versuchten, Azeville zu erobern, warnte Oblt. Ohmsen seinen Kameraden Kattnig und ließ mit der einen Acht-acht-Flak, die inzwischen feuerbereit gemacht worden war, das Abwehrfeuer auf diese Feindgruppe eröffnen. Der Gegner wurde quasi von den Bunkern von Azeville heruntergeschossen. Er floh und ließ Waffen und Gerät zurück.

Der Feuerleitstand der Batterie von Azeville lag übrigens auf dem Gelände der Batterie St. Marcouf, weil von Azeville aus keine direkte Zielansprache auf Strand und Vorstrand möglich war. Ohmsen mußte später auch Feuer auf den eigenen Standort anfordern, als der Gegner die Bunker erklettert hatte. Er wurde von Azeville aus heruntergeschossen.

In äußerst kritischer Situation gelang es am Morgen des 7. Juni der 6./IR 919 unter Oblt. Geißler, sich durch den Belagerungsring der US-Fallschirmjäger nach St. Marcouf durchzuboxen und die Besatzung zu verstärken.

Wenig später machten diese Infanteristen mit Teilen der Marineartilleristen aus St. Marcouf einen Ausfall, jagten den belagernden Gegner in die Flucht und erzielten 90 Gefangene.

Den ganzen Tag über stießen beinahe unaufhörlich feindliche Jagdbomber auf die Batterie herunter. Wieder fielen alle 21-cm-Geschütze aus. Eines wurde bis Mitternacht zum 8. Juni wieder einsatzbereit gemacht. Ersatzteile boten die beiden anderen zerschossenen Geschütze.

Am Donnerstag, dem 8. Juni, erhielt die Besatzung von Azeville durch Oberst Triepel den Rückzugsbefehl, weil alle Waffen unbrauchbar geworden waren. Doch da Oblt. Kattnig die Zuführung weiterer Verstärkungen gemeldet worden war, blieb er in Azeville und hielt dort den ganzen 8. Juni über aus.

Die US-Sturmtruppen griffen St. Marcouf am 8. Juni um 13.30 Uhr erneut an. Der Vorstoß des Gegners wurde mit Sprengmitteln gestoppt. Danach wurde abermals „Feuer auf den eigenen Standort“ angefordert, als der Gegner weiter vorgedrungen war und die Bunker von St. Marcouf erreicht hatte.

Mitten im Feuer griff Oblt. Geißler – aus der Flanke ausfallend – das angreifende US-Bataillon an, das sich wieder auf Dodainville zurückzog. Es war ein Batl. der 4. US-ID, das hier Federn lassen mußte.

Am Morgen des 9. Juni stürmten US-Truppen nach einer Feuervorbereitung von 1500 Schuß mit Flammenwerfern gegen die Batterie Azeville an. Der letzte Schuß aus der Acht-acht-Flak beendete den Kampf in Azeville.

Auf St. Marcouf paukte wieder einmal stärkstes Schiffsgeschützfeuer herunter. Am Abend dieses 9. Juni trat das gesamte IR 22 der 4. US-ID zum Sturmangriff an. Doch nicht St. Marcouf war sein Ziel, sondern Quineville. Danach erst stürmten drei Kompanien Rangers gegen St. Marcouf. Dieser Angriff wurde ebenso wie alle anderen vorher abgewehrt.

Noch einmal gelang es den Waffenmechanikern, ein Geschütz der Batterie St. Marcouf klarzumachen und die US-Nachschubstraßen unter Feuer zu nehmen.

Am 11. Juni erhielt Oblt. Ohmsen einen Anruf von VAdm. Hennecke aus Cherbourg. Als Ohmsen meldete, daß seine Batterie noch eine Gefechtsstärke von 78 Mann habe, erhielt er die Weisung, in der kommenden Nacht zu den eigenen Stellungen durchzubrechen, die 11 km entfernt lagen. Die letzten Überlebenden der Batterie St. Marcouf und auch die Leichtverwundeten machten sich zum Ausbruch fertig. Die Schwerverwundeten blieben unter der Obhut einiger freiwilliger Sanitäter zurück. Das Ziel der Ausbrechenden war die Ginsterhöhe bei La Pernelle. Eine Stunde vor Tagesanbruch erreichten sie dieses Ziel und waren in Sicherheit.

Im Korps-Gefechtsstand des VII. US-Korps stand GenLt. Collins am frühen Morgen des 12. Juni vor der Karte des Einsatzgebietes.

Der Kdr. des soeben auf dem Strand eingetroffenen Regimentes der 9. US-ID stand neben ihm.

„Sie nehmen jetzt mit Ihrem Regiment die Batterie St. Marcouf", erklärte Collins dem Generalmajor. „Die Batterie verwehrte uns bislang die Einnahme des wichtigen Knotenpunktes Montebourg, und Montebourg müssen wir jetzt haben, um damit die Sperrung der Straße nach Cherbourg aufzuheben."

Die Aufklärungs-Abteilung der 9. US-ID wurde vorgeschickt, um eine weiche Stelle in der Batterieverteidigung aufzuspüren. Als sie dorthin vorstieß, war in der Batterie alles still, kein einziger Schuß fiel.

Die AA meldete zwei Stunden später: „St. Marcouf feindfrei! Die Batterie ist geräumt. Lediglich 21 Schwerverwundete und ein Sanitätsoffizier vorgefunden."

Der US-Heeresbericht meldete wenig später die „Eroberung" von St. Marcouf, vergaß aber zu erwähnen, daß diese Küstenbatterie am D-Tage und nicht sechs Tage später fallen sollte und daß sich im Zeitpunkt der „Eroberung" kein einziger deutscher Soldat mehr in der Batterie befand.

Die Feuerwände von Tilly

In der Nacht zum 10. Juni wurde die PLD, die inzwischen vollzählig im Kampfraum eingetroffen war, in der Generallinie Cristot–Tilly-Nord – Verriéres–La Belle Epine–Torteval–St. Germain d'Ectot eingewiesen.

Damit stand sie in einem 17 km breiten Geländeabschnitt. Der DivGef-Stand befand sich in Sermentot. GenLt. Bayerlein hatte alle Vorsichtsmaßregeln getroffen, daß dieser Platz vom Gegner unerkannt blieb und damit auch nicht angegriffen wurde. Dies nicht zuletzt aufgrund jenes Ereignisses, das am 10. Juni im HQ des OB der PzGr. West auf Schloß La Caine stattgefunden hatte. Dort war an diesem Morgen der Stab des GendPzTr. Geyr von Schweppenburg, der kurz zuvor zum OB des Frontabschnittes ostwärts der Dives bis nach Tilly ernannt worden war, durch feindliche Funküberwachung eingepeilt und anschließend von einem Jabogeschwader angegriffen worden.

Der OB der PzGr. West entging dem Todeshagel verwundet. Sein Chef des GenSt., GenMaj. Ritter und Edler von Dawans, und 12 Stabsoffiziere fielen dem Bombenhagel und Bordwaffenfeuer zum Opfer. Eine Reihe weiterer Offiziere wurden verwundet. Der Stab der PzGr. West war damit ausgeschaltet. Er sollte erst Ende Juni wieder aktionsbereit sein.

Dieser Angriff am Morgen des 10. Juni hatte mit vereitelt, daß der zum gleichen Tage geplante Angriff der drei Panzer-Divisionen stattfand.

Dieses Desaster war ein Grund dafür, daß GenLt. Bayerlein alle möglichen Vorsichtsmaßregeln ergriff, um nicht ebenfalls auf solche Weise ausgeschaltet zu werden.

Bereits am frühen Morgen des 10. Juni begann das Vorbereitungsfeuer der Briten zum Angriff auf Tilly mit schwerer Schiffsartillerie. Luftstreitkräfte wurden nicht eingesetzt.

Dazu General Bayerlein: „Dies war ein typisch britischer Angriff, der wie immer mit einem schweren konzentrierten Artillerie-Feuerschlag begann und fast gar keine Luftunterstützung hatte. Im Gegensatz zum typisch amerikanischen Angriff, dem nur relativ geringes Artillerie-Streufeuer vorausging, dem sich aber schwere Luftangriffe anschlossen." (Siehe Franz Kurowski: a.a.O.)

„Die Luftwaffe", fuhr GenLt. Bayerlein fort, „griff aber auch an diesem Morgen an. Und zwar die Treibstoff-Wagen der Division, die sich im Sektor westlich St Lô befanden."

Um den Aufmarsch der PLD nach Westen und Nordwesten zu sichern, wurde die 1./PGR 901 unter Oblt. Monz in Richtung Balleroy vorgeschoben. Sie war ausersehen, die linke Divisionsflanke abzuschirmen.

Im Zuge dieser Bewegung geriet die Kp. nach wenigen hundert Metern des Vorstoßes ins Niemandsland in ein Wiesen- und Kusselgelände und sah sich unmittelbar darauf einer Reihe von Feindpanzern gegenüber; sie tauchten voraus aus einem Hohlweg auf, der einen weiten Bogen nach Norden machte und deshalb nur etwa 100 m weit zu überblicken war.

Uffz. Rudolf Brasche, der mit seiner Gruppe ein Ofenrohr übernommen hatte, schickte einen Melder zurück, lief dann mit dem Ofenrohr zur rechten Flanke des Hohlweges und visierte den vordersten Panzer an. Der erste Schuß riß dem Sherman den Turm herunter, der bis auf den dicht aufgeschlossenen zweiten Panzer geschleudert wurde.

Die nachfolgenden Panzer eröffneten das Feuer. Brasche, der in Rußland das Ritterkreuz erhalten hatte, stürmte am Hohlweg entlang in Richtung der folgenden Panzer und schoß als nächsten den letzten Panzer ab, damit waren alle übrigen zwischen dem vordersten und letzten Sherman eingeklemmt. MG-Feuer peitschte der Gruppe Brasche entgegen. Die Gruppe erwehrte sich der feindlichen Begleitinfanterie und vernichtete unter Führung Brasches noch zwei weitere Panzer mit Sprengmitteln. Ein fünfter Panzer wurde von Brasche persönlich geknackt.

Bis zum Ende des Hohlweges vordringend, erkannten die Männer um den Unteroffizier, daß hier ein Bataillon Gegner hinter den Panzern vorging. Der schwere Zug der Kp. Monz eröffnete das Feuer auf diesen Gegner, und da inzwischen neue Ofenrohr-Munition nachgekommen war, schoß Brasche mit diesem in die dichten Feind-Pulks hinein, was von verheerender Wirkung war. Der Gegner floh.

Der Zug blieb am Waldrand liegen, und die eigenen Werfer feuerten in das gegenüberliegende Wäldchen hinein, in das sich der Gegner zurückgezogen hatte.

Er war hier rechtzeitig gestoppt worden, die Gefahr für die Division von dieser Seite her beseitigt. Es waren Panzer der 7. brit. Husaren, die hier von einer Handvoll erfahrener Soldaten gestoppt wurden. Der Horizontschleicher des Gegners war an dieser Stelle mißglückt, die 1./PGR 901 hatte einen großen Erfolg erzielt. Der Durchbruch des Gegners durch das weitmaschige Netz der PLD war vereitelt worden.

Am 11. Juni wurde dieser Einsatz von Rudolf Brasche im Div.-Tagesbefehl gewürdigt.

Damit war der Kampf im Großraum Tilly entbrannt und sollte von dieser Stunde an nicht mehr abreißen.

Der englische Großangriff auf Tilly

Am 10. Juni war im Angriffsstreifen des brit. XXX. AK der beinahe ungehinderte britische Vorstoß abrupt gestoppt worden. Es war die PLD, die in der soeben geschilderten Weise mit kleinen Verbänden zuschlug, wo immer sich der Gegner zeigte.

Auch die KGr. von Luck war an diesem Tage wieder erfolgreich, indem sie gemeinsam mit Teilen der 346. ID ostwärts der Orne angriff und die 51. brit. ID sowie die 4. PzBrig. des Gegners in ihren Bereitstellungen traf. Dadurch wurde der Angriff der 51. Highlanders vereitelt. Der Gegner mußte seine Verbände, sowie sie im Bereitstellungsraum eintrafen, in den Kampf werfen. Das Rgt. Black Watch verlor am Morgen des 11. Juni 200 Mann.

Die 3. kan. ID und die ihr zugeführten Panzerverbände erhielten am 10. Juni Befehl, sich binnen 48 Stunden zu einem Unterstützungsangriff für das XXX. AK bereitzustellen, das nunmehr in arge Bedrängnis geraten war. Das PR 6 erhielt dazu 20 neue Panzer und hatte damit seine alte Einsatzstärke von 76 Panzern wieder erreicht.

Die 50. ID (Northumbrian Infantry) des XXX. AK griff ebenfalls am 10. Juni an. Der englische Angriff wurde an diesem und allen nachfolgenden Tagen durch die Küstenbeschießungsverbände von See unterstützt. Das Schlachtschiff „Nelson“ gab sich durch Umtrimmen eine Schlagseite von 10 Grad, um die Geschütze in einem steileren Winkel richten und weiter ins Land hineinschießen zu können. Dies schraubte seine Reichweite auf über 30 km herauf.

Die 7. brit. PD – die Wüstenratten des Afrikafeldzuges – versuchten vergebens, den Durchstoß durch die Front der PLD zu erzwingen, die von GenLt. Bayerlein, ihrem Gegner aus Afrika, geschickt geführt wurde. In dem Gebiet ostwärts Tilly bis hin nach Villers hielten die Panzergrenadiere der PLD den Feind mit panzerbrechenden Waffen auf. Die Panzer lagen in dichtem Gebüsch getarnt und eröffneten erst dann ihr Feuer, wenn der Gegner auf tödliche Schußdistanz herangekommen war. Dennoch gelang es Teilen der 7. PD der Briten, bis nach Tilly vorzustoßen. Am Stadtrand wurden sie endgültig gestoppt und aufgerieben. Breville, Ranville und andere Ortschaften sahen die Rückkehr der Deutschen. Die britischen Verbände mußten weichen. Aber war in dieser Lage ein Durchstoßen der deutschen Panzer zum Meer hinunter wirklich noch möglich?

Diese Hoffnung war bei den verantwortlichen Panzer-Kommandeuren geschwunden, denn sie sahen die täglichen Verstärkungen des Gegners anhand der eingebrachten Gefangenen.

General Bucknall, der KommGen. des XXX. brit. AK, erkannte am

Abend des 11. Juni, daß es unmöglich sein würde, Tilly im direkten Angriff in Besitz zu nehmen. Er verfiel auf einen Ausweg. Seine Aufklärung hatte ihm an diesem Tage gemeldet, daß in der deutschen Front eine breite Lücke klaffe. Durch diese Lücke wollte er am späten Abend des 11. Juni die 7. PD hindurchjagen, sie über die Aure setzen lassen, um die Deutschen über die westliche Flanke zu umgehen und hinten abzukneifen.

Von dort aus mußte es möglich sein, Villers Bocage, das als feindfrei erkannt worden war, zu erreichen. Damit würde man im Rücken von Caen stehen. Wenn dieser Horizontschleicher gelang, dann war Caen reif für den Sturmangriff aus dem Rücken.

Der Angriff der 7. PD über die 50. ID hinweg, der am 10. Juni begonnen hatte, war Voraussetzung zu dieser Umfassungsbewegung. Dieser Angriff sollte entschlossen durchgezogen werden. Zwar war das XXX. AK von der PLD vor Caen gestoppt worden, aber es würde nach der Ansicht General Bucknalls durch die Hintertür hereinkommen.

Der amerikanische Sektor

Im US-Abschnitt der Invasionsfront war es für General Bradley am 9. Juni nicht mehr notwendig, das Armeehauptquartier an Bord der „Achernar“ zu behalten. Es sollte nunmehr in einem Obstgarten dicht hinter Pointe du Hoe eingerichtet werden.

Damit war auch für General Bradley der Abschied von der „Augusta“ gekommen. In einem CP fuhr er an Land und von dort ins Fischerdorf Port en Bessin weiter, wohin ihn General Montgomery zu einer Besprechung gebeten hatte. Diese Besprechung sollte der Koordination der beiden Armeen dienen.

General Dempsey, das wußte Bradley, hatte mit der 2. brit. Armee einen Angriff südlich der nicht zerstörten Stadt Bayeux geplant, zum einen, um seinen Brückenkopf auszuweiten, zum anderen aber, um Caen von Westen her einzuschließen.

Bradley fand Montgomery und Dempsey in einem Gebiet wartend, das durch MP-Posten abgeschirmt war. „Monty“ trug nach Bradleys Beschreibung jene Kleidung, die als sein Markenzeichen galt: „Eine Gabardine-Buschjacke, einen grauen Rollkragen-Pullover, Turtleneck genannt, Kordhosen und ein Panzerbarett.“

Eine Karte wurde auf den Kühler des Humber-Stabswagens ausgebreitet und die Lage gepeilt. Diese stellte sich so dar:

Zwei deutsche Panzer-Divisionen befanden sich eingegraben vor Caen, und Dempsey versuchte von der Flanke aus nach Caen einzudringen und die Stadt auszuschalten. Die US-Truppen wurden dabei von Montgomery angewiesen, diesen britischen Angriff zu flankieren und im Vorstoß nach Süden direkt auf Caumont und St. Lô vorzuprellen.

Währenddessen war Gerows V. Korps dabei, einen starken defensiven Außenposten zu bilden. Ein Angriff aus diesem Raum würde nach der Schätzung der beiden Oberbefehlshaber die deutschen Kräfte teilen, denn Collins griff mit dem VII. Korps in Richtung Caen an.

Am Nachmittag dieses 9. Juni flog General Montgomery in sein HQ nach Portsmouth zurück. Als er vorher Bradley fragte, ob er ihm etwas Besonderes mitbringen könnte, entgegnete dieser: „Ja, Sir, eine Zeitung zum Frühstück mit den neuesten Nachrichten aus aller Welt."

Am Samstag, dem 10. Juni, hatte General Gerow den Brückenkopf, den er im Omaha-Abschnitt unterhielt, endgültig konsolidiert. Darüber hinaus hatte er seine Truppen mit denen von Dempsey vereinigt. An seiner rechten Flanke war die 29. ID durch die brennende Ortschaft Isigny gerollt, um das Tiefland der Carentan-Gezeitenmündung zu erreichen. Einige Meilen jenseits dieses Mündungsgebietes waren die Luftlandetruppen mit dem Ziel in Marsch gesetzt worden, Carentan aus Nordosten zu überflügeln. Auch die Fallschirmjäger der 101. LL-Div. waren auf Carentan angesetzt worden, wo noch immer das deutsche FJR 6 unter Major von der Heydte verteidigte. Bester Verbündeter der Deutschen waren hier die Überschwemmungen, die den Gegner zwangen, auf den schmalen Straßen zu bleiben, was unabsehbare Stockungen mit sich brachte.

Am Nachmittag dieses Tages erzählte Bradley General Collins, daß sie die Verbindung mit Gerow aufgenommen hätten. Er fuhr fort: „Wenn wir die Möglichkeit bekommen, 500 oder gar 1000 Tonnen Bomben auf die Stadt (Carentan) zu werfen, dann stürmt sie und geht hinein!"

Am späten Nachmittag gingen Meldungen von Omaha-Strand ebenso wie von Utah-Beach ein, daß sich beide Gruppen über eine Straße jenseits des Überschwemmungsgebietes vereinigt hatten. Eine Kp. der Gleiter-Infanterie aus Utah hatte sich den Weg nach Auville sur le Vey erkämpft, wo sie von einer Erkundungsgruppe der 29. ID erwartet wurde, die einige Meilen hinter Isigny stand.

Mit seinem Assistenten, GenMaj. Hansen, fuhr Bradley sofort durch Isigny, um zu sehen, wie sie auf der Überlandroute zu Collins durchkommen könnten. Sie fanden Isigny zerstört. Die 2800 Bewohner dieser Stadt waren größtenteils geflohen, als das alliierte Schiffsgeschützfeuer zu stark wurde und die gesamte Stadt in Schutt und Asche legte.

Hinter der Vire ging es direkt nach Auville sur le Vey. An einer Kreuzung hielten sie an. Ein Jeep kam zum Stabswagen gefahren und hielt neben ihm. Es war Brigadegeneral Edward J. Timberlake jr., der Kdr.

einer Brigade, der seine Meldung machte und gleich darauf die Warnung aussprach: „Sie müssen verrückt sein, durch diese Hölle zu fahren, General. Die Straße ist vermint. Lassen Sie mich vorausfahren!“ – „Nichts da“, erwiderte Bradley, „aber dennoch danke, ich fahre lieber zurück.“

Bis zum Morgengrauen des 12. Juni hatten Taylors Fallschirmjäger Carentan und die wenigen Jäger des FJR 6 eingeschlossen. Um 6.00 Uhr drangen sie in die Stadt ein, um die Hauptverbindungsmöglichkeit zwischen Omaha und Utah zu öffnen. An diesem siebten Tag der Invasion hatten die alliierten Streitkräfte ihren Brückenkopf auf 67 km Breite vergrößert. Nunmehr sollten die US-Streitkräfte ihren Weg durch die Halbinsel Cotentin fortsetzen und nach Norden und Nordwesten eindrehen, um auf dem schnellsten Wege Cherbourg zu erreichen.

Die 12. SS-PD „Hitlerjugend“

Bei der 12. SS-PD „HJ“ liefen die Vorbereitungen für den Angriff am 11. Juni auf Hochtouren. Die letzte Chance, den Gegner zu überrennen und zur Küste durchzustoßen, sollte genutzt werden.

Mitten in die vorbereitenden Besprechungen hinein, an denen GFM Rommel teilnahm, platzte die Meldung vom Antreten des Gegners und dessen Teildurchbruch auf der Westflanke der PLD.

Der eigene Angriff wurde durch die bereits geschilderte Bombardierung des HQ der PzGr. West verhindert. Außerdem hatte nun also der Gegner am Morgen des 11. Juni seinen neuen Großangriff begonnen, und alles mußte sich zur Verteidigung bereitstellen.

Als vor der Front des PGR 25 Gefechtslärm aufbrandete, fuhr Oberst Meyer sofort zur B-Stelle des I./PGR 26. Von hier aus konnte er zusammen mit dem BatlKdr. Krause den britischen Angriff auf die Höhe nördlich Cheux beobachten. Zuerst ging dichtes Artilleriefeuer auf die Höhe nieder. Dann griff kan. Infanterie an, die allerdings bereits am Vorderhang gestoppt wurde. Die ersten Feindpanzer rollten in die Minensperren hinein und blieben mit zerschmetterten Ketten und brennenden Motoren liegen. Es waren die Kampfwagen der 1. Hussars, die hier den Rückzug antreten mußten. Die Infanterie von Queen's own Regiment wurde mitgerissen.

Auf dem Wege von diesem Beobachtungsplatz nach Bretteville und Norrey wurde Oberst Meyer bei Rots durch zwei durchgebrochene Panzer gestoppt. Mit Höchstgeschwindigkeit fuhr der Kdr. des PGR 25 mitten zwischen den beiden Panzern hindurch. Unmittelbar darauf wurden diese beiden Panzer von der eigenen vorderen Sicherung abgeschossen.

Rots wurde kurze Zeit später von Sturmtruppen der 8. kan. Brigade und

Teilen des Royal Marine Commandos 46 angegriffen. Trotz Abschusses einiger Panzer mußte die Ortschaft aufgegeben werden.

Um eine Krisenlage bei der PLD zu vermeiden, schob der Kdr. der 12. SS-PD „HJ“ die DivBeglKpn. in die bedrohte Stellung bei Tilly ein. Dies war die letzte Reserve, die der Division zur Verfügung stand. Die Krisensituation konnte gemeistert werden.

Auf dem DivGefStand traf Oberst Meyer den KommGen. des I. SS-PzK., GenOberst Dietrich, an. Dieser gab den Kommandeuren einen Überblick über die Gesamtlage, der in den Worten gipfelte, daß das Korps keinerlei Reserven mehr habe und daß er – Dietrich – an keinen gemeinsamen Angriff der drei Panzer-Divisionen glauben könne.

Der 11. Juni verstrich dann auch, ohne daß auch nur an einen Angriff zu denken war. Man war bei allen Divisionen froh, daß die verteidigten Stellungen gehalten werden konnten.

Die Panzer-Lehr-Division im Abwehrkampf

Die Panzergrenadiere des PGR 901 hatten sich in Tilly festgesetzt. Major Uthe, Kdr. des I./PGR 901, hatte seinen GefStand im Chateau Fontenay hart westlich des gleichnamigen Dorfes eingerichtet. Das Schloß, seit 48 Stunden ununterbrochen beschossen und gebombt, war nur noch ein Trümmerhaufen.

Am Morgen des 10. Juni begann um 5.00 Uhr das Artilleriefeuer des Gegners. Dann griffen die Sturmtruppen an, und Hptm. Salzmann, der die 3./PGR 901 führte, meldete Major Uthe, daß der Gegner die Ferme Cheval Rouge erreicht habe. Major Uthe verständigte die DivArtillerie, die Streufeuer schoß.

Im Norden von Tilly lag die 5./PGR 901 unter Hptm. Philipps. Sie wurde das besondere Ziel des feindlichen Artilleriefeuers. Aber die Panzergrenadiere ließen sich nicht aus ihren Löchern hinausschießen.

Bedrohlicher war die Situation beim PGR 902. Das I. Batl. war nördlich Tilly in beinahe deckungslosem Gelände eingesetzt. Das feindliche Trommelfeuer paukte hier 45 Minuten lang auf die Soldaten herunter. Zum Glück für die Männer trat der Gegner nicht unmittelbar nach diesem Trommelfeuer an, so daß die dünne Abwehrfront noch hielt.

Gegen Mittag des 10. Juni tauchten fünf Feindpanzer vor dem BatlGefStand des I./PGR 901 auf. Sie wurden von der 1./PzJägAbt. 130 unter Lt. Werner gestoppt. Alle fünf Panzer wurden vernichtet.

Als diese Meldung im DivGefStand in Sermentot eintraf, fuhr GenLt. Bayerlein im Stabswagen mit seinem Adj. persönlich Aufklärung. Als der

Wagen nördlich Tilly einen Hügel erreichte, wurde er unmittelbar vor dem Kamm von seinem Fahrer gestoppt.

„Panzer, Herr General!“ meldete der Ordonnanzoffizier. „Das ist ja ein ganzes Panzer-Regiment, Hartdegen“, rief Bayerlein überrascht. „Holen Sie heran, was immer Sie an panzerbrechenden Waffen greifen können! Bringen Sie vor allem einige Acht-acht-Flak mit!“

Hptm. Hartdegen, der OrdOffz., fuhr sofort los. Es gelang ihm, vier Panther und zwei Acht-acht-Flak aufzutreiben und damit schnellstens zurückzukommen. Die Panzergeräusche wurden durch das schwere Grollen des Schiffsgeschützfeuers übertönt.

Auf ein Zeichen von Fritz Bayerlein eröffneten diese sechs Waffen das Feuer. Binnen einer Minute verwandelte sich der Rastplatz der feindlichen Panzer in eine feuerspeiende Hölle. Bereits die ersten Einschläge waren Volltreffer. Flammen stoben in die Höhe. Tankwagen flammten in grellweißen Benzinexplosionen auf. Drei Panzern gelang es, sich aus dem ineinandergefahrenen Knäuel zu lösen und hügelaufwürts zu rollen. Sie wurden sämtlich abgeschossen.

Der Gegner forderte nunmehr Schiffsgeschützfeuer an. GenLt. Bayerlein befahl den Rückmarsch dieser ad hoc aufgestellten KGr., welche diese Panzerbereitstellung völlig vernichtet hatte. Das zum Angriff auf Tilly bereitgestellte Panzer-Regiment des Gegners konnte nach diesem Aderlaß nicht mehr angreifen.

Ein schottisches Bataillon wurde ebenfalls in seiner Bereitstellung erkannt und durch das Feuer der 9. (sIG, Sfl)/PGR 901 unter Hptm. Hennecke zusammengeschossen.

Am Vormittag des 11. Juni ließ GenLt. Bayerlein die Kommandeure in den DivGefStand nach Sermentot kommen. Die NachrAbt. 130 hatte eine Meldung aufgefangen, die von einer der letzten noch im Rücken des Gegners arbeitenden deutschen Radarstationen kam. Sie lautete:

„Bei Anguerny Versammlung von bisher 200 feindlichen Panzern mit nach Süden aufgestellter Transportstaffel. Anhaltende Bewegung schwerer und mittlerer Panzer südostwärts. Über 80 Kampfwagen in der Stunde gezählt.“

Fast zur selben Zeit, da sich die PLD und die beiden anderen deutschen Panzer-Divisionen bereitstellten, hatte General Dempsey Befehl gegeben, Caen mit allen vorhandenen und einsatzbereiten Luftstreitkräften zu bombardieren.

Dem KommGen. des I. brit. AK, GenLt. Crocker, befahl er, sich anstatt zur geplanten südlichen Umfassung Caens zur Abwehr des deutschen Panzerangriffs bereitzustellen. Crocker sollte seine Panzer auf den Höhen von Douvres und südlich davon aufstellen und versammeln. Der letzte Satz in Dempseys Befehl sagte Crocker, welche Bedeutung die 2. brit. Armee seinem Angriff zumaß:

„Dieses Stück Erde ist das Herz des britischen Empire. Ziehen Sie Ihre Panzer niemals dort ab!"

Auf dem GefStand von Sermentot erteilte GenLt. Bayerlein den Kommandeuren zur gleichen Zeit seine Befehle. Major Uthe lag mit dem I./PGR 901 bei Fontenay, Hptm. Philipps mit Teilen des II./PGR 901 in der vordersten Linie hart nördlich Tilly. Die Panzerreserve wurde südlich davon bereitgestellt einschließlich der Panzerjäger unter Hptm. Oventrop und der schweren IG der 9./PGR 901. Die PzAufklAbt. 130 unter Major von Born-Fallois stand bei La Belle Epine.

Der feindliche Großangriff auf Tilly

Am Morgen des 12. Juni begann der Angriff der 49. und 50. brit. ID mit Teilen der 7. PD gegen Tilly. Den Hauptstoß fingen die Panzergrenadiere unter Hptm. Philipps auf. Die unmittelbar vorher angreifenden Jagdbomber erlitten durch die HeFlakAbt. 311 (der PLD) drei Verluste und eine Reihe Beschädigungen.

Nebelwerfer der Werfer-Brigade 7 kamen den Panzergrenadieren zur Hilfe, die bereits zwei Angriffe abgewehrt hatten.

Britische Panzer tauchten vor der dritten Angriffswelle auf. Hptm. Oventrop ließ sechs seiner Panzerjäger V gegen diesen Gegner anrollen. Lt. Schönrath führte sie. Diese sechs Panzerjäger schossen alle Feindpanzer ab, die sich nicht rechtzeitig zur Flucht wandten.

Als der Gegner abermals vor den Panzergrenadieren unter Hptm. Philipps auftauchte und seine Panzer bereits im Begriff standen, die Panzergrenadiere in ihren Löchern einzuwalzen, stieß die 8./PR 130 unter Lt. Stöhr mit vier Panzern vor. Stöhr, Zugführer in dieser Kp., führte die Panzer bis zu den Panzer-Grenadieren am Schloßparkrand. Von hier aus eröffneten die Panther-Kanonen das Feuer und schossen die Feindpanzer zusammen. Auch dieser Angriff war abgewiesen.

Westlich Tilly aber gelang es einer Brigade der 50. brit. ID, ebenfalls von Panzern der brit. 7. PD unterstützt, durchzustoßen und Verrières zu erobern. Diese Panzer rollten rasch vor. Wenn sie Lingèvres erreichten, war das gesamte PGR 902 eingeschlossen.

Die als Panzerreserve der Division zurückgehaltenen beiden Kpn. (es handelte sich um die 6. und 7./PR 130) rollten vor, und im Zweikampf mit den vorgeprellten Panzern wurde dieser britische Durchbruch inmitten der von hohen Apfelhecken gesäumten Apfelgärten vereitelt.

Nun eröffnete die Schiffsartillerie das Feuer. Feldartillerie fiel darin ein. Drei Panzer der 6./PR 130 wurden vernichtet. Tilly lag abermals im Zentrum dieses Stahlhagels.

Die deutsche Abwehr zwang den Gegner, an dieser Stelle die größte Schlacht des Zweiten Weltkrieges im Westen zu schlagen. Andererseits ging aber auch das Rezept von General Montgomery auf, der vorgesehen hatte, die deutschen Panzer-Divisionen vor seiner Front zu binden, um der US-Army den Weg zum Sieg zu öffnen.

Als am Nachmittag des 11. Juni vom Flankenstützpunkt der PLD in St. Germain d'Ectot drei Gefangene der 7. brit. PD gefaßt und zum DivGef-Stand gebracht wurden, ergab sich bei ihrer Befragung durch Hptm. Hartdegen, daß diese Feind-Division bereits tief in der offenen Flanke der PLD stand und eben im Begriff zu sein schien, sich in die Lücke zwischen dem britischen und dem US-Landebereich einzuschieben.

Das war eine tödliche Gefahr für die PLD, denn wenn dieses Vorhaben gelang, dann standen die „Wüstenratten" im Rücken der PLD.

Die 1./PGR 901 unter Oblt. Monz hatte an diesem 11. Juni den Abwehrkampf in der Nähe der 5./PGR 901 unter Hptm. Philipps durchgestanden. Sie marschierte am Nachmittag des folgenden Tages bei Lingèvres in den Raum ostwärts dieser Ortschaft vor. Hier stieß sie am Abend auf eine feindliche Panzerbereitstellung. Wieder erkannte Uffz. Brasche die tödliche Situation rechtzeitig und schoß die beiden feindlichen Spitzenpanzer, die in einer Senke getarnt standen, mit seinem Ofenrohr ab.

Aus etwa 40 Panzerkanonen eröffnete der Gegner blindlings das Feuer. Doch die beiden vorn abgeschossenen Feindpanzer verhinderten ihren Durchstoß durch jene Hecke, hinter welcher die Männer nun in Deckung gingen. Ofenrohre und Panzerfäuste, Werfer und Gewehrfeuer ließen diesen Feindverband stoppen. Der Gegner wurde hier durch eine einzige Panzergrenadier-Kp. abgeschmettert.

Während aber die 50. brit. ID immer noch frontal gegen Tilly anrollte und die PLD solcherart band, fuhren die Panzer der 7. brit. PD in weitem Bogen um die PLD herum und drehten auf Villers Bocage ein. Hier verhinderte ein großer Glücksfall den Zusammenbruch der Front.

Michael Wittmann und seine Tiger

Mit der 12. SS-PD „HJ" wurde auch die sSSPzAbt. 101 (später umbenannt in sSSPzAbt. 501) in Richtung Caen in Marsch gesetzt. Sie lag ebenfalls *weit* vom Schuß. Die 2. Kp. unter SS-OStuf. Michael Wittmann mußte von Beauvais über Paris zur Front rollen. Unterwegs wurde sie von mehreren Jabo-Angriffen getroffen und verlor einige Tiger, die abgeschleppt und repariert werden mußten. Es gab die ersten Verwundeten und Toten.

Am späten Abend des 12. Juni erreichten die einsatzbereiten Kampfwagen und jene, die fahrbereit, aber nicht einsatzbereit waren, den Kampfraum. Die Kp. Wittmann stellte sich in einem Wäldchen ostnordostwärts Villers Bocage bereit. Rechts angelehnt stand die 1. Kp. dieser Abteilung unter HStuF. Möbius.

Gefangenenaussagen ergaben am späten Abend des 12. Juni, daß die 7. brit. PD einen Horizontschleicher unternehme, um über die linke Flanke der bei Tilly im Kampf stehenden PLD hinaus um Livry herum einzuschwenken und Villers Bocage zu erreichen.

Im Morgengrauen des 13. Juni befahl Wittmann deshalb der Instandsetzungs-Kp., die defekten Kampfwagen sofort einsatzbereit zu machen, er fuhr mit seinem Tiger Aufklärung in die Richtung, aus der der Gegner auftauchen würde, wenn er diesen Horizontschleicher unternahm.

Als sie einen Hügel hart nördlich Villers Bocage erreichten, sah Wittmann durch sein Fernglas auf der Straße nach Villers Bocage und gleichzeitig auch auf dem Weg zur Höhe 213 einen feindlichen Panzerverband. Er ließ einen FT-Spruch an seine Kp. absetzen: „Mit allen einsatzbereiten Panzern Richtung Höhe 213 fahren! Dort über Panzerfunk melden!"

Wittmann ließ seinen Tiger drehen und rollte zu einer schmalen Waldbürste hinüber, von deren Nordwestecke er den anrollenden Feind bekämpfen konnte, ohne selbst vorzeitig gesichtet zu werden.

Hier hatte die 22. PzBrig. der 7. brit. PD ihren Horizontschleicher bereits zu Dreivierteln geschafft. Ihr stand nun an dieser Stelle ein (!) Tiger gegenüber.

Als das Spitzenfahrzeug auf 100 m herangekommen war, befahl Wittmann die Feuereröffnung. Mit dem ersten Abschuß rollte der Tiger aus seiner Deckung heraus. Der anvisierte Panzer brannte bereits, und Wittmanns Richtschütze Woll, einer von seiner alten Panzerbesatzung in der UdSSR, hatte schon den zweiten Gegner im Visier und schoß.

Neben der 22. PzBrig. wurden hier die 1. Schützen-Brigade und zwei Kpn. der berühmten 8. Hussars sowie Teile des PR 1 der 7. PD. angegriffen.

Jeder Schuß aus der langen Kampfwagenkanone des Tigers wurde zu einem Treffer. Panzer, Spähwagen, Selbstfahr-Lafetten, Kommandowagen und Tanklastzüge wurden zusammengeschossen. Halbkettenfahrzeuge platzten wie reife Früchte auseinander, wenn eine dieser durchschlagskräftigen Granaten sie traf. Schützenpanzer wurden einfach auseinandergefetzt.

Der Fahrer des Tigers umkurvte die Flammenhölle, und Woll schoß weiter. Der erste Treffer prallte von der Stirnpanzerung des Tigers ab. Dann noch einer.

Nach zehn Minuten war die gesamte Panzerkolonne ein einziger Trümmerhaufen. Die Überlebenden flohen nach allen Seiten auseinander. Ein Tiger hatte hier Schicksal gespielt.

Als sich endlich die übrigen Panzer meldeten und die Höhe 213 erreicht hatten, befahl ihnen Wittmann den sofortigen Angriff.

Nun ging es Schlag auf Schlag weiter. Die Panzer und Spähwagen, welche die Höhe 213 berannten, wurden abgeschossen. Die Reste der 7. PD rollten nach Villers Bocage hinein, wohin auch jene Teile fuhren, die nicht mit den deutschen Panzerkanonen Bekanntschaft gemacht hatten.

Als das Gefecht bei Villers Bocage am 13. Juni zu Ende war, standen 25 Panzer und gepanzerte Fahrzeuge, 70 Lastwagen, Kräder und Spezialfahrzeuge vernichtet auf dem Gefechtsfeld.

Wenig später traf auch die 1./sSSPzAbt. 101 unter HStuF. Möbius ein. Alle einsatzbereiten Panzer rollten nach Villers Bocage. Dreizehn Kampfwagen drangen in die Stadt ein. Der Tiger von OSchaFühr. Krieg wurde von zwei Bazookaschützen getroffen und stand in Flammen. Wenig später wurde auch Wittmanns Tiger getroffen. Die Besatzung mußte ausbooten. Die übrigen Tiger mußten – von Infanterie gesichert – zurückrollen.

Der Durchstoß des Gegners war vereitelt worden, doch noch saß dieser in Villers Bocage und mußte geworfen werden.

Major i.G. Kauffmann, Ia der PLD, raffte alles an Soldaten zusammen, was er in den rückwärtigen Einheiten aufbieten konnte. Dazu zwei Acht-acht-Flak und drei Haubitzen. Mit ihnen stieß er von Norden nach Villers Bocage hinein, doch auch sie schafften es nicht, den Gegner zu werfen.

In letzter Sekunde tauchte hier die Vorausabteilung der 2. PD des GenLt. Frhr. Heinrich von Lüttwitz auf. Sie rollte von Süden nach Villers Bocage hinein. Die Panzer stießen tief in die Stadt vor, gefolgt von aufgesessenen Panzergrenadieren in SPW. Der Gegner wurde am späten Abend endgültig aus Villers Bocage hinausgedrückt.

Der gesamte Stab der 7. brit. PD war ausgeschaltet worden. Die Zahl der vernichteten Panzer und Fahrzeuge hatte sich noch erhöht. Der Kdr. der 22. PzBrig., Brigadier Hinde, hatte 15 Offiziere und 176 Mann verloren, die 1. Schützen-Brigade vier Offiziere und 60 Mann.

GenLt. Bucknall befahl Hinde, die Höhe 174 bei Livry so lange zu halten, bis ihm die frontal angreifende 50. ID Entlastung bringen konnte, die nach Süden vorstoßen würde.

Dies war ebenfalls zu optimistisch geplant, denn die PLD wehrte auch am 13. Juni alle Angriffen dreier britischer Divisionen ab, sie hielt ihre Linie zwischen Tilly und La Belle Epine.

Durch das Mißlingen dieser Operation, die „Perch“ genannt wurde, war sowohl Montgomery als auch Dempsey klargeworden, daß Caen nur frontal zu erstürmen war. Die Möglichkeiten zu einer großen Umfassungsaktion waren vorüber. Aber zu einem Frontalangriff hatte General Dempsey nach seinen eigenen Worten „zur Zeit weder die Männer noch die Munition“.

Daß Dempseys 2. Armee vier deutsche Panzer-Divisionen band, war jedoch für die Alliierten ein nicht hoch genug zu bewertender Erfolg. Damit war diesen deutschen Elitedivisionen das Gesetz des Handelns entrissen worden.

In seiner Meldung an das OKW umriß GFM Rommel in klarer Sprache die Lage, die inzwischen entstanden war und *keinen* gemeinsamen Panzerangriff mehr zuließ:

„Die Heeresgruppe muß sich zunächst damit begnügen, mit den nur allmählich herankommenden Kräften eine zusammenhängende Front zwischen Orne und Vire zu bilden und den Gegner anlaufen zu lassen. Dabei können die restlichen Panzerverbände nachrücken. Die Heeresgruppe strebt an, die eingesetzten Panzerverbände baldigst durch Infanterie-Divisionen ablösen zu lassen und mit ihnen wieder bewegliche Reserven zu bilden.

Den Schwerpunkt der eigenen Operationen beabsichtigt die Heeresgruppe in den kommenden Tagen in den Raum Carentan–Montebourg zu verlegen, um den dort befindlichen Feind zu vernichten und die Gefahr von Cherbourg abzuwenden. Erst wenn dies gelungen ist, kann der zwischen Orne und Vire liegende Gegner angegriffen werden.“

General Montgomery wiederum meldete seinem Kriegsministerium: „Meine allgemeine Taktik ist es, den Feind an die 2. (brit.)Armee zu fesseln, um es so der 1. (US)-Armee leichter zu machen, sich auszubreiten.“

In einer Besprechung zwischen Großadmiral Dönitz und GFM Keitel am 12. Juni um 17.30 Uhr im FHQ Berghof beurteilten sowohl Keitel als auch der ebenfalls anwesende GenOberst Jodl die Lage in der Normandie als sehr ernst. Allerdings sahen sie immer noch Möglichkeiten, den alliierten Landekopf zu isolieren.

Noch immer aber geisterte die Möglichkeit einer zweiten Landung an der Küste zwischen Dieppe und Boulogne oder zwischen Calais und der Schelde durch alle Besprechungen, und demzufolge hielt man immer noch die Gewehr bei Fuß stehenden Divisionen der 15. Armee zurück.

Für Großadmiral Dönitz lautete die vordringliche Aufgabe, so rasch wie möglich geeignete Kräfte der Kriegsmarine im Kampfraum Kanal zum Einsatz zu bringen. Bereits am Mittag dieses Tages hatte Dönitz bei seinem Lagevortrag vor dem Führer über Bestand und Einsatzmöglichkeiten der neuen DM-1-Minen referiert und dafür plädiert, daß möglichst viele dieser Minen im Raum der Seinebucht und insbesondere vor der Vire- und Ornemündung sowie vor Le Havre durch Luftwaffe und Kriegsmarine eingesetzt werden müßten. Mit der nächsten Dringlichkeitsstufe müsse dann auch das Seegebiet vor Cherbourg, Dieppe, Boulogne und Ostende vermint werden.

Da der Gesamtbestand an DM-Minen, der sich im Transport zum Westraum befand, nur 600 Stück umfaßte, schien auch hier Sparsamkeit geboten. Bis zum 25. Juni wurden weitere 600 Minen avisiert. Danach sollte die Herstellung auf 1200 pro Monat gesteigert werden.

Was aber war mit der deutschen U-Boot-Waffe? Welche Erfolge hatte sie in dieser ersten Invasionswoche erzielt?

Deutsche U-Boote im Untergangswirbel

Die insgesamt 36 deutschen U-Boote, die im Verlauf des 6. Juni aus den Stützpunkten Brest, St. Nazaire, La Pallice und Lorient ausliefen, erlebten ebenso wie jene, die bereits in See standen, ein dramatisches Ringen.

Die beiden von ihren Einsätzen zurückkehrenden Boote U 955 und U 970 fielen der Übermacht der feindlichen Luftwaffe zum Opfer. So wurde U 970 ebenso wie U 955 von der alliierten Luftüberwachung entdeckt und vernichtet.

Einen Tag darauf erlitt U 373 das gleiche Schicksal. Vor Brest sank das Boot im Hagel feindlicher Fliegerbomben.

Im westlichen Englischen Kanal wurde U 629 am 8. Juni versenkt. Am 9. Juni erwischte es U 740 südwestlich der Scilly-Inseln, und am 10. Juni war vor Brest U 821 durch Fliegerbomben versenkt worden.

Es sanken auch die Boote U 767, U 441, U 971, U 1191, U 269 und U 988. Schwer beschädigt umkehren mußten U 256, U 413, U 415, U 671, U 963 und U 989. Über ihr Schicksal später mehr.

Bereits am 12. Juni hatte GA Dönitz die in der Biskaya eingesetzten und dort am meisten gefährdeten Boote zurückziehen müssen, „da diese ohne Nutzeffekt starken Verlusten ausgesetzt sind, weil mit einer Landung in der Biskaya nach jetziger Lagebeurteilung nicht zu rechnen ist.“ (Siehe Karl Dönitz: a.a.O.)

Den beiden mit Schnorchelmast versehenen Minenbooten U 214 und U 218 gelang es, bis nach Plymouth vorzudringen und dort Minen zu werfen, auf denen eine Reihe Feindfahrzeuge aufliefen und solcherart ausgeschaltet wurden.

Die vor der Normandieküste und vor Südengland eingesetzten U-Boote konnten nur fünf Sicherungsfahrzeuge und zwölf Schiffe mit 56845 BRT versenken; sechs weitere Schiffe, darunter ein Sicherungsfahrzeug, wurde beschädigt. Dies war, gemessen an den Verlusten, ein viel zu geringer Erfolg. Die lückenlose Luftsicherung der Alliierten gab den deutschen U-Booten keine Chance.

Hitler selbst forderte in einer Führerbesprechung am 29. Juni den Einsatz von Kleinkampfmitteln und von Minen. „Wir müssen wie die Bulldoggen Minen und immer wieder Minen in die Seinebucht werfen und auch fast alle Mittel vornehmlich gegen den feindlichen Nachschub einsetzen, denn es ist unvergleichlich viel wirkungsvoller, eine ganze Schiffsladung zu versenken als hinterher an Land das ausgeladene Personal und seine Waffen einzeln bekämpfen zu müssen. Auch die feindlichen Kriegsschiffe müssen bekämpft werden. Insbesondere die Schlachtschiffe. Wenn der Gegner in der Seinebucht sechs bis acht Schlachtschiffe verlöre, dann hätte dies die größten strategischen Auswirkungen." (Siehe Gerhard Wagner: Lagevorträge des Oberbefehlshabers der Kriegsmarine vor Hitler 1939 – 1945.)

Wer aber sollte diese Versenkungen erzielen? Die U-Boote kamen nicht an die zwanzigfach gesicherten Schlachtschiffe heran. Waren etwa die deutschen Torpedoboote und Zerstörer gemeint?

Die 5. Torpedoboot-Flottille in der Seinebucht

Am Nachmittag des 6. Juni um 17.30 Uhr ging bei der 5. T.-Flot. ein Fernschreiben ein, das den Einsatz für die folgende Nacht befahl. Da T 28 ins Dock mußte, stieg KKpt. Hoffmann auf „Jaguar" über. Mit „Jaguar" und „Möwe" sowie vier RA-Booten als Grundminengeleit liefen diese beiden T.-Boote in der Nacht aus. KKpt. Hoffmann hatte den Befehl gegeben: „Rücksichtsloser Torpedoeinsatz!"

Um 2.38 Uhr wurde der kleine Verband von achtern durch Flugzeuge angegriffen. Er wehrte den Angriff ab.

Als das Funkmeßgerät auf „Jaguar" „Feindziele" meldete, hielt der Verband darauf zu; um 3.35 Uhr sichtete er an Backbord vier Zerstörer. Aus einer Distanz von 4.500 m wurden um 3.36 und 3.38 Uhr jeweils sechs Torpedos geschossen.

Nach Ablauf der Laufzeit sichteten die Ausgucks auf den Brücken der beiden T-Boote zweimal nacheinander kurz aufzuckende grelle Blitze.

Dann stoben Flammen aus einem der beiden getroffenen Zerstörer in die Höhe. Ein zweiter lag gestoppt daneben; auf ihm war ebenfalls starke Rauchentwicklung zu erkennen.

Plötzlich war die Hölle los, denn der feindliche Zerstörerverband schoß nach allen Seiten Sperrfeuer und Leuchtgranaten. Offenbar nahm man einen deutschen Fliegerangriff an.

Auf Ostkurs drehend, trat der deutsche Kleinverband den Rückmarsch an und wurde zehn Minuten nach Abgabe der Fächerschüsse von Jabos angegriffen. Dicht bei „Jaguar“ fielen ebenso Bomben wie genau vor der „Möwe“. Doch kamen die Schiffe durch und machten um 4.45 Uhr in Le Havre fest.

Am 8. Juni konnte auch T 28 wieder mit „Jaguar“ und „Möwe“ gemeinsam auslaufen. Unmittelbar nach Passieren der Außenmolen wurden die Boote um 2.10 Uhr von Jabos angegriffen, die abgewehrt werden konnten.

Als um 2.58 Uhr in Richtung Feind Leuchtgranaten gesehen und um 3.00 Uhr Torpedogeräusche gehorcht wurden, gingen die Boote auf Höchstfahrt. Es waren feindliche S-Boote, die Torpedos geschossen hatten.

KKpt. Hoffmann ließ auf diesen Feind zuhalten und das Feuer eröffnen. Die feindlichen S-Boote liefen mit Höchstfahrt ab. Wenig später wurden zuerst Schraubengeräusche gehorcht, dann durch Leuchtgranatenaufklärung feindliche Schnellboote gesichtet. Die drei T-Boote eröffneten das Feuer und liefen mit 21 kn/h Fahrt auf diesen zweiten Gegner zu. Kurz nach Feuereröffnung wurden auch achtern Leuchtgranaten gesichtet, wenig später Schraubengeräusche gehorcht. Hoffmann ließ auf diese Südgruppe zuhalten. Es war eine Zerstörergruppe mit sechs Booten, die – auf Gegenkurs – in Sicht kam.

Dieser Feindverband wurde mit neun Torpedos angegriffen. Als der deutsche Verband auf Ostkurs drehte, sah er ein MGB und eine S-Boot-Gruppe und nahm sie unter Feuer.

Während der Zerstörerverband mit Leuchtgranaten schoß, wurden von dort, wo dieser Verband stand, nach Ablauf der geschätzten Laufzeit Torpedodetonationen gehört. Der Flo-Chef meldete „Treffer auf Zerstörer.“

Neun Minuten später wurde ein gestoppt bei Cap de la Heve liegendes Schnellboot geortet und unter Feuer genommen. Die S-Boote des Gegners griffen nunmehr mit Torpedos an. Damit standen die deutschen Torpedoboote zwischen drei Feindverbänden. Die vom Gegner geschossenen Torpedos konnten ausmanövriert werden. Als die drei deutschen T-Boote um 5.00 Uhr in Le Havre einliefen, hatten sie alle Torpedos und fast die gesamte Munition verschossen.

Auf dem Marsch zum Minenlegen in der kommenden Nacht trugen die drei Torpedoboote jeweils 20 Minen. Sechs Räumboote bildeten das Grundminengeleit. Um 2.40 Uhr wurde der Absprungspunkt erreicht. Wenig später hatten alle Boote Gefechtsberührung mit feindlichen Schnellbooten. Im Gefecht wurden diese Gegner abgedrängt. Kurz darauf kam es zu einem zweiten Gefecht, bei dem alle Boote Verluste erlitten. Der Einsatz mußte abgebrochen werden. KKpt. Hoffmann erbat die Gestellung von Sankas auf der Pier von Le Havre. Diese Sankas nahmen zwei Tote, vier Schwer- und zehn Leichtverwundete auf.

Am 10. Juni um 0.30 Uhr legten die drei einsatzbereiten T-Boote in Le Havre zu einer neuen Unternehmung ab. Cap de la Heve hatte mehrere Feindziele geortet, auf die zuoperiert werden sollte. Es waren vier große Zerstörer, die um 2.20 Uhr im Nordwesten als Schatten in Sicht kamen und – auf Gegenkurs mit geringer Geschwindigkeit laufend – in einer Entfernung von rund 50 hm (5000 m) standen.

„Torpedoangriff!“ befahl KKpt. Hoffmann. 15 Torpedos liefen (auf T 28 konnte nur ein Dreierfächer geschossen werden). Die Zerstörer entdeckten die gefährlichen Aale rechtzeitig. Sie drehten, zeigten nun nur noch die Schmalseite und eröffneten unmittelbar, nachdem die Torpedos vorbeigelaufen waren, das Feuer.

Sich einnebelnd, liefen die drei deutschen T-Boote ab. Sie stießen nach Südosten vor, wo nach Ortung der eigenen FuMG ein weiterer Feindverband stand. Es waren MGB, die versuchten, die deutschen Torpedoboote durch Artilleriefeuer zu vernichten. Nach kurzem Feuergefecht liefen die deutschen Boote ab und erreichten um 4.30 Uhr Le Havre.

Am frühen Morgen des 13. Juni war auch „Falke“ als viertes Boot wieder dabei. Eine Stunde nach dem Auslaufen standen Leuchtgranaten über dem Verband. Zwei Jaboangriffe wurden durch Sperrfeuerschießen abgewehrt. Um 2.37 Uhr erfolgte ein Zerstörerangriff von zwei Seiten. T 28 schoß einen Dreierfächer, später „Möwe“ einen Sechserfächer, die sämtlich nichts einbrachten.

Von den vielen LG war die See taghell erleuchtet, und in dieser Festbeleuchtung stürzten sich Jabos auf die Boote. Die Bomben fielen dicht daneben. Das Achterschiff von T 28 wurde von Splittern getroffen. Alle Boote liefen mit geringen Schäden in Le Havre ein.

Um dieser aus Le Havre drohenden Gefahr für immer Herr zu werden und dem Alptraum ein Ende zu bereiten, griffen in der Nacht zum 15. Juni 325 viermotorige Lancaster-Bomber der RAF den Hafen an. T 28 eröffnete das Abwehrfeuer, in das alle anderen Boote einfielen. Sieben Flugzeuge wurden abgeschossen. Die übrigen warfen ihre Bomben, die 75 Minuten lang auf den Hafen und die dort liegenden Schiffe herunterorgelten.

Nach fünf Minuten pausenlosen Bombardements hatte „Falke“ fünf, „Jaguar“ vier schwere Bombentreffer erhalten. Beide Boote kenterten. „Möwe“ erhielt eine Reihe von Spreng- und Brandbombentreffern.

Noch während der Rettungsaktionen flog um 0.45 Uhr die zweite Welle den Liegeplatz der Torpedoboote an. Dieses Bombardement dauerte 15 Minuten; danach war auch „Möwe“, nach Steuerbord kenternd, von der Wasseroberfläche verschwunden.

Der ungeheuren Übermacht der feindlichen Schiffsverbände war es nicht gelungen, diese Boote zu vernichten. Aus der Luft aber – ohne jede Gegenwehr durch eigene Nachtjäger – schaffte es der Gegner. Allein T 28 entging diesem Untergangswirbel. Das Boot brach – dies sei vorausgeschickt – Ende Juli 1944 unter Kptlt. Temming über Boulogne und Hoek van Holland in die Nordsee durch. Es sollte in der Endphase des Krieges noch in der Ostsee von sich reden machen.

Doch zurück nach Le Havre, wo neben den Torpedobooten noch eine große Zahl anderer Boote getroffen und teils versenkt, teils schwer beschädigt wurde.

Ihren Untergang erlitten die Geleitboote Pa 1 und PA 2, die S-Boote S 66, S 84, S 100, S 138, S 142, S 43, S 169, S 170, S 171, S 172 und das Räumboot RA 9.

Von den in Le Havre liegenden Minensuchbooten sanken nach Volltreffern M 3801, M 3802, M 3822, M 3855, M 3873 und M 4627. Hinzu kamen die Vorpostenboote V 207, V 1505, V 1506, V 1511, V 1537, V 1540, V 1541 und V 1805. Außerdem ging eine Vielzahl kleinerer und kleinster Boote, Hilfs- und Hafenfahrzeuge verloren.

Nach diesem grandiosen Auftakt flogen weitere 300 Lancaster-Bomber in der Nacht zum 16. Juni auch Boulogne an, dessen Hafenbelegung ebenfalls sehr hoch war. Hier sanken die folgenden Einheiten: das Räumboot-Geleitschiff „Brommy“, das Geleitschiff „Von der Gröben“ und die „Von der Lippe“. Hinzu kamen die Räumboote R 81, R 92, R 93, R 125, R 129, R 130, R 232, die M-Boote M 402, M 3815, die Vorpostenboote V 1814 und V 1815, drei Schlepper und fünf Hafenschutzboote. Eine Reihe Räumboote und Hilfsfahrzeuge wurden beschädigt.

Dies war ein schwerer Schlag für die Kriegsmarine der Deutschen, denn damit war ein Großteil der „kleinen Fische“ ausgeschaltet. Wenden wir uns jetzt den Zerstörern zu!

Die 8. Zerstörer-Flottille im Einsatz

Die wenigen Boote der im Westraum stationierten 8. Z.-Flot. unter KptzS. Frhr. von Bechtolsheim liefen am späten Abend des 8. Juni zu ihrem ersten Angriff gegen die Invasionsflotte aus. Es waren dies:

Z 32, KKpt. Ritter von Berger,

ZH 1 unter KKpt. Barckow,

Z 24 unter KKpt. Birnbacher und

T 24 unter Kptlt. Meentzen, das als einziges T-Boot außer T 28 von der 5. T.-Flot. noch vorhanden war.

Ziel dieser Boote war die feindliche Invasionsflotte. Falls sie durchkamen, sollte ein Torpedoeinsatz mit allen Torpedos geführt werden.

Um 1.23 Uhr stieß der von Westen kommende Verband auf einen aus acht Zerstörern bestehenden Gegner. Es war die 10. Zerstörer-Flottille unter Captain Jones mit den Booten „Tartar", „Ashanti", „Eskimo", „Javelin", „Haida" (kan.), „Huron" (kan.), „Blyskawica" (poln.) und „Piroun" (poln.).

Nordostwärts der Insel Ouessant kam es im Westausgang des Kanals zu einem mit aller Erbitterung geführten Gefecht, bei dem die vier deutschen Boote nur eine Außenseiterchance hatten. Ein Torpedo der „Ashanti" traf ZH 1. Das Boot wurde so schwer beschädigt, daß es von der eigenen Besatzung gesprengt werden mußte. KKpt. Barckow ging mit seinem Boot unter. Nur ein Kutter mit 27 Besatzungangehörigen von ZH 1 erreichte am nächsten Tag die bretonische Küste.

Z 32 wurde von „Haida" und „Huron" in die Zange genommen. Es wurde schwer getroffen und blieb nach weiteren Volltreffern bewegunslos auf See liegen. Ritter von Berger mußte sein Boot bei der Isle de Bas auf den Strand setzen, um die Besatzung zu retten. Danach wurde das Boot gesprengt.

T 24 und Z 24 kehrten beschädigt und mit vielen Opfern an Toten und Verwundeten nach Brest zurück.

Vom Gegner hatten einige Zerstörer Beschädigungen erhalten. „Tartar" war schwer getroffen worden, konnte aber eingeschleppt werden.

Damit war der große Versuch, einen entscheidenden Schlag gegen die Invasionsflotte zu führen, bereits im Vorfeld abgewiesen. Der Kampf der Torpedoboote und Zerstörer im Westraum hörte nach dem Bombardement von Le Havre ganz auf. Die bleibenden zwei Boote erlitten in Südfrankreich ihr Schicksal. T 24 sank am 24. August auf der Reede von Le Verdon durch Bombentreffer. Wenige Stunden darauf erlitt auch Z 24 auf Le Verdon-Reede das gleiche Schicksal.

Der Endkampf der Schnellboote im Invasionsraum

Neben den dargestellten Einsätzen der Torpedoboote und Zerstörer an der Invasionsküste waren auch die deutschen Schnellboote vom ersten Tage an am Feind und versuchten, diese überwältigende, gigantische Seemacht zu bekämpfen.

Am Abend des 6. Juni griff zuerst die 5. S-Flot. unter KKpt. Klug von Cherbourg aus die Invasionsflotte an. Dabei ging durch Minentreffer S 139 verloren. Von Zerstörern des Gegners aufgefaßt und unter Feuer genommen, mußte die Flottille den Kampf abbrechen und den Rückmarsch antreten.

Am Abend des 7. Juni lief dann die 4. S-Flot. unter KKpt. Fimmen zum Einsatz in die Seinebucht aus. Die Boote wurden von einer starken Abwehr empfangen, blieben jedoch zäh am Feind und konnten die US-Landungsschiffe LST 376 und LST 314 versenken.

Die von KKpt. Mirbach geführte 9. S-Flot. lief in dieser Nacht in den Raum westlich Fécamp, wo sie auf einen Konvoi britischer Landungsboote stieß, von denen LCI 105 und LCT 875 versenkt wurden.

Zerstörerrudel in mehrstelligen Zahlen suchten den deutschen Schnellbooten den Weg zu verlegen und sie zu vernichten. So auch in den späten Abendstunden des 9. Juni, als sie sich einem von Cherbourg gestarteten Angriff der 5. und 9. S-Flot. bei Cap Barfleur entgegenstellten und ein so dichtes Sperrfeuer schossen, daß es kein Durchkommen mehr gab.

In dieser Nacht kamen aber die 2. und 4. S-Flot., die in der nördlichen und mittleren Seinebucht feindliche Schiffsansammlungen angriffen, zu Erfolgen. Die 2. S-Flot. meldete die Versenkung von zwei Schiffen, und die Boote S 188, S 172 und S 187 der 4. S-Flot. konnten jeweils einen Versenkungserfolg erzielen. Dieser Angriff war einer der erfolgreichsten der kleinen Boote vor der Invasionsküste unter den Augen des Gegners.

Der Mineneinsatz der 8. S-Flot. in der Nacht zum 10. Juni mußte abgebrochen werden, weil S 180 und S 190 auf Minen liefen und schwer beschädigt wurden. Die Flottille kehrte in den Stützpunkt zurück.

Am Abend des 10. Juni gelang es den Booten der 5. und 9. S-Flot., den Sicherheitsriegel der Zerstörer bei Barfleur zu durchbrechen. Sie kamen zum Schuß und versenkten den Schlepper „Rartridge“ der US-Navy. Dem englischen Zerstörer „Halsted“ schossen sie den Bug weg, das britische Landungsboot LST 538 wurde versenkt.

Das sich an diesen Angriff anschließende Gefecht mit den hinzueilenden Zerstörern „Sioux“, „Gatineau“ (franz.) und „Krakowiak“ (poln.), sowie mit der Korvette „Duft“ forderte den letzten Einsatz der Schnellboote. Dennoch konnte es nicht ausbleiben, daß S 136 und S 137 schwer getroffen wurden und sanken.

In dieser Nacht legte die 4. S-Flot. westlich Le Havre Minen, und die 2. S-Flot. versenkte aus einem Konvoi südlich der Isle of Wight die Frachter „Brackenfield“, „Ashanti“ und „Dungrange“. Dies war ein weiterer großer Erfolg, zumal dieser Konvoi von einer größeren Anzahl leichter Sicherungsschiffe umgeben war.

Am späten Abend des 11. Juni liefen die Boote der 5. und 9. S-Flot. zu einem besonderen Unternehmen aus, das von jedem einzelnen Boot den härtesten Einsatz verlangte. Und zwar sollten sie mit Unterstützung einiger Küsten-Batterien die vor Cap Barfleur liegende, tiefgestaffelte feindliche Zerstörersicherung angreifen und zerstreuen.

Mit schneller Fahrt liefen die Boote an und schossen in das aufflammende massierte Artilleriefeuer ihre Torpedos.

Der britische Zerstörer „Nelson“ wurde torpediert und sank nach zwei Minuten. Der Schlepper „Sesame“ ging ebenfalls nach Torpedotreffer auf Tiefe.

Während die S-Boote abliefen, stießen von Osten her die Boote der 4. S-Flot. auf leichte britische Seestreitkräfte. Auch hier kam es zu einem Gefecht. S 171 wurde dabei durch das britische MGB 17 versenkt.

Die 2. S-Flot. legte in dieser Nacht, die fast alle Flottillen im Einsatz sah, Minen.

Am Abend des 12. Juni stieß die 9. S-Flot. in Richtung Feindflotte vor. Bei Cap Barfleur wurden die Boote von starken Zerstörerverbänden abgedrängt. Die dort postierten US-Zerstörer schossen aus allen Rohren und verhinderten so den Durchbruch der deutschen Schnellboote.

Ein in dieser Nacht durchgeführter Minenvorstoß der 4. S-Flot. endete mit der Ausschaltung von S 149. Das Boot lief auf auf eine Mine und mußte von den übrigen Booten auf den Haken genommen und zurückgeleitet werden.

Den britischen Beaufighters der Staffeln 143 und 236, die in dieser Nacht über See patrouillierten, gelang ein großer Erfolg. Sie stellten die Boote der 2. S-Flot. und versenkten in mehreren Angriffen die Boote S 178, S 179 und S 189. Dies war einer der größten Verluste, den die deutsche Schnellbootwaffe in See stehend binnen einer Nacht erlitt. Die zur Hilfeleistung und zur Rettung der Schiffbrüchigen eingesetzten M- und Räumboote verloren am frühen Morgen des 13. Juni noch R 97. M 402 wurde schwer beschädigt, konnte aber den rettenden Hafen erreichen.

Inzwischen waren die deutschen Schnellboote zum Angstgegner der alliierten Führung geworden. Was ihnen mit dem Einsatz Hunderter schneller Boote und Schiffe nicht gelang, nämlich die deutsche Schnellbootgefahr auszuschalten, das schafften sie nunmehr durch die bereits geschilderten Luftangriffe auf Le Havre und Boulogne, die Haupteinsatzhäfen der Schnellboote. Die Schnellbootwaffe verlor bei diesen Einsätzen die Boote S 66, S 84, S 100, S 138, S 142, S 143, S 169, S 170, S 171 und S 172. Nicht einmal die Verluste an Schnellbooten im Schwarzen Meer und bei der Aufgabe der Halbinsel Krim forderten so hohe Opfer wie diese Bombardierungen.

Die letzten drei Boote der bei diesem Angriff schwer getroffenen 9. S-Flot. liefen am Abend des 16. Juni von Cherbourg aus und stießen in die Seinebucht vor. Auch diesmal wurden die Boote durch das lückenlose Abwehrnetz des Gegners gestoppt und konnten sich nur dank ihrer größeren Geschwindigkeit vor der Vernichtung retten.

Zur gleichen Zeit marschierte die 8. S-Flot. von Ostende aus zu einer Minenunternehmung vor die englische Südküste. Die 2. S-Flot. griff in der Seinebucht feindliche Schiffsansammlungen an, doch ohne zählenden Erfolg.

In den Nächten zwischen dem 18. und 22. Juni herrschte in der Seinebucht und im Kanal schwerer Sturm, der jeden Einsatz verhinderte. Aber die Nächte zum 23. und 24. Juni sahen weitere Einsätze der Schnellboote. S 190 ging im Gefecht mit MGB verloren. S 175 wurde nach Torpedoschuß von mehreren Feindzerstörern beschossen, erhielt schwere Treffer, konnte aber doch den Stützpunkt erreichen.

Am Abend des 26. Juni verlegten die drei letzten Boote der 9. S-Flot. – es waren S 130, S 145 und S 140 – von St. Malo nach Dieppe. S 145 erlitt unterwegs eine Motorpanne und mußte nach St. Malo zurückkehren.

Der Einsatz der Schnellboote fordert dauernd weitere Opfer durch feindliche See- und Luftstreitkräfte. Als Ende Juni Kptlt. Matzen mit der 6. S-Flot. von Boulogne nach Le Havre lief, erhielt er über Funk Nachricht von einem starken, unter der englischen Südküste laufenden Konvoi. Der Flottillenchef entschloß sich zum Angriff. Er ließ auf diesen Konvoi eindrehen.

Im dichten Abwehrfeuer der begleitenden Zerstörer und anderer Sicherungsfahrzeuge griffen alle S-Boote an und schossen ihre Torpedos. Treffer flammten durch die Nacht. Sieben feindliche Handelsschiffe und Boote wurden getroffen.

Mit Höchstfahrt und durch das Steuern von Zickzackkursen entgingen die Schnellboote dem Granatenhagel der Sicherungsschiffe. Sie erreichten wohlbehalten Le Havre und machten im notdürftig reparierten Hafen fest.

Anfang Juli wurde die 5. S-Flot., die beinahe sämtliche Boote verloren hatte, neu aufgestellt und verlegte im August nach Helsinki, um im Finnischen Meerbusen zum Einsatz zu gelangen. Unter Führung von Kptlt.

Matzen hatte die 6. S-Flot. in der ersten Juli-Dekade mehrere Einsätze zu bestehen. Mit ihr liefen die Boote der 2. und 4. S-Flot. aus. In der Nacht zum 8. Juli wurden die Boote der 2. und 8. S-Flot. vorzeitig vom Gegner erkannt und im Gefecht abgedrängt.

Immer wieder suchten alle einsatzbereiten Boote der Flottillen 2, 4, 6 und 8 in den Invasionsraum zu gelangen, um Minenaufgaben zu erfüllen. Aber stets war es die große Überzahl der feuerstärkeren Zerstörer und MGB, welche die deutschen Boote abdrängten und nicht zum Schuß auf Großkampfschiffe und zu Erfolgen kommen ließen, die Aufsehen erregt hätten.

In der Nacht zum 15. Juli wurden die Schnellboote durch die MTB der 29. und 64. MTB-Flottille mit Schnellfeuer abgedrängt. Kurz vor Mitternacht des 23. Juli vereitelten die Zerstörer „Forester" und „Stayner" mit den MTB 474 und 480 einen deutschen Schnellboot-Durchbruch.

Ein Torpedofächer, der auf „Forester" gezielt war, ging hart achtern an diesem britischen Zerstörer vorbei.

In der Nacht zum 28. Juli sollte es dann noch einmal zu einem großen Schnellbootsangriff kommen, als zwölf deutsche Boote vor Beachy Head auftauchten und auf einen dort gemeldeten Konvoi operierten. Geleitzerstörer und MTB, die weit nach Süden herausgesetzt waren, empfingen die deutschen Schnellboote mit einem wahren Feuerhagel. Dennoch kamen diese zum Schuß und torpedierten fünf große Schiffe, von denen drei mit insgesamt 14217 BRT sanken.

Dann hatten die Zerstörer „Obedient", „Savage", „Opportune" und der Geleitzerstörer „Retalick" herangeschlossen und eröffneten das Feuer. Gleichzeitig tauchten auch MTB auf. In dem entbrennenden Gefecht gelang es den Schnellbooten immer wieder, den Zerstörersalven zu entkommen. Schließlich aber wurde S 182 schwer getroffen und blieb liegen. Im Wirbel der Granatensalven des Gegners wurde das Boot förmlich zerfetzt.

Während dieser wilden Fahrt mit ständig wechselnden Kursen kollidierten die britischen MTB 430 und 412 miteinander und sanken.

In der Nacht zum 30. Juli griffen deutsche Schnellboote abermals einen georteten Konvoi an. Er war von den Zerstörern „Thornborough" und „Oribi" sowie einigen MTB gesichert. Diese griffen sofort an, um einen deutschen Torpedoangriff zu verhindern. Rottenweise gelang es den Schnellbooten, die dichte Sicherungslinie aufzureißen und zum Schuß zu kommen. Ein erstes Schiff, bis unter die Lukendeckel voll Munition, barst in schaurigen Detonationen auseinander und sank. Es war ein Frachter von 7218 BRT. Vier weitere Frachter mit insgesamt 28699 BRT wurden torpediert und mußten eingeschleppt werden. Auf den Schnellbooten entstanden leichte Schäden durch Nahtreffer.

Dieser verzweifelte Kampf der Schnellboote dauerte auch den August 1944 über an. Der letzte Angriff erfolgte am 26. Aug. 1944. Doch die deutschen Boote wurden abgedrängt und kamen nicht zum Schuß.

Was aber war es mit den Geheimwaffen der deutschen Kriegsmarine? Welche Kleinkampfeinheiten sollten gegen die alliierte Invasion eingesetzt werden? Wurden sie eingesetzt? In wie großer Zahl und mit welchen Erfolgen? Hier gleich angeschlossen diese Einsätze, von denen sich auch Hitler viel erhofft hatte.

Kleinkampfverbände der Kriegsmarine gegen die Invasionsflotte

Anfang Februar 1943 bereits wünschte GA Dönitz die Ablösung von KAdm. Heye. Er sollte mit der Aufstellung von Verbänden der Kriegsmarine betraut werden, die Kriegsmittel des Kleinkampfes zur See einsetzen konnten. Der Personalchef der KM, KAdm. Baltzer, aber überzeugte den OB der Kriegsmarine, daß KAdm. Heye als Chef des Stabes des Flottenkommandos zur Zeit nicht ersetzt werden könne. Er schlug statt dessen KAdm. Weichold vor.

Dieser ging an den Aufbau der Kleinkampfverbände, ohne jedoch dieser Aufgabe den großen Impuls mitzugeben, der notwendig war, wenn sie Erfolg haben sollte.

Daß Kleinkampfverbände Erfolg haben *konnten*, das hatten die Italiener bewiesen, die mit Kampfschwimmern im Hafen von Alexandria im Dezember 1941 die beiden Schlachtschiffe „Queen Elizabeth“ und „Valiant“ und zwei andere Einheiten versenkt hatten. (Auf flachem Wasser liegend, konnten beide Schlachtschiffe später wieder gehoben werden.)

Die Waffen für solche Verbände, die Kleinst-U-Boote, Einmann-Torpedos, Sprengboote und Kampfschwimmer mit lenkbaren Torpedos, standen noch nicht zur Verfügung.

Nach Verlust der „Scharnhorst“ im Dezember 1943 wurde KAdm. Heye mit der Führung der Kleinkampfverbände betraut, denn das Flottenkommando war nun nicht mehr ausgelastet, und Einsätze von Großkampfschiffen, die vom Flottenkommando hätten geführt werden müssen, besaßen Seltenheitswert.

Inzwischen waren die ersten Einmann-Torpedos gebaut, hatten Sprengboote des Typs „Linse“ die ersten Probefahrten unternommen, standen weitere Kleinkampfmittel vor der Fertigstellung. Der Einmann-Torpedo „Neger“ – so getauft nach seinem Konstrukteur Mohr – legte am 20. April 1944 im Raume Anzio-Nettuno seine erste Bewährungsprobe ab, war aber

– wie man bei diesem Einsatz erkannte – noch nicht voll ausgereift. Wegen seiner geringen Geschwindigkeit, seiner Tauchunfähigkeit und der fehlenden Zielvorrichtung war er nur im Nachtangriff zu verwenden, bei dem er ungesehen möglichst nahe an den Gegner herankommen konnte. Sein Einsatz wurde gegen die Invasionsflotte beschlossen. „Die Versuche der Erprobung wurden also praktisch am Feind gemacht." (Siehe H. Heye: Marine-Kleinkampfmittel", in: Wehrkunde 1959.)

Der aus dem Neger weiterentwickelte „Marder" konnte bereits tauchen. Seine Druckfestigkeit war für 40 m Wassertiefe ausgelegt. Damit hatte er eine Chance, sich der Sicht des Gegners zu entziehen.

In der Nacht zum 6. Juli 1944 wurden in der Seinebucht 26 „Neger" gegen die alliierte Invasionsflotte angesetzt. Dazu hatten Pioniere den Strand vorbereitet, Ablaufpritschen gebaut und Spezialfahrzeuge hergestellt, mittels derer die Einmann-Torpedos ins Wasser gerollt werden konnten.

Von Villers sur Mer aus wurde dieser Einsatz gestartet. Den eingesetzten 26 Soldaten gelang es, den Minensucher „Cato" und die „Magic", ebenfalls ein Minensucher, zu vernichten. Von den 26 Fahrzeugen kehrten neun nicht zurück.

Der zweite Einsatz in der Nacht zum 8. Juli mit 20 Negern brachte weitere Erfolge. Oberfähnrich Potthast versenkte den alten polnischen Kreuzer „Dragon". Das Minensuchboot „Pylades" wurde ebenfalls versenkt, ebenso einige Schiffe torpediert, darunter auch ein als Wellenbrecher vor der Küste liegendes Schiff getroffen.

Die genaue Zahl der Verluste bei diesem Angriff ist nicht bekannt. Sie werden mit 16, aber auch mit 18 Negern angegeben.

Der Angriff des 20. Juli brachte einen weiteren Erfolg, als es einem Einmann-Torpedofahrer gelang, den englischen Zerstörer „Isis" zu versenken. Ein letzter Angriff im Juli verlief ohne Erfolg. Schwerste Verluste kennzeichneten die letzten drei Angriffe, nachdem der Gegner wußte, wonach er zu suchen hatte. Großadmiral Dönitz befahl die Einstellung dieses Kommandos.

Für die Einsätze der Kleinst-U-Boote an der Invasionsküste kamen nur noch die „Biber" der Kleinkampf-Flottille 261 in Frage. Sie griffen in der Nacht zum 30. August von Fécamp aus die Invasionsflotte an, erzielten keinen Erfolg und mußten nach ihrer Rückkehr in Fécamp gesprengt werden, weil das Heer Fécamp aufgeben mußte. Erst viel später sollten sie bei ihren Einsätzen auf der Schelde Erfolge erzielen.

U-Boote im letzten Einsatz

Die im Juli 1944 im Kanal operierenden deutschen U-Boote, die mit Schnorchel ausgerüstet waren, konnten einige Erfolge erzielen. Doch der große Schlag, die Versenkung eines Schlachtschiffes oder eines Kreuzers, gelang nicht. Zu sehr waren diese Großkampfschiffe gesichert. Um sie zu versenken, hätte es des Einsatzes der geballten Feuerkraft der V 1 bedurft.

Am 5. Juli griff U 763, Kptlt. Cordes, den Konvoi ETC 26 an und schoß in drei Anläufen alle Torpedos. Der norwegische Dampfer „Ringen" sank. Die beiden anderen Anläufe brachten nichts.

Am Morgen dieses Tages hatte U 953, Oblt.z.S. Marbach, mit einem LUT-Fächerschuß und einem Einzelschuß mit T 5-Torpedo die „Glendinnig" versenkt und Treffer auf einem zweiten Schiff erzielt.

Am 11. Juli kam U 953 abermals zum Schuß auf einen 9000-Tonner, der getroffen wurde. Gegen den daraufhin angreifenden Zerstörer wurde ein T-5-Zaunkönig geschossen und eine Detonation gehorcht.

Am Abend dieses Tages griff U 763 einen Zerstörer an. Auch hier wurde zwar eine Detonation gehorcht, doch der Gegner verlor keinen Zerstörer, so daß es sich auch hier nur um einen Endstreckendetonierer gehandelt haben muß. Eine Beobachtung der Treffer war nicht möglich, weil sofort nach den Schüssen stets eine Wasserbombenverfolgung des schießenden Bootes stattfand.

Um U 390 aber war bereits seit dem 5. Juli ein Todeskordon gezogen, als dieses Boot unter Oblt. Geißler den britischen Trawler „Ganilly" und den US-Dampfer „Porpoise" torpedierte. Das Boot wurde anschließend von der Fregatte „Tavy" und dem Zerstörer „Wanderer" gestellt und mit Wasserbomben versenkt.

Am 6. Juli wurde U 678, Oblt. Hyronimus, vor Beachy Head beim Angriff auf einen Konvoi durch die kan. Zerstörer „Ottawa" und „Kootenay" versenkt.

Zwei Tage darauf fiel das aus Norwegen ausgelaufene U 243 den Bombenwürfen einer britischen Küsten-Luftpatrouille zum Opfer, und am 11. Juli erlitt das aus dem Seeraum Neufundland heimkehrende U 1222 das gleiche Schicksal.

U 415 ging am 14. Juli beim Auslaufen durch Minentreffer verloren. U 672 wurde von dem Geleitzerstörer „Balfour" so schwer beschädigt, daß es versenkt werden mußte. U 212 wurde von den Geleitzerstörern „Curzon" und „Ekins" vernichtet.

Mit U 621 gelang es Oblt.z.S. Struckmann, am 29. Juli das britische Landungsschiff „Prince Leopold" mit 2938 BRT zu versenken. Dieses Landungsschiff war übrigens auch bei der Generalprobe Dieppe dabeigewesen. Ein zweites großes Landungsboot wurde torpediert, und am Morgen des 30. Juli kam das Boot auf den 10048 BRT großen Truppentransporter „Ascanius“ zum Schuß, der torpediert wurde, aber eingeschleppt werden konnte.

Die aus den Bretagnehäfen im Zuge ihrer Räumung von Ende Juli bis Mitte August auslaufenden U-Boote wurden schwer zur Ader gelassen. Nicht weniger als zehn Boote sanken. Es waren: U 214, U 333, U 736, U 608, U 385, U 981, U 270, U 618, U 445 und U 107. Das nach Ostasien in See gehende U 180 wurde ebenfalls durch Bombentreffer vernichtet.

U 667, Oblt.z.S. Lange, erzielte im August gegen die Invasionsflotte und verschiedene Konvois vor der englischen Südküste Erfolge. Dies begann am 8. Aug. mit der Versenkung des US-Frachters „Ezra Weston“ und des kan. Geleitzerstörers „Regina“ aus dem Konvoi EBC 66. Am 14. Aug. griff Lange die Landungsschiffe LST 921 und LCI (L) 99 an und versenkte beide. Durch Minentreffer sank dieses Boot am 25. Aug. vor La Rochelle.

U 741, OblztS. Palmgreen, wurde am 15. Aug. bei einem Angriff auf einen Konvoi von der britischen Korvette „Orchis“ vernichtet. U 984, OblztS. Sieder, fand durch Zerstörer der 11. Support-Group durch Wasserbombenverfolgung den Untergang.

Der britische Dampfer „Saint Enogat“ wurde am Abend des 19. Aug. durch U 413 versenkt. Daraufhin kreisten drei Zerstörer das Boot ein und vernichteten es mit Wasserbomben. U 764 war am 20. und 25. Aug. erfolgreich. U 480, OblztS. Förster, kam bereits am 18. Aug. mit einem Dreierfächer auf ein großes Schiff zum Schuß, horchte einen Treffer und griff am 21. Aug. die kan. Korvette „Alberni“ an, die nach dem Treffer sank.

Am Nachmittag des folgenden Tages kam das Boot auf den Minensucher „Loyalty“ zum Schuß. Mittschiffs getroffen, sank dieser sofort. Am 25. Aug. konnte es den 5712 BRT großen brit. Dampfer „Orminister“ versenken. Das war eine der herausragenden Feindfahrten in diesen Gewässern, denn Förster hatte bereits am 23. August den britischen Dampfer „Fort Yale“ aus dem Konvoi ETC 72 herausgeschossen, der allerdings eingeschleppt werden konnte. (Am 18. Okt. 1944 erhielt OblztS. Förster das Ritterkreuz des Eisernen Kreuzes.)

Auch U 989 versenkte am 20. Aug. ein Schiff und torpedierte ein zweites. U 218 hatte am selben Tage bei Start Point eine Minensperre gelegt.

Diese Einsätze konnten nur unter Anspannung aller Kräfte gefahren werden. Die Erfolge in den von Gegnern wimmelnden Gewässern waren allesamt teuer erkauft.

Die 6. MS-Flottille, die Ende Mai 1944 von Brest nach Cherbourg laufen wollte, um von dort aus Minenaufgaben gegen die unmittelbar bevorstehende Invasion zu erfüllen, kam nicht durch. Starke feindliche Seestreitkräfte hatten ihr den Weg verlegt.

Daß es nicht bereits vorher gelang, die Minenlegeaufgaben zu erfüllen, lag in der Tatsache begründet, daß die Marinegruppe West den Küstenweg durch die Seinebucht unter allen Umständen offenhalten wollte. Dazu der seinerzeitige Befehlshaber der Sicherung West, VAdm. Ruge:

„Zwischen den alten Flankensperren und der Küste war Raum genug, um Sperren zu werfen und dennoch einen Weg für die Küstenschiffahrt freizuhalten. In diesem engeren Bereich konnte man Räumschutz auslegen, der die passierenden eigenen Schiffe nicht gefährdete, aber die Räumgeräte abschlug und dadurch den Gegner viel Zeitverlust kosten würde.

Schließlich rechnete die Marinegruppe West nicht mit einer Landung im Mai oder Juni. So kam es, daß zu Beginn der Invasion in der Nacht zum 6. Juni 1944 in den Ansteuerungen zu den viele Kilometer breiten Landeabschnitten keine einzige Mine lag." (Siehe: Friedrich Ruge: Im Küstenvorfeld.)

Die Marinegruppe West hatte im Alarmfalle für die gesamte Küste des Westraumes ein System von Minensperren vorgesehen, die blitzartig geworfen werden sollten. Aus diesem Grunde nannte man sie auch „Blitzsperren".

Das System funktionierte im Landegebiet der Invasion nicht. Die in der westlichen Seinebucht stationierte 6. Artillerieträger-Flottille lag in Tidenhäfen, die nur bei Hochwasser verlassen werden konnten. Da am Abend des 5. Juni der Wind mit Stärken 6 bis 7 aus Westen wehte, hielt man eine Invasion in dieser Nacht für ausgeschlossen. Die Artillerieträger blieben in den Häfen und lagen dort am Morgen des 6. Juni, als die Invasion erkannt worden war, bei Niedrigwasser trocken. Sie konnten also *nicht* auslaufen. Zur Unbeweglichkeit verurteilt, wurden sie sehr rasch durch die alliierten Bomberverbände ausgeschaltet. Auch dies war ein Teil jener Aktionen, die, bei rechtem Licht besehen, sehr anrüchig waren.

Fast alle Flottillen des Befehlshabers der Sicherung West wurden bereits in den ersten Tagen der Invasion in verlustreiche Kämpfe verwickelt. Räumboote legten in diesen Nächten die „Blitzsperren", und zwar im Raum westlich Le Havre bis nach Boulogne. Die hier geworfenen 2000 Grundminen und 200 KMA waren allesamt nutzlos geworfen worden, da der Gegner an dieser Stelle keine Landungsoperation unternahm. Diese Minen hätten im Invasionsgebiet geworfen werden *müssen*. Ihr Werfen an der falschen Stelle kostete übrigens auch eine Reihe Opfer.

Da die Küstenwege von Le Havre bis zur Schelde unter dauernden Jaboangriffen lagen, waren alle Versuche, die Inselfestungen zu versorgen, von schweren Verlusten begleitet. So hatte die 38. MS-Flottille unter KKpt. Palmgreen und die 15. VP-Flottille unter KKpt. Rall in verschiedenen Gefechten mit weit überlegenen Gegnern hohe Verluste zu erleiden.

Vier VP-Boote der 15. VP-Flottille standen übrigens in der Invasionsnacht vor Fécamp in See. ObltzS. Schulz, Führer dieser „Gruppe Schulz", machte die erste Meldung von der Annäherung feindlicher Schiffsverbände.

„Von einem Verschlafen der Invasion durch die Marine konnte daher keine Rede sein, eher von einem Verschweigen derselben Hitler gegenüber." (Siehe Karl Schulz: Kampfberichte der 15. VP-Flottille, i. Ms.)

Die 2. A.-Flottille in Boulogne und die 8. A.-Flottille in Fécamp mußten sich oft mit letzter Kraft durchschlagen und verloren eine Reihe ihrer Boote.

Artillerieträger und M-Boote aus Cherbourg warfen ebenfalls in den ersten Nächten Blitzsperren beiderseits des Hafens. Danach bildeten sie eine Aufnahmeposition für die zurückkehrenden Schnellboote. Als es darum ging, den Hafen unmittelbar vor dem US-Sturmangriff unbrauchbar zu machen, taten sie auch dies, um abschließend zu den deutschbesetzten Kanalinseln durchzubrechen.

Die zu Invasionsbeginn beim Befehlshaber der Sicherung West in Dienst stehenden 54 M-Boote, 65 R-Boote, 41 Artillerieträger, 129 Fischdampfer, 71 Logger, 55 Kutter, 23 Sperrbrecher, 12 Walfänger, acht Hummerboote, sechs Geleitboote, sechs Schlepper und vier Raddampfer mit insgesamt 31 000 Mann Besatzung hatten vom 6. Juni bis zum 16. August im Westraum 445 Gefechte mit Schiffen und Flugzeugen zu bestehen. Sie schossen über 100 Feindflugzeuge ab, vernichteten oder beschädigten eine Anzahl feindlicher MTB und MGB sowie zwei Zerstörer und räumten 747 Minen.

Diesen weithin unbekannten opfervollen Einsatz bezahlten sie mit dem Verlust von etwa 100 Booten der 3. und fast ebensoviel Booten der 4. Sicherungs-Division. 50 Verluste der 2. Sicherungs-Division kamen hinzu.

Als die Dienststelle des Befehlshabers der Sicherung West im Sept. 1944 aufgelöst wurde, anerkannte Großadmiral Dönitz die stille, selbstlose Einsatzbereitschaft dieser „kleinen Fische" in einem besonderen Tagesbefehl.

Tag für Tag und Nacht um Nacht standen diese Boote in einem ununterbrochenen Einsatz, auf See von schnelleren Feindkräften gejagt, aus der Luft gebombt, von Minen bedroht, immer den eigenen Untergang vor Augen.

Doch nun zu den Seekriegseinsätzen der Alliierten während der entscheidenden Wochen der Invasion, damit sich das Bild des Seekrieges im Invasionsgebiet abrundet.

Alliierte Einsätze zur See

Die Support Groups – Küstenbeschießungsverbände

Nach den ersten Landungs- und Beschießungsoperationen der angloamerikanischen Flotte und den im Gegenzuge erfolgenden Angriffen der deutschen Kleinkampf-Verbände waren durch deutsche Luftangriffe die Zerstörer „Meredith II“ und „Boadicea“, durch Minen die Zerstörer „Corry“, „Glennon“, „Rich“, „Wrestler“, „Fury“ und „Swift“ und durch die deutsche Küstenartillerie der französische Zerstörer „Mistral“ versenkt worden. Auf deutschen Minen sanken auch eine Reihe kleinerer Einheiten und Hilfsschiffe. Ferner vernichtete die Küstenartillerie eine Reihe kleinerer Einheiten bis zum Minensucher.

Um der erwarteten deutschen U-Boot-Gefahr begegnen zu können, wurden von den Alliierten „Killer-Groups“ zusammengestellt. Sie bestanden aus den Geleitträgern „Activity“, „Tracker“ und „Vindex“ mit den jeweiligen Support Groups 1, 2, 3 und anderen.

Diese Support Groups setzten sich wie folgt zusammen:

Support Group 1: Träger „Tracker“ mit den Zerstörern „Affleck“, „Balfour“, „Bentley“, „Capel“, „Garlies“ und „Gore“.

Support Group 2: Träger „Activity“ mit den Sloops „Starling“, „Wild Goose“, „Wren“, den Fregatten „Loch Killin“, „Loch Fada“, „Dominica“ und „Lochy“.

Support Group 3: Träger „Vindex“ mit den Zerstörern „Duckworth“, „Essington“, „Rowley“, „Berry“, „Cooke“ und „Domett“.

Support Group 4: Träger war wahlweise einer der drei vorgenannten; dazu kamen die Zerstörer „Bentinck“, „Byard“, „Calder“, „Bazely“, „Blackwood“ und „Drury“.

Zehn weitere Support Groups, teilweise komplett aus kanadischen Zerstörern und Fregatten zusammengestellt, sind außerdem zu nennen. Ihnen zugeteilt wurde die 19. Group des Royal Air Force Coastal Command.

Diesen schlagkräftigen Gruppen gelang es einwandfrei, die verschiedensten Seegebiete zu überwachen und blitzschnell zuzuschlagen. Daneben stießen vor allem die MTB-Flottillen mit ihren schnellen Booten zu ständig neuen Angriffen gegen den gemeldeten Feind vor.

So unternahm in den ersten Morgenstunden des 10. Juni die 58. brit. MTB-Flottille mit den Booten MTB 666, MTB 681, MTB 683, MTB 684, MTB 687 und MTB 723 einen Vorstoß bis vor Den Helder. Sie stießen auf ein deutsches Geleit und versenkten daraus die Sicherungsfahrzeuge V 1314, V 2021 und V 2022. Dabei verloren sie lediglich MTB 681.

Noch schwerwiegender war der Angriff der Zerstörer „Piroun“ und „Ashanti“ am frühen Morgen des 13. Juni zwischen St. Malo und Jersey. Hier stellten sie einen deutschen Geleitzug, griffen diesen mit Granatfeuer an und versenkten M 343. Die Boote M 412, M 422, M 432, M 442 und M 452 wurden schwer beschädigt. Der Zerstörer „Piroun“ erlitt ebenfalls schwere Beschußschäden.

Sämtliche Küstenbeschießungsverbände waren in den ersten Tagen und Nächten ununterbrochen an der Bekämpfung der gemeldeten See- und Landziele beteiligt und schossen in den folgenden Tagen und Wochen vor allen Angriffen Trommelfeuer auf deutsche Stellungen und französische Städte.

Zwei Kampfgruppen beschossen in der Nacht zum 26. Juni die deutschen Artillerie-Stellungen westlich und ostwärts von Cherbourg, um diese Stadt sturmreif zu machen.

Die Gruppe I unter KAdm. Deyo bestand aus einem Schlachtschiff, vier Kreuzern und sechs Zerstörern. Ihre Ziele waren die Batterien im Westen der Festung bei Querqueville.

Die Gruppe II unter KAdm. Barbey mit zwei Schlachtschiffen und fünf Zerstörern richtete ihr Feuer auf die im Osten gelegene Batterie „Hamburg“ an der Spitze von Cotentin. Diese Batterie erzielte auf dem Schlachtschiff „Texas“ und dem Zerstörer „O’Brian“ mit ihren 28-cm-Geschützen schwere Treffer.

Einige weitere Zerstörer und der in der Gruppe I stehende Kreuzer „Glasgow“ wurden beschädigt. Die Batterie „Hamburg“ wurde durch den Dauerbeschuß nahezu vernichtet.

Die deutschen Verbände im Raume Caen wurden am 26. Juni durch Schiffsartillerie des Schlachtschiffes „Rodney“, des Monitors „Roberts“ und der Kreuzer „Argonaut“, „Belfast“ und „Diadem“ beschossen.

Ein weiteres spektakuläres Ereignis zur See aber war die Errichtung der künstlichen Häfen der Alliierten vor der Invasionsküste.

Die Gooseberries und die Mulberries

Um den kleineren Landungsfahrzeugen, die nicht an oder vor der Küste liegenbleiben durften, einen Schutz zu geben, waren von den Alliierten sog. Gooseberries geplant worden. Es waren dies Blockschiffe, die in fünf Gruppen mit insgesamt 31 britischen und 25 amerikanischen Einheiten ausgelegt und als Wellenbrecher benutzt werden sollten.

Während die erste dieser Gruppen ostwärts von St. Martin de Varreville ausgelegt wurde, erfolgte das Ausbringen der zweiten Gruppe nördlich St. Laurent und der drei folgenden vor Arromanches, Courseulles und Oistreham.

Alle diese Schiffe überquerten den Kanal aus eigener Kraft. Lediglich das französische Schlachtschiff „Courbet" mußte ins Ziel geschleppt werden. Für die Ausbringung dieser Wellenbrecher hatte Captain L. B. Hill auf dem alten britischen Kreuzer „Durban" die Verantwortung.

Am D-Tag plus 1 begann diese Operation. Drei Tage später waren diese fünf Gooseberries installiert und bildeten einen wirkungsvollen Schutz für alle kleineren Boote; sie dienten darüber hinaus als Basis für Reparaturarbeiten sowie als Unterkunftsräume für die Besatzungen.

Dies allein genügte jedoch nicht. Solange kein großer Anlandehafen an der Küste in alliierter Hand war, mußten auf See schwimmende Häfen angelegt werden.

In den ersten Tagen der Landungen waren viele Landungsfahrzeuge verlorengegangen, vier auf der Überfahrt, 24 durch Strandhindernisse und Artilleriebeschuß allein im britischen Sektor. 16 hatten Maschinenpannen erlitten. Nur 19 blieben einsatzbereit. Die US-Kommandobehörden liehen den Briten einige ihrer eigenen Landungsfahrzeuge aus.

Ein Glücksfall für die Marine der Alliierten war die Eroberung von Port en Bessin durch das 47. Marine Commando. Auch der kleine Hafen Courseulles konnte am D-Tag plus 2 in Betrieb genommen werden. Lange Pontonbrücken waren bereits am D-Tag plus 4 im Juno-Bereich in Betrieb, die sich bis zu 250 m weit in See erstreckten. Hier konnten auch während des Niedrigwassers Landungsboote entladen werden. Die Truppe war imstande, über diese Stege trockenen Fußes das Festland zu erreichen.

Es kam jedoch mehr denn je darauf an, so schnell wie möglich vor der Küste leistungsfähige Häfen zu errichten. Diese waren in Gestalt von zwei Mulberries bereits geplant und vorbereitet. Und zwar sollte jeweils einer dieser schwimmenden Häfen vor St. Laurent im Abschnitt Omaha und vor Arromanches im Abschnitt Gold eingerichtet werden.

Unter der Leitung von KAdm. Tennant war diese Arbeit und die Frage des Brennstoff-Nachschubs (letztere unter der Codebezeichnung „Pluto") lange vor Invasionsbeginn in Angriff genommen worden. Die Hauptteile der künstlichen Häfen bestanden aus 146 Betonsenkkästen, die „Phönixe" genannt wurden. Jeder von ihnen war 61 m lang und hatte je nach der errechneten Wassertiefe verschiedene Höhe und Breite. Der größte dieser Senkkästen hatte eine Verdrängung von 6044 BRT, der kleinste eine solche von 1672 BRT. Wenn ihre Schwimmkammern geflutet wurden, konnten sie an den dafür vorgesehenen Plätzen binnen wenigen Minuten versenkt werden.

Auf KAdm. Tennants Vorschlag wurden noch 70 ausgediente Schiffe, von denen 56 zum Einsatz kamen, für die vorab genannten Gooseberries verwandt.

Innerhalb der beiden künstlichen Häfen waren Landungsbrücken und Brückenköpfe vorgesehen, die frei schwammen, die Gezeitenhübe automatisch ausglichen und damit den Landungsschiffen die Möglichkeit gaben, jederzeit zu entladen. Die Brückenköpfe bestanden aus Stahl-Pontons von 65 m Länge und 20 m Breite; befestigt waren sie zwischen Pfählen, die in den Meeresboden eingerammt werden mußten.

Auf diesen Brückenköpfen gab es Strom-Aggregate, Truppenunterkünfte und Lagerräume. Sie hatten jeweils schräge Rampen, gegen welche die Landungsfahrzeuge mit dem Bug voran anlegen konnten, um dann ihre Rampen darauf herunterzulassen.

Für jeden dieser künstlichen Häfen gab es vier schwimmende Landungsbrücken. Die größte davon war etwa 1000 m lang.

Hinzu kamen zwei Pipelines mit 15 cm Durchmesser und zwei weitere mit 25 cm Durchmesser. Am Ende jeder Pipeline war eine Boje befestigt. Hier konnten die anlaufenden Tanker ihre Schlauchverbindungen anbringen und binnen einer Stunde 600 Tonnen Treibstoff löschen. Zehn weitere Pipelines sollten von Sandown Bay auf der Isle of Wight bis Querqueville westlich Cherbourg gelegt werden.

Die Mulberries waren bis zum 18. Juni fast vollständig fertiggestellt und seit einigen Tagen voll in Betrieb. Seit dem Abend des 17. Juni waren große Mengen der letzten Bauteile über den Kanal unterwegs, als am Morgen des 18. Juni ein unvorhergesehener Sturm losbrach.

Bereits in Sichtnähe ihrer künstlichen Häfen wurden die Transportschiffe voll vom Sturm erfaßt. Eine Reihe Schiffe strandeten, andere kenterten infolge der Verschiebung ihrer Lasten. In den noch unfertigen Mulberries war die Hölle los. Einige der letzten großen Senkkästen wurden einfach auf den Strand gewirbelt. Sieben LCT trieben ebenfalls auf den Strand. Sechs davon brachen auseinander. Einige Blockschiffe sackten weg. Hunderte von Landungsfahrzeugen, die sich bereits in den Mulberries befanden, strandeten und wurden förmlich übereinander gestapelt. Schwimmende Landungsbrücken machten sich selbständig.

Die Gesamtverluste beliefen sich am 23. Juni, als der Sturm aufhörte, auf fünf LST, ein LSI, 13 LCI (L) und 50 LCT. Vier LCF und eine Reihe von Sicherungsbooten kamen hinzu. Dies allein im Mulberryhafen von St. Laurent.

Beim Mulberry vor Arromanches waren die Verluste niedriger, weil der dortige Hafen fast fertiggestellt war. Dennoch gingen auch hier sieben Schiffe verschiedenster Bauweisen verloren. Der Kreuzer „Diadem“ kollidierte mit einer Rhino-Fähre, der Zerstörer „Fury“ erhielt einen Minentreffer und strandete. Die Bombardons rissen sich los, die Landungsbrücken aber blieben erhalten. Alles in allem waren aber etwa 800 Fahrzeuge aller Art gestrandet. Die meisten wurden beschädigt und liefen voll Wasser.

„Der viertägige Sturm verursachte nach Admiral Schofield mehr Schaden, als dies durch Feindeinwirkung bis dahin geschehen war. Der Mulberryhafen von St. Laurent mußte aufgegeben werden. Jener von Arromanches wurde verstärkt befestigt und weiter ausgebaut. 600 der gestrandeten Boote konnten wieder einsatzbereit gemacht werden. Weitere 100 wurden 14 Tage später wieder zu Wasser gebracht.“ (Siehe: ANCXF-Report on Neptune, Vol. 1.)

Bereits am 16. Juni hatte König Georg VI. von England in Begleitung von Admiral Ramsay und dem First Sealord, Admiral of the Fleet Sir Andrew B. Cunningham, dem Chef of the Air Staff, Marshall of the Royal Air Force Sir Charles Portal, und dem Chief of the Combined Operations, MajGen. Laycock, an Bord des Kreuzers „Arethusa“ von Southampton aus die Fahrt zur französischen Küste angetreten. Bei Juno-Beach ging der König an Land; er wurde dort von General Montgomery empfangen.

König Georg VI. besuchte eine Reihe Einheiten und erhielt eine umfassende Übersicht über die Lage. Am Abend kehrte er nach Portsmouth zurück. Admiral Ramsay berichtete über diesen Besuch:

„Sein Besuch war eine große Genugtuung für alle britischen Marineangehörigen an der fremden Küste.“ Und in einem Brief an seine Frau schrieb er gar: „Ich hatte während des ganzen Tages lange Gespräche mit dem König. Man kann völlig ungezwungen mit ihm sprechen, er unterhält sich gern. Er schwärmt für die Marine.“ (Siehe W. S. Chalmers: Full Cycle.)

Eine andere Besichtigungsreise und auch ganz andere Ergebnisse hatte der Chef des britischen Generalstabes, Sir Alan Brooke, der mit Churchill bereits am 12. Juni in die Normandie gereist war, um mit Eisenhower zusammen eine Besichtigungsfahrt zu unternehmen. Sir Alan Brooke schrieb darüber:

„Ich war überrascht, wie wenig das Land unter der deutschen Besatzung und fünf Jahren Krieg gelitten hatte. – Die französische Bevölkerung scheint in keiner Weise erfreut zu sein, daß wir als siegreiche Armee kommen, um Frankreich zu befreien. Sie war vorher ganz zufrieden, und *wir* bringen Krieg und Zerstörung in ihr Land.“

Während dieser Besichtigungsfahrt kam immer wieder das Wort „erobert“ auf, und am folgenden Morgen gab SHAEF einen Befehl heraus, der folgenden Wortlaut hatte:

„General Eisenhower wünscht, daß in allen künftigen Verlautbarungen das Wort ‚befreit‘ anstelle von ‚erobert‘ benutzt wird, wenn es sich um Örtlichkeiten in Frankreich handelt.“

Am 14. Juni folgte ein Brief Montgomerys an Sir Alan Brooke: „Ich sehe gerade, daß es im gestrigen Tagesbericht des Oberkommandos heißt, Carentan sei befreit worden. In Wirklichkeit ist diese Stadt total eingeebnet, und es gibt kaum noch ein heiles Haus. Alle Zivilisten sind geflohen. Das ist eine verdammt seltsame Art von Befreiung.“

General Eisenhower war da von ganz anderem Holz. Er drehte an den Fakten so lange, bis sie die für ihn richtige Deutung erfahren hatten, und das klang dann so:

„Einige größere Städte an unserem Vormarschweg sind pulverisiert. So St. Lô und Caen. Ich bin immer ganz traurig, wenn ich vor der Notwendigkeit stehe, die Häuser meiner Freunde zu zerstören. – *Der Deutsche ist eine Bestie!*“

So einfach war das! Die Deutschen hatten dies alles zerstört, weil sie dieses Gebiet nicht freiwillig aufgegeben hatten, Punktum!

Die französische Bevölkerung aber dachte da anders als Eisenhower und auch anders als ihre im Ausland lebenden Politiker wie de Gaulle und Pierre Koenig, denen es ganz egal war, wie sehr Frankreich zerstört wurde, wenn nur die Deutschen vertrieben wurden.

Bomber und Panzer, die ihre Häuser zermalmten und ihre Familien töteten, waren etwas zuviel an Freiheit. Die Freiheit vom Leben wollten die Franzosen nicht. So griffen sie in einer Art von Selbsterhaltung zu den Waffen und schossen auf ihre Befreier, die ihnen das Dach über dem Kopf weggebombt hatten. Das alles kam auch General Arnold nicht in den Sinn, als er auf der genannten Besichtigungsfahrt notierte:

„Einige Heckenschützen, darunter eine französische Frau, die erschossen wurden. Franzosen sind wirklich ein armseliger trauriger Haufen. Ich zweifle, ob sie den Mut, den Willen und die Freiheitsliebe haben, um jemals wieder eine Macht ersten Ranges zu werden.“

General Guingard, Montgomerys Stabschef, schrieb schließlich Ende Juni, als die Überfälle französischer Männer auf GIs überhand nahmen: „SHAEF liegt viel daran zu dementieren, daß Franzosen auf unsere Truppen geschossen hätten; das wird aus politischen Gründen für äußerst wichtig gehalten.“

Zurück zu den kriegerischen Auseinandersetzungen.

Weitere Seeoperationen der Alliierten

Die Einsätze der Feuer-Unterstützungsgruppen bildeten einen Teil des Kampfes der angloamerikanischen Marine. Die beiden Gruppen U und O waren für die Strandabschnitte Utah und Omaha vorgesehen worden. Hinzu kamen eine Reservegruppe und sämtliche zur Western Task Force abgestellten US-Zerstörer. Diese US-Zerstörer geleiteten die Landungswellen bis dicht an den Strand und eröffneten auf erkannte deutsche Stellungen das Feuer. Die drei Zerstörer „Corry“, „Hobson“ und „Fitch“ beispielsweise kämpften am Invasionstage vor Utah-Strand, als eine Mine, die sich losgerissen hatte, unter dem Maschinenraum von „Corry“ explodierte. Die See drang in den vorderen Maschinenraum und überflutete zunächst die Kesselanlagen, sodann auch die elektrischen Abteilungen. Vier Minuten nach diesem Treffer lag „Corry“ bewegungslos auf dem Wasser. Seine Turbinen und sein Kiel waren zerstört. Um 6.39 rollten die Wellen bereits über das Oberdeck. Der sinkende Zerstörer wurde noch von mehreren Granaten deutscher Küstenbatterien getroffen. „Corry“ sank, und die Schiffbrüchigen wurden auf Befehl von KAdm. Deyo durch „Fitch“ und „Hobson“ geborgen. 260 Mann wurden gerettet.

Zwei Tage darauf, am Morgen des 8. Juni, lief Zerstörer „Meredith“ um 1.10 Uhr mit der KGr. U zur Feuerunterstützung in den vorgegebenen Bereich des Feuerschirmes nahe dem Kreuzer „Tuscaloosa“ vor Utah-Beach. Commander George Knuepfer sollte nordwärts der Großkampfschiffe patrouillieren. Neben ihm waren etwa sechs weitere Zerstörer mit der gleichen Sicherungsaufgabe betraut, um deutsche U-Boote und Geheimwaffen zu vernichten.

Um 1.52 Uhr wurde „Meredith“ von einer schweren Explosion erschüttert. Es hob diesen Zerstörer nach dem Bericht der Augenzeugen auf dem nahebei operierenden Zerstörer „Jeffers“ förmlich aus dem Wasser heraus. Das Brückenpersonal wurde auf Deck geschleudert. Dann stoben Flammen und Rauch in die Höhe. Das Boot lag tot im Wasser und bekam Steuerbordschlagseite. Es war von einer Mine getroffen. Ein Sprengkommando von „Jeffers“ wurde an Bord des verlassenen Zerstörers geschickt. Dieses meldete, daß „Meredith“ noch zu retten sei. Daraufhin gingen Cdr. Knuepfer und 52 Besatzungsmitglieder wieder zurück an Bord. Das Schiff wurde in den Transportbereich geschleppt und ankerte nahe der „Bayfield“, dem Flaggschiff von KAdm. Moon.

Am Nachmittag wurde der Zerstörer zu einem neuen Ankerplatz verlegt. Hier belegte ihn am folgenden Morgen ein deutsches Kampfflugzeug, das über Utah-Beach hinwegstrich, mit einer schweren Bombe, die etwa 500 m neben dem Backbordbug einschlug. Das Boot wurde herumgeworfen, erlitt aber anscheinend keine weiteren Schäden. Um 10.10 Uhr aber brach „Meredith“ ohne jede Vorwarnung in der Mitte auseinander und sank. Es nahm einen Offizier und 35 Soldaten mit in die Tiefe.

Der Zerstörer „Glennon“ wiederum war mit „Butler“ und „Jeffers“ zu einer Feuerunterstützungsgruppe detachiert worden, die mit Sonnenaufgang des 7. Juni ihre Position erreichte. Nach 200 Runden Munitionsverschuß konnte „Glennon“ einen Erfolg gegen ein Küstenbatterie-Geschütz erzielen, denn eine Granate ging in die Scharte. Gegen eine zweite Batterie erzielte „Glennon“ ebenfalls Erfolge.

Am Nachmittag erhielt „Glennon“ eine andere Position und wurde am Abend um 23.00 Uhr zur Deckung eines Großkampfschiffes zurückbeordert. Um 2.30 Uhr wurde der Zerstörer von dem Nahtreffer eines deutschen Bombers durchgeschüttelt. Eine der Bomben fiel nur 50 m neben dem Backbordbug.

Um 8.02 Uhr lief „Glennon“ mit einem Drittel Fahrt in den Feuerbereich der deutschen Batterie Quineville. Eine Minute darauf wurde der Zerstörer von einer schweren Explosion erschüttert. Die Kraft dieser Detonation schleuderte nach dem Rapport von Commander Johnson, dem Kommandanten des Zerstörers, zwei Männer 12 m hoch in die Luft und über Bord ins Wasser. Einer dieser Männer konnte geborgen werden. Er hatte lediglich die Beine gebrochen und war sonst unverletzt.

Das Boot war schwer beschädigt, aber noch schwimmfähig. Cdr. Johnson rief das HQ an. Dann ließ er ein Boot zu Wasser bringen und die bereits über Bord gesprungenen Besatzungsmitglieder fischen. Den Sprung ins Wasser hatten 16 in der Vermutung getan, ihr Zerstörer werde sinken.

Die Besatzung ging nun an die Arbeit, die Schäden zu reparieren. Die Minenleger „Staff“ und „Threat“ kamen längsseits, sie schleppten den Zerstörer in das Transportgebiet.

Wenig später lief neben der „Glennon“ der Zerstörer „Rich“ auf eine Mine. Das Boot brach in zwei Teile und sank,

Um 18.00 Uhr, nachdem die „Kiowa“ mit einer Rettungsmannschaft am Ort der beiden Havaristen angelangt war, konnte „Glennon“ gehalten werden. Cdr. Johnson meldete dies seiner Führungsstelle.

Zerstörer „Nelson“, der zu einer von US-Zerstörerverbänden zusammengestellten Schnellboot-Jagdgruppe gehörte, stand am 12. Juni um 1.00 Uhr in See. Das Boot unter LtCdr. McGrath ankerte auf seiner Wachposition an der „Dixie-Linie“ im Omaha-Beach-Bereich. In seiner Nähe lag der Zerstörer „Laffey“ unter Cdr. Becton, daneben noch „Somers“ unter Cdr. Hughes. „Nelson“ war nicht voll einsatzbereit, da seine Backbord-Maschine außer Betrieb war. Er hatte die Schraube an einer Boje in Plymouth beschädigt.

Um 1.05 Uhr wurde ein Kontakt in 358 Grad gemeldet. Wenig später drehte dieses Objekt auf 190 Grad und lief mit 20 kn Fahrt weiter. Der Radar director controlling der 5-Zoll-Batterie von „Nelson“ meldete dieses Ziel um 1.07 Uhr. 15 Sekunden darauf eröffnete das Boot das Feuer auf einen Gegner, der in 4000 m Distanz direkt auf sie zulief. Dieser dichte Kontakt zerfloß, er lief im wahrsten Sinne des Wortes auseinander, denn es handelte sich um drei Einzelziele.

Noch während der Anker von „Somers“ eingeholt wurde, traf um 1.09 Uhr ein Torpedo den Zerstörer. Die E-Kraftanlage fiel aus. Die Schäden ließen sich jedoch beseitigen, und schon um 1.22 Uhr wurde das Boot als „nicht mehr in Gefahr“ gemeldet. Es sollte am nächsten Morgen nach Portsmouth zurückkehren und untersucht werden. Der Torpedo, der den Zerstörer achtern getroffen hatte, war jedoch von größerer Wirksamkeit als geahnt. Er hatte die Steuerbordwelle niedergedrückt, so daß das Boot mit der Steuerbordschraube über Grund drehte und Dreck aus 15 Meter Tiefe heraufholte. 24 Soldaten waren durch den Treffer getötet und neun verwundet worden.

Dies war die Bilanz der US-Zerstörereinsätze in den ersten Tagen der Invasion; sie zeigt, daß neben Minen auch deutsche Kleinkampfeinheiten gegen sie im Einsatz gestanden hatten.

Die Beschießung von Cherbourg

Cherbourg war das Ziel, das der US-Landungstruppe im Strandbereich Utah genannt wurde. In seinem Werk „Kreuzzug in Europa“ bezeichnete General Eisenhower dieses Ziel als *das* Zentrum der Invasion in der Normandie.

„Wenn wir Cherbourg nicht rasch erobern und der Feind uns vorher zu stoppen vermag, dann könnte es sein, daß unsere Invasionsoperation zusammenbricht.“

Dementsprechend verlagerten sich die alliierten Angriffsoperationen vorwiegend in diese Richtung. Als beispielsweise durch den wütenden Sturm die Nachschublandungen an der Invasionsküste um ein Viertel zusammenschrumpften, mußten sämtliche anderen Unternehmungen im gesamten Landegebiet gestoppt werden, um der *einen* Angriffsgruppe – jener, die zum Sturm durch die Halbinsel Cotentin angetreten war – die notwendigen Versorgungsgüter zuführen zu können.

Gegen die Verteidiger kämpfend, aufgehalten von dichten Hecken und Gestrüpp, waren die Soldaten des VII. US-Korps unter GenLt. Collins bis zum 24. Juni an die Außenränder von Cherbourg herangekommen.

Gleichzeitig damit wurde dieser Hafen, der zu einer waffenstarrenden Festung ausgebaut worden war, von See aus angegriffen. Es war die Task Force 129 unter KAdm. M. L. Deyo, deren Aufgabe darin bestand, die deutschen Forts und Befestigungsanlagen unter Feuer zu nehmen und sie zum Schweigen zu bringen. Vor allem waren jene Forts Ziele der Schiffsartillerie, die den Hafen flankierte und imstande waren, durch direkten Beschuß Collins Angriffstruppen zu erreichen. Andere Ziele waren die Feuerleitanlagen und Funkstationen. In den großen Kasematten von Cherbourg befanden sich schwere Krupp-Kanonen vom Kaliber 27 cm. Dennoch sollte Cherbourg am 25. Juni zu Fall gebracht werden.

Die Schiffsansammlung unter KAdm. Deyo setzte sich aus drei US-Schlachtschiffen, zwei amerikanischen und einem britischen Kreuzer sowie elf Zerstörern zusammen. Sie war in zwei Kampfgruppen unterteilt.

Gruppe I, unter dem taktischen Kommando von KAdm. Deyo stehend, der seine Flagge auf „Tuscaloosa" gesetzt hatte, bestand aus dem Schlachtschiff „Nevada", den Kreuzern „Quincy" und „Glasgow" sowie dem britischen Leichten Kreuzer „Enterprise". Sechs Zerstörer unter dem Kommando von Captain A. F. Converse kamen hinzu.

Die Gruppe II, geführt von KAdm. C. F. Bryant, setzte sich aus dem Schlachtschiff „Texas" als Flaggschiff, dem zweiten Schlachtschiff „Arkansas" und fünf Zerstörern zusammen, die von Captain W. L. Freseman befehligt wurde.

Gemeinsam zu einem Punkt nördlich Cherbourg laufend, teilten sich die beiden Gruppen zu Beginn der Annäherung an das Ziel in einen inneren und einen äußeren Feuerbereich. Von diesen Standorten aus sollten die Schiffe ein 90 Minuten andauerndes Feuer zur Neutralisierung der Ziele unterhalten. Die Ziele selbst wurden von Collins Stab durchgegeben. Auf andere Ziele als die angegebenen zu feuern, wurde beiden KGr. untersagt.

Die beiden großen Forts an der Westseite Cherbourgs waren zunächst die Ziele der Beschießung. Die Deutschen eröffneten ihr Feuer auf die innere, näher heranstehende Kampfgruppe. Während die Schiffe Vollsalve um Vollsalve schossen, während ihre schweren und schwersten Granaten in Hafenanlagen und Öltanks hineinschmetterten und die ersten Brände entfachten, konzentrierten sich die deutschen Batterien auf Einzelziele. Rings um die Kriegsschiffe hämmerten Granaten in die See, es gab jedoch nur Nahtreffer und leichte Schäden. Lediglich „Glasgow" wurde von zwei Granaten voll getroffen.

Obgleich nicht alle Feind-Batterien von den Kriegsschiffs-Gruppen während des sich insgesamt drei Stunden hinziehenden Feuers zum Schweigen gebracht werden konnten, hatte diese Beschießung doch die Festung sturmreif gemacht.

Von der Gruppe II, die an der Ostseite von Cherbourg operierte, wurden mit gleicher Intensität Ziele in der Festung beschossen. Diese Gruppe erlitt schwere Beschädigungen. So wurde die „Texas“ von einem Treffer auf den Kommandoturm schwer getroffen. Zerstörer „Laffey“ wurde durch Splitter getroffen und Zerstörer „Barton“ von einer 20 cm-Granate durchlöchert. Den Zerstörer „O'Brien“ brachte eine 20,5 cm-Granate ins Wanken, die 13 Männer tötete und weitere 20 verwundete.

Um 12.08 Uhr eröffnete die „Arkansas“ der zweiten Gruppe das Feuer, während „Texas“ noch die Zielansprache der Feuerleitgruppe abwartete. Um 13.14 Uhr war nach Angaben von KAdm. Bryant das feindliche Feuer aus der Festung so schwer geworden und lag so deckend, daß äußerste Gefahr herrschte. Um 13.16 Uhr wurde „Texas“ durch einen Volltreffer getroffen. Die Zerstörer „Hobson“ und „Plunkett“ wurden von Cdr. Nilon angewiesen, die abdrehende „Texas“ einzunebeln.

Um 14.54 Uhr kehrte „Texas“ auf das Gefechtsfeld zurück, um noch bis zur Beendigung der Beschießung mit allen Waffen auf den Schwerpunkt der deutschen Verteidigung im Hafen zu wirken.

Nach Ende der Beschießung legten alle Zerstörer einen Rauchschleier, hinter dem „Texas“ und „Arkansas“ abliefen. KAdm. Deyo faßte die Beurteilung seines Gegners in folgende Worte: „Die deutschen Verteidigungs-Batterien, die von entschlossenen Männern besetzt waren, wirkten schrecklich.“

KAdm. Bryant bemerkte zum Einsatz der II. Gruppe: „Eine großkalibrige Küstenartillerie-Batterie in schweren Kasematten oder Türmen kann nicht anders als mit einem extrem hohen Einsatz an Munition und mit großem Risiko für den Beschießungsverband zum Schweigen gebracht werden.“

Über die Hälfte der Schiffe war von Granaten oder Splittern getroffen worden. Aber nur „Texas“, „Glasgow“ und „O'Brien“ hatte es schwerer erwischt.

Zurück zu den Landkämpfen und zur Entwicklung auf beiden Seiten.

Im Kampfraum Tilly–Caen

Allgemeine Übersicht

Nach dem schweren Schlag gegen die 7. PD bei Villers Bocage stellte sich die Lage an der Invasionsfront folgendermaßen dar:

„Dem V. US-Korps war es gelungen, den Südrand des Waldes von Cérisy bei Litteau zu erreichen. Deutlich zeichneten sich hier die Bemühungen der Alliierten ab, den deutschen Eckpfeiler St. Lô an der Front der inzwischen bis hierher vorgeschobenen 3. FJD zu umfassen und auf breiter Basis eine geradlinie Front, und damit eine sichere Verbindung zur brit. 2. Armee herzustellen.

Bei Carentan stellte sich die 17. SS-PGD, die inzwischen herangekommen war, zum Angriff gegen diese Stadt bereit; sie hatte am 12. Juni von den Fallschirmjägern des Majors von der Heydte aufgegeben werden müssen, weil eben diese 17. SS-PGD den Fallschirmjägern nicht einmal ein einziges Batl. zum Halten der Stadt zur Verfügung stellen wollte oder konnte.

Der Gegenangriff der 17. SS-PGD mißlang, so daß Carentan in Feindbesitz blieb, was hätte verhindert werden können, wenn man den Bitten von Major von der Heydte stattgegeben hätte.

Im Großraum Cherbourg waren inzwischen vier deutsche Divisionen durch Führerbefehl festgelegt worden: die 77. ID, die 243. ID, die 709. ID und die noch nicht voll aufgestellte 91. LL-Div.

Als die Amerikaner nach der Abwehr des deutschen Panzerangriffs bei Carentan von dort aus mit ihrer 9. ID und der 82. LL-Div. nach Westen auf Haye du Puits vorstießen, drohte dem LXXXIV. AK der Deutschen die Aufspaltung.

General der Artillerie Marcks war am Morgen des 12. Juni um 9.30 Uhr auf einer Fahrt zur Front nur 3 km westlich St. Lô von Jabos angegriffen worden. Der Stabswagen wurde mehrfach getroffen. General Marcks erhielt einen Schuß durch den Hals, der ihm die Halsschlagader aufriß, so daß er binnen 15 Minuten im Straßengraben verblutete. Er wurde auf dem Klosterhof von St. Lô bestattet.

GendFschTr. Eugen Meindl übernahm vertretungsweise die Führung des verwaisten Armeekorps. Am Abend wurde GendArt. Farmbacher mit der Führung des LXXXIV. AK beauftragt.

Sein erster Befehl war an die 17. SS-PGD gerichtet. Brigadeführer Ostendorff sollte am Morgen des 13. Juni Carentan zurückerobern.

Im britischen Abschnitt versuchte General Montgomery nach dem

Fehlschlag der Fesselungsoperation seine 7. PD zu einer Durchbruchsschlacht als Keil anzusetzen. Dieser Durchbruch sollte auf der Nahtlinie zwischen der PLD und der 12. SS-PD „HJ“ erzwungen werden. Dazu stellten sich außer der 7. PD noch die 49. und 50. ID bereit.

Der Angriff der 17. SS-PGD „Götz von Berlichingen“

Am Morgen des 13. Juni um 5.30 Uhr begann der Angriff dieser Division, dessen Ziel Carentan war. Bis 9.00 Uhr gelang es dem I./PGR 37, den Südwestrand von Carentan zu erreichen. Hier blieb dieses Sturm-Bataillon liegen. Die zugesagte Luftwaffenunterstützung konnte nicht angesetzt werden, weil keine Maschinen zur Verfügung standen.

Der US-Gegenangriff, von drei Seiten gegen das vorgeprellte Batl. geführt, schlug voll durch. Brigadeführer Ostendorff mußte um 11.00 Uhr den Rückzug auf die Ausgangsstellungen befehlen. Er hatte erfahren müssen, daß seine großen Worte gegenüber dem Fallschirm-Major etwas zu vorlaut gewesen waren und daß es besser gewesen wäre, der Bitte des Majors stattzugeben; dann hätten nämlich seine Männer hier nicht verbluten müssen, sondern lägen in gutgesicherten Stellungen in Carentan, das sie nun vergeblich berannten. Carentan war verloren und blieb dies auch.

Die notwendigen Verstärkungen für diesen Frontabschnitt kamen nur zögernd heran. Nicht nur die Panzerverbände hatten sich durch die luftzerstörten Ortschaften und Städte zu schieben, auch die Infanterie-Divisionen arbeiteten sich nur mühsam vorwärts.

Das II. Fallschirmkorps unter GendFschTr. Meindl war bis nach Torigny sur Vire gekommen. Die aus dem Raume Brest herangerufene 3. FJD unter GenLt. Schimpf versammelte sich, mit den ersten Teilen am 8. Juni bei St. Amand eintreffend, in diesem Raum.

Die Spitzenverbände der 77. ID waren am 9. Juni, aus der Bretagne kommend, im Kampfraum eingetroffen, und aus Lorient waren am selben Tage die ersten Truppen der 265. ID herangeschlossen. Die Kampfgruppe Heinz der 275. ID befand sich aus St. Nazaire auf dem Weg ins Invasionsgebiet.

Die Masse der 3. FJD war am 9. Juni eingetroffen. Die 352. ID und die 17. SS-PGD hatten einander bei Littry die Hand gereicht.

Die Werfer-Brigade 7 und die Heeres-Panzerjäger-Abt. 657 waren noch unterwegs zum Einsatzgebiet.

Der Kampf um das Vorfeld von St. Lô war in vollem Gange. Bereits am 9. Juni hatten US-Panzerverbände die Bahnlinie Caen–Cherbourg bei Lison gesperrt und sich nach Überqueren der Bahnlinie bis auf 10 km an St. Lô herangeschoben.

Das AOK 7 befahl der 265., 266. und 275. ID sowie der 5. FJD, alle verfügbaren Panzernahbekämpfungsmittel – Panzerfäuste, Ofenrohre, Hafthohlladungen, Tellerminen – in den Abschnitt des LXXXIV. AK vorzuschaffen, damit der gepanzerte Feind noch vor St. Lô gestoppt werden konnte. Daß dies gelang, grenzte an ein Wunder.

Die Lage bei Carentan aber konnte am 13. Juni nicht wiederhergestellt werden. Die 77. ID und die KGr. Heinz (der 175. ID), die gegen den Merderet und südlich Carentan in die Front eingeschoben wurden, konnten dies auch mit Hilfe der 17. SS-PGD nicht schaffen.

Die Gliederung der deutschen Truppen im britischen Sektor der Invasionsfront stellte sich am 12. Juni wie folgt dar:

LXXXIV. AK unter General der Artillerie Farmbacher mit 711. und 346. ID, Werferbrigade 7 und KGr. von Luck; GefStand in St. Gerrots.

I. SS-PzKorps unter OberGruFühr. Dietrich mit der 21. PD, 12. SS-PD „HJ“ und PLD; GefStand bei Caen.

XXXXVII.PzKorps, General der Panzertruppe Frhr. von Funck, mit der 2. PD und der SS-PzAufklAbt. 17; Gefechtsstand in Caumont.

Die Kämpfe bei der Panzer-Lehr-Division trieben nun ihrem Höhepunkt entgegen.

Die Panzer-Lehr-Division im Feuer

Nachdem der 14. Juni im Kampfraum der PLD verhältnismäßig ruhig verlaufen war, begann am frühen Morgen des 15. Juni um 3.40 Uhr ein orkanartiges Trommelfeuer im Raume Tilly.

Schwere Schiffsgeschütze und Artillerie aller Kaliber schienen auf jedes Panzerdeckungsloch einzeln feuern zu wollen. Dann verlegte die Feuerwalze zurück, und in breiter Formation flogen drei Jabogeschwader im Tiefflug an. Sie warfen Raketenbomben und schossen aus ihren Bordwaffen.

Als anschließend die Feindpanzer vorrollten, hatte Major Uthe in seinem GefStand im Schloß von Fontenay jede Verbindung zu seinen Männern verloren. Mit seinem Adjutanten, Oblt. Gehrke, ging Major Uthe vor. Im SPW rollten sie zur großen Ost-West-Straße und bauten am Waldrand eine Verteidigungslinie auf. Die DivBeglKp. der 12. SS-PD „HJ“ tauchte, von rechts kommend, aus Dunst und Pulverdampf auf und fuhr ebenfalls bis zu diesem Waldrand vor. Dann rollten die Tigerpanzer zu den alten aufgegebenen Stellungen der Panzergrenadiere, schossen den Gegner dort heraus und vernichteten die dicht dahinter stehenden Feindpanzer. Die eigenen Panzergrenadiere besetzten ihre alten Stellungen neu. Als einige durchbrechende Feindpanzer auf gute Schußentfernung herangekommen waren, wurden die beiden vorn rollenden abgeschossen. Der Rest drehte und verschwand. Die Tiger fuhren nun gegen die einzelnen sich noch haltenden MG-Nester des Gegners und walzten sie zusammen.

Wenig später traf hier auch die alarmierte 3./PzJägAbt. 130 ein, allen voran Hptm. Oventrop. Sie konzentrierte sich auf die wieder angreifenden Feindpanzer und warf den an zwei Stellen eingebrochenen Gegner hinaus.

Auch bei den Bataillonen Schöne und Philipps war der Gegner zum Sturm angetreten. Er drang mit Panzerunterstützung in diesen Teil der HKL ein und wurde wieder geworfen. Die brit. Panzer mußten hier mit Panzerfäusten und Tellerminen im Nahkampf vernichtet werden.

Am 16. Juni gab der deutsche Wehrmachtsbericht bekannt: „Im Kampf gegen drei der besten englischen Infanterie-Divisionen hat sich die Panzer-Lehr-Division unter Führung des Generalleutnants Bayerlein hervorragend bewährt."

Lingèvres aber war am späten Abend des 15. Juni verlorengegangen, und auch La Belle Epine mußte von der PzAufklAbt. 130 aufgegeben werden.

Gleichzeitig gelang es den britischen Truppen, an diesem Tage in breiter Front über die Straße Tilly–Balleroy vorzustoßen. Dahinter trafen sie auf das PGR 902 unter Major Welsch. Dieser hatte zwar die soeben zur Front zurückgekehrten Panzer der II./PR 130 unter Major Markowski zur Hilfeleistung erhalten, doch ihr Einsatz war noch nicht freigegeben. Als das I./PGR 902 in Gefahr geriet, eingeschlossen zu werden, eilte GenLt. Bayerlein zum GefStand des Regimentes und wurde von Major Welsch orientiert. Dieser wies darauf hin, daß der Gegner mit Sicherheit bei Hottot durchbrechen werde, denn dort zeigte sich eine Bereitstellung mit Panzern. Wenn sie erst entfaltet vorrollten, waren sie nicht mehr zu stoppen. Major Welsch erklärte:

„Wenn wir Hottot nicht zurückgewinnen, dann stößt der Gegner von dort aus durch und kesselt uns ein!" – „Markowski muß Hottot zurückholen!" entschied Bayerlein. „Ich werde ihn verständigen lassen. Er zieht zu Ihnen vor. Sie lassen zwei Kompanien Panzergrenadiere auf seinen Panzern aufsitzen, und ab geht es!"

Als erster tauchte knapp zehn Minuten später Major Markowski im Befehlspanzer auf, dicht gefolgt von 21 Panthern, die hier in dem verwinkelten Gelände besser zurechtkamen als die Tiger, und zudem auch wendiger und schneller als jene waren.

Die Panzergrenadiere der 2. und Teile der 3./PGR 902 saßen auf, und schon rollte der stählerne Angriffskeil vorwärts.

Zunächst ging es durch eine Schlucht. Als diese durchrollt war, tauchten vor ihnen die Häuser von Hottot auf. Starkes Abwehrfeuer peitschte den Angreifern entgegen.

„Feuer frei!“ befahl Major Markowski. Die Kanonen der Panther spien ihre Flammenlanzen aus. Granaten heulten Hottot entgegen und vernichteten die erkannten Pak-Stellungen und MG-Nester. Schritt für Schritt rollten die Panzer im überschlagenden Einsatz vor. Bazookaschützen, die sich auf Schußentfernung heranpirschten, wurden von den Panzergrenadieren abgewiesen.

Plötzlich tauchten die ersten Feindpanzer auf. Es waren Cromwells. Mit zwei Granaten wurde der erste abgeschossen. Aber nun brachen sie zu Dutzenden hinter Hecken und Häuserecken hervor und schossen auf die Panther. Die langen Panzerkanonen der deutschen Panzer waren zielsicherer und durchschlagskräftiger. Einige Gegner brannten, der Rest wandte sich zur Flucht.

„Der Gegner weicht! – Erste Kompanie mir nach! – Alles andere im Breitkeil folgen!“

Major Markowski führte die 1. Kp. in die Ortschaft hinein. Die Kanonen, nach halbrechts und halblinks gerichtet, schossen auf jedes Anzeichen eines Feindgeschützes, Panzers oder MG-Nestes.

Die rechts und links an Hottot vorbeirollenden Panzer des Gros schossen ebenfalls auf alle erkannten Feindziele. Der Gegner wich zurück.

Als Major Markowski nach links in eine größere Straße hineinfuhr, feuerte weiter unterhalb eine Schweigepak. Ihre Granate zischte vorn über den Turm hinweg und riß ein Loch in eine Hauswand. Der Richtschütze des Führungspanzers schoß auf diese Pak und verfehlte sie nur knapp. Dann peitschte der Abschuß einer zweiten Pak. Diese Granate hämmerte in Markowskis Panzer hinein. Markowski wurde verwundet, hörte die Schreie seiner ebenfalls verwundeten Kameraden, roch Benzindunst und befahl: „Ausbooten!“ Während die ersten den Panzer verließen, warnte Markowski die folgenden Kampfwagen vor dieser Pak. Dann verließ er ebenfalls den Panzer und warf sich in Deckung.

Die übrigen Panzer rollten weiter vor. Zwei von ihnen wurden aus Hauskellern mit Bazookas abgeschossen. Doch der Gegner befand sich bereits in der Auflösung und rollte zurück. Die Panzergrenadiere säuberten Haus um Haus, und dann war Hottot wieder in deutscher Hand.

Major Markowski sollte ins Lazarett, aber dies lehnte er ab. Dick bandagiert fuhr er weiter. Doch schon zwei Stunden nach diesem Erfolg mußte GenLt. Bayerlein das PGR 902 und die Panzer zurückrufen. Der neue englische Großangriff rollte, und jedes Gewehr und jeder Panzer wurden in der Haupt-HKL gebraucht.

In breiter Front griffen die Briten an und stießen im ersten Stoß bis über die Straßc Tilly–Balleroy hinaus vor. Im Walde südlich dieser Straße setzte sich der Angreifer fest. Hier lagen aber auch noch die Panzergrenadiere der PLD. Sie krallten sich in den Boden ein und hielten ihre Stellungen.

Um diesen Widerstand zu brechen, wurden alle einsatzbereiten Schiffsgeschütze zu einem Trommelfeuer unvorstellbaren Ausmaßes gegen diese Verteidigung zusammengefaßt. Alles, was schießen konnte, feuerte auf Tilly.

Die letzten unversehrten Häuser des Ortes fielen in Trümmer. Auf seinem GefStand, in einem Keller am Nordrand von Tilly, erlebte Hptm. Philipps dieses Feuer. Eine haushohe Wand aus Eisen und Flammen stob empor, riesige Trichter verwandelten Tilly in eine Mondlandschaft.

Als dann das Zeichen zum Angriff gegeben wurde und der Gegner nach zweistündigem Trommeln antrat, schlug ihm bereits wieder das Abwehrfeuer der Panzergrenadiere entgegen. Die Angriffswellen der 49. und 50. ID stießen vor und wurden von den Panzerjägern gestoppt. Dann rollten die Panzer der I./PR 130 vor, und schließlich warf Oberst Rudolf Gerhardt die letzten Panzerreserven in die Schlacht. Alles stand nun im Abwehrkampf gegen die britischen Panzer. Der Panzerjäger von Ofw. Stolz mit dem Richtschützen Uffz. Job schoß drei Feindpanzer ab und vernichtete zwei vorgebrachte Feind-Pak. Leutnant Schönrath schoß ebenfalls drei Feindpanzer ab, und Fw. Dückert brachte es auf zwei Cromwells.

Die Panzerpioniere unter Major Brandt kämpften den Gegner nieder. Sie gingen die am weitesten vorgestoßenen Feindpanzer mit Panzerfäusten und Tellerminen an.

Tilly hielt, und damit stand auch Caen, denn Tilly war der goldene Schlüssel zu dieser meistumkämpften Stadt in der Normandie.

Die 49. brit. ID, die nun zum zweitenmal die Hölle von Tilly durchlitten hatte, war am Ende. Von den Offizieren dieser Division waren nach dem dargestellten Angriff des 15. Juni noch ganze zwölf übriggeblieben. Bei einem Batl. waren sämtliche Offiziere gefallen. „Dreiviertel der Soldaten reagierten hysterisch, sobald Artilleriefeuer einsetzte oder wenn weitere Kameraden getötet oder verwundet wurden. – Die Disziplin war völlig zusammengebrochen. Unteroffiziere und Offiziere hatten ihre Rangabzeichen abgelegt. Ein BatlKdr. meldete General Montgomery: ‚Ich mußte mich zweimal an den Straßenrand stellen und meine Pistole auf zurückweichende Männer richten ... Nach drei Tagen wurde einer meiner Majore getötet, weil ich ihm befohlen hatte, mir dabei zu helfen, die Männer daran zu hindern, bei massiertem Granatwerferfeuer der Deutschen davonzulaufen." (Siehe David Irving: a.a.O.)

Wenn man bedenkt, daß unsere Soldaten nicht einem gigantischen Schiffsgeschützfeuer und nicht den ungeheuerlichen Bombardierungen unterworfen waren wie die Deutschen und dennoch so reagierten, dann kann das Aushalten der deutschen Grenadiere nur mit größter Hochachtung anerkannt werden.

Eine neue Waffe: V 1 gegen London

Der erste Start der V 1, wie die neuen deutschen Flügelbomben auf Raketenbasis genannt wurden, sollte bereits am 6. Juni erfolgen. Er mußte jedoch auf den 12. Juni verschoben werden, weil die Abschußrampen noch nicht wiederhergestellt waren, die mehrfach von feindlichen Bombenangriffen getroffen worden waren.

Oberst Wachtel, Kommandeur des Flak-Regimentes 135, war mit der Führung der V 1-Vergeltungsschläge beauftragt worden. Sein Vorgesetzter, General Heinemann, Kommandierender General des LXV. AK z. b. V., gab ihm den Befehl, mit allen zur Verfügung stehenden Pionieren die Abschußrampen so rasch wie möglich wiederherzustellen und in der Nacht zum 13. Juni die Beschießung Londons mit den ersten fliegenden Bomben zu eröffnen.

Es wurde 3.30 Uhr am 13. Juni, ehe die ersten Rampen einsatzklar waren; um 3.57 Uhr wurden die ersten zehn V 1 abgeschossen. (Diese V 1 lautete im offiziellen Sprachgebrauch Fieseler Fi 103i – „Kirschkern". Es war dies eine unbemannte Feststoffrakete mit einer Länge von 7,35 m, die 1000 kg Sprengstoff zum Gegner trug. Ihre Geschwindigkeit war etwa 640 km/h.)

Von den ersten zehn Raketen explodierte die Hälfte unmittelbar nach dem Start. Die zweite Hälfte erreichte England. Eine davon schlug im Londoner Stadtgebiet Bethnal Green ein und tötete sechs Menschen.

General Heinemann stoppte den weiteren Abschuß, bis alle technischen Defekte ausgeräumt und 55 Abschußrampen einsatzbereit waren.

Am frühen Morgen des 15. Juni wurde dann das Bombardement erneut begonnen. Von allen 55 Abschußrampen heulten die feuerschwänzigen Raketen los, und bis zum Hellwerden waren 73 V 1 in Südengland niedergegangen. Sie hatten erheblichen Sachschaden angerichtet und viele Tote und Verletzte gekostet.

Mit Tagesanbruch waren Spitfire-Jäger aufgestiegen, deren maximale Geschwindigkeit annähernd mit jener der Flügelbomben gleich war. Sie versuchten diese unbemannten „Flugzeuge" – als solche wurden sie zunächst angesprochen – abzuschießen, was auch in einigen Fällen gelang. Als einer der Piloten zu dicht heranging und genau den Gefechtskopf der V 1 traf, wurde seine Maschine im Detonationswirbel der 1000 Kilogramm Sprengstoff in Stücke gerissen.

Die höchsten Offiziere des Stabes, die sich in Bushy Park im Londoner Vorort Streatham eingerichtet hatten, waren bestürzt. General Arnold, der OB der US-Luftstreitkräfte, notierte nach einer nicht völlig zerlegten V 1, daß ihre Herstellung sehr billig sei und daß sich demzufolge ihre Zahl sicherlich vervielfachen würde.

„Dies bedeutet Unruhe und Bestürzung und kann schließlich sogar zum Zusammenbruch des normalen Lebens in ganz Großbritannien führen."

Daß auch General Eisenhower sehr besorgt war, zeigte die Morgenbesprechung, in die hinein etwa alle fünf Minuten der Donner der detonierenden Flügelbomben hineinschallte. Er bemerkte, daß dies *die* Chance für Hitler sein könnte, die Initiative zurückzugewinnen. Er beauftragte Bedell Smith zu prüfen, ob man nicht hier in Bushy Park die Zelte abbrechen und nach Portsmouth verlegen könne, um vor den V 1 sicher zu sein. Sein Stellvertreter checkte die Sache durch und kam zu der Überzeugung, daß dies nicht möglich sei, weil in Portsmouth nicht die notwendigen Kommunikationseinrichtungen verfügbar waren.

Am 16. Juni ging wieder eine große Zahl an V 1 in Südengland herunter, und am Mittag dieses Tages wurden an der Kanalküste abermals 244 V 1 gestartet, von denen 144 auf englischem Boden detonierten. Nicht weniger als 73 rissen im Raum Großlondon Häuser um und töteten Menschen. Ganze Häuser verschwanden in den flachen Trichtern, die diese hochbrisanten Bomben aufrissen.

Damit hatte sich die V 1, die von den Insidern als großer deutscher Bluff abgetan worden war, als Tatsache erwiesen. Und demzufolge – so folgerte man nicht zu Unrecht – würde auch die V 2, von der gemunkelt wurde, kein Bluff sein. Und wenn diese so wirksam waren, wie einer der Kriegsgefangenen berichtet hatte, dann gnade Gott England.

Am Morgen des 18. Juni schlug eine der Flügelbomben direkt in die Guards Chapel am Rande des St. James Parks ein. 200 Soldaten und Offiziere fanden in der Kirche den Tod, unter ihnen auch ein Oberst aus General Pattons Stab.

In einem Geheimbefehl an seinen Stab erließ Eisenhower die strikte Weisung, kein einziges Wort von diesen Monsterbomben nach Hause zu berichten.

Tag für Tag gingen diese Flügelbomben auf England nieder, und am 26. Juni schrieb Generalleutnant Hughes, Eisenhowers Stellvertreter, in sein Tagebuch: „Zu viele Bomben! – Gestern 122 Stück."

Und diese Bombardierungen sollten weitergehen.

In einigen Geheimbesprechungen befaßten sich die damit beauftragten Offiziere mit der Ventilierung jener bangen Frage, was geschehen würde, wenn es der deutschen Führung einfiele, anstatt gegen London und

Zivilziele diese V 1 gegen die US-Landungsflotten, gegen den Mulberry und die Küstenbeschießungsverbände einzusetzen. Mit dem Verlust von mindestens der Hälfte der Flotte wurde dann gerechnet, und dies würde unvorhersehbare Folgen zeitigen, wenn es dabei auch anteilig die US-Großkampfschiffe traf.

Wieso Hitler diesen Befehl nicht gab, mit allen verfügbaren V 1 die dicht bei dicht vor dem Strand liegenden Schiffe und die ebenso dicht bei dicht liegenden Schiffe im Mulberry anzugreifen und zu vernichten, war unverständlich. Vollends unverständlich war es aber, wenn man wußte, daß sowohl GFM Rommel als auch andere deutsche Generale Hitler darum gebeten hatten, diesen Schritt zu tun. Aber der Haß Hitlers auf jene Engländer, welche die deutschen Städte „ausradierten", war größer. Er wollte seinen Gegner auf die gleiche Weise in die Knie zwingen, wie dieser es versuchte: durch Bombardierungen der Zivilbevölkerung, als Vergeltung und Rache.

Daß diese Rache blind machte, war den Experten klar, die um die dichte Staffelung der Feindverbände vor der Küste wußten und sich ausmalen konnten, was hier niedergehende V 1 bewirken würden. Gegen sie gäbe es nicht einmal die Möglichkeit eines Stoppens durch Spitfires, denn die Distanz zwischen den Abschußbasen und den Zielen wäre zu gering gewesen.

Diese Maßnahmen hätten es dem Gegner – ebenso wie jener Sturm dies verursacht hatte – unmöglich gemacht, den benötigten Nachschub aufs Festland zu schaffen, und damit eine Entscheidung herbeigeführt.

Die Vertreibung der Beschießungsgeschwader aber hätte auch den Fall von Cherbourg und die riesigen Verluste bei Caen und Tilly verhindert, zumindest aber so lange aufgeschoben, bis endlich von der Gewehr bei Fuß stehenden 15. Armee die notwendigen Divisionen, darunter auch zwei Panzer-Divisionen, herangekommen waren.

Es ist das wohl größte Geheimnis des Zweiten Weltkrieges, *was* Hitler veranlaßt haben konnte, dieses Vorgehen zu unterlassen, das ihm zuerst von General Heinemann angeraten wurde, *dem* Experten des V 1-Beschusses.

Wider besseres Wissen (die deutsche Bevölkerung bewies ihm und dem Gegner doch, daß dies nicht möglich war) wollte er England durch die V 1 zur Kapitulation reifbomben.

Auch die weiterhin vorgeschlagene Bombardierung der südenglischen Häfen hätte bessere Chancen für die Verteidigung im Invasionsraum geboten.

Hitler war jenen Einflüsterern, die ihm dieses Ding eingebrockt hatten, um so lieber erlegen, als er nach Vergeltung lechzte und vor Rachsucht fast von Sinnen war.

Auch nachdem Winston Churchill versichert hatte, daß London mit Rücksicht auf die allgemeine Feldzugslage das Bombardement so lange wie nötig aushalten werde, ließ Hitler weiter auf den Riesenraum um London schießen.

Daß dieser Angriff gegen die Küstenbeschießungsverbände notwendig gewesen wäre, wurde auch am 16. Juni wieder bewiesen, als der DivGef-Stand der 12. SS-PD „HJ" von einem Küstenbeschießungsverband getroffen wurde. Der DivKdr., GenMaj. Fritz Witt, war dabei gefallen. An seine Stelle trat Oberst der Waffen-SS Kurt Meyer, der bis dahin das PGR 25 geführt hatte.

Wie hatte Hitler noch vor Beginn der Invasion gesagt? „Einen Verlust von fünf bis sechs Schlachtschiffen könnten die Alliierten nicht verwinden."

Die einzige Chance, dieses Wunschziel zu erreichen, waren die „Kirschkerne" der V 1. Aber diese Chance wurde nicht genutzt wie so viele andere vorher auch nicht.

Hitlers Flucht vor der V 1

Während die Kämpfe um die Ausgangsposition zum Sturm durch die Halbinsel Cotentin und dann – nach dem Einschwenken gen Norden – auf Cherbourg in die entscheidende Antrittsphase einmündeten und die beiden Angriffsstöße nach Westen und Norden Gestalt annahmen, hatte sich Hitler am 16. Juni 1944 auf den Weg zur Invasionsfront gemacht, wo er am Vormittag des 17. Juni eintraf.

Zur gleichen Zeit gewannen die Fallschirmjäger der 82. LL-Div. Saint Sauveur. Rechts davon drangen die Regimenter der 9. US-ID vor, setzten bei Néhou über die Douve und konnten am frühen Morgen dieses 17. Juni eine schnelle Kampfgruppe in Richtung Carteret vorschieben. Diese KGr. erreichte bei Barneville sur Mer die Westküste der Halbinsel Cotentin. Damit war Cherbourg weiträumig abgeschnitten und konnte nun weder von See her noch von Land aus weiter versorgt werden.

Rommel, der bereits einige Tage vorher bei Hitler die Räumung der Halbinsel Cotentin in Vorschlag gebracht hatte, mußte sich auch in diesem Falle eine Abfuhr holen. Hitler untersagte diese Rückführungsoperation.

Dadurch wurde das LXXXIV. AK in zwei Hälften geschnitten. Während die KGr. Hellmich mit der 91. und 243. ID den unteren Teil der Halbinsel Cotentin verteidigen sollte, erhielt GenLt. von Schlieben Weisung, mit seiner aus der 709. ID und Teilen der 77. ID gebildeten KGr. die Nordspitze der Halbinsel Cotentin zu verteidigen.

Vier Divisionen befanden sich hier in einer aussichtslosen Situation.

Spätestens mit dem Fall von Cherbourg waren auch sie dem Gegner ausgeliefert.

Eines jedoch hatte Rommels ständige „Nörgelei" bei Hitler verursacht. Er wollte sich nunmehr an Ort und Stelle von der Lage überzeugen und den schlappen Generalen die Korsettstangen einziehen, wie einer der Offiziere aus Rommels Stab dies bezeichnete.

Die Generalfeldmarschälle von Rundstedt und Rommel wurden mitsamt ihren Stäben am frühen Morgen des 17. Juni nach Margival bei Soissons befohlen. Hier befand sich der vorgeschobene Führergefechtsstand. Hitler wollte sie hier sprechen.

Von diesem vorgeschobenen FHQ aus hatte Hitler das Unternehmen „Seelöwe" im Herbst 1940 persönlich leiten wollen. Dazu war es nicht gekommen, und nun, vier Jahre später, wollte Hitler die Wende in der Normandie allein durch sein Dasein an Ort und Stelle erzwingen.

Hitler ließ sich von den Feldmarschällen einen detaillierten Lagebericht geben, wozu die Chefs und Generalstäbe sowohl des OB West als auch der HGr. B, Blumentritt und Speidel, die notwendigen Unterlagen, Karten etc. vorlegten.

GFM von Rundstedt wies darauf hin, daß infolge der absoluten alliierten Luftherrschaft und der feindlichen Schiffsartillerie-Massierungen eine Offensive, wie sie auch hier von Hitler gefordert wurde, keine Aussicht auf Erfolg habe.

GFM Rommel bestätigte dies und ergänzte dazu, daß die Wehrmacht angesichts der inzwischen augenfällig gewordenen Erschöpfungserscheinungen bei der Truppe nicht mehr imstande sei, den Landekopf einzudämmen. Die Luftwaffe aber müsse die rückwärtigen Verbindungen besser schützen, und ihm selber sei freie Hand zu gewähren, damit er den Kampf in seiner Weise führen könne.

Hitler bat Rommel, seine Vorstellung von der Fortführung des Kampfes zu geben. Rommel ließ sich nicht zweimal bitten. Er erklärte Hitler eine besondere Kriegslist, die für den „Wüstenfuchs" bezeichnend war. Und zwar sollte die britische Front im Ornetal durch Infanterie-Divisionen aufgehalten werden. Gleichzeitig müsse man auf den Flanken starke Panzerverbände zusammenziehen und die Briten durch schrittweises Zurückweichen in der Mitte in eine große Falle locken, die dann von den beiden Zangenarmen der Panzer geschlossen werden sollte. Dann seien diese Truppen von ihrer Versorgung und allen rückwärtigen Verbindungen abgeschnitten und könnten vernichtet werden.

Um die feindliche Schiffsartillerie dabei auszuschalten, solle diese Operation „Mausefalle" so weit von der Küste entfernt durchgefochten werden, daß die feindliche Schiffsartillerie unmöglich mitspielen könne.

Der geniale Plan schien Hitler zuzusagen, und auch als Rommel erklärte, daß das Gelände für eine solche Operation ideal sei und nur auf diese Weise ein Ausbruch der Alliierten aus ihrem Landekopf verhindert werden könne, war Hitler nicht dagegen. Er äußerte sich jedoch auch nicht klar dafür und „traf keine diesbezügliche Entscheidung", wie General Blumentritt im KTB des OB West vermerkte.

Als Hitler im Zuge seiner abschließenden langen Monologe davon sprach, daß die deutschen Soldaten im Westen nicht ihr Bestes gegeben hätten, sprang allein GFM Rommel ein und erklärte, daß sie sich zu keiner Zeit tapferer geschlagen hätten. Allerdings konnte er Hitlers Vorwurf nicht entkräften, daß die Panzer-Divisionen nicht rechtzeitig und nicht geschlossen zum Gegenstoß angesetzt worden waren. Daß dies nicht im Aufgabenbereich der HGr. B oder des OB West lag, wußte Hitler selber. Er hatte schließlich zugestimmt, daß die drei Panzer-Divisionen, um die es hier ging, als OKW-Reserve zurückgehalten wurden.

In dieser Besprechung – spät, aber nicht zu spät – versicherte Rommel Hitler, daß *dies die* Invasion sei und mit Sicherheit keine zweite Landung erfolgen werde. Daraus folgerte er, daß man nunmehr beschleunigt den Einsatz der 15. Armee im Invasionsraum veranlassen müsse. Nur so sei der Gegner noch zu stoppen.

Hitler widersprach dieser richtigen Lagebeurteilung, weil seine Berater und Marionetten ihm diese zweite Invasion förmlich eingeimpft hatten. Er wies darauf hin, daß in England noch immer 80 britische und amerikanische Divisionen stünden und daß *sie* die zweite Landung durchführen würden.

Diese Schätzung der Abt. Fremde Heere West war nicht allein durch die britischen Täuschungsmanöver zustande gekommen. Auch hier müssen andere Kräfte mit im Spiel gewesen sein, um dieses Märchen weiterzuverbreiten. Eine Invasion mit nur sechs Divisionen im ersten Treffen konnte nach der Meinung dieser Abwehrstellen *nur* eine Scheinlandung sein.

Hitler vertrat immer noch die Ansicht, daß an einer weiter nordostwärts gelegenen Stelle der langen Kanalküste die zweite Invasion erfolgen werde. Und zu deren Abwehr müsse die 15. Armee stehenbleiben, wo sie stand. Hitler betonte, daß jene Truppen, die im Brückenkopf einer mehrfachen feindlichen Überlegenheit standzuhalten hatten, mit dem Gegner allein fertig werden müßten. Er fuhr dann fort:

„Der Augenblick, da England durch unsere Vergeltungswaffen zermürbt um Frieden fleht, ist nicht mehr fern. Ein fanatischer Glaube am Endsieg muß unsere im Westen kämpfenden Soldaten durchdringen."

Daß man mit einem noch so festen Glauben keinen einzigen der feindlichen Bomber und Jagdbomber herunterholen konnte und kein einziges Schlachtschiff zum Abdrehen zu zwingen wußte, das alles interessierte Hitler nicht.

In dieser Situation forderte GFM Rommel wieder den Einsatz der V 1 gegen die alliierte Schiffsarmada, gegen den Mulberry und die südenglischen Häfen, weil er diese große Chance erkannte. Hitler aber wollte einfach nicht einsehen, daß die Bombardierung von London die britische Führung nie in die Knie zwingen würde, daß aber die Vernichtung eines Teiles der Beschießungsgeschwader, die durchaus realistisch war, und die Zerstörung der Anlandehäfen den feindlichen Brückenkopf noch zum Einsturz bringen konnte.

Hitler lehnte den „zweckentfremdeten Einsatz der Vergeltungswaffen" ab. „Wir müssen nur die Nerven behalten", beschwor er die Befehlshaber. „Wenn wir die Invasion abwehren, dann macht England unter dem Druck der V-Waffen Frieden."

Die Invasion konnte aber *nur* noch mit der V 1 abgewehrt werden. Andere durchschlagende Waffen standen nicht mehr zur Verfügung. Dies einzusehen, blieb Hitler versagt, und damit versagte sich ihm auch der Sieg in der Normandie.

Hitler befahl, die Front beiderseits des nicht mehr bereinigten Feinddurchbruchs zur Westküste von Cotentin aufzuklappen. Er gab seine Richtlinien für die Verteidigung von Cherbourg heraus und eine für die Fortführung des Angriffs ostwärts der Orne. Darüber hinaus ordnete er die Versammlung jener vier nunmehr teilweise eingetroffenen SS-Panzer-Divisionen im Raume westlich der Linie Caen–Falaise an. Sie sollten zu einem Gegenangriff angesetzt werden, dessen Beginn sich Hitler selbst vorbehielt.

Die Tatsache, daß bis zum 15. Juni von den Alliierten über 500000 Mann mit über 77000 Fahrzeugen in der Normandie gelandet waren, irritierte ihn nicht sonderlich. Er war der felsenfesten Überzeugung, daß diese vier neuen SS-Panzer-Divisionen den Ausschlag geben mußten.

Als in Margival die Alarmglocken schrillten, mußte sich Hitler mit seiner engsten Begleitung in den Schutzraum des GefStandes begeben. Außer ihm, Rommel und von Rundstedt fanden nur noch Blumentritt, Speidel und General Schmundt dort Platz.

Im Schutzraum versuchte GMF Rommel Hitler dazu zu bringen, die Bevölkerung Frankreichs vor den Maßnahmen des SD in Schutz zu nehmen und dem Wirken des Reichskommissars Sauckel und seiner Beamten Einhalt zu gebieten. Er warnte davor, in den Franzosen Rachegefühle zu wecken. Hitler schnitt ihm abrupt die Rede ab und sagte, Rommel möge sich um seine Invasionsfront kümmern und um sonst nichts.

Um 16.00 Uhr brachen Rommel und von Rundstedt mit ihren Stäben wieder auf. Sie hatten nichts weiter erreicht als Hitlers Zusage, am nächsten Tag nach La Roche Guyon zu kommen und sich von Frontoffizieren einen Bericht von den Kämpfen in der Normandie geben zu lassen.

Doch auch dieses Versprechen hielt Hitler nicht. Am 18. Juni in der Frühe wollte General Blumentritt mit dem Verbindungsoffizier in Margival die Vorbereitungen zum Führerbesuch besprechen. Dieser teilte ihm jedoch mit, daß Hitler in der vergangenen Nacht wieder nach Deutschland zurückgekehrt sei.

Der Grund für den überstürzten Aufbruch: Eine V 1 war etwa drei Kilometer von dem vorgeschobenen FHQ entfernt niedergegangen. Hitler hatte ein Attentat geargwöhnt, und da er Verbrechern keine Gelegenheit geben wollte, „Deutschland den Dolchstoß zu versetzen" (siehe Raymond Cartier: Der Zweite Weltkrieg), war er abgereist.

Die vier SS-Panzer-Divisionen

Bei den vier SS-PD, die Hitler bereits fest in sein Kalkül einbezogen hatte, handelte es sich um die 9. und 10. und um die 1. und 2. SS-PD. Diese Divisionen des II. SS-PzK. unter SS-Oberstgruppenführer Hausser waren jedoch nur noch ein Schatten ihrer selbst. Die zwei erstgenannten Divisionen hatten in erbitterten Abwehrkämpfen in Polen gestanden, Stalins Falle um die 1. PzArmee des Generals Hube geknackt und einen großen Sieg der Roten Armee in der Schlacht zwischen Dnjepr und Seret vereitelt. Die 1. SS-PD „Leibstandarte" war ebenfalls nach schweren Kämpfen aus Rußland herausgezogen worden und bei ihrem Alarm zur Verlegung in die Normandie weder materiell noch personell auf der Höhe. Sie traf übrigens auch erst am 28. Juni an der Invasionsfront ein.

Die 2. SS-PD „Das Reich" wiederum war nach den Abwehrkämpfen im Raume Charkow im Winter 1943 nach Südfrankreich verlegt worden. Als sie alarmiert wurde, war ihre Neuaufstellung noch nicht beendet.

Das also waren jene Divisionen, denen Hitler Wunderkraft zusprach. Sie sollten einem Gegner trotzen, der sich beinahe täglich um mehrere Divisionen verstärkte.

Vorerst also waren diese Divisionen noch gar nicht im Kampfraum eingetroffen. Erst vom 25. Juni an konnte mit ihnen gerechnet werden.

Das Ziel ist Cherbourg

Als General Collins die neue US-Offensive aus dem großen Brückenkopf am Südostende der Halbinsel Cotentin in Richtung Cherbourg ansetzte, war nicht die Douve und deren Überwindung das erste Ziel seiner Angriffstruppen, sondern der Raum nach Westen in Richtung St. Sauveur le Vicomte.

Die an der Spitze eingesetzte 90. US-ID war jedoch nicht imstande, die schwachen deutschen Abwehrlinien zu durchbrechen. Sie rang drei Tage vergebens um einen Durchbruch. Am Morgen des vierten Tages rief General Collins die Kommandeure zusammen. Er wies seinen Stellvertreter, GenMaj. Landrum, an, den Kdr. der 90. US-ID, BrigGen. Jay W. McKelvie, abzusetzen und die Division in der Zwischenzeit, bis ein neuer Kdr. gefunden war, auf Vordermann zu bringen.

„Landrum", berichtete Bradley, „versprach mir raschest einen Salzwasser-Cocktail von der anderen Seite der Halbinsel Cotentin." Doch daraus wurde nichts. Die 90. ID, in den ersten Einsatztagen geschockt, verlor auch nach dem Kommandowechsel mehr und mehr an Gesicht und wurde eine „Problem-Division". Mehrere Kompanien liefen zum Feind über, ein ganzes Bataillon verließ seine Stellungen. Auch GenMaj. Landrum fehlte die Kraft, aus diesem „Sauhaufen wieder eine schlagkräftige Division zu machen". Auch er mußte gehen. Erst am 30. Juli fand Bradley in BrigGen. Raymond S. McLain einen neuen tatkräftigen Kommandeur.

Mit dem Eintreffen der 9. ID verschob Collins die 90. ID an die Peripherie der Kämpfe und gab den Fallschirmjägern der 82. LL-Div. diese kampferfahrene Division zur Seite. Sie sollten nunmehr nach Westen durchstoßen und Cherbourg vom Süden der Halbinsel abschneiden.

Während GenMaj. Eddy seine 9. ID am 14. Juni von der Leine ließ und sie nach Westen vortrieb, sicherte die 82. LL-Div. Ridgways im Süden hinter der Douve. Wo sich der Fluß teilt, auf halbem Wege zur Mitte der Halbinsel, hielt die 82. LL-Div. an. GenMaj. Eddy teilte seine Division mit den ihr unterstellten Panzerverbänden für seinen kühnen Stoß zur Küste in zwei KGr. ein.

Am späten Abend des 17. Juni meldete Collins dem OB der US-Truppen, daß die Halbinsel abgeschlossen sei. Damit hatte Collins unter Beweis gestellt, daß er einer der besten Führer der US-Armee war. Er hatte auf Guadalcanal in den Dschungeln der Kokosnußwälder gegen die Japaner gekämpft. (Siehe dazu: Hrowe H. Saunders: Duell im Pazifik.)

Collins' Devise war es, in dem von Hecken durchzogenen beengten Gelände beiderseits zweier Hauptstraßen mit zwei KGr. anzugreifen. Er ließ die vier Regimenter der Stoßspitze auf jeweils einer Breite von einem km je Bataillon in Bataillonskolonnen vorgehen.

Das, was GenOberst Dollmann am 15. Juni als große Befürchtung ausgesprochen hatte, war eingetreten: „Die Lage gleicht einem bis zum Zerreißen gespannten Bogen.“ Die Sehne des Bogens war gerissen. Der Gegner hatte die Douve überwunden und die Westküste der Halbinsel Cotentin erreicht.

Als in der Nacht zum 18. Juni mehrere Einheiten der KGr. Hellmich und Teile der 77. ID versuchten, den Vormarschweg der Amerikaner zwischen St. Sauveur und der Westküste zu durchbrechen, war die Straße bereits von US-Truppen gesperrt. Die etwa 600 Soldaten starke Gruppe der 77. ID erlitt hier starke Verluste. Insgesamt gelang es nur etwa 1400 Mann der Kampfgruppe Hellmich, nach Süden durchzubrechen, ehe die 9. US-ID am 19. Juni nach Barneville hineinrollte und die Halbinsel damit hermetisch von ihrer Basis abschnitt.

Bereits am Vortage, während die beiden Sturmkeile der Amerikaner nach Westen vorpreschten, gruppierte Collins die dahinter nachfolgenden Verbände um, so daß am 19. Juni die 4. ID unter GenMaj. Barton, die 79. und Teile der 9. ID zum Vorstoß nach Norden, direkt auf Cherbourg, bereitstanden.

Die 90. ID, die nunmehr im Verband des neu hinzugekommenen VIII. US-Korps unter GenLt. Middleton stand, sicherte die Südfront entlang dem Überschwemmungsgebiet.

Daß es Manton Eddy gelang, binnen 22 Stunden seine 9. ID um 90 Grad zu drehen, war eine Meisterleistung. Aber er schaffte es und stürmte am 19. Juni auf einer Breite von neun Meilen nach Norden, direkt auf Cherbourg zu. Eddy, der nicht nur in seiner Division als „Atemräuber“ galt, machte seinem Namen wieder alle Ehre. Er sah den Gegner aus dem Gleichgewicht gebracht und nutzte dies aus, um den Deutschen keine Chance zum Atemholen zu lassen.

Um Collins zu helfen, diese Wendung zu vollziehen und nicht im Rücken bedroht zu sein, schob General Bradley das VIII. US-Korps unter Middleton in die Basis der Halbinsel ein. Dies war auch notwendig, weil die beiden LL-Div. von den Kämpfen der ersten Tage angeschlagen waren und zudem das Kampffeld eine Breite von 18 Meilen aufwies.

Das VIII. Korps konnte unangefochten hinter den Fronttruppen aufmarschieren und sich zum Vorstoß bereitstellen.

Die Offensive nach Norden begann am 19. Juni mit einem Überraschungsangriff auf Montebourg. Die 4. US-ID trat um 3.00 Uhr ohne jede Artillerievorbereitung an. Die deutschen Vorpostenstellungen wurden überrannt und die Stadt eingeschlossen.

Mit Einfall der Dunkelheit erreichte diese Div. an diesem Tage Valognes. Die 9. ID legte am selben Tage ebenfalls neun Meilen zurück. Am Abend des 20. Juni hatte Collins' Korps die äußere Verteidigungslinie von Cherbourg, die sogenannte „Hitler-Linie", erreicht.

Am Morgen des 21. Juni erfolgte eine Übergabe-Aufforderung an General von Schlieben, die aber nicht beantwortet wurde. Cherbourg war in größter Gefahr.

Wenden wir uns jedoch zunächst der deutschen Seite zu! Was hatte sich dort seit dem 14. Juni getan? GFM Rommel hatte an diesem Tage den Befehl gegeben, alle frei werdenden und herankommenden Truppen in die Lücke zu werfen, die südlich des Douvetales durch US-Truppen aufgerissen worden war.

Die Verteidiger der Halbinsel Cotentin auf dem Rückzug

Am 15. Juni waren die deutschen Verbände auf der Halbinsel Cotentin in die beiden KGr. von Schlieben und Hellmich aufgeteilt worden. Während GenLt. von Schlieben mit der 709. und Teilen der 77. ID Befehl hatte, den direkten Weg des Gegners nach Cherbourg zu sperren, war die zweite KGr. unter GenLt. Hellmich mit den Resten der 91. ID und der 243. ID dazu bestimmt worden, den US-Vorstoß zur Westküste Cotentins aufzuhalten.

Beide Gruppen wurden nicht nur durch den Vorstoß der Amerikaner voneinander getrennt, sondern auch durch den Befehl zurückzuklappen.

Bereits am 16. Juni meldete General Farmbacher, der die Nachfolge von General Marcks als KommGen. des LXXXIV. AK angetreten hatte, daß die Gruppe Hellmich dem Druck der nach Westen vorstoßenden frischen US-Kräfte wahrscheinlich nicht werde standhalten können. Mit einem Durchbruch der Amerikaner an die Westküste der Halbinsel müsse gerechnet werden.

Da aus der Bretagne keine weiteren Verstärkungen als die 77. ID herangekommen war (und die 15. Armee immer noch nicht die notwendigen Truppen zum Einsatz in der Normandie freigegeben hatte), schien ein Halten der Stellungen gegen die mehr und mehr verstärkten US-Truppen nicht länger möglich. Der Befehl, bei Montebourg und St. Sauveur zu sperren, war nicht durchführbar. Jetzt hätte die militärische Vernunft General Farmbacher sagen müssen, daß er nun alle Truppen nach Norden zurückziehen mußte, um das Feindziel Cherbourg zu halten.

Nichts dergleichen geschah, denn Farmbacher hatte immer noch Weisung, am Fuß der Halbinsel einen Korridor freizuhalten, damit nachfolgende eigene Truppen in die Halbinsel einfließen konnten. Der KommGen.

des LXXXIV. AK entschloß sich zu einem Kompromiß. Er befahl der Gruppe von Schlieben, die 77. ID an die KGr. Hellmich abzugeben und so die südliche KGr. stärker zu machen. GenLt. Schlieben wiederum sollte mit der 709. ID, hinhaltend fechtend, auf Cherbourg zurückweichen.

GenOberst Dollmann genehmigte diesen Befehl. Seine Meldung an das FHQ aber brachte Hitler erneut auf den Plan; er forderte kategorisch, *jede* Bewegung auf Cherbourg zurück zu stoppen und in der derzeitigen Linie zu verteidigen. Daß diese Linie durch die US-Truppen bereits überwunden war, focht ihn nicht an.

GFM Rommel, der sich zum LXXXIV. AK begeben hatte, erhielt durch General Farmbacher eine Lagemeldung, die ihn dazu veranlaßte, Farmbachers Vorschlag zuzustimmen. Doch das FHQ im Berghof bei Berchtesgaden verbot jede Rückzugsbewegung nach Norden. Aus dem FHQ kam stets der gleiche Befehl: „Laut Führerbefehl hat die Gruppe Schlieben zu halten und dann unter Umständen durchzubrechen!"

GFM Rommel rief am Abend des 16. Juni bei GFM von Rundstedt an und protestierte gegen einen solchen Selbstmordbefehl: „Wenn in enger Auslegung des Führerbefehls alle Kräfte in der Halbinsel dort halten, wo sie sich augenblicklich befinden, dann rollt der Gegner auf vollkommen freien Straßen im Rücken der eigenen Truppen. – Wenn am bisherigen Stand festgehalten wird, ohne daß die beweglichen Teile der Lage gemäß eingesetzt werden können, geht Cotentin noch viel rascher verloren, als wenn frei operiert werden kann.

Bei St. Sauveur muß dem Gegner unbedingt etwas entgegengeworfen werden, sonst erfolgt der Zusammenbruch auf Cotentin kolossal rasch, weil sich dann weder in Cherbourg noch im Süden der Abstauungen wesentliche eigene Kräfte befinden."

GFM von Rundstedt ließ sich von Rommel überzeugen und sagte zu, Hitler diese Sache noch einmal vorzutragen. Aber offenbar hatte von Rundstedt Rommel gegenüber auch die unbedingte Befolgung dieses Führerbefehls durchgesetzt, denn nach diesem Gespräch befahl Rommel den Truppen in bezug auf Cotentin:

„Es dürfen keine Rückzugsbewegungen eingeleitet werden. Die Stellungstruppen dürfen ihre Stellungen nicht verlassen!" (Siehe KTB der HGr. B.)

In diesem Befehl wurde der 77. ID aufgetragen, ihre Reserven der KGr. Hellmich zur Verfügung zu stellen, damit diese stark genug sei, den Gegner auf der Straße von St. Sauveur nach Cherbourg zu stoppen. Die in der Front stehenden Truppen der 77. ID sollten jedoch nicht abgezogen werden. Damit war dieser Befehl hinfällig und undurchführbar, denn die 77. ID hatte keinen einzigen Mann Reserve mehr.

Erst am 17. Juni um 10.35 Uhr erreichte ein Führerbefehl das HQ der 7. Armee, in dem Hitler selbst seine Meinung änderte und damit der Lage – wenn auch 24 entscheidende Stunden zu spät – Rechnung trug. Der neue Befehl lautete:

„Festung Cherbourg ist unter allen Umständen zu halten. Zurückkämpfen der nördlichen Gruppe (von Schlieben) auf die Festung Cherbourg unter Verzögerung des feindlichen Vorstoßes ist genehmigt. Absetzbewegungen in einem Zuge auf Cherbourg sind zu unterlassen.«

Am selben Tag legte Hitler ferner fest, daß die nach Norden zurückgehende KGr. von Schlieben sich nur bis zur Linie St. Vaast de la Hogue–Le Thiel–Vauville südlich von Cherbourg zurückziehen dürfe und dort halten müsse; ganz gleich, was geschah.

Diese Linie war infolge ihrer Breite und der Ungunst des Geländes nicht zu halten, während die vorgesehene Linie in den zum Schutz der Festung von der Landseite her angelegten Verteidigungsstellungen dafür optimal war. Sie wäre als einzige für längere Zeit zu halten gewesen. Die nunmehr zu haltende Front hatte eine Breite von 48 km. Dies bedeutete, daß nicht mehr als ein schwacher, durchlässiger Schützenschleier über die Halbinsel gelegt werden konnte, der jederzeit an beliebiger Stelle durchbrochen werden konnte.

Am Abend des 17. Juni wurde General Farmbacher abgesetzt, weil er nicht gewillt schien, diesen Führerbefehl in die Tat umzusetzen.

Allerdings sind diese Führerbefehle nicht Ausgeburten eines unbedarften Gehirns entsprungen, denn aus den Absprüngen freifranzösischer Fallschirmjäger in der Bretagne und einer Aussparung der Verminung der Küste im Großraum des Hafens von Brest erschien ein Handstreich gegen diesen Hafen möglich. Falls dies geschah, dann wollte man nicht mit allen Truppen im Kessel von Cotentin festsitzen.

Der OB West erließ am 17. Juni die Weisung, um die Halbinsel Cotentin mit äußerster Kraft zu kämpfen, Zeitgewinne zu erzielen und das Herankommen des Feindes an Cherbourg zu verzögern. „Im Bereich der Festung ist ein Ausweichen im Vorfeld auf die Küstenverteidigung abzustimmen."

Dazu wurden Richtlinien für den Kommandanten der Festung erteilt. Die HGr. B erhielt freie Hand, welche Truppen sie in den Südriegel einschieben wollte. Außerdem wurde die Durchführung örtlich begrenzter Angriffe befohlen, um den Feind zu fesseln und seinen Durchbruch zu verhindern.

Als GenOberst Dollmann an diesem entscheidenden 17. Juni um 23.15 Uhr das HQ Rommels anrief, war GenLt. Speidel am Telefon. Dollmann versuchte ihm klarzumachen, daß die Weisungen, die GenLt. von Schlieben gegeben worden waren, auch so aufgefaßt werden könnten, daß das von Hitler geforderte Halten auf der angegebenen Linie nur *so lange wie*

Feldmarschall Alan F. Brooke, Chef des britischen Generalstabes

Feldmarschall George C. Marshall, Chef des US-Generalstabes

Luftmarschall Trafford Leigh-Mallory

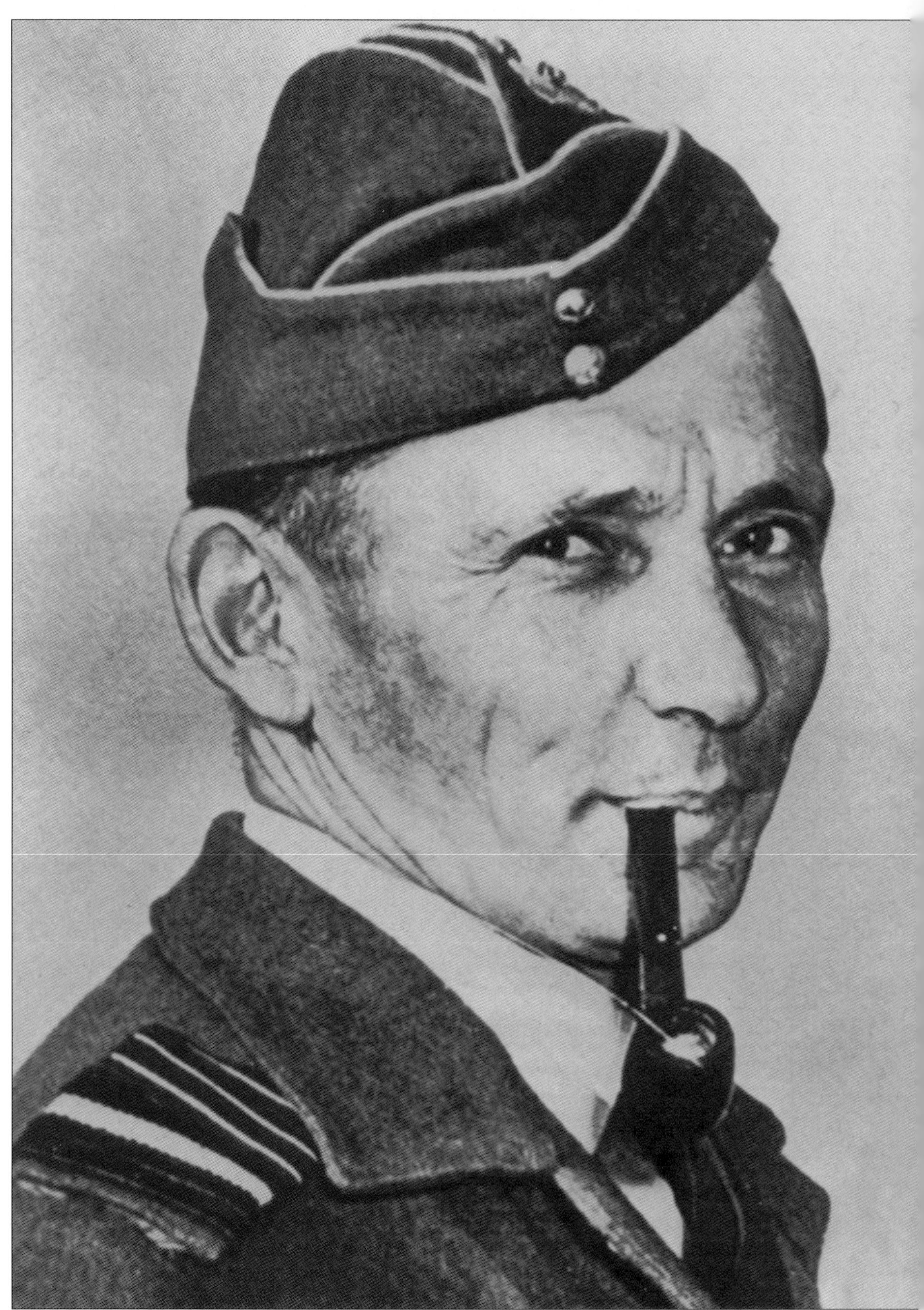

Luftmarschall Sir Arthur Tedder, Eisenhowers Stellvertreter

Generalfeldmarschall Rommel,
erster Oberbefehlshaber der Heeresgruppe B

Generalfeldmarschall Model,
letzter Oberbefehlshaber der Heeresgruppe B

La Roche Guyen,
Hauptquartier der Heeresgruppe B

Generalfeldmarschall von Rundstedt (rechts) in La Roche Guyen, neben ihm Generalfeldmarschall Rommel und Generalleutnant Speidel

Generalfeldmarschall Rommel (links) im Gespräch mit Obergruppenführer Dietrich (Mitte)

Die Panzer-Lehr-Division auf der Straße der Jabos

Panzer V „Panther“ gehen in Bereitstellung.

Panzer VI „Tiger II“ bei Tilly auf dem Weg zur Front

Sepp Dietrich führt das I. SS-Panzerkorps in der Normandie.

General Dwight D. Eisenhower

General
George S. Patton

General Leonard T. Gerow

General Matthew B. Ridgway

Der Landungsstrand an der Küste der Normandie

Der Gegner ist nahe.

Der blutige „Omaha"-Abschnitt: Die 1. US-Infanterie-Division stürmt an Land.

Landungsboote für Panzer werden ausgeladen.

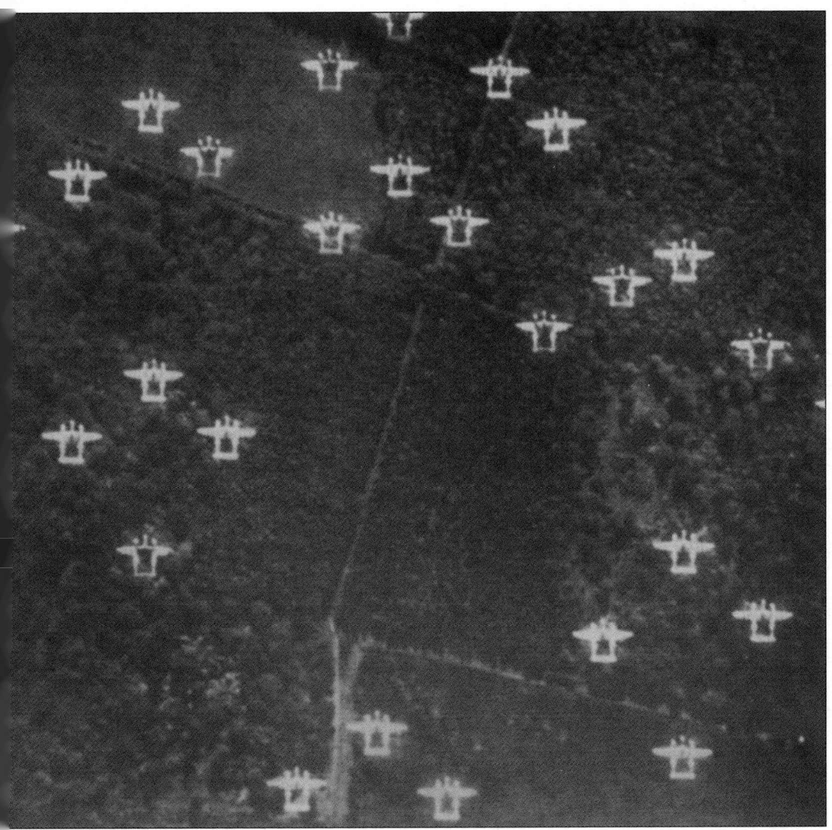

Drückende alliierte Luftüberlegenheit (Lockhead P 38 „Lightning“)

Horsa-Segler nach der Landung

US-Infanterie verläßt die Landungsboote.

Ein LCT-Landungsboot erreicht den Strand.

Generalfeldmarschall von Rundstedt, Oberbefehlshaber West

Großadmiral Dönitz, Oberbefehlshaber der Kriegsmarine

Generalleutnant Bayerlein,
Kommandeur der Panzer-Lehr-Division

General der Fallschirmtruppe Meindl

möglich bedeuten und sich von Schlieben danach in die vorbereitete enge Verteidigungslinie zurückziehen könne.

Die Antwort von GenLt. Speidel lautete, „daß dieser Passus in der Führerweisung ausdrücklich vom Führer persönlich so befohlen worden sei und daran nichts zu ändern ist.“ (Siehe: Speidel, Hans: Invasion 1944.)

Aus dieser Befehlsgebung entwickelte sich für die 77. ID eine besonders bedrohliche Lage, die an dieser Stelle eingeblendet werden muß:

Die Odyssee der 77. Infanterie-Division

Die 77. ID unter GenMaj. Stegmann hatte – wie bereits erwähnt – die rechte Flanke der Cherbourgfront zu decken. Auf seinem vorgeschobenen GefStand konnte GenMaj. Stegmann am Nachmittag des 17. Juni GenLt. von Schlieben begrüßen und mit ihm die Absicht besprechen, nach Norden auszuweichen, sich auf Cherbourg zurückzuziehen und dadurch die Verteidigungskraft der Festung zu stärken.

Als diese Frage bereits besprochen war, ging der Befehl der HGr. B ein, der ein „Absetzen nach Süden“ forderte.

In kampfkräftige Gruppen aufgeteilt, ließ GenMaj. Stegmann seine Division nach Süden antreten. Es galt, die feindliche Front, die noch nicht zu dicht war, zu durchbrechen.

In den frühen Morgenstunden des 18. Juni stießen Jabos auf die bespannten Teile der Division herunter und warfen Raketenbomben, um anschließend, aus allen Bordwaffen feuernd, die Kolonne auseinanderzujagen.

Um Ordnung zu schaffen, fuhr GenMaj. Stegmann im Befehlswagen auf dieser Straße nach vorn. Ein einzelner Jagdbomber stieß plötzlich auf diesen Wagen herunter und eröffnete das Feuer aus seinen Bordwaffen. Die 2-cm-Granaten zerfetzten den Stabswagen. GenMaj. Stegmann war auf der Stelle tot. (Er wurde nachträglich zum GenLt. befördert.)

Übrigens war keine 24 Stunden vorher GenLt. Heinz Hellmich von einem Jagdbomber beschossen und ebenfalls getötet worden.

Auf dem Gefechtsfeld übernahm Oberst Bacherer, Kdr. des IR 1049, die Führung der 77. ID. Er war ein erfahrener Frontoffizier. Da er noch über etwa 2000 Soldaten verfügte, befahl er den entschlossenen Durchbruch nach Süden, wo jedes Gewehr gebraucht wurde.

In der Nacht zum 19. Juni begann der Durchbruch. Er glich eher einem Geistermarsch denn einem Kriegsmarsch. Die Funk- und Sanitätswagen wurden auf den vorher durch Spähtrupps erkundeten Wald- und Wiesenwegen durch die Lücken der feindlichen Front geführt. Dann ging es durch

Dörfer, die von der 90. US-ID besetzt waren. Es fiel kaum ein Schuß. Die Amerikaner wurden entwaffnet und einer Gefangenenkolonne übergeben, die von einer Handvoll deutscher Soldaten mitgeführt wurde.

Zerstörungstrupps zerschnitten die Nachrichtenverbindungen des Gegners. Es regnete, und die dichte, tiefhängende Wolkendecke verhinderte jeden Luftwaffeneinsatz.

Kurz vor Mittag lagerte das, was von der 77. ID übriggeblieben war, in einem einsamen Hohlweg. Die Spähtrupps entdeckten keine 500 m entfernt ein US-Lager. Dennoch blieben die Männer an Ort und Stelle und schliefen vor totaler Erschöpfung ein.

Der Gegner rührte sich nicht, und am Nachmittag wurde der Durchbruchsmarsch fortgesetzt. Ein Funkspruch an die im Süden jenseits der US-Linien stehende 243. ID machte diese darauf aufmerksam, daß die KGr. der 77. ID auf Villot vorstoßen wolle. Der DivFhr. der 243. ID befahl nun einen Vorstoß der Sturmgeschütze auf Villot zum Freikämpfen einer Schneise für die abgekämpften Kameraden.

Es schien alles glatt zu verlaufen, doch dann stieß die KGr. Bacherer auf eine US-Riegelstellung an der Ollande. Oberst Bacherer ließ das I./IR 1050 mit aufgepflanztem Seitengewehr und Hurrarufen – unter Feuerschutz auf beiden Flanken durch vorgezogene MG-Gruppen – auf die Brücke zustürmen. Der Gegner wich aus, der Sprung über die Brücke gelang. Das hier stehende II./IR 47 der Amerikaner wich fluchtartig zurück. Ein Teil dieses Batl. geriet in deutsche Gefangenschaft.

Mit 250 Gefangenen und einem Dutzend erbeuteter Jeeps, in denen die Verwundeten zurückgeschafft wurden, erreichten die Reste der 77. ID die Linien der 243. ID und waren in Sicherheit.

Oberst Bacherer erhielt am 11. Aug. 1944 für diesen Einsatz das Eichenlaub zum Ritterkreuz.

Die Lage in Cherbourg

Der amerikanische Überraschungsangriff nach Norden auf Montebourg am frühen Morgen des 19. Juni durchbrach die dünnen deutschen Linien. GenLt. von Schlieben sah sich in der prekären Lage, daß nun ein Drittel seiner Truppen außerhalb seiner rückwärtigen starken Verteidigungsanlagen in praktisch offenem Gelände verteidigen sollte und nicht in den starken Bunker- und Kampfstandanlagen des äußeren Festungsgürtels.

GenLt. Hellmich bzw. dessen Nachfolger verfügte nach dem Ausbruch der 77. ID nach Süden nur noch über die Reste jener vier genannten Divisionen und über kleine Gruppen Marinepersonal, Flakbedienungen,

Marineartilleristen und OT-Männer. Die Gesamtstärke seiner Verteidigungskräfte betrug 21000 Mann, darunter ein Fünftel Ausländer, überwiegend Russen. GenLt. von Schlieben ließ einen FT-Spruch an GFM Rommel absetzen, der diesen Umstand drastisch beleuchtet:

„Es ist zuviel, von Russen zu erwarten, daß sie in Frankreich für Deutschland gegen Amerikaner kämpfen."

Der amerikanische Überraschungsangriff nach Norden auf Montebourg war neben der katastrophal werdenden Versorgungslage ein erstes Zeichen, daß es auf Cotentin dem Ende zuging. Noch am 20. Juni konnten allerdings aus Cherbourg 18000 Zivilisten evakuiert werden. Dennoch waren immer noch 41000 Menschen im Nordteil der Halbinsel zu versorgen. Und wenn auch die Versorgung für diese Kopfstärke für 43 Tage gesichert war, wurden bereits mögliche Abwurfplätze für die Luftversorgung vorbereitet; über See war ein Transportdienst mit den in Cherbourg liegenden Schnellbooten, vier U-Booten und anderen Schiffen vorgesehen.

Der OB West erwartete in seiner am Morgen des 20. Juni gegebenen Lagebeurteilung aufgrund der Wetterlage eine „auf Sicherheit abgestellte Kampfführung und Auffüllung der Verbände". GFM von Rundstedt rechnete mit folgenden feindlichen Unternehmungen:

„1. Aus dem Raume Tilly–Torteval gegen die Straße Villers Bocage,
2. Festigung der Abschnürung auf Cotentin durch Angriffe nach Norden und Nordosten." (Siehe Percy E. Schramm: a.a.O.)

GFM von Rundstedt ging es in dieser Phase darum, Zeit zu gewinnen, um die Verteidigung Cherbourgs neu aufbauen zu können. Der Hafen mußte total zerstört werden.

Noch immer rechnete man mit einer zweiten alliierten Landung zwischen Somme und Seine. Deshalb bat von Rundstedt beim FHQ darum, die Sicherung des Raumes hinter der 15. Armee gegen feindliche Luftlandungen durchführen und weitere Gruppen in diesen Raum verlegen zu *dürfen*. Das genaue Gegenteil davon hätte er veranlassen *müssen*.

Inzwischen hatten sich drei US-Divisionen des Korps Collins bis zum 22. Juni zum Angriff auf Cherbourg bereitgestellt. Ihnen standen auf seiten der Verteidiger jene in die Landfront von Cherbourg eingerückten Bataillone gegenüber, die teilweise nur noch aus 150 bis 200 Mann bestanden, was einer Kompaniestärke entsprach. Sie wurden in der Linie südlich Cherbourg wie folgt eingesetzt:

Auf der Halbinsel Jobourg mit dem „Westeck", einem Außenwerk der Festung, stand das GR 922, daneben bis zum Kampfstand 463 die KGr. Keil mit dem GR 919 und dem MG-Batl. 17. Das GR 739 hatte in der Mitte der Abwehrfront Stellung bezogen. Sein Kdr., Oberstleutnant

Köhn, hatte keine panzerbrechenden Waffen zur Verfügung. Hier mußte aber mit einem starken US-Panzerangriff gerechnet werden.

Der Ostabschnitt vom Widerstandsnest 436 an bis nach Cap Levy wurde von der KGr. Rohrbach bezogen; das GR 729 war ihr Kern. In dem unterirdischen GefStand in Octeville, einem Vorort von Cherbourg, befand sich der Festungskommandant, GenLt. von Schlieben. Hier war auch das HQ des Seekommandanten Normandie, KAdm. Hennecke, eingerichtet worden.

Der US-Angriff am 22. Juni brachte einige Einbrüche in die Landfront Cherbourgs. So bei der KGr. Köhn in der Mitte, bei der KGr. Rohrbach im Osten und im Südabschnitt bei der KGr. Keil.

Beide Befehle Hitlers, sowohl Fallschirmjäger als auch ein Reserve-Rgt. im Seetransport nach Cherbourg zu bringen, waren undurchführbar.

Am 23. Juni setzte der Gegner seine Angriffe fort. Er stieß in der Mitte bis kurz vor den GefStand Octeville vor, erreichte rechts daneben den Südrand von Tourlaville und auf der linken Flanke Flottemanville. Im äußersten Osten hielt sich die Bastion mit der Batterie „Hamburg" und der kleineren Batterie „Seeadler" ebenso wie das „Osteck". Diese Bastionen waren im Dreieck zueinander angelegt und konnten einander Schützenhilfe leisten.

Die in den Räumen St. Pierre Eglise, Theville und Le Theil im Osten angreifenden US-Verbände wurden abgewiesen. Lediglich im Südteil dieses Ostabschnittes konnten sie Gonneville in Besitz nehmen.

Hitler befahl am Morgen des 24. Juni, die Möglichkeit eines eigenen Angriffs aus dem Raum Coutances entlang der Westküste Cotentins nach Norden in den Rücken der vor Cherbourg stehenden US-Truppen zu prüfen; diese Operation sollte Cherbourg entsetzen. Der OB West erhielt gleichzeitig Befehl, den Aufmarsch seiner Kräfte südlich von Balleroy so vorzunehmen, daß die Möglichkeit bestand, einem von Carentan oder Caen angreifenden Feind in die tiefe Flanke zu stoßen.

Der OB West meldete dazu noch am 24. Juni, daß der Gegner seinen Schwerpunkt auf den Raum Caen und ostwärts davon bis zum Abschnitt La Tourques zum Angriff nach Süden und Südosten zu verlegen scheine. Ein eigener Angriff in Richtung Cherbourg aus dem Raume nördlich Lessay sei in den nächsten Tagen nicht möglich, da dafür keine Kräfte zur Verfügung stünden. Bis zum Hauptangriff bleibe der Raum um Caen der wichtigste Punkt.

Der Einbruch nach Cherbourg – Das Ende der Festung

Als am Morgen des 22. Juni keine Antwort auf die Übergabe-Aufforderung aus Cherbourg eintraf, erbat General Collins von seinem Vorgesetzten Bradley den Beginn des Luftbombardementes der Stadt und der Festung, um so dem Sturmangriff seines Korps die nötige Unterstützung zu geben.

Zehn Staffeln Mustangs und raketenbestückte „Typhoon"-Maschinen erreichten um 12.40 Uhr des 22. Juni die Stadt und begannen 80 Minuten vor dem Angriff das Bombardement, das von General Bradley als „erstes Unternehmen eines Sättigungsbombens" bezeichnet wurde. (Siehe Omar N. Bradley: a.a.O.)

Den zehn Staffeln folgten nämlich noch 562 US-Kampfbomber und 387 mittlere Bomber des IX. US-Bomber Command.

Unmittelbar vor dem Angriff erreichte den OB der US-Landstreitkräfte die Schreckensnachricht, daß die 4. ID durch eigene Flugzeuge gebombt worden sei.

Sosehr man dies auch gehofft hatte: das Sättigungsbomben hatte die deutschen Verteidiger offenbar weniger getroffen als die eigenen Truppen. Und auch eine Lautsprecherkampagne, sich zu ergeben, fruchtete nichts.

Es folgte anschließend eine Salve aus 480 Geschützen mitten in die deutschen Verteidigungsstellungen hinein. Der Angriff drang dennoch nicht durch.

Am 23. und 24. Juni waren die Angreifer erfolgreicher und konnten die vorher geschilderten Erfolge erringen. General Eisenhower besuchte am 24. Juni das US-HQ, um mit Bradley die Pläne durchzusprechen, die nach der Eroberung von Cherbourg für das angreifende VII. US-Korps bestanden. Danach fuhr General Bradley mit Eisenhower in den Abschnitt der 79. ID, die im Zentrum der Angriffstruppen auf den Befehl zum Durchstoßen wartete. Hier wurde er von einem mit Rasierschaum bedeckten Captain im Unterhemd begrüßt. Der Sekunden später hinzukommende Divisionskommandeur mußte zähneknirschend dem Dialog seines Captains mit dem Oberbefehlshaber zuhören, der Eisenhower offensichtlich amüsierte.

Von hier aus fuhr Eisenhower zu anderen Frontverbänden. Als er zurückkehren mußte, sagte er zu Bradley: „Ich wünschte, ich könnte hier mit Ihnen allen vorgehen."

Am 24. Juni hatte die 4. US-ID drei Meilen ostwärts von Cherbourg die Küste der Halbinsel erreicht. Ihr Versuch, noch an diesem Tage in die Stadt einzudringen, scheiterte. Die in der Mitte stehende 79. ID befand sich an diesem Tage im Kampf um das Fort du Roule, das auf einer steilen Klippe lag, während sich die 9. ID neben der 4. ID von der entgegengesetzten Seite her an der Küste entlang auf Cherbourg vorschob.

Die Kämpfe gingen am 25. Juni weiter, und die sich noch verteidigenden Werke wurden eingeschlossen.

Die Küstenbeschießung durch die Flotte, die an diesem Tage stattfand, ist ja bereits in den Seeoperationen geschildert worden. Sie gab den Ausschlag, und Collins' Truppen brachen durch die Ringverteidigung ins Zentrum durch. Eine große Anzahl deutscher Batterien hatte ihre Munition verschossen und wurde gesprengt. In den unterirdischen Bunkeranlagen lagen 2000 verwundete Verteidiger.

Bei dem Bombenangriff war es der deutschen Luftabwehr gelungen, mit Flak und Festungsartillerie 80 Feindflugzeuge abzuschießen. Aber wenig später fiel Fort Roule.

Ein gefangener US-Offizier wurde von GenLt. von Schlieben zu General Collins geschickt. Er hatte sich erboten, für die Verwundeten schmerzstillende Mittel und Medikamente zu besorgen.

Als er – wider Erwarten – doch zurückkam, brachte er ein Schreiben von General Collins mit der Aufforderung, sich zu ergeben. GenLt. von Schlieben beantwortete diesen Brief nicht. Um 19.00 Uhr mußte der Seebahnhof gesprengt werden. Dann folgte die Sprengung der Kaianlagen und des Hafenturms.

Zehn Minuten darauf waren US-Pioniere mit Flammenwerfern dicht an den Nordeingang des unterirdischen Bunkersystems herangekommen. GenLt. von Schlieben ließ die Geheimsachen verbrennen und um 19.32 Uhr den letzten Funkspruch absetzen: „Letzter Kampf entbrannt. General kämpft bei der Truppe!" Die 7. Armee ließ zurückfunken: „Wir sind bei Ihnen!"

Die Nacht zum 26. Juni verging mit Streufeuer der Amerikaner. Am Morgen des 26. Juni war es GenLt. von Schlieben klar, daß er kapitulieren mußte, wenn er nicht alle Verwundeten in den unterirdischen Bunkeranlagen, deren Belüftung ausgefallen war, dem Tode überantworten wollte. Er ließ um 14.02 Uhr einen Parlamentär ins Freie gehen.

GenLt. von Schlieben und KAdm. Hennecke wurden von US-Offizieren am Stollenausgang empfangen und zu GenMaj. Eddy, Kdr. der 9. US-ID, geführt. Gemeinsam fuhren sie dann zum GefStand von General Collins, 30 km südlich Cherbourg.

GenLt. von Schlieben hatte jedoch nur für sich und seine Truppen, etwa noch 800 Mann, kapituliert. Andere Truppen in Cherbourg verteidigten sich weiter. Noch am 27. Juni meldete sich das Westfort von Cherbourg unter KptzS. Witt, der als Hafenkommandant fungierte und sich mit einer Jacht und einigen Ruderbooten zum Westfort begeben hatte. Hier verteidigte er ebenso, wie Major Küppers dies im Ostfort mit der Batterie „Hamburg“ tat. Jene US-Panzer, die am Morgen dieses 27. Juni versuchten, diesen Gegner zu überrumpeln, wurden abgeschossen.

Wenig später griffen mehrere Gruppen Feindpanzer an. Von drei Seiten rückten sie den letzten Verteidigern auf den Leib. Um 21.00 Uhr hatten sich US-Pioniere bis an den Bunker von Major Küppers herangearbeitet. Sie wurden durch einen Gegenstoß von Küppers vernichtet.

Am 28. Juni um 3.00 Uhr wurde Küppers zur bedingungslosen Übergabe aufgefordert. Der Major lehnte ab. Fünf Stunden darauf tauchten gleich mehrere Jeeps mit weißer Flagge auf. In einem, der zum Westeck fuhr, saß GenMaj. Barton, Kdr. der 4. US-ID.

Barton zeigte Major Küppers, daß ein Angriff mit gewaltigen Kräften gegen ihn geführt werden würde, wenn er nicht jetzt die Übergabe vollziehen sollte. Um 13.30 Uhr waren sich die beiden Gegner einig. Der Kampf um Cherbourg hatte endgültig aufgehört.

Cherbourg war gefallen, weil es unbekannten Kräften im FHQ der Deutschen gelungen war, jede Zuführung starker Kräfte von der 15. Armee auf die Halbinsel zu unterbinden. Hätte man nur zwei der untätig herumstehenden Divisionen der 15. Armee in diesen Frontabschnitt geworfen, dann ist sicher: die Lage auf Cotentin hätte sich in das Gegenteil verkehrt, denn dann wäre der Gegner im Sack gewesen.

Eine ganze Heeresgruppe mit zwei Armeen, in denen 24 Divisionen und fünf Luftwaffen-Feld-Divisionen standen, dazu eine Panzergruppe mit sechs Panzer-Divisionen, standen in Nordostfrankreich, Belgien und Holland tatenlos herum, während die Reste der 7. Armee auf Cotentin und bei Tilly–Caen verbluteten.

Und dies aus *dem* Grunde, weil der deutsche Nachrichtendienst, in dem General Canaris zwar inzwischen entlassen worden war, seine Helfer und Helfershelfer sich aber immer noch im Dienst befanden, der obersten deutschen Führung gemeldet hatte, daß „der Feind im Landekopf 27–31 Divisionen eingesetzt hat und in England noch 67 Großverbände bereitstehen, von denen mindestens 57 bei einem neuen Großunternehmen eingesetzt werden können“.

Von diesen Divisionen, die angeblich in England stehen sollten, waren 52 „potemkinsche“ Divisionen. 15 Divisionen standen in England und warteten auf eine Ausschiffung. Sechs befanden sich in der Ausbildung. Im gesamten Landekopf befanden sich laut Chester Wilmot am 25. Juni 25 alliierte Divisionen. Deutscherseits hätte ihnen eine doppelte Anzahl gegenübergestellt werden können.

Wie aber sahen die tatsächlichen Stärkeverhältnisse aus? Allein im Frontabschnitt der 1. US-Armee mit vier Korps und 14 Kampf-Divisionen standen ganze drei zerschlagene deutsche Divisionen und fünf Regimenter von anderen Divisionen zur Abwehr bereit. Ganze Armeen blickten tatenlos von der Südküste Frankreichs und von der Nordostküste nach der Normandie. Sie waren an einen Platz gebannt, wo sie nichts, aber auch gar nichts zur Abwehr der Invasion tun konnten. Und dies nicht etwa tagelang, sondern wochen- und wieder wochen- und monatelang.

Der Kampf um Caen

Der britische Operationsplan – Vorgeplänkel

Der britische Operationsplan für die Angriffe und die Stoßrichtungen in der Normandie nach der Konsolidierung des errichteten Brückenkopfes war bereits am 7. April 1944 in London von Montgomery an die Generale seiner Korps ausgegeben worden:

„Die 2. Armee greift westlich der Orne an und entwickelt Operationen nach Süden und Südosten, um Flugplätze zu sichern und die Ostflanke der 1. US-Armee zu decken, während diese durch die Halbinsel Cotentin auf Cherbourg zustürmt und den wichtigen Hafen in Besitz nimmt.

Bei der folgenden Operation wird die Britische 2. Armee mit ihrem linken Flügel einschwenken und den von Osten aus gegen den Landekopf gerichteten deutschen Bewegungen eine starke Front entgegenstellen.

Das Problem, dem sich die US-Streitkräfte gegenübersehen, unterscheidet sich völlig von dem, welches wir zu lösen haben werden. Der Operationsplan sieht vor, daß die britischen Streitkräfte in angemessener Nähe ihrer vorgeschobenen Ausgangsstellungen bleiben, während die US-Streitkräfte zuerst ihren schnellen Raid nach Cherbourg ausführen und sich dann nach Süden zu wenden haben, um Nantes und die Loirehäfen in Besitz zu nehmen." (Siehe Bernard Montgomery: Notizen zur Befehlsgebung am 7. April 1944.)

Dieser Plan Montgomerys wich entscheidend von jenem der COSSAC ab, denn COSSAC hatte den Ausbruch aus dem Landekopf an der britischen Front bei Caen–Falaise vorgesehen. Montgomery hatte diese von COSSAC vorgeschlagene Planung nicht mitgetragen und die von der 2. brit. Armee erreichte Ausgangsposition zum Ausbruch in den freien Raum Frankreichs auf der Linie Trouville–Lisieux–Alençon nicht eingenommen. Er legte diese Linie zwischen Falaise–Argences–Cabourg um, damit er nicht „20 bis 30 Meilen zu weit nach Osten" komme. Damit hatte sich Montgomery unzweifelhaft selber der Möglichkeit beraubt, von dort auszubrechen und offensiv zu werden. Dieses Verhalten wurde im COSSAC-Stab das „montgomerysche unheilbare Defensivdenken" genannt.

Nach wie vor verfochten COSSAC und deren Hauptsprecher, General Morgan, die Theorie, daß man bei Caen ausbrechen müsse. Diese Ansicht von Morgan wurde auch von dessen Stellvertreter bei COSSAC, General Tedder, geteilt. Da auch diese Offiziere Montgomerys Standpunkt nicht teilten, waren auch Eisenhower und Bradley der Überzeugung, daß der beste Platz zum Ausbruch in den freien Raum Frankreichs Caen sein müsse. So wuchs nach und nach der Mythos, das, was alle meinten, *müsse* auch Montgomerys Überzeugung sein, und dieser werde entgegen seinen offen vorgetragenen Plänen schließlich *doch* Caen zum Ausgangspunkt seines Großangriffs machen.

Dies wäre auch der Fall gewesen, wenn die deutsche Führung sämtliche Truppen, die sie in Nordostfrankreich, in Belgien und in den Niederlanden hätte freimachen können, an die Invasionsfront geschickt hätte. Da dies nicht geschah, entstand die große Schwierigkeit unter den alliierten Befehlshabern, denn sie konnten ja nicht ahnen, daß die oberste deutsche Führung *so dumm* sein werde, diese große Chance nicht zu erkennen.

Da sich bis zum 15. Juni im Großraum Caen noch immer nichts getan hatte, war Eisenhower als alliierter OB darüber besorgt, daß die Alliierten im Landekopf eingeschlossen werden könnten.

Diese gegenteiligen Haltungen der beiden Oberbefehlshaber forderten immer wieder zur Kritik heraus. Nach dem Kriege versuchte Fieldmarshal Montgomery darzustellen, daß alle seine Operationen planmäßig abgelaufen seien, obgleich dies in der Normandie zu keiner Zeit der Fall gewesen war, denn während er noch am 8. Juni General Dempsey, dem OB der 2. Brit. Armee, befahl, so rasch wie möglich seine Operationen zur Eroberung von Caen durchzuziehen, änderte er wenige Tage darauf diese Weisung, weil er befürchtete, daß sich Dempseys Truppen in diesem Kampf erschöpfen mußten. Eine solche Schwächung der 2. Armee konnte er sich aber auf keinen Fall leisten.

Der britische Großangriff gegen Caen war noch nicht beschlossen, als am 18. Juni beiderseits von Cristot ebenso wie im Raume Tilly ein britischer Angriff mit genau begrenztem Ziel gestartet wurde. – Bei der PLD stürmte die 50. Brit. ID.

Der Angriff mit begrenztem Ziel

Die britischen Panzerverbände, welche die 50. ID beim Sturm gegen die Stellungen der Panzergrenadiere der PLD bei Tilly unterstützten, sollten eine Lücke in die deutsche Abwehrfront brechen, um die 50. ID vorwärtszubringen.

Bei Cristot wiederum stürzte sich die 49. Brit. ID auf den linken Flügel der Verteidigungsstellungen der 12. SS-PD „HJ“, nachdem dort ein gewaltiges Trommelfeuer den Boden umgewühlt hatte. Hier waren jedoch in der Nacht zuvor die Panzergrenadiere zurückgezogen worden, so daß dieses Trommelfeuer wirkungslos verpuffte.

Allerdings wurde dadurch die 50. ID der Briten in die Lage versetzt, Cristot in schnellem Ansprung in Besitz zu nehmen und auf Fontenay weiterzustoßen.

Teile des PGR 26 der 12. SS-PD „HJ“, die am Nordrand des Parc de Boislonde lagen, wurden von diesem Granatfeuer eingedeckt. Danach griffen englische Panzer an, gefolgt von dichten Wellen Infanterie.

Dieser Angriff drang bis zum Südrand des Waldes vor. Erst dort wurde er von einer Reserve-Kp. gestoppt. Im Gegenstoß drang diese Kp. nach vorhergehendem Feuerschlag der DivArt. zum Nordrand des Waldes vor und nahm die alten Stellungen wieder in Besitz.

Die nächsten Tage blieben dann bis auf wenige Störangriffe ruhig. Die alliierten Nachrichtendienste hatten Meldungen und Funksprüche aufgefangen, nach welchen die 1. SS-PD „Leibstandarte“ bereits Paris durchfahren habe und daß sich auch die 2. SS-PD „Das Reich“ auf dem Marsch nach St. Lô befinde und die Stadt mit Spitzengruppen bereits erreicht habe. Das II. SS-PzK. hatte mit den Korpsteilen in Nancy und Bar le Duc mit der Ausladung begonnen.

Dies alles deutete darauf hin, daß GFM Rommel einen Großangriff vorbereitete. Diese Kräfte mußten nun schnellstens durch einen eigenen Großangriff gegen Caen aus der Bahn geworfen werden. Aus diesem Grunde legte General Montgomery mit seinen Kommandeuren den Angriffsbeginn auf den 26. Juni fest.

Vorher aber, am 22. Juni, traten die britischen Verbände nach einem heftigen Trommelfeuer zum Angriff über den Odon an. Ziel waren die Orne und die Höhenzüge mit der strategisch entscheidenden Höhe 112.

Die 49. Brit. ID, die die PLD angriff, erzielte im ersten Ansturm Geländegewinne. Der Feindangriff gegen Fontenay im Abschnitt der 12. SS-PD „HJ“ kam ebenfalls voran. Die schnellen Stoßkeile der 11. Brit. PD rollten gegen die einzelnen Widerstandsnester vor und zerschossen sie. Mit Panzerfäusten versuchten die Verteidiger diesen übermächtigen Gegner zu stoppen. Falls dieser Angriff durchschlug, dann war Caen verloren.

Mit seinen Panzergrenadieren stand Standartenführer Meyer vorn. Die ersten Feindpanzer waren abgeschossen worden. Doch der drohende Durchbruch des Gros schien unvermeidlich.

Plötzlich waren von rückwärts die dumpfen Geräusche der Tiger zu vernehmen. Zwar nur eine Kompanie, aber dennoch ausreichend, den Gegner das Fürchten zu lehren. Diese wenigen Tiger schossen die feindliche Panzerspitze zusammen. Als der Panzer des KpChefs, Obersturmführer Ruckdeschel, abgeschossen wurde, gelang es dem Chef, trotz abgeschossenen Armes herauszukommen. Der Feindangriff wurde abgewiesen.

Als sich noch am selben Abend ein Feinddurchbruch bei der PLD andeutete, befahl Sepp Dietrich den Einsatz einer PzAbt. der 12. SS-PD „HJ“ zur Beseitigung dieses feindlichen Einbruchs. Die Panther-Abt. trat unverzüglich an. Aufgesessen fuhren Soldaten der AA 12 den Angriff mit. Doch dieser Gegenstoß drang nicht ganz bis zur alten HKL durch.

Zur gleichen Zeit prellte ein britischer Stoßverband gegen die Front der 21. PD an der Straße Douvres–Caen. Begleitet von schwerem Artilleriefeuer, gelang es dieser Angriffsgruppe, die vom PGR 192 errichtete Straßensperre zu beseitigen und den direkten Weg nach Caen zu öffnen.

Oberst von Oppeln-Bronikowski ließ Major Vierzig verständigen, der von seinem GefStand im Schloß de la Londe aus mit der Stabs-Kp. unter Oblt. Meyer zum Gegenstoß antrat und diesen Gegner zusammenschlug.

Wenige Stunden darauf wurde nordwestlich des Schlosses Alarm gegeben. Der Gegner war dort eingebrochen, und die Panzergrenadiere mußten bis zum Schloß de la Londe zurückweichen. Hier konnte der Gegner, der mit Panzerspitzen nachdrängte, die dünne Sicherungslinie aufreißen und die II./PGR 192 in Gefahr bringen.

Major Vierzig schickte im Morgengrauen diesem Feind, von dem er annahm, daß er nur wenige Dutzend Männer zur Verfügung habe, eine kleine ad hoc aufgestellte KGr. unter seinem OrdOffz. Lt. Lotze entgegen. Mit zehn Soldaten überwältigte dieser eine ganze englische Kp., die mit 84 Soldaten so weit vorgedrungen war. Es war die 1./South Lancashire Rgt. der 3. engl. ID.

Aber noch hatte der englische Großangriff nicht eingesetzt, auch wenn sich die Anzeichen häuften, daß aus diesen Einzeloperationen ein Generalangriff entstehen werde.

Um dagegen gewappnet zu sein, wurden die Waffen-SS-Divisionen des II. SS-PzK beschleunigt nach vorn geführt. Oberstgruppenführer Hausser, der KommGen. dieses Korps, meldete sich am Abend des 23. Juni bei GenOberst Dollmann, dem OB der 7. Armee. Er konnte melden, daß die ersten Transportzüge, die am 12. Juni Polen verlassen hatten, binnen vier Tagen bis nach Lothringen gekommen seien. Dort aber seien die Züge steckengeblieben, weil die Bahnstrecken nach Westen blockiert waren. Die Räderteile hätten von dort aus den Straßenmarsch angetreten. Doch beträgt die Distanz von Lothringen bis zum Einsatzraum in der Normandie 640 km. Deshalb konnten diese Truppen frühestens am 25. Juni am Kampfplatz eintreffen.

Die 2. SS-PD, die in Südfrankreich stationiert gewesen war, hatte mit ihren Spitzeneinheiten bereits St. Lô erreicht, und die 1. SS-PD „Leibstandarte“ war auf dem Marsch zur Front inzwischen durch Paris gerollt. Die nicht marschfähigen Teile waren in Nancy und Bar-le-Duc ausgeladen worden. Alle Agentenmeldungen, die bei der alliierten Führung einliefen, wiesen darauf hin, daß GFM Rommel einen starken Panzerangriff vorbereitete. Diesem galt es zuvorzukommen, und General Montgomery handelte unverzüglich.

Der britische Großangriff

Am 25. Juni begann der britische Großangriff. Das VIII. Korps unter GenLt. O'Connor sollte den Hauptstoß zwischen Tilly und Caen führen. Die 13. ID würde die Odon überschreiten und sich – unterstützt durch die 43. ID – auf dem breiten Höhenrücken zwischen Odon und Orne einnisten. Südostwärts davon sollte die 11. PD im Angriff die Orne überschreiten und sich in den Besitz jener Höhe setzen, die zwischen Bretteville sur Leize und Bourguebus liegt.

Solcherart sollte Caen umfaßt werden; nach Herstellung dieser Ausgangslage würde das brit. I. Korps den Flughafen Carpiquet in Besitz nehmen und von dort nach Süden vorstoßen, um den Zangendruck gegen die deutschen Kräfte zu verstärken. Zur Vorbereitung des Hauptangriffs sollte die 49. ID des brit. XXX. Korps einen Tag vorher die Höhe bei Rouray nehmen, um solcherart die Sicherung der rechten Flanke der 15. (schottischen) ID zu übernehmen und über Noyeres bis Aunay-sur-Odon Raum zu gewinnen.

Der Angriff der 49. brit. ID, durch dichten Bodennebel aufgehalten, hatte bis zum Abend des 25. Juni erst den Raum 1,5 km vor Rouray erreicht. O'Connor erhielt in der Nacht zum 26. Juni die Meldung, daß die RAF wegen des schlechten Wetters nicht starten könne und damit die Ausschaltung der deutschen Flankenstützpunkte auf der linken Flanke entfallen werde. Dennoch wurde am Angriffsbeginn festgehalten. Es galt, Rommels Aktionen zuvorzukommen.

Am frühen Morgen des 26. Juni begann das Trommelfeuer der Armee-Artillerie, das sich als Feuerwalze vor den angreifenden Verbänden der 15. (schottischen) ID und der 31. PzBrig. einherwälzte, um diesen Verbänden den Weg freizuschlagen. Ein Minenfeld setzte dem Panzervorstoß zunächst ein Ende. Während die Infanterie weiter vorging, zogen die Panzer durch die geräumten Minengassen nach, um bei Cheux abermals in ein tiefgestaffeltes Minenfeld zu geraten.

Das Gelände südlich Cheux wurde von der Artillerie der 12. SS-PD „HJ" unter Feuer gehalten. Vorgestoßene einzelne Panzer wurden von den Panzergrenadieren mit Panzerfäusten und Tellerminen gestoppt. Dennoch gelang es dem Gegner, die Batteriestellung des deutschen Werfer-Rgt. 7 zu überrennen, die Brücke bei Gurrus zu gewinnen und weiter nach Süden vorzustoßen.

Auf dem GefStand der 12. SS-PD „HJ“ gab „Panzermeyer“ seinen Kommandeuren Befehle für die Verteidigung. Das PR 12 erhielt von der Division Befehl, die Höhe 112 zu besetzen und einen Feinddurchbruch zu den Ornebrücken zu verhindern. Doch anstelle des Regimentes stand nur eine einzige Panzer-Kp. zur Verfügung, denn alle übrigen Panzer waren zur Sicherung der bedrohten Stellen eingesetzt. Aus Verson fuhr Standartenführer Meyer mit dem DivStab nach Caen, um im Zentrum des Kampfes zu führen.

Als der erste Tag des britischen Großangriffs zu Ende ging, waren die deutschen Verbände angeschlagen, und Obergruppenführer Dietrich mußte der 7. Armee melden, daß ein Durchbruch beiderseits Cheux nicht mehr verhindert werden könne, wenn er nicht sofort Verstärkungen erhalte. Bereits am 25. Juni hatte Dietrich GFM Rommel um Verstärkungen gebeten, doch dieser konnte ihm nur zwei Batl. der 1. SS-PD „Leibstandarte“ zusagen, die aber noch bei Thury Harcourt festlagen.

Die von Obergruppenführer Dietrich beantragten Verstärkungen aus dem II. SS-PzK. mußte Rommel ablehnen, weil sich dieses in der gleichen Nacht zum Großangriff in Richtung Bayeux auf dem Marsch in die Bereitstellungen südwestlich Caumont befand.

Am frühen Morgen des 26. Juni aber war auch Rommel klar, daß der Gegner ihm zuvorgekommen war und daß er nunmehr alles, was er hatte, gegen diesen britischen Großangriff ansetzen mußte, wenn Caen und möglicherweise noch mehr nicht verlorengehen sollte.

Sein Befehl an Oberstgruppenführer Hausser lautete: „Greifen Sie mit allen an der Front eingetroffenen Verbänden in diese Abwehrkämpfe ein!“

Die 2. SS-PD „Das Reich“ und die 21. PD mußten nunmehr jeweils eine PzAbt. abgeben. Eine KGr. der 2. SS-PD sollte nach St. Lô gehen und dort die Verteidigung stärken.

Bei der Panzer-Lehr-Division

Im Raume Tilly war seit dem 15. Juni die HeFlaAbt. 311 im Erdeinsatz eingesetzt und hatte im Direktfeuer mehrere feindliche Panzer-Angriffe abgewiesen. Ebenso war sie im Fernbeschuß mittels VB eingesetzt worden.

Als das brit. VIII. Korps am 18. Juni die Stellungen der PLD und der 12. SS-PD angriff, waren diese so um Caen gruppiert, daß nördlich der Odon lediglich die 16. LwFeldDiv. stand. In Caen lagen die Panzergrenadiere der 21. PD, während deren Panzer an der Ostflanke von Caen aufgestellt waren. Zwischen Tilly und Cristot standen die Verbände der PLD. GenLt. Bayerlein hatte nördlich Vendès eine Auffanglinie errichten lassen. Zu seinem Ia sagte er am Morgen des 18. Juni:

„Unsere Hoffnungen liegen bei den neuen Panzer-Divisionen. Wir und die anderen beiden Divisionen unseres Korps sind zu erschöpft und aufgebraucht. Das Schwergewicht der Kräfte hat sich eindeutig zu unseren Ungunsten gewandelt. Unsere Division müßte herausgezogen und aufgefrischt werden, wenn sie nicht ihre Schlagkraft völlig verlieren soll. Aber *wo* ist der Ersatz? Wir können hier keinen einzigen Mann abziehen. Es bleibt uns also nichts anderes übrig, als weiter hier stehenzubleiben."

Der Angriff des 18. Juni wurde abgewiesen. Jagdbomber zerschlugen die erkannten Stellungen der PLD. Dann griff Infanterie ein zweitesmal an. Auch dieser Angriff brach zusammen, und nun flog der Gegner mit ganzen „Parteitagsgeschwadern" Fliegender Festungen über die Front hinweg und wühlte mit dichten Bombenteppichen den Boden abermals um.

Die darauf anrollenden Feindpanzer wurden von den wenigen einsatzbereiten deutschen Panzern und der Flak unter Hptm. Weinkopf zusammengeschossen, durchgebrochene Kampfwagen von den Panzergrenadieren mit Sprengmitteln vernichtet.

Dennoch gelang es dem VIII. Brit. Korps, einen Erfolg zu erringen, indem es Cristot, nur vier km von Tilly entfernt, in Besitz nahm, nachdem die dort verteidigenden Männer des PGR 902 unter den Trümmern begraben lagen.

Um 19.45 Uhr dieses Tages drangen dann Feindpanzer auch in Tilly ein. GenLt. Bayerlein mußte die Reste seiner beiden PGR zurücknehmen und südlich Tilly eine neue Auffanglinie errichten. Tilly war aufgegeben worden. Aber nachzustoßen und der PLD den Rest zu geben, das vermochte der Gegner nicht mehr.

Bis zum 20. Juni verlor die PLD in der Normandie 160 Offiziere und 5400 Soldaten durch Tod und Verwundung. Von den 190 Panzern der Division waren noch 66 einsatzbereit.

Vom PGR 901 unter Oberst Scholze bei Chateau Fontenay konnten bei seiner Ablösung 112 (!) Soldaten das Kampffeld lebend und unverwundet verlassen. Oberst Scholze, der den Kern dieses Regimentes, ja der ganzen PLD 1941 in Rußland geführt hatte, konnte sich der Tränen nicht erwehren, als er an der Wegekreuzung Tilly–Juvignay–Fontenay vor den Birkenkreuzen stehenblieb, die hier den Tod seiner Männer bezeugten.

Bis nach Caen

Am Morgen des 27. Juni erfolgte kein neuer britischer Angriff aus den gewonnenen Positionen heraus. Obergruppenführer Dietrich setzte einen Gegenangriff mit 80 zusammengesuchten Panzern aus dem Raume Noyeres in Richtung Cheux an. Als die Panzer in den Feuerbereich der brit. Artillerie hineinrollten, wurden sie von einem mörderischen Granathagel überschüttet. Die ersten blieben mit zerschossenen Ketten liegen. Das Gros aber erreichte den britischen Pakschirm und wurde hier schwer getroffen. Mehr und mehr deutsche Panzer standen in Flammen gehüllt auf dem Gefechtsfeld.

Rouray wurde vom Gegner genommen, und O'Connors Truppen gelang es, einen unversehrten Übergang über die Odon zu finden und sich in dessen Besitz zu setzen. Die ersten Panzer rollten darüber, und bis zum Morgen des 28. Juni war die gesamte 11. PD auf dem anderen Ufer des Flusses.

An diesem Morgen befahl die 7. Armee dem II. SS-PzK., den Einbruch südlich Caen zu bereinigen. General Hausser hatte jedoch bis dahin erst die 9. SS-PD vollzählig zur Verfügung und schlug vor, damit hinhaltend zu kämpfen, bis das Gros des Korps zur Verfügung stand. Dies schlug GenOberst Dollmann ab. Er befahl, sofort anzugreifen. Diese Aufregungen und das anberaumte Kriegsgericht gegen die Befehlshaber von Cherbourg regten den alten Generaloberst so sehr auf, daß er einen Herzanfall erlitt, dem er am 29. Juni erlag.

Durch den Tod von GenOberst Dollmann trat an der Invasionsfront eine Führungskrise ein, die durch die Abwesenheit sowohl des OB West, GFM von Rundstedt, als auch des OB derHGr. B, GFM Rommel, noch verstärkt wurde. Beide Feldmarschälle befanden sich auf dem Wege ins FHQ nach Berchtesgaden, wohin Hitler sie zur Berichterstattung befohlen hatte.

Damit waren sämtliche Streitkräfte in der Normandie in einer Situation, da es der straffsten Führung bedurfte, führungslos. Es war auch keiner der Generale oder Chefs der Stäbe bereit, den einmal gegebenen Befehl von GenOberst Dollmann wieder aufzuheben. Oberstgruppenführer Hausser griff schließlich ein. Er wurde allerdings durch die britischen Truppen einer eingreifenden Entscheidung enthoben, als diese am 29. Juni den Angriff fortsetzten.

Am frühen Morgen des 29. Juni war wieder die alliierte Beschießungsflotte am Zuge. Jabos flitzten im Tiefflug über die deutschen Stellungen hinweg.

Um Verson und die Höhe 112, die von Soldaten der 12. SS-PD besetzt war, ging an diesem Morgen schwerstes Schiffsgeschützfeuer nieder. Hier wurden neben Munitionswagen auch Sanitätskraftwagen zusammengeschossen. Es gelang nicht mehr, die darin eingeschlossenen Verwundeten zu bergen. Sie verbrannten.

Dann konzentrierte sich das Feindfeuer ausschließlich auf die Höhe 112. Wenig später sah Standartenführer Meyer die Kampfwagen der 2. brit. PD den Hang südlich dem Odon emporrollen und von dort auf die Höhe 112 schießen.

Damit war Haussers Angriff zu spät gekommen. Der Gegner war den Deutschen zuvorgekommen, hatte mit seinem Schiffsartilleriefeuer und den folgenden rollenden Luftbombardements die Initiative an sich gerissen und die Deutschen in volle Deckung gezwungen.

Die Höhe 112 ging verloren, als die Panzer der 11. PD des Gegners heranrollten und die wenigen noch kampffähigen Panzer vernichteten. Damit hatten die Engländer den Schlüssel für ihre weiteren Operationen in Richtung Ornebrücken in der Hand.

Während nunmehr die DivArt. der 12. SS-PD das Feuer auf diese Höhe eröffnete, um die dort sofort eingerichteten feindlichen Feuerleitstellen für die Schiffsartillerie auszuschalten, schossen diese Schiffsgruppen mit größten Kalibern auf die dahinter liegende Straßenkreuzung. Hier gab es schwere deutsche Verluste.

Gegen diese Schiffsansammlungen war nur in Gestalt der V 1 ein Kraut gewachsen. Diese aber schoß nach wie vor mit mäßiger Wirkung auf London und Umgebung.

Im Führerhauptquartier – Rommels Vorschläge und ein Führungswechsel

An diesem 29. Juni waren GFM Rommel und GFM von Rundstedt in Berchtesgaden eingetroffen. Hitler erklärte ihnen, daß er den am 20. Juni beschlossenen Plan einer Gegenoffensive an der Nahtstelle zwischen den britischen und amerikanischen Truppen aufgegeben habe. Er sagte:

„Die Führung im Westen und die Armeen haben den Zeitpunkt ungenutzt verstreichen lassen, in welchem es noch möglich war, den Feind ins Meer zu werfen. Nun muß der Gegner in seinem Brückenkopf gefesselt werden. Wir müssen den westlichen Alliierten unbedingt den Zugang zu den offenen Ebenen Frankreichs verwehren. In der Zwischenzeit werden V 1 und die bereitgestellte V 2 dem Gegner den Garaus machen. Hinter jeder Hecke der Normandie muß der deutsche Soldat wie um ein letztes Bollwerk des Reiches kämpfen."

Dies alles war nichts anderes als ein Abgesang, herbeigeführt durch

Weisungen und Befehle, die allen Regeln der modernen Kriegführung hohnsprachen und auf keinen Fall ohne die besondere Einwirkung gewisser Kreise auf Hitler entstanden sein konnten. Daß die deutsche militärische Führung *so* borniert sein könne, wie aus diesen Ereignissen und Unterlassungen erkennbar wird, das verneint selbst der böswilligste Alliierte. Die deutsche Wehrmacht hatte in den Feldzügen von 1939, 1940, 1941 und 1942 gezeigt, daß sie eine der besten der Welt – wenn nicht *die* beste – war und daß ihre Führung mehr von der modernen Kriegführung verstand als jede andere. Und nun dies hier, dieses völlige Durcheinander, diese Fehlplanungen und Unterlassungen, die den Sieg verschenkten.

Die 12. SS-PD erhielt Befehl, die Höhe 112 wieder in eigene Hand zu bringen. Standartenführer Wünsche, der Kdr. des PR 12, erfuhr bei seinem DivKdr., daß in den frühen Morgenstunden zunächst ein Artillerie-Feuerschlag die Höhe reifschießen sollte, ehe er mit seinen Panzern antrat.

Am Morgen des 30. Juni war es soweit. Sobald die eigene Artillerie ihr Feuer zurückverlegte, rollten Wünsches Panzer vor. Im Vorfahren schossen die Besatzungen mit Sprenggranaten auf den sichtbar werdenden Gegner. Feindartillerie feuerte dazwischen, doch sie konnte den furiosen Panzerangriff nicht stoppen. Die Höhe wurde erreicht, und die hier liegende letzte brit. Kp. gefangengenommen. Die Höhe 112 war mit brennenden und lahmgeschossenen Feindpanzern übersät.

Nachdem Rommels Vorschlag, die 7. Armee kämpfend auf Paris zurücknehmen zu lassen, vor Hitlers Augen keine Gnade gefunden hatte, war nach Rommels Kenntnis der Lage das Ende in der Normandie nahe. Die 7. Armee, das schien sicher, würde in der Normandie vernichtet werden. Rommels Vorschläge am Abend des 29. Juni bei Hitler waren verschwendete Worte. Ohne jedes Ergebnis kehrten die beiden Feldmarschälle nach Frankreich zurück. Rommel traf um Mitternacht zum 1. Juli wieder in seinem GefStand in La Roche-Guyon ein. Er fand auf seinem Arbeitstisch zwei Vorschläge.

Der erste stammte von dem wieder genesenden General Frhr. von Schweppenburg. Dieser verlangte die Räumung des Frontvorsprungs um Caen.

Oberstgruppenführer Hausser wiederum, der Verfasser des zweiten Vorschlages, plädierte für die Zurücknahme der Front bis Villers Bocage und St. Lô. GFM Rommel neigte dem Vorschlag Haussers zu und übermittelte diese an GFM von Rundstedt. Der OB West gab sie um 3.50 Uhr des 1. Juli an das FHQ weiter. Sie wurden Hitler gewissermaßen zum Frühstück serviert.

Hitler sagte zu beiden Vorschlägen nein. Um 17.30 Uhr rief GFM

Keitel seinen Kameraden von Rundstedt an und erklärte diesem, daß der Führer die Aufgabe auch nur eines Meters Boden untersagt habe.

„Damit“, entgegnete GFM von Rundstedt, „ist mir jegliche eigene Initiative versagt. Ich bitte um meine Entbindung vom Oberbefehl.“ – „Herr Generalfeldmarschall, was sollen wir dann tun?“ erwiderte Keitel bestürzt. „Frieden schließen, ihr Narren!“ lautete von Rundstedts Antwort, bevor er auflegte.

Am nächsten Morgen erschien Oberstleutnant Borgmann im HQ des OB West in Saint Germain, überreichte von Rundstedt das Eichenlaub zum Ritterkreuz und erklärte ihm, daß Hitler seine Bitte um Amtsenthebung gebilligt habe. Sein Nachfolger werde der aus dem Osten kommende GFM von Kluge sein.

Am selben Tag erhielt auch der OB der Panzergruppe West, General Geyr von Schweppenburg, seine Entlassung. An seine Stelle trat der gewiefte Panzerstratege, GendPzTr. Heinrich Eberbach. Er hatte zwei Panzerkorps im Osten geführt und damit große Erfolge errungen.

Damit war General von Geyrs Forderung, Caen preiszugeben, und seine offene Kritik an Hitlers Führungsstil mit einem Hinauswurf beantwortet worden.

„Als nächster bin ich an der Reihe“, meinte GFM Rommel. Doch darin sollte sich der „Wüstenfuchs“ geirrt haben. Er sollte durch ein anderes Ereignis aus dem Rennen geworfen werden.

GFM von Kluge, im Osten der große Steher genannt, einer der befähigtsten Führer der Deutschen Wehrmacht würde – das waren Hitlers Wunschvorstellungen – die verweichlichte Truppe in Frankreich wieder auf Vordermann bringen. Daß er ein eisenharter Mann war, daß er rücksichtslos bis zum „Gehtnichtmehr“ war, das zeigte sich gleich nach seinem Führungsantritt auf dem Gef-Stand des OB West in La Roche-Guyon, wo Rommel ihm Meldung machte. Er forderte lautstark und von niemandem zu überhören, daß nun auch der GFM Rommel zu gehorchen habe. Rommel wurde zuviel Weichheit vorgeworfen und anderes mehr.

Erwin Rommel, nicht gewohnt, mit seiner Meinung hinter dem Berg zu halten, forderte von Kluge schriftlich auf, seine Äußerungen zurückzunehmen. Doch von Kluge dachte nicht daran.

Die Truppe fand eines gut an ihrem neuen Oberbefehlshaber. GFM von Kluge tauchte unmittelbar nach seinem Amtsantritt bei ihr vorn in den Gräben auf. Er mußte hier erkennen, daß seine vorgefaßte Meinung von der Schlappheit des Kampfes falsch war. Hier wurde ungleich härter gekämpft, als er dies geahnt hatte. Schiffsgeschützfeuer, Artilleriefeuer und Luftbombardements übertrafen seine schlimmsten Erwartungen. Dies war ein Vielfaches dessen, was sich ihm in Rußland dargeboten hatte.

Mehrfach wurde auch er mit seiner Begleitung aus den Fahrzeugen hinaus- und in die Straßengräben hineingebombt.

Einen Tag später mußte er sich Rommels Überzeugung anschließen, daß die Front weit überdehnt war und daß sie früher oder später reißen *mußte*. Dann aber war die Invasion entschieden, dann stand dem Gegner der Vorstoß ins ungedeckte Frankreich hinein offen.

Die Panzer-Lehr-Division tritt ab

Am selben Tage, da in La Roche Guyon die Befehlsübergabe erfolgte, erhielt die PLD Befehl, ihre Stellungen südlich Tilly zu verlassen und in den Raum St. Lô zu verlegen. GenLt. Bayerlein konnte dessen nicht froh werden, denn dazu wurde ihm befohlen, jeweils ein Drittel seiner Panzer, der Panzerjäger und der Artillerie zurückzulassen, um der ablösenden ID die notwendigen schweren Waffen zu geben. Sein Versuch, die Zersplitterung seiner Division zu verhindern, war vergebens.

Am Abend des 2. Juli machte GenLt. Bayerlein seine Kommandeure mit der Verlegung und dem Abmarsch der Division in den Raum St. Lô–Coutances bekannt und besprach mit ihnen die Marschfolge.

Nach letzten Meldungen waren noch 60 Panzer einsatzbereit. Eine Reihe weiterer, die sich in den Werkstätten befanden, konnten in den nächsten Tagen fertig werden.

Durch die Schlacht am Odon war die letzte deutsche Möglichkeit, zu einem Gegenstoß auf Bayeux anzutreten, geschwunden. Der Vorstoß der brit. 2. Armee band nunmehr alle acht im Invasionsraum eingesetzten deutschen Panzer-Divisionen.

Da das Gebiet im Abschnitt St. Lô ebenfalls zu einem Brennpunkt wurde, wurde diese Stadt sehr oft bombardiert. Die vier hier zusammenlaufenden Nationalstraßen waren für jeden Vorstoß entscheidend wichtig, in welche Richtung er auch geführt wurde. Ebenso die noch unversehrte Brücke über die Vire. Um *diese* Brücke ging es hauptsächlich bei der Verlegung der PLD nach Westen.

GFM Rommel sah richtig voraus, daß die US-Führung einen konzentrierten Angriff im Raume St. Lô–Coutances vorbereitete. Aus diesem Grund verlegte er die PLD an diese bedrohte Stelle. Hinzu kam eine KGr. der 2. SS-PD, die im Raume Rouray ähnlich opfervoll gekämpft hatte wie die PLD bei Tilly. Weitere Panzerverbände standen Rommel nicht zur Verfügung.

Der Plan Montgomerys jedoch lautete: „Wir dürfen in unserer Kräfteverteilung nicht unser Gleichgewicht verlieren, denn dann würden wir gezwungen sein, auf feindliche Stöße mit Gegenstößen zu antworten. Der Feind kann tun, *was er will, wir* werden unseren eigenen Plan und *nur diesen* verfolgen.

Und zwar wird General Bradley mit der 1. US-Armee um seinen linken Flügel im Raume Caumont südwärts und ostwärts auf die allgemeine Linie Caumont–Vire–Mortain–Fougéres einschwenken. Sobald er diese Linie erreicht hat, dreht eines seiner Korps um Avranches herum auf die bretonische Halbinsel ein, während die übrige Armee mit starkem rechtem Flügel in weitem Bogen südlich der Bocage nacheinander auf folgende Ziele vorrückt:

a) Labal–Mayenne und

b) Le Mans–Alençon.

Der Beginn der Operation ist auf den 3. Juli angesetzt."

Die Alliierten hatten bis zum 1. Juli 1944 insgesamt 920000 Mann über See in die Normandie geschafft. Diese waren mit 586000 Tonnen Kriegsmaterial und 177000 Fahrzeugen versorgt worden. Die britische und die US-Armee waren ungefähr gleich stark. Mit 15 und 16 Divisionen waren sie den Deutschen an beiden Frontabschnitten überlegen.

Auf der Insel und in den südlichen englischen Häfen waren weitere neun US- und sechs kan.-brit. Divisionen zur Überfahrt über den Kanal bereit.

Alliierte Pionierverbände hatten inzwischen mit Bulldozern und Raupenfahrzeugen 33 Flugfelder mit Horsten für die Luftwaffe auf dem Festland flugbereit gemacht. Damit konnte die Vielzahl der Starts – vom 16. bis zum 30. Juni waren es 160403 – noch erhöht werden.

Die anglo-amerikanischen Verluste waren niedriger ausgefallen, als es die Strategen vorher am grünen Tisch errechnet hatten. Dennoch beliefen sie sich auf 61732 Tote, Verwundete und Vermißte. Die Verluste waren durch ständige Neuzuführungen mehr als ausgeglichen worden.

Die 12. SS-Panzer-Division „Hitlerjugend" Bis zum Untergang von Caen

Nach der Rückeroberung der Höhe 112 war im Gesamtabschnitt der 12. SS-PD Ruhe eingetreten. Das brit. VIII. Korps war hier mit den Angriffen seiner 43. und 49. ID, unterstützt durch die Panzer der 11. PD, immer wieder abgewiesen worden.

Diese Abwehrkämpfe hatten die Einsatzstärken der gesamten Division stark herabgesetzt. Das PR 12 hatte die Hälfte seines Bestandes verloren. Das PGR 26 war auf die Stärke eines Batl. geschrumpft. Die AufklAbt. und die Pioniere waren ebenfalls stark dezimiert worden. Nachschub kam nicht heran und der Nachersatz noch weniger. Das Brit. VIII. Korps stand in der tiefen rechten Flanke der Division. Der nächste Angriff Montgomerys galt Caen. Dies bedeutete, daß der Flugplatz Carpiquet als nächstes Ziel berannt werden würde. Hier lagen die Reste der Panzergrenadiere an den beiden Flugplatzseiten, die dem Feind zugekehrt waren. Vor ihnen hatten die Pioniere ein tiefgestaffeltes Minenfeld verlegt.

Am frühen Morgen des 3. Juli begann an dieser Stelle das vorbereitende Artilleriefeuer des Gegners. Aus 428 Rohren peitschten Salven, und in dieses dichte Trommelfeuer fielen das Schlachtschiff „Rodney" mit seinen 40-cm-Türmen und der Monitor „Roberts" mit seinen 37,5-cm-Türmen ein.

Als das Feuer schwieg, traten die brit. Sturmtruppen in Richtung Flugplatz an. An der Spitze die 8. kan. Brigade (der 3. kan. ID), gefolgt von einem Batl. der 7. InfBrig. Die Panzer der „Fort Garry Horses" mit unterstellten Dreschflegelpanzern zum Vernichten der Minenfelder und die Flammenwerferpanzer der 79. kan. PD kamen hinzu.

Zunächst zog dieser Angriff durch. Erst im Dorf Carpiquet wurde er gestoppt. Fünf deutsche Panther, die in den Flugzeughallen versteckt waren, rollten mit schnellster Fahrt nach vorn und schossen drei Spitzenpanzer des Gegners ab. Eine Acht-acht griff gleichfalls in das Feuer ein. Jeder ihrer Schüsse war ein Volltreffer.

Die kan. Infanterie arbeitete sich allein weiter vor. Erst auf 150 m Distanz eröffneten die „Hitlersägen" genannten neuen MG 42 das Abwehrfeuer. Der Gegner wandte sich zur Flucht.

Auf der anderen Seite des Flugplatzes war der Feuerkampf noch in vollem Gange. Hier war der Gegner bereits bis in die Ortsmitte vorgerollt. Der Feuerschlag der Werfer und der DivArt. stoppte den Gegner, der den Flugplatzrand bereits erreicht hatte, und trieb ihn zurück. Carpiquet blieb in deutscher Hand.

Am Morgen des 4. Juli stellten sich in St. Mauvieu und ostwärts Norrey starke feindliche Panzerkräfte zum nächsten Angriff bereit und bewegten sich auf Marcelet zu.

Standartenführer Meyer ließ von der DivArt. einen starken Feuerschlag auf die Waldstücke bei Marcelet legen. Die SS-Werfer-Brigade unter Oberstleutnant Böhm und die Werfer der 7. Werfer-Brigade schossen zwei volle Lagen in diesen Feindaufmarsch hinein, die dem Gegner schweren Schaden zufügten.

Der Angriff zielte auf die Teile von Carpiquet, die noch von deutschen Truppen gehalten wurden. Sehr bald war die gesamte Ortschaft in der Hand des Gegners. Sie wurde am 5. Juli von 50-Kilo-Granaten mit Spreng- und Brandwirkung beschossen. Der deutsche Gegenstoß am 6. Juli drang nicht durch.

Nachdem auch dieser indirekte Angriff auf Caen zusammengebrochen war, sollte nunmehr der Frontalangriff erfolgen. Dazu setzte General Montgomery von rechts nach links (also von Westen nach Osten) folgende Verbände ein:

Die 43. ID bei Verson. Die 3. kan. ID von Carpiquet auf Bretteville sur Odon südwestlich Caen. Zwei PzBrig., zwischen Authie und Cussy auf Ardenne und dann auf Caen zielend, die 59. ID zwischen St. Contest und Epron mit Ziel Caen-Nord. Die 3. brit. ID zwischen Epron und Lebisey auf den Nordostteil Caens zielend, und die 51. ID bei St. Honorine südlich des Canal de Caen.

In der deutschen Front gegenüber lagen von Westen nach Osten die 10. SS-PD, die 12. SS-PD, die 16. LwFeldDiv. und die 21. PD.

Um den Erfolg der Angriffsaktion zu sichern, setzte das Royal Bomber Command unter Luftmarschall Harris 500 schwere Bomber auf Caen an. Diese trugen 2650 Tonnen Bomben. Die Bomben sollten von 21.50 bis 22.30 Uhr fallen. Aber alles, was die RAF mit diesem wahnwitzigen Bombardement erreichte, war, daß ein paar Schützenpanzer der Deutschen umgeworfen wurden. Der Nordteil von Caen, der ausgiebig gebombt wurde, war völlig frei von deutschen Truppen. Die Zivilbevölkerung hatte schwerste Verluste zu beklagen. Die Zahl der Toten schwankt in den verschiedensten Berichten darüber zwischen 2450 und 7200.

Der Gegner konnte dieses Gebiet nach der Bombardierung nicht mehr mit seinen Panzern durchfahren. Sie fuhren sich in den Trümmerbergen fest.

Da Air Chief Marshal Sir Harris einen 5,5 km tiefen Sicherheitsstreifen gefordert hatte, um nicht die eigene Truppe zu bombardieren, konnte der britische Angriff erst am anderen Morgen um 4.20 Uhr starten, volle sechs Stunden nach dem Bombenangriff, als der dadurch verursachte psychische Druck bereits von den Deutschen gewichen war.

Die britischen Truppenoffiziere, die dieses Schauspiel von der Küste und aus dem Raum Küste–Caen genau beobachteten, wußten, daß keine deutschen Truppen in Caen lagen und „daß es sich um einen völlig sinnlosen Angriff handelte“. (Siehe Alexander McKee: a.a.O.)

Prof. Streiff, ein Bewohner Caens, schrieb in seinem Werk „Ceux des Equipes d’Urgence“, das 1945 bereits in Caen erschien: „In Caen gab es keine militärischen Ziele. Die Bombardierung verstopfte lediglich die Straßen und verhinderte das Eindringen der Alliierten in die Stadt.“

„Die Schreie der hilflos unter den Trümmern eingeschlossenen Hunderter von Menschen werden uns noch lange in den Ohren gellen“, schrieb jene Nonne des Klosters Bon Sauveur, deren Tagebuch hier zu Wort gekommen ist.

Die Bewohner von Caen sahen in den angreifenden alliierten Truppen *keine* Befreier. *Ihre* Feinde waren die Engländer, die sie mit Tod und Verderben überzogen und sie zu Tode befreiten.

Anstelle des vorgegebenen Angriffs-Rechtecks von 1500 × 4000 m wurde die ganze Stadt bombardiert.

Nunmehr aber konnte die Operation „Charwood“ beginnen, als deren Haupttruppen die 59. und die 3. brit. ID eingesetzt waren. Die 79. PD und die beiden kan. PzBrig. sollten als Rammböcke vorstoßen und Breschen in die Verteidigungsanlagen des Gegners schlagen.

Mit Angriffsbeginn schoben sich alle im großen Halbkreis um Caen liegenden Truppen des Gegners vorwärts. Die 59. ID blieb sehr rasch zurück und erlitt hohe Verluste.

Dennoch: die 16. LwFeldDiv. unter GenLt. Sievers wurde zerschlagen. Mit Einfall der Dunkelheit erreichte ihr Gegner, die 3. brit. ID, den Nordostrand von Caen. Hier aber ging es nicht weiter, denn hier begann das Bombenkraterfeld. Erst die Erdtruppen konnten Schritt um Schritt in die Stadt eindringen und bis zum Zentrum durchstoßen, weil kein einziger Schuß auf sie abgegeben wurde, denn dieser Teil der Stadt war von deutschen Soldaten freigehalten worden.

Bei der 12. SS-PD, die von der 3. brit. ID in der tiefen Flanke bedroht wurde, war frontal von der 59. ID und der 3. kan ID angegriffen worden, die starke Panzerunterstützung erhielten. Das PGR 25 hielt den Angriffen stand. Nach Ausfall der Pak wurden die Feindpanzer mit Panzerfäusten abgeschossen. Hauptsturmführer Dr. Tiray vernichtete drei der Feindpanzer durch Panzerfaust. Als er den vierten anvisierte, wurde er durch einen Granateinschlag getötet.

In den Ruinen von Authie und Buron hielt das III./PGR 25 allen Angriffen stand.

Um die offene rechte Flanke zu sichern, mußte Standartenführer Meyer die II./PR 12 und die DivBeglKp. bei Cabaret nordostwärts Caen einsetzen. Die I./PR 12 kämpfte noch immer im Norden der Stadt.

GedPzTr. Eberbach, der unmittelbar nach den Bombenangriffen in die vorderste Front nach Caen gefahren war, tauchte unmittelbar vor Angriffsbeginn im GefStand der 12. SS–PD auf. Er wollte vorn führen und durch einen zu langen Befehlsweg keine Zeit vergeuden, die entscheidend sein konnte.

So war er imstande, unmittelbar nachdem die Situation im Streifen der 16. LwFeldDiv. bekannt wurde, den sofortigen Einsatz der 21. PD im Abschnitt dieser Division zu befehlen. Doch die 21. PD konnte bis zum Abend nur ein Batl. Panzergrenadiere über die Orne vorbringen.

In General Eberbach, das wußte Oberst Meyer, hatten sie den richtigen Mann als OB der Panzergruppe West bekommen.

Die Ortschaften rings um Caen gingen nacheinander verloren. Die 12. SS-PD hatte nur noch eine Panther-KpM. mit 15 Kampfwagen als Reserve zur Verfügung. Als der Gegner versuchte, an den vorgeschobenen Beobachtungsstand im Kloster Ardenne heranzukommen, ließ Standartenführer Meyer diese 15 Panzer unter Hauptsturmführer von Ribbentrop zum Gegenstoß antreten. Diese 15 Panther schossen den Gegner bei Ardenne mit drei Salven zusammen. Die letzten Feindpanzer blieben 150 m westlich Ardenne zerschossen liegen.

Als feindliche Panzer mit Flammenwerfern die Stellungen der III./PGR 25 angriffen und den GefStand Steger einwalzten, erhielt Standartenführer Milius, Kdr. des PGR 25, Befehl, das Kloster Ardenne zu räumen und im Laufe der Nacht mit seiner überlebenden Truppe unter Mitnahme aller Verwundeten auf das Ostufer der Orne auszuweichen.

Als Oberst Meyer auf dem GefStand des II. SS-PzK die Erlaubnis zur Zurücknahme der gesamten Division auf das Ostufer der Orne erbat, wurde dies abgelehnt; man erinnerte an den Führerbefehl, der nach wie vor lautete, daß „Caen bis zur letzten Patrone gehalten“ werden müsse.

Aber Kurt Meyer ließ mit der Räumung der Stadt beginnen. Die schweren Waffen machten Stellungswechsel auf das andere Orneufer. Nach Einbruch der Dunkelheit wurden die Bataillone auf den Stadtrand von Caen zurückgezogen. (Siehe dazu: Panzermeyer: a.a.O.)

Die Kanadier drangen ins Kloster Ardenne ein und verhinderten zunächst die Rückführung der hier liegenden deutschen Verwundeten. Erst als sie starkes gezieltes Werferfeuer erhielten, zogen sie sich wieder zurück, und die in den Kellern liegenden Verwundeten konnten geborgen werden. Standartenführer Milius meldete dies um Mitternacht.

Am Morgen des 9. Juli erhielt die 12. SS-PD vom Korps den Befehl, Caen aufzugeben. Der DivGefStand, der sich mit einigen starken Waffen noch in Caen gehalten hatte, wurde nun ebenfalls abgebaut und zog sich zurück.

Erst am Nachmittag des 9. Juli stießen Stoß- und Spähtrupps des Gegners aus dem Zentrum in den Südteil der Stadt durch.

Die letzte Ornebrücke, über welche die Nachhutsicherungen der 12. SS-PD übersetzten, wurde von Sturmbannführer Olboeter gesprengt.

Caen war in englischer Hand. Für die 12 km vom Strand bis zur Stadt hatte der Gegner über einen Monat gebraucht und jeden Meter Bodengewinn teuer bezahlt. Allerdings hatte die deutsche Wehrmacht dafür ihre hier stehenden und die herangeschafften Panzertruppen geopfert.

Der Kampf im US-Sektor

General Patton kommt!

General George Patton, der noch immer in England festsaß und sich seit Wochen darum bemühte, endlich zum Einsatz zu gelangen, erhielt Ende Juni 1944 den Befehl, seine 3. Armee in den Hafen zu verlegen und sich zum Übergang auf das Festland bereitzuhalten. Nun wartete der amerikanische Guderian sehnsüchtig auf das Eintreffen des Befehls, sein HQ auf das französische Festland zu verlegen und am großen Einsatz in der Normandie teilzuhaben. Aber es sollten noch einige für George Patton unerträglich lange Tage vergehen. Erst am 6. Juli traf er in Frankreich ein, wo sein Flugzeug auf dem Rollfeld des Abschnittes Omaha landete. Von hier aus fuhr er in einem Jeep zur Front, um den Soldaten folgendes zu verkünden:

„Wir wollen es den Krauts mal zeigen, und dann geht es ab nach Berlin!" (Siehe David Irving: a.a.O.)

Als der OB der 3. US-Armee am nächsten Tage mit seinem Vorgesetzten zu General Montgomery fuhr, empfand er bei der Einsatzbesprechung, daß der britische Befehlshaber ihn sehr gern noch in der Hinterhand gehalten hätte, doch Bradley wollte, daß Patton so schnell und so stark wie möglich in das Kampfgeschehen eingriff.

An und für sich hatte die 1. US-Armee schon am 3. Juli einen neuen Großangriff beginnen sollen, der zum Ausbruch aus dem Landekopf und aus der Halbinsel Cotentin ins offene Frankreich führen sollte.

Dazu standen dem VIII. Korps unter GenLt. Middleton die 79., 82. und 90. ID zur Verfügung. Das VII. Korps unter GenLt. Collins verfügte über die 83., 4. und 9. US-ID. Zwischen Vire und Caumont standen noch das XIX. und V. US-Korps der 1. Armee.

Die Umstände des Aufmarschraumes waren nicht eben günstig, denn dieser bestand aus dem Sumpfgelände des Viretales und dem von starken deutschen Kräften gehaltenen Großraum St. Lô. Die Schwemmsümpfe der unteren Vire und Taute stellten ein starkes natürliches Hindernis dar. Eine einzige Straße führte hindurch: jene von Carentan nach Périers. Links und rechts dieser Straße war das Gelände nur auf etwa zwei km Breite befahrbar.

General Bradley plante, mit dem VIII. Korps den ersten Schlag gegen die deutsche rechte Flanke zu führen und die Deutschen von der Höhe an der Straßenkreuzung La Haye du Puits zu vertreiben. Danach beabsichtigte er, mit dem VII. Korps und dem XIX. Korps die Großoffensive zu starten. Das VII. Korps sollte von Carentan aus nach Süden vorstoßen, einen zweiten Brückenkopf über die Vire bilden und St. Lô durch Umfassung zu Fall bringen.

Auf deutscher Seite wußte man von diesen Vorbereitungen durch Aufklärung mittels Spähtrupps und durch die Funkaufklärung. Beiderseits von La Haye du Puits hielten die Truppen der 353. ID unter GenLt. Mahlmann. In La Haye du Puits selbst stand das PiBatl. 353 unter Hptm. Pillmann.

Als die Divisionen des VIII. Korps gegen diese Ortschaft antraten, trafen sie auf entschlossenen Widerstand. Die Infanteristen der 353. ID kämpften tapfer. Als am zweiten Angriffstag ihre Kräfte zu erlahmen drohten, wurde das FJR 15 unter Oberst Gröschke in ihre Front eingeschoben. Diese Fallschirmjäger riegelten den soeben vom Feind erzielten Einbruch ab und stellten die alte HKL wieder her. Auch die Pioniere in La Haye hielten eisern stand.

Im HQ von General Bradley, wo General Eisenhower am 1. Juli eingetroffen war, um den Start dieser Offensive, die zum Ausbruch aus dem Landekopf führen sollte, an Ort und Stelle mitzuerleben, sank die Stimmung auf den Gefrierpunkt. Das VIII. Korps gewann in zwölf Tagen ganze 12 km Raum und erlitt dabei schwerste Verluste.

Auf dem GefStand der 1. US-Armee in Colombières trafen sich Eisenhower und Montgomery, um die weiteren Pläne zu beraten. „Monty“ war in seinem rollenden HQ angereist. Als Bradley bei ihm eintraf, standen neben dem Caravan Montgomerys zwei von Shermans abgeschossene Tiger und ein Panther.

Die Besprechung bestätigte noch einmal die britischen Angriffsvorbereitungen bei Caen, jene von Bradley auf St. Lô und den Ausbruch.

Am Morgen des 7. Juli überschritten Truppen der 9. und 30. US-ID den Vire-Taute-Kanal über eine Pionierbrücke. Etwas weiter unterhalb wurde auf Sturmbooten übergesetzt. St. Jean de Daye wurde genommen und Le Desert erreicht. Damit bestätigte sich, was man deutscherseits befürchtet hatte. Eisenhower wollte St. Lô durch eine Zangenbewegung zu Fall bringen.

Als General Eisenhower zur Ausnutzung dieses Erfolges die 3. US-PD ansetzte, die durch die Felder nordwestlich von St. Lô auf diesen Verteidigungspunkt zurollte, schien der Durchbruch von einem raschen Erfolg gekrönt, schien St. Lô zu fallen.

Gruppenführer Lammerding, Kdr. der 2. SS-PD „Das Reich“, erhielt von der 7. Armee den Befehl zum Gegenangriff. Er ließ sofort antreten, und nördlich Saint Sébastian-Sainteny stießen die deutschen Panzer noch am

8. Juli auf den Feind. Die 4./PR 2 fuhr Spitze. Sie traf als erste auf den Gegner, und in dem übersichtlichen Gelände begann der Panzerkampf.

Der erste Sherman wurde von Unterscharführer Barkmann abgeschossen. Dann aber blieb die 4./PR 2 im geballten Panzerfeuer des weit überlegenen Gegners liegen. Der wirkliche Gegenangriff begann erst, als alle Panzer herangekommen waren.

Am Morgen des 9. Juli war es soweit. Im Raume Périers wurde der Gegner gestoppt. Panther und Tiger schossen ihn zusammen. Der Angriff der US-Truppen erlahmte. In immer neuen Panzerduellen blieben die deutschen Panther und Tiger siegreich. Unterscharführer Barkmann schoß drei weitere Shermanpanzer ab.

Im HQ der 1. US-Armee erklärte General Bradley seinem Besucher Montgomery am 10. Juli, daß er seine Offensive, die liegengeblieben war, nicht eher wieder aufnehmen könne, bis seine zur Neige gehenden Munitionsvorräte aufgefüllt seien. Außerdem müsse er erst eine feste Ausgangsbasis südlich der Sümpfe gewonnen haben. Dazu gehöre auch, daß zunächst St. Lô erobert sein müsse und daß es gelinge, den Gegner auf die Straße St. Lô–Périers zurückzuwerfen.

Beide Armeeführer kamen überein, die Operation „Goodwood“ – „Gut Holz!“ – auf den 18. Juli anzusetzen. Um die deutsche Abwehr zu zersplittern, wurde in der Nacht zum 16. Juli ein Ablenkungsangriff aus dem Frontvorsprung am Odon vorgesehen.

Danach sollte dann noch – parallel zur britischen Operation „Goodwood“ – die US-Operation „Cobra“ erfolgen.

„Diese Unternehmungen“, erklärte Montgomery, „werden die Normandiefront in Flammen setzen. (Siehe Bernard Montgomery: Invasion.) Der britische OB erklärte seinem Gegenüber, daß er für beide Operationen ein Höchstmaß an Luftunterstützung angefordert habe.

Inzwischen waren an der Front vor der 2. SS-PD „Das Reich“ die Amerikaner am 13. Juli zum neuen Durchbruchsversuch angetreten. Von sechs auftauchenden Shermans wurden drei von Unterscharführer Barkmann abgeschossen. Als dann hinter diesem deutschen Vorposten der Gegner durchbrach, rollte Barkmanns Panzer, der hier als Sicherung stand, zurück und bekämpfte diesen Gegner, der mit Sprenggranaten auseinandergetrieben wurde. Hier erhielt der Panther Barkmanns einen Paktreffer und fiel aus. Andere Panzer kamen rechtzeitig und stoppten den Gegner.

Am 15. Juli erklärte General Montgomery noch einmal in Richtung seiner amerikanischen Verbündeten, worum es ihm ging:

1. Ziel dieser Operation: Die deutschen Panzerverbände in einen Kampf verwickeln und sie dermaßen schwächen, daß sie künftig als

Rückgrat der Schlacht ausfallen. Einen ausreichenden Brückenkopf durch Caen über die Orne gewinnen und so seine Stellungen in der Ostflanke verbessern.

2. Wirkung dieser Operation auf die Strategie der Verbündeten: Sie brauchen die Halbinsel von Cherbourg und die Bretonische Halbinsel als Ganzes. Ein Sieg an der Ostflanke wird zum Gewinn dessen beitragen, was sie an der Westflanke haben wollen. Aber die Ostflanke ist *das* Bollwerk, von dem der ganze zukünftige Feldzug abhängt. Sie muß ein festes Bollwerk bleiben; käme sie ins Wanken, wäre es mit den Operationen an der Westflanke zu Ende. Deshalb müssen die Alliierten, während sie jede Gelegenheit zur Zerschlagung der deutschen Kräfte wahrnehmen, sorgfältig darauf achten, daß ihr eigenes Gleichgewicht erhalten und eine feste Basis gesichert bleibt." (Siehe Sir Bernard Montgomery: a.a.O.).

Der Angriff der Panzer-Lehr-Division auf Le Desert

Nach einem verlustreichen Marsch erreichten die einzelnen Truppenverbände der PLD bis zum 6. Juli den Raum St. Lô–Amigny. Am folgenden Tage war die Umgruppierung beendet, und GenLt. Bayerlein hatte bei Carontilly nahe Canisy einen neuen GefStand eingerichtet, wo er am Abend dieses Tages seine erste Divisionsbesprechung abhielt. Zwar hatte er ein „Besenkommando" aufgestellt, das alle Spuren auf dem Wege zum GefStand verwischen mußte, dennoch tauchten plötzlich 12 Jabos auf und bombten diesen Platz. Einige Offiziere des Stabes wurden getötet, neun weitere verwundet. Als der Spuk vorüber war, brannten drei Häuser und eine Reihe geparkter Fahrzeuge. Dennoch wurde die Besprechung zu Ende geführt.

Bis dahin hatte die PLD auf dem Marsch in den neuen Einsatzraum acht Geschütze und 26 Lkw – darunter eine Reihe der wertvollen Tankfahrzeuge – verloren.

Am 8. Juli begann der Gegenstoß der PLD aus ihren Bereitstellungsräumen nach Norden. Allerdings sollte dazu nicht die gesamte Division eingesetzt werden.

Der Angriff der II./PR 130 zielte mit ihrem Stoß auf Pont Hébert. Von hier aus sollte dann der gemeinsame weitere Angriff angesetzt werden.

In zügigem Vorrollen ging es diesem Dorf vor der feindlichen HKL entgegen, die vom XIX. US-Korps gehalten wurde, das bereits die Vire überschritten hatte. Der Angriff blieb im Pakfeuer des Gegners liegen. Dann aber drang er doch noch durch, als es einer Kompanie gelang, im entschlossenen Sturmlauf die Stellungen der Pak zu überwinden. Das Dorf wurde erreicht und Sicherungen am Dorfrand aufgestellt.

Im Morgengrauen des 9. Juli wurde die Abt. alarmiert. Feindpanzer waren durchgebrochen und fuhren nun die Hauptstraße entlang. Der hier entbrennende Kampf war kurz. Eine Reihe der Feindpanzer wurde abgeschossen, aber auch die II./PR 130 verlor sieben Kampfwagen.

Den Soldaten der PLD standen als Gegner Truppen der 9. und 30. ID gegenüber. Die 3. US-PD folgte diesen beiden Verbänden dichtauf nach. Sie stellte jene Panzer, die von der PLD gestoppt werden mußten. Mit Hilfe der 2. SS-PD „Das Reich" konnte dieser Feind dann – wie vorher bereits aus der Sicht dieser Division dargelegt – gestoppt werden. Die 2. SS-PD stellte bei Chateau de la Mare de Cavigny das IR 120 der 30. US-ID und zerschlug es völlig. Damit war dieser Feindangriff gestoppt.

Zum 11. Juli wurde ein Großangriff aller Teile der PLD befohlen. Mit zwei Angriffsspitzen wollte GenLt. Bayerlein die gegnerische Front durchstoßen und den Vire-Taute-Kanal erreichen. Gelang dieser Angriff, dann war der gesamte Offensivplan der Amerikaner vereitelt.

Die auf der rechten Flanke gegen die 30. US-ID gerichtete Stoßgruppe wurde von Major Welsch geführt. In ihr waren das PGR 902 und die I./PR 130 zusammengefaßt.

Die linke Stoßgruppe führte Oberst Scholze mit dem PGR 901. Ihm waren 12 Panther der II./PR 130 und die PzJägAbt. 130 unter Hptm. Oventrop zur Verfügung gestellt worden. Dieser Stoßverband sollte in die tiefe Flanke der 9. US-ID hineinstoßen.

Um 5.10 Uhr begann der Doppelangriff. Um 6.30 Uhr stand Hptm. Philipps mit dem I./PGR 901 bereits drei km hinter den feindlichen Linien, die im ersten Anrollen durchstoßen wurden. Wo sich den Panzergrenadieren Widerstand entgegenstellte, rollten die Panzer vor und brachen ihn. Zwei feindliche Befehlsstände wurden überrollt, die Gefangenen ohne jede Bewachung zurückgeschickt.

Während ein Teil des PGR 901 mit Panzern, Panzerjägern und Einheiten der PzAufklAbt. 130 bei Le Désert starke Feindkräfte band, stieß Hptm. Philipps mit seiner Kampfgruppe unaufhaltsam nach Norden vor. Sein Ziel war der Vire-Taute-Kanal. Wenn er diesen erreichte, dann saß die gesamte 9. US-ID in der Falle.

Doch für diese außerordentliche Leistung war die PLD infolge der vorangegangenen Kämpfe und der Tatsache, daß ein Drittel ihrer Kräfte bei Caen zurückgeblieben war, zu schwach. An der Spitze der Panzer, die Hptm. Philipps begleiteten, fiel Lt. Stöhr von der 8./PR 130. Ein Splitter jener Phosphorgranate, die seinen Panzer traf, durchschlug seine Stirn. Er war sofort tot. Seine Besatzung verbrannte im Panzer.

Die Selbstfahr-Lafetten der 9./PGR 901, die von Lt. Harning und seinem Funktrupp-ObGefr. Borowetz immer wieder neu eingewiesen wurden, konnten weitere feindliche Widerstandsnester zerschlagen und die Kampfgruppe vorwärtsbringen.

Erst als es am Mittag des 11. Juli aufklarte, begann das Unheil in Gestalt der feindlichen Jagdbomber, die nun wieder wie Bienenschwärme über der KGr. Philipps auftauchten. Die ersten mitrollenden Panzer wurden durch Raketenbomben ausgeschaltet, und binnen einer Stunde fielen in der PLD insgesamt 18 Panzer aus, die aus der Luft vernichtet worden waren. Von den 30 Panzern, die diesen Vorstoß vorgerissen hatten, waren nun nur noch 12 in Aktion.

500 Panzergrenadiere fielen oder lagen verwundet im Gelände des Angriffsstreifens. Ganze Gruppen und Züge wurden vom Gros abgesprengt, eingeschlossen und vernichtet. Als auch der BatlKdr. eingeschlossen wurde, trat ein Zug unter Ofw. Sohlbach an. US-Truppen stellten sich ihm in den Weg. Sohlbach nahm vierzig US-Soldaten gefangen. Doch dieser Gegenstoß, dessen sie sich zu erwehren hatten, verhinderte den befreienden Schlag in Richtung des eingeschlossenen BatlKdrs. Als sich Sohlbach endlich befreien konnte, waren Hptm. Philipps und seine Begleitung vom Gegner überwunden worden und in Gefangenschaft geraten. Ofw. Sohlbach führte die letzten zwölf Überlebenden seines Zuges zurück. Sie nahmen auch die 40 Gefangenen mit. Sohlbach, spezieller Spähtruppführer des PGR 901, erhielt das Deutsche Kreuz in Gold.

Das Regiment 901 war in eine Krisenlage geraten, und es bestand Gefahr, daß es – zu weit nach Norden vorgeprellt – vom Gegner kassiert wurde. Mit allen verfügbaren Einheiten ging es deshalb nach vorn. Hptm. Hennecke fuhr mit seinen letzten Selbstfahr-Lafetten in die neue Verteidigungslinie und baute sich in die Abwehrfront dieses Regimentes ein.

Immer wieder versuchte der Gegner, diesen Sperr-Riegel zu durchstoßen, vergebens. Hinter Hecken und Erdwällen, in Hohlwegen und Schützenlöchern verteidigte die PLD. In schnellen Ansprüngen rollten die wenigen Panzer vor, bügelten Feindeinbrüche aus und zogen sich wieder zurück.

Der deutsche Angriff – das wurde durch Gefangenenaussagen erhärtet – war mitten in die Angriffsvorbereitungen der Amerikaner hineingeplatzt. Er konnte deshalb auch nicht erfolgreich sein, weil der Gegner einfach zu stark aufmarschiert war.

Allerdings wurde *auch* der Ausbruch der US-Truppen aus dem Landekopf vereitelt. Dieser Angriff trug sogar dazu bei, daß die westlichen Alliierten in der Normandie einen jähen Umschwung befürchteten. Nunmehr, so wurde bereits in London und Washington – und nicht zuletzt in den beiden Hauptquartieren an der Front – argumentiert, würden die Deutschen jenen Zeitvorsprung bekommen, der es ihnen ermöglichte, alle noch immer in Südfrankreich und vor allem in Nordostfrankreich Gewehr bei Fuß stehenden Divisionen in die Normandie zu karren und dort völlig dicht zu machen. Damit wären die alliierten Truppen in ihrem Brückenkopf festgenagelt. Trat dann der Herbst mit seinen Stürmen und Regenfällen ein, folgte der berüchtigte Normandiewinter nach mit der Unmöglichkeit, auf Land zu operieren, verbunden mit grober See, die jeden Nachschub für Wochen lahmlegte, dann war möglicherweise die Deutsche Wehrmacht am Zuge und konnte den Brückenkopf mit ihren Vergeltungswaffen vernichtend treffen. Und die einzige starke Waffe, die den Alliierten dann noch blieb – die Bomberwaffe – würde wegen des schlechten Wetters nicht starten können. Alles dies Perspektiven, deren jede für sich allein die Niederlage heraufbeschwören konnte.

Noch *immer* aber glaubte die oberste deutsche Führung – oder es wurde ihr einsuggeriert und mit völlig aus der Luft gegriffenen falschen Zahlen untermauert – daß die zweite Großlandung am Pas de Calais erfolgen *müsse*. Sie ließ daher die ausgeruhten kampfstarken Divisionen dort untätig stehen, obwohl sie an der Front *den* Ausschlag hätten geben können. Diese Lage ist so unbegreiflich, so absurd, daß der Verratsgedanke immer drängender wird.

Die weiteren Kämpfe der PLD im Juli

Die alliierten Bomberangriffe und die dauernden Vorstöße amerikanischer Verbände gegen die Stellungen der PLD und die darauf ständig folgenden Artillerie-Feuerüberfälle zehrten am Bestand dieser Division, die aus der Hölle von Tilly in das Fegefeuer St. Lô geraten war.

Am 18. Juli erreichten US-Verbände die Straße St. Lô–Périers und drückten die deutschen Truppen zur Seite. Im Nordwesten der Stadt hielt sich noch die schnelle Brigade 30 unter Oberstleutnant Frhr. von Aufseß. Der KGrFührer fiel vor den ersten Häusern im Nahkampf.

Die PLD hielt den Abschnitt Hèbècrevon auf dem linken Vireufer. Hier kam niemand durch. Dann aber gelang es dem Gegner, im Osten der Stadt, durch die Ruinen gedeckt, einzusickern. Am 19. Juli gegen 19.00 Uhr kämpften sich die Männer der 29. US-ID, von der 113. Cavalry Group mit Panzern unterstützt, Schritt für Schritt durch die Stadt. Am 20. Juli, als die Ereignisse im FHQ „Wolfsschanze“ die ganze Welt aufhorchen ließen, fiel das in St. Lô eingeschlossene Stabsquartier des LXXXIV. AK in die Hände des Gegners. Der Kampf der vergangenen zwölf Tage war an dieser Stelle mit unvorstellbarer Härte geführt worden. Einer der Gefangenen des 137. US-Regimentes drückte dies folgendermaßen aus:

„The Germans are fighting with extreme bitterness all along the front. Literally obeying the order, to die where they stand. Carillon a stubbornly held German position. – Die Deutschen kämpften mit außerordentlicher Härte auf der ganzen Front und gehorchen buchstäblich dem Befehl, dort zu sterben, wo sie standen. Carillon ist eine so hartnäckig gehaltene deutsche Stellung."

Von ihren Landeköpfen St. Laurent und Coleville hatten die Gegner bis St. Lô 44 Tage gebraucht. Im US-Operationsplan waren dafür sieben Tage vorgesehen gewesen.

Der nun einsetzende Dauerregen verwandelte Straßen und Felder in Sumpflandschaften. Die Panzer beider Seiten blieben im Schlamm stecken. Die tiefhängenden Wolken ließen keine Luftwaffeneinsätze zu. Die Fronten erstarrten. Beide Seiten hatten Gelegenheit, sich aufzufrischen. Für eine knappe Woche sollte das Schicksal den Soldaten beider Seiten eine Gnadenfrist bescheren.

Fliegende Jabos, die das Wetter nicht scheuten, errangen während dieser Zeit aufsehenerregende Erfolge, wie der folgende Kurzbericht beweist.

Generalfeldmarschall Rommel ausgeschaltet

GFM Rommel war am Nachmittag des 17. Juli zum GefStand des I. SS-PzK. gefahren; er hatte mit Obergruppenführer Dietrich die Lage besprochen und auf den unmittelbar bevorstehenden Feindangriff hingewiesen. Hinzugekommen war auch Standartenführer Meyer, der Kdr. der 12. SS-PD „HJ".

Als Rommel von Meyer eine Beurteilung der Lage erbat, erklärte dieser: „Mit einer britischen Offensive südlich Caen muß in den nächsten Tagen gerechnet werden. Ziel dieser Offensive wird die Zerschlagung des rechten Flügels, also des Angelpunktes der gesamten Normandiefront sein, um dann in das Herz Frankreichs vorstoßen zu können.

Die Truppe wird kämpfen, Herr Feldmarschall, die Grenadiere werden auch weiterhin in ihren Stellungen sterben, aber sie werden nicht verhindern können, daß die britischen Panzer über sie hinwegrollen und den Marsch auf Paris antreten.

Die überwältigende feindliche Luftüberlegenheit macht eine taktische Führung nahezu unmöglich. Die Jabos stürzen sich selbst auf einzelne Melder. Eine Schwerpunktbildung, ja selbst die Verschiebung kleinster Verbände kann wegen der pausenlosen Luftüberwachung nicht mehr ohne größere Verluste durchgeführt werden. Das gesamte Straßennetz steht Tag und Nacht aus der Luft unter feindlicher Kontrolle." (Siehe Panzermeyer: a. a. O.)

Standartenführer Meyer erbat einen Luftschirm an eigenen Jagdverbänden, aber den konnte Rommel nicht versprechen. Der GFM erklärte den Stabsoffizieren und Kommandeuren, daß er Berichte über Berichte geschrieben habe, in denen die vernichtende Wirkung alliierter Jagdbomber deutlich zum Ausdruck gekommen sei. Er sagte zum Schluß:

„Der Krieg im Westen *muß* beendet werden. Aber was passiert im Osten?"

Wie sehr Standartenführer Meyer recht hatte, das sollte Rommel auf der Rückfahrt erfahren. Er verließ um 16.00 Uhr den GefStand des Waffen-SS-Korps, um in seinen GefStand nach La Roche Guyon zurückzukehren. Sepp Dietrich bat ihn noch, nicht seinen auffälligen großen Stabswagen, sondern einen wendigen VW-Kübelwagen zu benutzen. Rommel winkte lächelnd ab.

Uffz. Daniels, der Fahrer Rommels, fuhr los. Das trübe Wetter hatte sich gebessert, Wind hatte den tiefhängenden Nebel vertrieben, und es herrschte „Jabowetter".

Weil die Hauptstraße durch Bombentrichter unpassierbar geworden war, mußte Rommels Fahrer auf eine Nebenstraße ausweichen und konnte erst fünf km vor Vimoutiers wieder auf die Hauptstraße zurückkehren. Auf ihr waren sie noch keinen Kilometer weitergekommen, als der Melder Tiefflieger beobachtete, die aus dem Rücken heranbrausten.

„Versuchen Sie nach Vimoutiers zu kommen, dort sind wir sicher!" rief Rommel dem Fahrer zu. Daniels trat auf das Gaspedal, drehte in eine halsbrecherische Linkskurve ein, und in diesem Moment war der erste Jabo herangekommen und schoß aus allen Bordwaffen.

2-cm-Granaten peitschten von links in den Wagen hinein. Uffz. Daniels wurde in die Schulter getroffen und verlor die Herrschaft über das Fahrzeug. Der Wagen rutschte nach rechts, knallte gegen einen Baumstumpf, wurde nach links zurückgeschleudert und stand nun quer auf der Straße.

Rommel war mit dem Kopf gegen die Windschutzscheibe geprallt und wurde aus dem Wagen geschleudert. Er stürzte auf die Straße und erlitt einen Schädelbruch.

Seine Begleitung, Hptm. Lang, Major Niehaus und Fw. Holke blieben unverletzt. Sie bargen Rommel und legten ihn in die Deckung einer Hecke. Als die Jabos weiterflogen, schafften sie Erwin Rommel in das nächste Dorf; es hieß – Ironie der Weltgeschichte – St. Foy de Montgommery.

Erwin Rommel sollte nicht mehr auf den westlichen Kriegsschauplatz zurückkehren. Die HGr. B wurde seit diesem Tage von GFM von Kluge mitgeführt.

Bis zum 20. Juli betrug die gesamte Kampfstärke der Alliierten in der Normandie 30 kampfstarke Infanterie- und 13 Panzer-Divisionen. Hinzu kamen Sonderverbände der Artillerie, der Pak und der Pioniere.

Auf deutscher Seite standen im Invasionsraum 20 Infanterie- und acht Panzer-Divisionen; deren Großteil war von den vorhergegangenen schweren Kämpfen im Osten angeschlagen.

Immer noch standen zwei deutsche Armeen im Nordosten der Normandie Gewehr bei Fuß, die in der Normandie schon längst das Blatt hätten wenden können. Diese Haltung ist und bleibt – wie man sie auch drehen und wenden mag – neben den vielen übrigen Ungereimtheiten und Widersinnigkeiten – das *große Rätsel* an der Westfront.

Der Plan Montgomerys

Nachdem endlich Caen in britischer Hand war, verfolgte General Montgomery die Absicht, sich mit einem neuen Angriff der Höhenzüge zwischen Caen und Falaise zu versichern. Dazu ließ er sowohl das VIII. brit. Korps als auch das II. kan. Korps bereitstellen. Dem Angriff dieser drei Panzer-Divisionen und der einen Panzer-Brigade sollten Jagdbomber-Überfälle der 2. taktischen Luftflotte und Bombenangriffe der 8. USAAF vorangehen und den Boden vorbereiten.

Die ihnen auf deutscher Seite gegenüberstehenden Kräfte setzten sich aus der 272. ID, der 21. PD, Resten der 16. LwFeldDiv. und Teilen der 1. SS-PD zusammen. Die 12. SS-PD „HJ“ stand in zwei KGr. gegliedert im Raume Potigny in Reserve, um überall dort eingesetzt zu werden, wo es brannte.

Als Standartenführer Meyer am späten Abend des 17. Juli den OB der inzwischen in 5. Panzerarmee umbenannten Truppen der Panzergruppe West, General Eberbach, aufsuchte, erfuhr er von diesem, daß der feindliche Großangriff in den nächsten Stunden losbrechen würde. Er erhielt Weisung, seine beiden KGr. unverzüglich in Alarmbereitschaft zu versetzen.

Die Führung dieses Angriffs hatte Montgomery der 11. PD unter GenMaj. Roberts vorbehalten. Diesen Panzerverbänden sollten die Garde-Regimenter der erstmals im Einsatz stehenden Garde-Panzer-Division folgen. Danach erst würde die 7. PD über die den Durchbruch erzwingenden beiden Divisionen hinweg den Erfolg durch blitzschnelles Vorprellen sicherstellen.

Ziel war das Höhengelände von Bourguebus. Von dort aus konnten die nach Paris führende Nationalroute N 13 ebenso wie die Straße N 158 nach Falaise unter Kontrolle gebracht werden.

Da man durch eine Fehleinschätzung die deutschen Verteidigungslinien etwa 4–5 km tief gestaffelt annahm und darin nur die Reste der 12. SS-PD „HJ" vermutete, hoffte Montgomery, in einem Zuge durchstoßen zu können.

Dies schien um so sicherer, als man dazu den größten Luftangriff aller Zeiten starten wollte. Und zwar sollten 2000 Bomber sowie 2000 Jagdbomber und Begleitjäger an diesem Tage die deutschen Stellungen pausenlos angreifen und pulverisieren. Danach würden 700 vorgezogene Geschütze insgesamt 250000 Granaten auf die Verteidigungsstellungen der Deutschen feuern, und dann erst sollten die drei Panzer-Divisionen als stählerner Stoßkeil losrollen und alles vernichten, was diese vorangehenden Angriffe noch hatten stehenlassen.

General Dempsey, OB der 2. brit. Armee, rechnete mit mindestens 200 Panzerverlusten; wenn es 300 werden sollten, dann würde es ihm auch recht sein, vorausgesetzt, sie bekamen die Höhe. Sie und die damit verbundene Beherrschung der beiden großen Straßen rechtfertigten diese hohen Opfer, wie man in Dempseys Stab offen zugab. Von diesen Höhen herunter mußte Falaise leicht zu gewinnen sein, das ja dann nur noch 25 km entfernt lag, in einem Gelände, das jeden Panzereinsatz zuließ.

Der Angriff erhielt den Codenamen „Goodwood" – Gut Holz! Das im Zentrum des Vorstoßes gelegene Städtchen Cagny sollte von der Royal Air Force mit 650 Tonnen Bomben belegt werden, um dort jeden Widerstand auszuschalten.

Nach diesen am 15. Juli von General Montgomery gegebenen Weisungen schienen sich in den nächsten zwei Tagen dennoch Zweifel zu melden, denn der Nachrichtendienst der 2. Armee meldete „dauernde Verstärkungen der deutschen Verteidigungsstellungen und den Zuzug von Reserven in den Raum ostwärts der Orne".

General Dempsey entschied sich deshalb am 17. Juli dazu, die eigenen Ziele zurückzustecken. Er wies O'Connor an, mit seinen drei Panzer-Divisionen die Abschnitte Vimont–Garcelles–Secqueville und Hubert Folie–Vériers zu erreichen und in Besitz zu nehmen.

Die beiden großen Offensivschläge der Alliierten standen also unmittelbar bevor. Im Vorfeld dieser bedrückenden Situation konnten selbst so unkomplizierte Gemüter wie General Patton mit seinem perlmutterbeschlagenen Colt im Gürtel nicht jene Zurückhaltung bewahren, die angemessen gewesen wäre.

Patton ließ sich in diesen Tagen über seine Mitstreiter folgendermaßen aus: „Manchmal habe ich Angst vor der Zukunft. Bradley und Hodges (dieser war Bradleys Stellvertreter) sind solche Nullen. Ihr einziger Vorteil ist, daß sie zurechtkommen, indem sie nichts tun. Wenn ich die Führung hätte, könnte ich in drei Tagen durchbrechen. Sie versuchen entlang der ganzen Front zu drücken und haben nirgendwo die notwendige Stoßkraft zum Durchbruch." (Siehe David Irving: a.a.O.)

Waren General Pattons Vorwürfe berechtigt? Hätte er es möglich machen können, den Durchbruch binnen dreier Tage zu schaffen? Der Einsatz seiner 3. Armee mußte dies unter Beweis stellen.

Die Sturmangriffe brechen los

Operation „Gut Holz!“

Es war 5.30 Uhr an diesem 18. Juli 1944, als auf der gesamten Frontbreite südlich Caen schlagartig das Feuer der 720 Geschütze losbrach, mit denen Dempseys 2. Armee den Großangriff eröffnete.

Wenig später waren die Motorengeräusche der anfliegenden Geschwader des Bomber Command der RAF zu vernehmen. Ihnen angeschlossen waren ganze Geschwader der 8. USAAF. Etwa 1700 Bomber (von den geplanten 2000) warfen den größten Bombenteppich aller Zeiten.

Von der Angriffsspitze der 11. brit. PD aus konnten die Kommandeure die breite tiefgestaffelte Front der Staub- und Dreckwolken sehen, die immer wieder von ganzen Blitzkaskaden durchzuckt wurden.

Immer neue Bomberwellen kamen heran und legten im Verlauf dieses Tages alles im Großraum Caen–Colombelles in Schutt und Asche. Es waren weitere 2000 Bomber, die noch an diesem Tage den zweiten Bombenteppich warfen, womit dann insgesamt 7000 Tonnen Bomben auf diesen engumgrenzten Raum niedergeregnet waren.

Die Bombenwürfe forderten von der französischen Zivilbevölkerung 2000 Tote und 1300 Schwerverletzte, die für immer zu Krüppeln geschlagen wurden.

Nach dem ersten Bombenteppich fuhr die 29. PzBrig. der 11. PD auf einer Breite von rund 1000 m ungehindert vor. Der erste Bahndamm wurde überschritten, der zweite erreicht. Es war 9.30 Uhr, als der erste Widerstand aufflackerte. Und zwar überrollten die beiden voranfahrenden Panzer-Regimenter soeben den Bahndamm der Strecke Caen–Vimontals, als sie aus Cagny Feuer erhielten. Aus jenem Dorf also, das vorher durch Bombenwürfe in Schutt und Asche gelegt worden war. Hier hatten sich nach den Bombenwürfen einige Acht-acht-Flak und ein paar Tiger bereitgestellt. Die weitreichenden Tigerkanonen schossen wie auch die Flak eine Reihe Panzer ab, noch ehe diese hätten in den Kampf eingreifen können. Das Regiment der Angreifer drehte zur Flankendeckung ab, und die beiden folgenden Regimenter rollten über den Bahndamm und fuhren Bourguebus entgegen.

Hier stießen sie auf deutsche Schweigepak, die erst aus sehr kurzer Distanz das Feuer eröffnete. Kurz vor der Ortschaft kam dieser Panzervorstoß zum Stehen. Brennende und lahmgeschossene Feindpanzer standen auf der Plaine.

Die Panzer der 21. PD wiederum waren an der Straße Cagny–Vimont erfolgreich, wo sie ebenfalls eine Reihe Feindpanzer abschossen. Bei Frenouville konnten sie dann den Gegner endgültig zum Stehen bringen.

Hier griff die sPzAbt. 503, die der 21. PD unterstellt worden war, in die Kämpfe ein. Auch ihr Marsch zur Front wurde zu einer Odyssee, die hier dargestellt werden soll.

Die Tiger kommen zur 21. Panzer-Division

Anfangs Juni 1944 war die neuaufgestellte sPzAbt. 503 mit neuen Kampfwagen ausgestattet worden. Bis zum 17. Juni hatte diese jüngste Tiger-Abteilung ihre Ausrüstung beendet. Neben den Tigern waren Hptm. Fromme, dem AbtKdr., zwölf Wagen des neuesten Typs Panzer VI IIB – Königstiger – zugeführt worden.

Ende Juni rollte die Abteilung in acht Transporten in die Normandie. Bis Paris benötigte sie volle fünf Tage. Am 2. Juli wurde in Dreux, 80 km weiter westlich, ausgeladen. Zehn km ostwärts Caen erlebte die sPzAbt. 503 den alliierten Großangriff. Der 21. PD unterstellt, war sie zunächst noch Zuschauer. Erst als die Meldung den AbtGefStand erreichte, daß der Gegner beim Dorf Colombelles mit starken Infanterie- und Panzerkräften in die deutsche HKL eingebrochen war und sich anschickte, von hier aus weiter durchzustoßen, erhielt sie Befehl, anzutreten und die alte HKL zurückzugewinnen.

30 Minuten nach dem Alarm fuhr zuerst die 3./sPzAbt. 503, gefolgt von den beiden übrigen Kp., nach vorn. Als sie den nördlichen Dorfeingang erreichte, erhielt sie bereits Feuer. Zugweise schießend und nach rechts und links mit jeweils einem Zug ausscherend, um gleichzeitig feuern zu können und kein kompaktes Ziel zu bieten, griffen die Tiger an.

Das Gehöft, an dessen Rändern sich Feindpanzer zeigten, war nach den ersten Schüssen aus den Tigerkanonen in Rauch und Flammen gehüllt. Dann krachten die ersten Einschläge, Feindpanzer brannten auf. In einem furiosen Auftakt wurden alle Feindpanzer abgeschossen. Zwei aber, deren Besatzungen ausgebootet und geflohen waren, konnten heil erbeutet werden. Fünf Pak wurden gleichfalls vernichtet. Die Tiger zogen weit auseinander und sicherten hier so lange, bis die eigene Infanterie wieder nach vorn gekommen war und die alte HKL eingenommen hatte.

Hptm. Scherf, der Führer der 3. Kp., fuhr zum AbtGefStand und erhielt von Hptm. Fromme den Befehl, die beiden erbeuteten Shermans zu bergen. Dies wurde ausgeführt.

Die Freude über die Rückgewinnung von Colombelles war jedoch nur von kurzer Dauer. Am nächsten Morgen in aller Frühe begann das bereits geschilderte Luftbombardement mit nachfolgendem Artilleriefeuer. Vier Stunden dauerten die Bombenwürfe an. Der Tiger von Lt. von Rosen wurde leicht beschädigt. Der Wagen von Uffz. Westerhausen erhielt einen Volltreffer. Die ganze Besatzung lag tot unter dem Panzer. Der Tiger von Ofw. Sachs wurde durch die Wucht einer sehr nahe einschlagenden großen Bombe umgeworfen.

Als Lt. von Rosen sich verwundet bis zum AbtGefStand durchgetastet hatte, bot sich ihm hier ein Bild des Grauens. Das Schlößchen war voll getroffen worden. Bis auf einen kleinen Turm war es völlig vernichtet. Aber in diesem Turm war der AbtGefStand eingerichtet, wodurch er der Vernichtung entgangen war.

Da der Gegner bereits weit eingebrochen sein mußte, ließ Hptm. Fromme nahe dem Park von Manéville eine neue Abwehrfront aufbauen. Hier entbrannte am Nachmittag des 18. Juli ein schweres Gefecht. Von den acht noch einsatzbereiten Wagen der 3. Kp wurden sieben abgeschossen.

Die 1. und 2./sPzAbt. 503 wurden von Hptm. Fromme etwa 10 km weiter zurückgelegt, um bei Cagny durchgebrochene Feindpanzer zu stoppen. Hier konnten die Tiger in Einsätzen, die alles bisher Dagewesene überstiegen, bis zum Abend des 18. Juli im Verein mit den Panzern der 21. PD 40 Feindpanzer abschießen.

Es gelang den Bergungsdiensten, denen sich Lt. von Rosen anschloß, mehrere Panzer wieder fahrbereit zu machen und zurückzufahren. Daß der Gegner hier gestoppt werden konnte, war allein den Tigern der sPzAbt. 503 zu danken. Doch nach dieser Kurzeinblendung zurück zum Hauptkampffeld.

Die Panzer von Jochen Peiper

Als Obergruppenführer Dietrich die ungewöhnliche Tiefe des Luftbombardements gemeldet wurde, befahl er den Panthern des SS-PR 1 unter Obersturmbannführer Peiper, aus Süden nach vorn zu ziehen, die Höhen beiderseits Bourguebus zu besetzen und den dort erwarteten feindlichen Panzervorstoß zu stoppen.

Jochen Peiper, einer der erfahrensten Panzerkommandeure, traf gegen Mittag mit der Panther-Abt. dort ein. Unmittelbar darauf meldeten vorgeschobene Beobachter die aus Norden anrollenden Feindpanzer.

Alle Panther eröffneten aus ihren weitreichenden Langrohrkanonen das Feuer. Die alliierten Versuche, die deutschen Panzer durch Artilleriefeuer zu überwinden und dann den Durchbruch an dieser Stelle zu schaffen, fruchteten nichts. Selbst durch Typhoon-Tiefangriffe wurde hier nichts erreicht.

General O'Connor, der KommGen. des VIII. brit. Korps, entschloß sich dazu, diese Höhe in rücksichtslosem Angriff zu gewinnen. Er befahl der 11. PD, erneut anzutreten und die Straße Caen–Falaise westlich von Bourguebus zu erreichen. Die 7. PD sollte in Richtung La Hogue und Garcelles-en-Secqueville angreifen. GenMaj. Erskine sah in dieser Operation einen Mißbrauch der Panzerwaffe. Außerdem, so betonte er gegenüber O'Connor, könne seine 7. PD nicht in den Angriffsraum gelangen, weil die 11. PD und die Garde-PD ihr den Weg versperrten. Sein Spitzen-Rgt. habe erst um 18.00 Uhr den zweiten Bahndamm überschreiten können.

Montgomerys Vorhaben gelang nicht. Lediglich Cavigny wurde am Abend von der Garde-PD genommen. Weiter vorstoßende Verbände blieben an den Paksperren der Deutschen hängen, die nach wie vor die Straße nach Vimont sperrten. Der Versuch, hier durchzukommen, kostete den Gegner allein 60 Panzer.

Die 11. PD hatte bei Einfall der Dunkelheit des 18. Juli mit 126 Panzern gut 50% ihrer gesamten Kampfstärke verloren.

Trotz dieser hohen Verluste war es gelungen, Colombelles, Cagny und Vaucelles in Besitz zu nehmen.

In der kommenden Nacht wurde die 21. PD von Teilen der 1. SS-PD „Leibstandarte Adolf Hitler" abgelöst.

Während der folgenden zwei Tage dauerten die Gefechte und Scharmützel an. Als am 20. Juli ein schweres Gewitter niederging und starke Regenfälle die Straßen und das gesamte Gelände in einen einzigen Morast verwandelten, mußte Montgomery den Rückzugsbefehl für die vorgeprellten Panzer-Divisionen geben.

Ob er nun „mit den am ersten Tage der Schlacht erzielten Fortschritten zufrieden" war, wie er vorher getönt hatte, ist zu bezweifeln.

Diese Meldung an die Presse war auch in Eisenhowers Augen lächerlich und übertrieben, denn als sie ausgegeben wurde, stand bereits fest, daß sich dieser Angriff totlaufen werde.

Nach einer Meldung, die General Tedder an Eisenhower gehen ließ, soll Montgomery seine Panzer-Divisionen absichtlich zurückgehalten haben, und so ließ Eisenhower in einem kurz darauf stattfindenden Gespräch mit Winston Churchill durchblicken, daß er wegen Montgomerys Verhalten sehr besorgt sei. Einen unter der Hand von Churchill vorgeschlagenen Wechsel im Oberkommando der Landstreitkräfte aber und die Übernahme des Oberbefehls auch über die Landstreitkräfte, den Montgomery innehatte, lehnte Eisenhower ab.

Noch am 20. Juli flog Eisenhower aus London, wo er am Vorabend das vorerwähnte Gespräch mit Churchill geführt hatte, in die Normandie. Er sprach mit Bradley und Montgomery alle anstehenden Probleme durch und war höchst enttäuscht darüber, daß die für den 21. Juli angesetzte amerikanische Offensive nicht stattfinden konnte.

Als General Montgomery äußerte, daß er mit dem bisherigen Erfolg des britischen Unternehmens „Goodwood" zufrieden sei, verlor Eisenhower doch etwas die Fassung. Er versicherte seinem Gegenüber, daß der Operation „Cobra" der Amerikaner ganz bestimmt ein großer Erfolg beschieden sein werde.

GenMaj. Bedell Smith, Eisenhowers Generalstabschef, formulierte die Wünsche von „Ike" bezüglich dieses Doppelangriffs „Goodwood" und „Cobra" jedoch völlig anders. Er betonte, daß es einen koordinierten gleichzeitigen Angriff auf der gesamten Front geben müsse, um alle Streitkräfte in einer entscheidenden Bewegung nach vorn zu bringen.

Am Abend dieses 20. Juli ging dann im HQ von General Bradley die Nachricht ein, daß in Berlin ein Attentat auf Hitler erfolgt sei. Winston Churchill sprach für alle Alliierten, als er sagte:

„Sie verfehlten den alten Bastard, seine Zeit ist eben noch nicht um!" (Siehe Omar N. Bradley: a.a.O.)

Der Besuch eines Feldmarschalls

Am frühen Morgen des 21. Juli meldete der Kdr. der KGr. Waldmüller seinem DivKdr., Standartenführer Meyer: „Im Abschnitt meiner Kampfgruppe ist soeben GFM von Kluge beinahe über unsere Sicherungslinie hinausgefahren. Jetzt besichtigt er die vordersten Linien."

Wenig später erschien GFM von Kluge auch auf dem GefStand der 12. SS-PD „HJ". Er erklärte, daß er sich vom Zustand der Truppe ein Bild machen wolle. Nach der Lagemeldung stimmte er den Ausführungen von Standartenführer Meyer zu und betonte, daß er die Lage in der Normandie für äußerst gespannt halte. Von Kluge verurteilte das „sture Festhalten an den zerbombten Städten und Dörfern".

Der GFM blieb einige Stunden auf dem GefStand dieser SS-Panzer-Division. Hierher hatte er alle umliegenden Kommandeure zur Lagemeldung und Berichterstattung befohlen. Zuerst traf General Eberbach ein, der OB der 5. PzArmee, der kein Blatt vor den Mund nahm und die Nöte der Truppe schilderte.

Danach erschien der KommGen. des I. SS-PzK., Obergruppenführer Dietrich, und schließlich noch der Kdr. der 21. PD, GenMaj. Feuchtinger.

Aufgrund der Lagemeldungen dieser Offiziere sandte GFM von Kluge einen realistischen Bericht über die Lage an der Invasionsfront ins FHQ. Die Hauptthesen lauteten:

„Es gibt in unserer gegenwärtigen Lage – auch der materiellen – keinen Weg, wie wir der alles beherrschenden feindlichen Luftwaffe gegenüber ein Kampfverfahren finden könnten, das deren geradezu vernichtende Wirkung ausgleicht, ohne daß der Kampfraum aufgegeben werden muß. Ganze Panzerverbände, zum Gegenstoß angesetzt, wurden von Bombenteppichen stärksten Ausmaßes erfaßt, so daß sie erst nach langem Mühen, zum Teil erst nach Abschleppen, aus dem umgewühlten Erdreich herausgebracht werden konnten. Sie kamen praktisch zu spät . . .

Ich kam hierher, mein Führer, mit dem festen Willen, Ihrem Befehl zum Stehen um jeden Preis Geltung zu verschaffen. Wenn ich aber erleben muß, daß dieser Preis die langsame, aber sichere Vernichtung der Truppe ist, dann ist die Sorge um die nächste Zukunft dieser Front nur zu berechtigt. . . .

Der Augenblick ist gekommen, daß diese belastete Front bricht."

Das Attentat aus der Sicht der Truppe an der Invasionsfront

In Zusammenhang mit dem Attentat auf Adolf Hitler am 20. Juli 1944 und den unbegreiflichen Geschehnissen an der Invasionsfront sei an dieser Stelle darauf hingewiesen, daß die Verschwörer und Widerstandskämpfer in ihrer überwiegenden Zahl und in den höchsten Positionen, die sie innehatten, an der Westfront zu finden waren. Wenn es zutrifft – und dafür spricht die Vielzahl der genannten Fehlentscheidungen, Unterlassungen und Widerstände im Westen –, daß hier Verrat geübt wurde, dann geschah dies auf Kosten des Lebens Tausender und Abertausender Soldaten der Westfront, die durch diese genannten Unbegreiflichkeiten sterben mußten.

In den Stäben der HGr. B in La Roche Guyon und im HQ des OB West in St. Germain befanden sich die Mitglieder der Verschwörung. Ihnen war bereits Tage vorher die Weisung für ihr Verhalten nach Durchführung und Gelingen des Attentats und Durchgabe des Stichwortes „Walküre" in versiegelten Befehlen übergeben worden. (Siehe: Chester Wilmot: a.a.O.)

Hinzu kam der Wehrmachtsbefehlshaber von Paris, General von Stülpnagel, der mit der Ausgabe des Stichwortes alle Hitleranhänger verhaften sollte. Auch GFM von Kluge war dieser versiegelte Befehl übergeben worden.

Als am Nachmittag des 20. Juli GFM von Kluge auf dem GefStand der HGr. B in La Roche Guyon eintraf, erhielt er kurz nacheinander zwei telefonische Anrufe aus Berlin, des Inhalts, daß Hitler tot sei und er sich rasch entscheiden müsse. Danach hörte von Kluge den Aufruf von Dr. Goebbels, der über den Reichsrundfunk verbreitet wurde. Aus ihm ging hervor, daß Hitler lebte.

Danach wiederum traf ein Fernschreiben des GFM von Witzleben ein, der nach Hitlers Tod als neuer OB der Wehrmacht eingesetzt werden sollte (von Witzleben war bereits 1942 durch Hitler abgesetzt und in den einstweiligen Ruhestand versetzt worden und hatte sich zum Kopf der Widerstandsbewegung gegen Hitler gemacht).

Dieses Fernschreiben hatte folgenden Wortlaut:

„1. Der Führer Adolf Hitler ist tot. Eine skrupellose Clique nicht an der Front stehender Parteiführer hat unter Ausnutzung der Lage versucht, unseren kämpfenden Truppen in den Rücken zu fallen und für ihre Zwecke die Macht an sich zu reißen.

2. In dieser Stunde äußerster Gefahr hat die Reichsregierung, um Ruhe und Ordnung aufrechtzuerhalten, den Belagerungszustand verhängt und mir die Oberste Führung der deutschen Streitkräfte übertragen."

Dieses Telegramm ging in seiner Unwahrheit noch ein Stück weiter als die vorangegangenen Anrufe bei GFM von Kluge. Dieser sagte zu seinem Chef des Generalstabes, General Blumentritt, nach Studium dieses Fernschreibens:

„Wissen Sie, dies ist ein historischer Augenblick. Ich möchte Befehl geben, sofort die Beschießung von England mit der V 1 einzustellen. Wenn der Führer tot ist, sollten wir eigentlich sogleich mit der Führung auf der anderen Seite Fühlung aufnehmen."

Wie diese Dinge zu bewerten sind, hat GFM von Witzleben in seinem Fernschreiben selbst ausgeführt, indem er sagte: „Eine skrupellose Clique nicht an der Front stehender Parteiführer hat ... versucht, unseren kämpfenden Truppen in den Rücken zu fallen." Damit zeigte er genau, *was er* und seinesgleichen vorhatten, und daß sie wußten, *was* es war.

Wenig später ging übrigens ein abschließendes Ferngespräch beim OB West ein. Am anderen Ende der Leitung war General Warlimont, der aus der „Wolfsschanze" anrief, um von Kluge mitzuteilen, daß die Verschwörung fehlgeschlagen sei und daß der Führer lebe. Auch mit der Lüge, daß es Parteikräfte gewesen seien, die dieses Attentat ausgelöst hätten, räumte Warlimont auf.

Als dann General von Stülpnagel, aus Paris kommend, im HQ des OB

West eintraf, wurde er durch von Kluge mit den Worten empfangen: „Es ist nichts mehr zu machen. Der Führer lebt!"

Die Verschwörung brach zusammen. Generaloberst Fromm, einer der Beteiligten und Drahtzieher, handelte nun sofort. Der OB des Ersatzheeres hatte sich bereit erklärt mitzumachen, sobald er persönlich durch einen Anruf aus der Wolfsschanze erfahren habe, daß Hitler wirklich tot sei. Als General Olbricht, Chef des Allgemeinen Heeresamtes und seit 1943 führend im Widerstand tätig, bei Fromm auftauchte und ihm Hitlers Tod meldete, wollte sich Fromm erst von der Wirklichkeit überzeugen und rief in Rastenburg an. Er erfuhr durch GFM Keitel, daß zwar ein Attentatsversuch stattgefunden habe, der Führer aber mit nur leichten Verletzungen davongekommen sei.

Wenn sich GenOberst Fromm nun der Festnahme entziehen wollte, mußte er sich als hitlertreu profilieren. Er war zwar von den Verschwörern zur Verschleierung unter Arrest gestellt worden, befreite sich aber und ließ durch ein paar Offiziere, die sich auf seine Seite stellten, GenInf. Olbricht, Oberst Stauffenberg, GFM Beck und drei andere Verschwörer-Offiziere verhaften.

Im Hof des Reichskriegsministeriums in der Bendlerstraße wurden Olbricht und Stauffenberg sowie drei weitere Offiziere, die Fromm hätten belasten können, auf Fromms – ihres Mitverschwörers – Befehl hin sofort erschossen.

GFM Beck wurde eine Pistole ausgehändigt, damit dieser seinem Leben selbst ein Ende machen könne. Da sich Beck nur schwer verletzte, erhielt er von einem Uffz. auf Befehl Fromms einen Fangschuß.

Am nächsten Tag klärte Hitler das deutsche Volk über dieses Attentat auf: Es wären *keine* Parteifunktionäre gewesen, die ihm nach dem Leben getrachtet hatten, sondern hohe und höchste Offiziere der Wehrmacht, die nur zu diesem Trick der Bezichtigung der Parteileute gegriffen hätten, um den deutschen Soldaten zu täuschen.

Generaloberst Fromm konnte durch seine Aktionen gegen seine Mitverschworenen seinen eigenen Hals jedoch nicht retten. Er wurde in der Nacht zum 21. Juli verhaftet und am 12. März 1945 in Brandenburg hingerichtet.

Bei dem Attentat waren die „Unbeteiligten", General Schmundt, Generaloberst Korten und die Dolmetscher und Stenografen Brandt und Berger getötet worden. Diese Männer zählen zu den Opfern des 20. Juli, nur daß sie auf der verkehrten Seite des Zaunes standen und keiner Erwähnung für würdig befunden wurden, weil dann ja herauskäme, daß man Unbeteiligte umgebracht hatte.

Die Alliierten ließen Deutschland nach diesem 20. Juli wissen, daß eine Tötung Hitlers und die Machtergreifung durch friedensbereite Männer *nichts*, aber auch *gar nichts* an der Forderung der Alliierten nach „bedingungsloser Kapitulation" ändern würde.

Die Operation „Cobra"

Diese Operation, die am 21. Juli im US-Sektor anlaufen sollte, wurde gegen Mitternacht zum 21. Juli auf einen späteren Zeitpunkt verschoben. Erst wenn das Wetter besser wurde, konnte man zu diesem Schlag ausholen.

Am 23. Juli war es immer noch regnerisch, und der wolkenverhangene Himmel ließ keine Lufttätigkeit zu.

Am frühen Morgen des 25. Juli klarte es auf. Vier Panzer-Divisionen und elf Infanterie-Divisionen standen in ihren Bereitstellungen und warteten auf den vorausgehenden Bombenangriff. Als dieser Angriff begann und die 8. und 9. USAAF nicht weniger als 3400 Tonnen Bomben auf die deutschen Stellungen warfen, war damit die Operation „Cobra" eröffnet. Fliegende Festungen und Liberators legten einen 6,4 km breiten und 2,4 km tiefen Bombenteppich, der die gesamte deutsche Verteidigung im Angriffsstreifen in der vollen Tiefe treffen sollte.

Doch sie trafen nicht nur die vorn liegenden deutschen Truppen, sondern auch die Spitzenverbände der 9. und 30. US-ID, speziell das IR 120 und das FeldArtRgt. 12. Am Nachmittag dieses Tages mußte General Collins melden, daß der Inspekteur der US-Landstreitkräfte, GenLt. McNair, ein persönlicher Freund Eisenhowers, durch einen solchen Kurzwurf getötet worden sei. Mehrere Hundert Soldaten der Angriffsverbände wurden ebenfalls durch diesen Angriff getötet, eine große Zahl verwundet.

Als General Eisenhower am Abend in England von diesem Verhängnis bei Cobra Bericht erhielt, war er erschüttert. Er befahl, daß *niemals wieder* ein Angriff schwerer Bomber gegen taktische Ziele angesetzt werden dürfe.

„Das ist ein Job für die Artillerie und nicht für die Luftwaffe", sagte er in einer Pressekonferenz zwei Tage später. „Ich habe den Bombern in der letzten Zeit grünes Licht gegeben, aber ich verspreche Ihnen, daß dies der *letzte* Angriff dieser Art gewesen ist."

Im Zentrum dieses vernichtenden Luftangriffs aber lagen die Truppen der PLD in der Virebiegung nordwestlich von St. Lô. Die HKL machte hier einen Bogen nach Westen und kreuzte die Straße St. Lô–Périers. Westlich der Straße Mesnil–Eury lag eine weitere KGr., während die FlakAbt. 311 und das ArtRgt. 130 nördlich Canisy verteidigte. In

Quibou hatte die Nachhut Stellungen bezogen. Eine vorgeschobene KGr. lag bei Le Mesnil Amey mit Artillerie und einigen Reserven.

GenLt. Bayerlein wurde durch eine Meldung des PGR 901 am Morgen des 25. Juli überrascht. Oberst von Hauser, der neue RgtKdr., ließ melden, daß die US-Truppen ihnen gegenüber fluchtartig die vordersten Stellungen verließen. Wenig später trafen aus den übrigen Divisionsabschnitten ähnliche Meldungen ein. Die Amerikaner zogen sich zurück, um nicht das Opfer eigener Bombenwürfe zu werden.

Im DivGefStand erfuhr Bayerlein nach einem Anruf bei der 7. Armee, daß der Gegner auch heute nicht angreifen werde. Man habe bereits die 2. SS-PD aus der Front herausgezogen und in den Raum südlich Caen umdirigiert.

Eine Stunde darauf, es war 9.00 Uhr geworden, wurden Motorengeräusche starker Bomberverbände laut. Wenig später eröffneten die drei Batterien Acht-acht-Flak der Abt. 311 das Abwehrfeuer. Die ersten Bomber platzten auseinander. Doch dann begann der Bombenwurf. Alle drei schweren Flak-Batterien gingen in dem Todesorkan unter. Hptm. Weinkopf mußte das Feuer einstellen und in volle Deckung gehen lassen.

Dies aber war erst die Ouvertüre. Nun folgte der Hauptangriff von etwa 2000 Bombern, die ihre Bombenteppiche genau über den Stellungen der PLD abwarfen.

Binnen weniger Minuten verwandelte sich das Gelände in eine Mondkraterlandschaft. Die Fernsprechverbindungen rissen ab. GenLt. Bayerlein war nun ohne Kontakt zu seinen Regimentern.

Doch die ersten Meldungen bereits, die vor dem Ausfall der Verbindungen eingelaufen waren und von Major i.G. Kauffmann in die Karte eingezeichnet wurden, deuteten das ganze Ausmaß der Bombardierungen an.

Diese Flächenwürfe trafen den gesamten Einsatzraum der PLD und der beiden Nachbar-Regimenter, FJR 13 und FJR 15. Auf einer Fläche von sieben km Breite und drei km Tiefe wurde die HKL zu einem Feld der Vernichtung.

Wo noch vor Beginn des Bombardementes die auf 5000 Soldaten zusammengeschmolzene PLD gelegen hatte, waren am Ende noch 2500 Menschen am Leben. Die in die Bereitstellungen vorgezogenen Panzer- und Artillerie-Einheiten waren untergegangen.

GenLt. Bayerlein schwang sich nach Ende der Bombenwürfe auf den Soziussitz eines Krads und fuhr nach vorn. In Slalomfahrt ging es über schmale Pfade um Bombentrichter herum nach Le Mesnil Amey. Bayerlein fand den RgtGefStand von 901 heil vor. Die Felder und wenigen Häuser der Umgebung brannten. Bayerlein stieg auf den steinernen

Beobachtungsturm des RgtGefStandes. Durch sein Fernglas sah er die ersten Angriffswellen des Gegners herankommen. Doch sie waren noch weitab, als um 10.00 Uhr 400 Jagdbomber über die Front hinwegheulten, um die PLD zu pulverisieren. Ihnen folgte eine halbe Stunde darauf erst noch ein Verband mittelschwerer Bomber, und dann setzte das feindliche Artilleriefeuer ein.

Die ausgeschickten Melder kamen durch das Feuer zurück und meldeten alle das gleiche: die PLD war zerschlagen. Hunderte Männer in ihren Unterständen verschüttet.

Die 40 nach vorn gezogenen Panzer waren ebenfalls vernichtet oder schwer beschädigt. In einer Ferme südlich Hèbècrevon fand ein Melder den GefStand der 4./PGR 902 vernichtet. Auch der GefStand des PGR 902 war getroffen worden.

Als der Abend heraufdämmerte, traten die Sturm-Divisionen des VII. US-Korps zum Angriff an. Sie hatten bereits seit 10.00 Uhr unter dem Schutz der Bomberflotten die ersten Vorwärtsbewegungen durchgeführt. Nun aber stießen sie auf Widerstand. Einige Einheiten waren von eigenen Flugzeugen angegriffen und mit Bomben belegt worden, obwohl die vordersten Infanterie-Linien noch unmittelbar vorher um etwa 1500 m zurückgenommen worden waren. Diese getroffenen Einheiten erlitten einen schweren Schock. Sie mußten aus dem Angriffsstreifen herausgelöst und durch Reserve-Verbände ersetzt werden.

Mit der 9. US-ID rechts, der 4. US-ID in der Mitte und der 30. ID links stieß der Angriff auf die Straße Marigny–St. Gilles zu. Dort angekommen, sollten die beiden Flügel-Divisionen ausschwenken und eine breite Gasse für die nachfolgenden frischen Sturm-Divisionen freimachen, die als Verfolgungsverbände aus der voll motorisierten 1. ID sowie der 2. und 3. PD bestanden.

Gegen Mittag überschritten die vordersten Sturmverbände bereits die Straße St. Lô–Périers. Bis dahin war ihnen aus dem gebombten Geländestreifen kein Widerstand entgegengeschlagen. Als es dunkel wurde, war der Angriff etwa 3,2 km weit vorangekommen, und noch immer war deutscherseits kein Widerstand geleistet worden. Was war dort los?

Als GenLt. Bayerlein erneut zu Oberst von Hauser fuhr, mußte dieser ihm melden, daß sein PGR 901 vernichtet sei. Kein einziges Widerstandsnest war mehr intakt. Seine Männer sammelten weiter rückwärts.

Die 2. US-PD, die erst am Abend antrat, stieß in die freigemachte Lücke hinein und rollte rasch weiter vor. Sie erreichte St. Gilles und mit ihren Spitzenverbänden am Abend Canisy. Der hier eingerichtete GefStand der PLD wäre um ein Haar überrannt worden. In letzter Sekunde setzte sich

GenLt. Bayerlein mit dem Stab fünf km weiter nach Süden ab. Der 2. PD der Amerikaner folgten die 3. PD und die 1. ID (mot.) dichtauf nach.

Die letzten kleinen KGr. der PLD leisteten so lange Widerstand, bis sie von dieser Panzerlawine überrollt wurden. Die Flak-Abt. 311 stand im Infanterie-Einsatz. Ihre 2. Batterie hatte noch 20 Kämpfer. Bis zum Abend hatte GenLt. Bayerlein die Überreste seiner Division bei Marigny gesammelt. Hier blieb schließlich die 1. US-ID (mot.) vor einer KGr. des PGR 902 liegen.

Mit sieben übriggebliebenen Panzern kämpfte das PR 130 mit letztem Einsatz. Erst als abermals etwa 400 mittelschwere Bomber bei Marigny angriffen, gelang der 2. US-PD der Durchbruch auf Canisy. Der DivGef-Stand wurde von drei Seiten eingeschlossen. Mit den letzten Männern – Schreibern, Nachrichtenleuten und Funktionern – konnten diese Panzer mittels Panzerfäusten und Tellerminen gestoppt werden. Der DivGefStand verlegte fünf km weiter nach Dangy.

Durch die hier aufklaffende Lücke rollten die US-Panzer weiter; sie erreichten die Hochfläche von Le Mesnil Herman und besetzten sie. Von hier aus wollte General Bradley am kommenden Morgen den Angriff aus der Linie Marigny–St. Gilles decken.

Noch in der Nacht ordnete GenLt. Bayerlein um und organisierte die letzten Reserven, die er in das umkämpfte Frontgebiet einschob. Neun Panzer waren von den Werkstattdiensten wieder kampfbereit gemacht worden. Einige weitere kamen in der Nacht aus den Werkstätten nach vorn. Die Funkverbindung war wiederhergestellt worden. Zum Korps allerdings bestand keinerlei Verbindung. Der GefStand wurde in Quibou nahe Dangy eingerichtet.

Der zweite Bombenteppich

Am Morgen des 26. Juli flogen abermals vier Stunden lang die „Parteitaggeschwader“ des Gegners, bestehend aus Fliegenden Festungen und Liberators, über die deutsche HKL hinweg und warfen dichte Bombenteppiche. Danach eröffnete die Artillerie das Feuer, und ab 13.00 Uhr begann der Angriff der Infanterie, der von Sturzbombern und Jabos unterstützt wurde.

„Da war keine Sekunde, in welcher der Himmel nicht erfüllt gewesen wäre vom Dröhnen der Bomber- und Jägermotoren.“ (Siehe Fritz Bayerlein: a.a.O.)

Ein Befehl des Oberbefehlshabers West

Die Straße Coutances–St. Lô war am Abend des 26. Juli gegen 18.00 Uhr in der Hand der Angreifer. Dennoch gelang es einem Oberstleutnant aus dem Stab des OB West, zum DivGefStand der PLD durchzukommen. Er brachte den Befehl von GFM von Kluge, die Linie St. Lô–Périers zu halten. Es war dies eine Linie, die seit dem 25. Juli nicht mehr bestand. GenLt. Bayerlein hat darüber einen Bericht erstellt:

„Eine Sekunde lang glaubte ich, der Offizier aus von Kluges Stab würde uns Hilfe bringen oder sie zusagen. Nichts dergleichen wollte er. Er überbrachte lediglich folgenden Befehl: ‚Herr General, Feldmarschall von Kluge verlangt, daß die Linie St. Lô–Périers gehalten wird!'

‚So, die Linie soll gehalten werden', wiederholte ich den Befehl. ‚Darf ich fragen, womit?'

Der Oberstleutnant überhörte diese Frage und erklärte: ‚Das ist der Befehl, den ich Ihnen zu überbringen habe, Herr General. Sie müssen halten! Kein Mann der PLD darf seine Stellung verlassen.' Und so, als müsse er nun doch noch etwas Gutes melden, fuhr er schnell fort: ‚Eine Panther-Abteilung der Waffen-SS wird einen Flankenstoß gegen die Amerikaner fahren und damit die Front entlasten.'

Ich stützte die Fäuste auf den Tisch. Dies hier war schlimmer als Afrika und Rußland! Dieser einfach sinnlose Befehl nach einem fürchterlichen Blutbad, in dem meine Division untergegangen war. Meine Worte waren eher leise als laut:

‚Vorn hält alles, Herr Oberstleutnant, alles! Meine Grenadiere, Pioniere und Panzersoldaten und alle die anderen. Jeder Mann hält! *Keiner* verläßt seine Stellung, sie liegen alle in ihren Löchern, verschüttet und stumm – tot! ... Melden Sie Generalfeldmarschall von Kluge, daß die PLD vernichtet ist! Vorn können nur noch die Toten halten. Aber ich bleibe hier, wenn es befohlen wird.'" (Siehe: Fritz Bayerlein: a. a. O.)

Ein unerhört harter Schlag durchbrach das eintönige Grummeln der Feindartillerie. Dann war auf einmal die Hölle los. Unter wuchtigen, sich mehr und mehr verstärkenden Explosionen flog das gesamte Munitionslager von Dangy in die Luft. Fenster wurden herausgerissen, Türen durch den Raum gefetzt, die Erde bebte und wankte.

Der Oberstleutnant fuhr zurück. GenLt. Bayerlein wartete auf die versprochene Panther-Abteilung. Anstelle dieser 40 Panzer trafen schließlich deren fünf ein.

Bei Canisy sammelnd, erhielt die PLD noch weitere 14 Panzer aus den Reparaturdiensten. Das PGR 901 wurde durch die 116. PD, GenLt. Graf Schwerin, abgelöst und marschierte über St. Just–Clermont–Creil nach

Senlis. GenLt. Bayerlein versuchte, alle Reste seiner Division um Dangy, Soules und Garanantilly ostwärts Pont Brocard zusammenzuziehen und sich nach Süden abzusetzen.

„Cobra" schlägt durch!

Für die 2. US-PD war mit dem Ausfall der gesamten PLD der Weg offen. Sie rollte in der Nacht zum 27. Juli sechs km weiter vor. Der 27. Juli mußte nunmehr die Entscheidung bringen.

Der Angriff des 27. Juli begann mit dem Vorstoß der 2. US-PD nach Süden in Richtung der Straße Bréhal–Tessy. Die 1. US-ID (mot.) und die 3. US-PD griffen mit allgemeiner Stoßrichtung Coutances an. Ihr Ziel war es, das LXXXIV. AK, das sich aus dem Raum Périers–Lessay zurückzuziehen suchte, einzukesseln und zu isolieren.

Als GenLt. Bayerlein mit 14 Panzern vorfuhr, erreichte ihn in Höhe von Brocard ein Kampfbomberangriff. Die Rakete eines Jabos traf seinen Stabswagen. Der fünfte Fahrer seit Beginn der Invasion brach tot hinter dem Steuer zusammen. In einem vorbeikommenden Kübelwagen fuhr Bayerlein zu seinem neuen GefStand nach Garanantilly zurück. Hier war der Reststab mit sieben Offizieren sowie 15 Meldern und Funkern untergekommen.

Um 16.30 Uhr wurde dieser GefStand von US-Panzern angegriffen, die bis auf 300 m herankamen. Die ersten Panzergranaten hämmerten in das Bauernhaus hinein. Fluchtartig mußte der Stab das Haus verlassen. Als letzte rannten Major Wrede und GenLt. Bayerlein, von Panzern beschossen, um ihr Leben.

Die neue Auffanglinie wurde bei Percy eingerichtet. GenLt. Bayerlein erreichte sie allein. Die PLD war vernichtet.

Nur die Reste des PGR 902 unter Oberstleutnant Welsch, einige Jagdpanther unter Hptm. Oventrop, zwei Batterien des AR 130 unter Oberstleutnant Zeisler hielten noch die Stellungen, in denen sie sich eingegraben hatten. Als die erste Feuerwalze darüberhin peitschte, fiel auch Oberstleutnant Welsch. Major Kuhnow übernahm das abermals verwaiste Regiment, das auch nur noch ein Schatten seiner selbst war.

Hier konnte noch einmal ein US-Angriff abgewehrt werden. Hauptgruppe dieses Widerstandes war das II./PGR 901 unter Hptm. Fink von Finkenstein. Auch GenLt. Bayerlein befand sich bei diesem Batl. im Erdkampf.

60 Feindpanzer rollten hier vor, die ersten wurden abgeschossen, doch das Gros fuhr weiter, gefolgt von dichten Trauben Infanterie, die sich hinter die Deckungen der Kampfwagen geschoben hatten.

Die drei hier noch intakten Panzer und die Panzerjäger eröffneten aus kurzer Distanz das Feuer. Durchgebrochene Panzer wurden mit Panzerfäusten erledigt, die Infanterie von Salven aus den schnell schießenden MG 42 niedergestreckt.

Der Angriff kam zum Erliegen. Die letzten Reste der PLD hatten dem Gegner noch einmal die Zähne gezeigt.

Die 2. und 17. SS-PD wurden am 28. Juli vom LXXXIV.AK mit Front nach Westen bereitgestellt, um dem auf Coutances vorpreschenden Gegner den Weg zu verlegen. Diesen beiden Divisionen gelang es, das VII. US-Korps am 28. Juli zu stoppen.

Neben den Hauptkräften des VII. US-Korps, das den beschriebenen Hauptstoß führte und mit seinem äußersten Flügel nach der seitlichen Überholung nach St. Lô einschwenkte, stand auf der rechten Angriffsflanke das VIII. US-Korps unter GenLt. Middleton. Sein Ziel war Coutances, sodann Avranches. Von dort sollte nach Westen eingedreht und Stoßrichtung Brest eingenommen werden.

Auf der linken Flanke hatte sich das XIX. US-Korps zum Angriff auf Torigny bereitgestellt. Es trat am 28. Juli an und stieß auf die 352. ID. Dahinter, zwischen Torigny und Tessy, noch nördlich der Vire, war das II. Fallschirm-Korps unter General Meindl eingeschoben worden.

Als US-Panzer hier gegen den GefStand der 352. ID von GenLt. Kreiß anstürmten, ließ General Meindl die AA 12 unter Hptm. Goetsche vorstoßen und die Feindpanzer mit Panzerfäusten und Ofenrohren abschießen. Hptm. Goetsche hielt 24 Stunden diesem übermächtigen Feinddruck stand. Die Wegkreuzung von Le Mesnil sah erbitterte Kämpfe.

In Marigny lagen die Fallschirmjäger des Regimentes 13 und versuchten, dem starken Feinddruck zu widerstehen. Doch dies waren nur einzelne Punkte der weiten Front, deren Mitte völlig durchbrochen und auseinandergejagt war.

Der OB der 7. Armee, Oberstgruppenführer Hausser, gab der 2. PD unter GenLt. von Lüttwitz und der 116. PD unter GenLt. Graf Schwerin den Befehl, aus der bedrohten Flanke des II. FschK. heraus dem Gegner in die linke Flanke zu stoßen, seine Angriffskolonnen zu durchbrechen, die Spitzen von den nachfolgenden Truppen abzuschneiden und dann bis zur Westküste durchzustoßen.

GendPzTr. Frhr. von Funck wurde mit der Führung dieses Angriffs betraut. Im Zusammenwirken damit sollten die 2. und 17. SS-PGD von Osten in die Flanke des US-Vormarsches stoßen.

Beide Divisionen trafen nicht mehr rechtzeitig im Kampfraum ein, weil sie unterwegs mehrfach von Feindbombern und Jagdbombern angegriffen wurden.

Noch ehe diese Maßnahmen zum Tragen kamen, die GFM von Kluge initiiert hatte, war der Aufmarsch des LXXXIV. AK vom Angriff der Amerikaner überrannt worden. Damit war auch die Angriffsbasis der genannten vier Divisionen verlorengegangen. Der linke Flügel des LXXXIV. AK war von seinem rechten Flügel getrennt, und sobald der Gegner zur Küste eindrehte, war das LXXXIV. AK eingeschlossen. Schwenkte er aber nach Osten ein, würde das II. FschK. eingeschlossen werden. Gelang ihm der weitere Stoß nach Süden, dann war die gesamte 7. Armee in Gefahr, vernichtet zu werden, und dann stand den Invasionstruppen ganz Frankreich offen.

Der Durchbruch des LXXXIV. AK, der von Oberstgruppenführer Hausser befohlen wurde, konnte zwar Teile des LXXXIV. AK retten, er entblößte aber die gesamte Westküste von Cotentin und öffnete den Truppen des VIII. US-Korps den Weg nach Avranches. Aus diesem Grunde wurde Haussers Befehl auch von GFM von Kluge widerrufen. Dieser verlangte schrittweises Absetzen nach Süden und zugleich auch Festhalten an der Westküste von Cotentin. Doch die inzwischen angelaufenen Bewegungen des LXXXIV. AK nach Südosten waren nicht mehr zu stoppen.

So gelang es der 353. ID unter GenLt. Mahlmann, sich den Weg aus der feindlichen Umklammerung freizuschlagen. Als die Division am 30. Juli in Sicherheit war, bestand sein IR 941, das den Angriff vorn geführt hatte, noch aus 800 Mann. Die gesamte KGr. Heinz, die an allen Krisenpunkten gekämpft hatte, verfügte noch über Kompaniestärke. Das FJR 6 unter Major von der Heydte hatte eine Kampfstärke von 40(!) Mann.

Durch die mehr und mehr aufklaffenden Lücken stürmten die US-Panzerverbände in verschiedenen Stoßkeilen nach Süden. Montgomerys Strategie, oftmals von seinen Widersachern verspottet und auch von General Eisenhower nicht gutgeheißen, feierte einen großen Triumph, ohne daß sie als ausschlaggebendes Moment zum Sieg überhaupt gewürdigt wurde. Dennoch war es so: Montgomery hatte die deutschen Panzer-Divisionen gefesselt, so daß Eisenhower und Bradley im Westen der Invasionsfront den großen Schlag „Cobra“ landen konnten. St. Lô war ihnen zugefallen, der Aus- und Durchbruch nach Süden war in Gang gesetzt.

Das große Erwachen im Führerhauptquartier

Als die US-Streitkräfte am 27. Juli Les Mesnil erreichten, genehmigte Hitler endlich die Heranführung der 9. PD an die HGr. B. Um 22.00 Uhr beantragte GFM von Kluge in seiner Eigenschaft als OB West, daß ab *sofort* von der 15. Armee die 84. und 331. ID, von der 1. Armee die 708. ID und von der 19. Armee die 242. ID in den nunmehr auf das höchste gefährdeten Kampfraum Normandie in Marsch zu setzen seien.

Endlich verfiel man auf diese Binsenweisheit, die gleich zu Beginn der Kämpfe in die Tat umgesetzt werden mußte, zumindest nach dem 12. Juni, als eine zweite Landung überhaupt nicht mehr in Frage kam, wie eine bessere Überwachung und Agententätigkeit an der südenglischen Küste gezeigt hätte. Nun war man überzeugt, daß keine zweite Landung in der Normandie erfolgen würde. Doch inzwischen hatte die 7. Armee teuer für die erzwungene Untätigkeit der 15. Armee bezahlt.

Um 1.25 Uhr des 28. Juli übermittelte GFM von Kluge dem OKW die Meldung von GenLt. Bayerlein, daß die PLD vernichtet sei und der Feind von St. Gilles nach Süden vorstoße. Wenig später fuhr er in diesen Kampfraum und gelangte hier zu der Erkenntnis, daß sich die Lage westlich St. Lô verschärft habe. Der Feind hatte St. Lô soeben in Besitz genommen und stieß von hier aus nach Coutances vor. Mit anderen starken Kräften drängte er von Le Mesnil–Herman nach Südwesten und Südosten vor.

Da die 2. PD erst am Nachmittag antreten konnte, beantragte von Kluge – um den Durchbruch der Front zu vermeiden – das Heranführen der 116. PD in den Raum südlich St. Lô und die abschnittsweise Zurücknahme des linken Flügels des LXXXIV. AK, „äußerstenfalls jedoch bis zur Linie Terry sur Vire–Garay–Granville." (Siehe Percy E. Schramm: a. a. O.)

Am 29. Juli meldete GFM von Kluge dem FHQ und dem OKW, daß er den OB des LXXXIV. AK abgesetzt habe, weil dieser am Tage zuvor Entschlüsse gefaßt habe, die er nicht billigen könne. Die Lage sei jetzt soweit geklärt, daß in der Linie Percy–Garay–Küste eine Sicherungslinie geschaffen sei. Diese Linie sollte gehalten werden. Nach Eintreffen der 116. PD werde er mit dieser und möglichst starken Teilen der 2. PD unter Führung des GenKdos XXXXVII. PzK. zu einem neuen Entlastungsstoß nach Westen antreten.

Die Lagemeldung des OB West, am selben 29. Juli um 17.35 gegeben, lautete: „Im Raum um Percy wird gekämpft. Die 243. ID ist nach Süden ausgebrochen; die 353. ID ist hinter die Sienne zurückgegangen. Die 91. ID steht mit Front nach Osten von Ceruses bis Trelly. Die 116. ID soll ab 17.00 Uhr in Richtung Gamby angreifen. Die Lage beim LXXXIV. AK ist ernst."

Die nächste Lagemeldung des OB West vom 31. Juli zeigt die Entwicklung im Westen der Invasionsfront auf: „Die von Norden zurückkommenden Truppen des LXXXIV. AK sind stark angeschlagen. Der Gegner ist am Vortage bis Avranches durchgebrochen. Das Vordringen des Feindes über Avranches hinaus nach Süden konnte wegen der Luftüberlegenheit der Amerikaner nicht verhindert werden. Es ist befohlen, Avranches im Gegenangriff zurückzugewinnen, und zwar durch das GenKdo des XXV. AK. Es soll mit allen Kräften, die in der Bretagne unter Entblößung langer Küstenstrecken freigemacht werden können, eingegriffen werden. Der OB hat auch das Heranführen aller Waffenfähigen aus Paris angeordnet und erbittet Zugriffsrecht auf Kriegsmarine und Luftwaffe in der Bretagne." Dies war eine alarmierende Meldung.

Am 1. August erteilte Hitler GFM von Kluge für die Normandie und die Bretagne Wehrmachtsbefugnisse, um alle verfügbaren Kräfte einsetzen zu können.

Die Verluste der Deutschen Wehrmacht in der Normandie hatten vom 6. Juni bis zum 31. Juli 1944 127247 Soldaten betragen, darunter 3017 Offiziere. An Ersatz waren 14594 Soldaten eingetroffen. Man erwartete, daß durch weitere Zuführungen und durch Zuweisungen anderer Wehrmachtsteile insgesamt 65000 Mann Ersatz, also etwa die Hälfte des dringend benötigten Ersatzes, herangeschafft werden konnte. Dies in einer Situation, in der sich die Kampfstärke des Gegners durch immer neue Zuführungen bereits verdoppelt hatte.

Am 31. Juli meldete GFM von Kluge, der sich im HQ der 7. Armee aufhielt, folgendes: „Infolge Durchbruchs feindlicher Panzerspitzen ist die ganze Westfront aufgerissen worden, der Schlüsselpunkt Avranches vom Feind genommen und Billedieu bedroht."

Schon vorher hatte der GFM GenLt. Speidel angewiesen zu melden, daß der linke Flügel der Front zusammengebrochen sei.

Die britischen Unterstützungsangriffe

Der Plan des OB der 2. brit. Armee, General Dempsey, zur Unterstützung der US-Operation „Cobra" sah vor, daß das Brit. VIII. Korps Anfang August von Caumont aus angreifen werde. Als der amerikanische Angriff jedoch in der dargestellten Geschwindigkeit vorwärtsschritt und sich deutsche Panzerverbände von der britischen Front lösten und nach Westen marschierten, mußte Dempsey die Chance nützen und sofort losschlagen.

General Montgomery befahl Dempsey am 28. Juli, seine verfügbaren Panzerverbände von der Orne in eine Bereitstellung bei Caumont zu überführen und schon am 30. Juli mit dem VIII. und XXX. Korps anzugreifen. Als erstes Ziel wurden die Höhen 309 und 361 genannt, die auf der Westhälfte des Mont Picon-Rückens lagen. Nach Inbesitznahme dieser Höhen sollte der Stoß gegen die Vire operativ ausgenutzt werden.

Der Codename für diese Operation war „Bluecoat". Mit ihr wollte Montgomery zum einen die linke Flanke der US-Streitkräfte decken und außerdem versuchen, hinter jene Front zu gelangen, welche an der Vire soeben von der 7. deutschen Armee aufgebaut wurde.

Am 30. Juli standen an der Front zwischen Caumont und Villers Bocage keine deutschen Panzerverbände mehr. Dennoch war die Aufgabe, die General Dempsey gestellt wurde, nicht leichter geworden.

Der Angriff der Luftstreitkräfte am Morgen des 30. Juli erwies sich als nicht durchschlagend genug. Bei dem schlechten Wetter mußten 200 Bomber ihre Ladungen wieder mit zurücknehmen, weil sie den Abwurfplatz nicht fanden. Über 1000 Bomber trafen jedoch ihre Ziele.

Der danach beginnende Angriff lief sich im Abschnitt der 43. ID fest, als diese in ein dichtes Minenfeld geriet und außerdem vom Steilufer eines Flüßchens aufgehalten wurde. Die Panzer konnten dieses Steilufer nicht überwinden.

Die 11. PD auf dem rechten Flügel wurde ebenfalls durch neue Minenfelder aufgehalten. Lediglich in der Mitte des Angriffs drang die 15. ID, unterstützt von der 6. GardePzBrig., durch und konnte mit einem Panzer-Bataillon vorn bis zum Nachmittag die Höhe 309 erstürmen. Die Infanterie folgte bis Mitternacht nach.

Am 31. Juli gelang es der 11. PD, auf dem rechten Flügel rasch voranzukommen. St. Martin wurde am Nachmittag durch ein InfBatl. mit einigen Schützenpanzern in Besitz genommen. Westlich von La Beny Bocage wurde eine unbeschädigte Brücke über die Souleuvre gefunden und über Funk Panzer und Infanterie zur Bildung eines Brückenkopfes angefordert.

Am Nachmittag hatte, von Norden kommend, ein PR der 11. PD mit aufgesessener Infanterie die Brücke unmittelbar vor einer KGr. der deutschen 21. PD, die sich aus Osten in schneller Fahrt näherte, erreicht. Der deutsche Verband wurde zurückgeschlagen, und die 11. PD stieß am Morgen des 1. August nach La Beny Bocage hinein.

Damit hatten die britischen Truppen einen tiefen Keil zwischen die 7. Armee und die 5. PzArmee getrieben.

Noch während sich Oberstgruppenführer Hausser darum bemühte, seinen linken Flügel wieder herzustellen, wurde damit auch sein rechter Flügel bedroht.

Dreh- und Angelpunkt der deutschen Abwehr auf der allgemeinen Linie Tess–Percy–Villedieu war Vire. Westlich der Orne gelegen, war diese Stadt ein wichtiges Verkehrszentrum. Die deutschen Divisionen, die den Flankenriegel gegen die US-Truppen bildeten, standen 18–24 km westlich und nordwestlich von Vire.

Die britischen Panzer der 11. PD befanden sich am Nachmittag dieses 1. Aug. 1944 nur noch acht km vor der Nordvorstadt von Vire. Die Stadt selbst war nur von schwachen deutschen Kräften, überwiegend Stäbe und Nachschuborganisationen, besetzt.

Alles, was Oberstgruppenführer Hausser hätte einsetzen können, war bereits in der Front gebunden. Lediglich die 9. SS-PD, die aus dem Abschnitt Caen herausrollte, war noch frei. Sie aber konnte erst am 2. August am Schauplatz der Ereignisse eintreffen. Bis dahin klaffte in der deutschen Front eine Lücke von 10 km Breite.

Am 2. Aug. drangen britische Panzer in das inzwischen aufgegebene Vire ein. General Dempsey ließ hier halten, weil Vire bereits auf der US-Seite der Grenze zwischen dem britischen und dem US-Sektor lag. Vire war eines der Ziele Bradleys, und so ließ Dempsey seine Truppen des VIII. Korps hinter dem Mont Picon einschwenken und auf Flers vorstürmen. Sein XXX. Korps setzte seine Angriffe direkt gegen den Mont Picon fort.

Diese Bewegungen gaben der deutschen Führung die Chance, ihre Truppen aus der Linie Tessy–Percy–Villedieu herauszuziehen, ehe sie einkassiert wurden.

Bei Estry wurde die GardePzDiv. der Engländer durch schnelle deutsche Kampfgruppen mit wenigen Panzern gestoppt, und auch die 11. PD mußte ihren Vorstoß zur Straße Vire–Vassy einstellen.

Die von der Orne in den bedrängten Abschnitt rollende 9. SS-PD wurde bereits beim Übergang über den Fluß von Jagdbombern angegriffen und erlitt dabei erhebliche Verluste.

Beim brit. XXX. Korps lag die Sache nicht so günstig. Hier war zwar am 1. Aug. die Höhe 361 von der 43. ID erobert worden, doch die 7. PD und die 50. ID, die Aunay und Villers Bocage erobern sollten, hatten ihr Ziel nicht erreicht. Am 2. Aug. wurde GenMaj. Bucknall, Kdr. der 50. ID, abgelöst. Einen Tag später wurde auch GenMaj. Erskine nach einer Verwarnung durch General Dempsey, „entweder loszufahren oder auszusteigen", abgelöst. (Siehe Chester Wilmot: a. a. O.) Damit hatte also auch die 7. PD ihren Kommandeur verloren.

Da das XXX. Korps weit zurückhing und demzufolge die Deckung der Ostflanke des VIII. Korps nicht wahrnehmen konnte, mußte Dempsey auch dieses Korps anhalten. Damit war der Angriff gegen Flers gestorben.

Dennoch hatte die Operation „Bluecoat" ihr Ziel bereits erreicht, denn das VIII. Korps hatte die deutschen Panzerkräfte, die für die 7. Armee bestimmt waren, gestoppt und damit die US-Truppen entscheidend unterstützt. Bis zum 3. Aug. standen drei deutsche PD und drei Abteilungen schwerer Panzer zur Abriegelung der britischen Angriffe im vollen Einsatz und fehlten im Abwehrkampf gegen die US-Streitkräfte.

Die 7. Armee der Deutschen Wehrmacht, nunmehr von der 2. brit. Armee im Rücken bedroht und gleichzeitig frontal von der 1. US-Armee angegriffen, war nach Vire und Mortain ausgewichen. Der US-Korridor nach Süden wurde von Tag zu Tag breiter. Durch ihn rollte die 3. US-Armee unter General Patton, der förmlich darauf brannte, vorzupreschen nach Süden und dann, mit einem Schwenk nach Westen, in die Bretagne hinein.

Änderung der alliierten Befehlsstruktur

Am 1. Aug. 1944 trat im US-Sektor eine Änderung der Befehlsstruktur ein, die auch die Gesamtbefehlsgebung veränderte.

Die 12. US-Heeresgruppe wurde ins Leben gerufen. OB dieser Heeresgruppe wurde General Bradley. Sein Nachfolger in der Führung der 1. Armee war GenLt. Courtney H. Hodges, Eisenhowers Stellvertreter.

Diese Änderung wurde durch die Tatsache erzwungen, daß bis dahin die 1. US-Armee auf eine Stärke von 21 (!) Divisionen angewachsen war. Dafür war die Befehlsstruktur zweier Armeen und eines übergeordneten Stabes – der 12. Heeresgruppe also – notwendig. Die neugeschaffene 3. US-Armee führte – wie schon erwähnt – General Patton, der amerikanische „Guderian“.

Das HQ der 12. Heeresgruppe wurde in einer Zeltstadt einige km nördlich Coutances eingerichtet. General Bradley war entsetzt über die enorme Ausdehnung dieser Anlagen. Er beauftragte GenMaj. Lev Allen, Gruppenchef seines Stabes, damit, ein kleines taktisches HQ zusammenzuziehen, das beide Armeen sehr schnell miteinander verband und rascheste Kommunikation sicherstellte. Dieses auf engem Raum versammelte HQ wurde EAGLE TAC genannt. Eagle war übrigens die Codebezeichnung für die 12. Heeresgruppe.

In diesem HQ im HQ waren insgesamt 65 Offiziere und einige Hundert Soldaten für den Funk-, Melde-, Wach- und anderen Dienst versammelt.

Als Montgomery erfuhr, daß das US-HQ „EAGLE“ genannt wurde, nannte er sein HQ der 21. Heeresgruppe LION. Die 1. Armee erhielt die Codebezeichnung MASTER, und die 3. Armee wurde LUCKY gerufen. Als im späten August 1944 die 9. US-Armee hinzukam, erhielt sie den Namen CONQUER. SHAEF wurde seit langem SHELLBURST genannt.

Die unmittelbare Entscheidung über das Ende des Brückenkopfes in der Normandie und damit über das Gelingen der Invasion stand unmittelbar bevor.

Die Invasion ist gelungen

Allgemeine deutsche Lagebetrachtung

Die deutsche Neugliederung im Invasionsgebiet äußerte sich in der Übertragung der Befehlsgewalt über die gesamte Südfront an GendPzTr. Heinrich Eberbach. Nachfolger Eberbachs im Raume Caen und in der Führung der 5. PzArmee wurde SS-Oberstgruppenführer Dietrich, der bis dahin das I. SS-PzK. geführt hatte.

Die 7. Armee blieb linker Nachbar der 5. PzArmee. Unter ihrer Führung hielt das II. FschKorps den Abschnitt „Nahtstelle Vire“. Daran schloß sich das LXXXIV. AK an, das seit der Ablösung von General von Choltitz durch GenLt. Elfeldt geführt wurde.

Am 2. Aug. erschien General Warlimont vom Wehrmachtsführungsstab bei GFM von Kluge und brachte diesem Hitlers Angriffsbefehl für einen Gegenstoß aus dem Raume Mortain in Richtung Avranches und von dort zur Küste mit. Dieser Angriff erhielt die Codebenennung Unternehmen „Lüttich“.

Diese Operation zwang zur Aufstellung einer besonderen Panzergruppe, die unter dem Kommando des XXXXVII. PzK., GendPzTr. Frhr. von Funck, stand. Dieser Panzergruppe wurde die 2. PD, GenLt. Frhr. von Lüttwitz, die 116. PD, GenLt. Graf Schwerin, Teile der 1. SS-PD „Leibstandarte“, Brigadeführer Wisch, 2. SS-PD „Das Reich“, SS-Gruppenführer Lammerding, 17. SS-PGD „Götz von Berlichingen“, Brigadeführer Ostendorf, 9. SS-PD „Hohenstaufen“, Obergruppenführer Stadler, 10. SS-PD „Frundsberg“, Brigadeführer Harmel, und die Reste der PLD unterstellt. Der Angriff sollte in der Nacht zum 7. August beginnen. Die ganze Westfront setzte die letzte große Hoffnung auf diesen Angriff.

Bis zum 6. August 1944, dem Vortage des Unternehmens „Lüttich“, waren an der Invasionsfront 14 deutsche Generale und 201 Regimentskommandeure und sonstige Kommandeure gefallen. Die Gesamtverluste betrugen bis zum 15. August, dies sei vorgetragen, an der Invasionsfront 3630 Offiziere und 151 487 Soldaten.

Der Gegner hatte bis zu diesem Zeitpunkt 2395 Panzer verloren, die allesamt ersetzt werden konnten.

Bis zum 15. August beliefen sich die Gesamterfolge des Westheeres auf 3370 Panzervernichtungen und 475 Flugzeugabschüsse. Gemessen an der Zahl der vorhandenen Panzer und Flugzeuge, waren diese alliierten Verluste unerheblich.

Anders sah es mit den deutschen Verlusten aus, die nicht wieder gutgemacht werden konnten. So gingen 1347 Panzer IV bis VI und 337 Sturmgeschütze in den Einsatz. Von ihnen wurden 759 Panzer und 192 Sturmgeschütze abgeschossen, ohne daß Ersatz nachgekommen wäre. So waren denn auch am 1. August 1944 nur noch 588 Panzer und 145 Sturmgeschütze im Einsatz. Die Anzahl der Panzer war jene von knapp drei Panzer-Divisionen. Daraus folgt, daß die Vielzahl der deutschen Panzer-Divisionen nur noch auf dem *Papier* standen, als es darum ging, in der Operation „Lüttich" das Blatt noch einmal zu wenden. Die alliierten Streitkräfte hatten bis zum 1. August etwa 1,5 Millionen Mann nach Frankreich herübergeschafft. Ihre Panzer-Divisionen waren voll ausgestattet, jeder Panzerverlust wurde durch Neuzuführungen wettgemacht.

Der amerikanische Durchbruch

Die 3. US-Armee unter General Patton hatte Ende Juli die Initiative ergriffen und stürmte in einer Neuauflage der deutschen „Blitzfeldzüge" in langen Panzerstößen nach Süden. Immer wenn Patton gefragt wurde, wo denn seine Flankensicherung bleibe, entgegnete er:

„Kümmern Sie sich um das Ziel und nicht um die Flanken! Um die kümmere ich mich persönlich!" (Siehe G. S. Patton: Krieg, wie ich ihn erlebte.)

Von Avranches aus, das sie am Abend des 30. Juli erreichten, stießen die Spitzenverbände dieser Armee auf Pontaubault vor; sie konnten dort über die erhaltene Brücke der Sélune setzen und jenseits einen Brückenkopf bilden. Hier lag der entscheidende Punkt zum Ausbruch in den freien Raum Frankreichs. An *dieser* Stelle wurde General Patton gefordert, sich ganz dafür einzusetzen, daß dieser einzige Übergang, über den die Straße in den freien Raum führte, erhalten blieb und daß seine Armee durchkam. War die Sélune erst einmal überwunden, dann lag der Weg in die Bretagne offen vor der 3. Armee.

Aus dem Raume westlich Pontaubault wurde deutscherseits die 77. ID, die auf der Halbinsel Cotentin mit einem Bruchteil ihrer Kräfte den Durchbruch nach Süden geschafft hatte, unter Oberst Bacherer gegen diese Brücke von Pontaubault angesetzt.

Es gelang Bacherer, von irgendwoher 14 Sturmgeschütze zu besorgen und sich Teile der 5. FJD zu unterstellen. Mit diesen seinen Truppenresten und den Versprengten, die sich auf der nahegelegenen Sammelstelle meldeten, bildete er eine KGr., mit der er in Richtung Avranches antrat.

Es gelang den Grenadieren Bacherers tatsächlich, nach Avranches einzudringen. Im Häuserkampf wurde der hier liegende Gegner überwunden. Die Sturmgeschütze rollten nach dem Ruf „Sturmgeschütze nach vorn!“ in die gefährdeten Abschnitte und schossen die erkannten Feuerstellungen des Gegners zusammen. Als es aber gegen Mittag aufklarte und wieder „Flugwetter“ war, tauchten sofort auch die ersten Jagdbomber auf. Das I./GR 1050 wurde gegen Mittag angegriffen. Ganz besonders aber hatten es die Jabos auf die deutschen Sturmgeschütze abgesehen. Sobald eines gesichtet wurde, stürzten sich die Jabos darauf und hämmerten es mit Raketenbomben zusammen. So fielen nacheinander alle 14 Sturmgeschütze aus.

Nun hatten die US-Panzer freie Bahn und stießen in die Abwehrfront der Grenadiere hinein. Die einzelnen Gruppen wurden nach Süden und Südwesten abgedrängt.

Ein aus freiwilligen Soldaten zusammengesetzter Sprengtrupp ging die Sélune-Brücke an. Der erste Trupp wurde vorzeitig erkannt und vernichtet. Der zweite lief in eine von General Patton aufgestellte Falle und wurde gefangengenommen.

Während dieser Zeit rollten die US-Panzer in einem nicht enden wollenden Zuge über die Brücke. Die Spitzengruppe erreichte am Abend des 31. Juli den GefStand von Oberst Bacherer, der in letzter Sekunde mit seinem Stab entkommen konnte.

Mit einigen Bombern versuchte die deutsche Luftwaffe, die Brücke auszuschalten. Trotz todesverachtender Einsätze gelangten sie nicht an die Brücke heran. Der feindliche Jägerschirm und die ringsum aufgestellte Flak legten einen undurchdringlichen Riegel um dieses kostbare Bauwerk, an dem der schnelle Sieg der 3. Armee hing. Einige wenige deutsche Bomber durchstießen diesen Todesschleier und warfen ihre Bomben. Eine davon traf die Sélune-Brücke, aber die Bombe war zu schwach, um die schwere Brücke zum Einsturz zu bringen. Bis zum 7. August wurde ununterbrochen versucht, die Brücke zu vernichten.

General Patton gelang es binnen 72 Stunden, die Kampftruppen seiner 3. Armee – das waren über 100000 Mann mit 130000 Fahrzeugen – über die Brücke zu schleusen. Der Sturmlauf der 3. Armee ging weiter. Bis zum 4. August wurde Rennes genommen. Die 4. US-PD stieß nach „Guderian-Art“ in einem Zuge bis Vennes an der Südküste durch. Bei Dinan wurde sie von der KGr. Bacherer noch einmal gestoppt. Ziel der Hauptkampftruppe Pattons aber war der französische Kriegshafen Brest. Die zweite Panzer-KGr. zielte auf den deutschen U-Boot-Hafen Lorient, während die dritte nach St. Nazaire hinunterstieß und die vierte Nantes zum Ziel genommen hatte. Die östlichste Gruppe aber drehte unterhalb Mayenne–Alençon nach Osten ein, um sodann nach Norden zu schwenken und den sich bildenden großen Kessel von Falaise bei Argentan zu schließen.

Gleichzeitig mit dem hier in knapper Skizzierung dargelegten Angriff der 3. US-Armee war die 1. US-Armee unter GenLt. Hodges nach Osten und Südosten angetreten.

Gemeinsam mit der 4. PD stieß auch die 6. US-PD in Richtung Brest vor. Als sie den halben Weg dorthin zurückgelegt hatte, wurde sie am Nachmittag des 3. Aug. durch GenLt. Middleton gestoppt. Der Befehl an GenMaj. Grow, eine KGr. zurückzuschicken, um den bei Dinan festgestellten Widerstand zu brechen, wurde von GenLt. Middleton gegeben, ohne sich vorher das Einverständnis seines Armee-Oberbefehlshabers zu holen. Als Patton am Nachmittag des 4. Aug. bei Grows Truppen eintraf und sie verhalten sah, ließ er sofort in die Sturmrichtung drehen und gab dem Kommandeur mit auf den Weg:

„Kümmern Sie sich nicht um diesen oder irgendeinen anderen Anhaltebefehl! Es sei denn, er wird von mir gegeben. Fahren Sie los und fahren Sie immer weiter, bis Sie Brest erreicht haben!“ (Siehe G. S. Patton: a. a. O.)

Die 6. PD rollte also nach der Drehung weiter und erreichte am 7. August die Peripherie von Brest. Hier hatte sich die Besatzung mit einer anderen Truppe zusammengetan und wehrte den ersten handstreichartigen Versuch der 6. PD, sich in den Besitz der Stadt zu setzen, entschlossen ab.

Es waren die Verbände der neuaufgestellten 2. FJD unter GenMaj. Hermann Bernhard Ramcke, die diesen ersten Überrumpelungsangriff gegen die Monts d'Arré stoppten. Oberst Pietzonka, RgtKdr. des FJR 7, errang hier das Ritterkreuz.

Als die Amerikaner den Flugplatz von Brest, Guipavas, nur 8 km nordostwärts der Stadt erreichten, ging GenMaj. Ramcke mit seiner Division in die Festung Brest hinein und wurde OB dieser weiträumigen Anlagen. Seine 2. FJD übernahm Oberst Hans Kroh, einer der ganz alten Fallschirmjäger.

An dieser Stelle, das sei vorab geschildert, um den Zusammenhang zu wahren, hielten die 2. FJD und einige Tausend Soldaten verschiedenster Truppenteile bis zum 20. September allen Anstürmen des Gegners und seinen Bombardierungen stand. Das VIII. US-Korps unter General Middleton erlebte hier sein Waterloo. Doch zurück zum Hauptkampffeld, der Normandie.

Die Truppen der 1. US-Armee erreichten mit dem VII. Korps am 2. August Mortain. Damit waren alle Voraussetzungen gegeben, von hier aus im Bogen auf Le Mans–Alençon vorzugehen und General Montgomerys Weisungen zu erfüllen, in jede sich bietende Lücke der Feindstellungen hineinzustoßen, nach Osten durchzupreschen und hinter dem Hauptgegner den rückwärtigen Raum zu sperren.

„Die allgemeine Strategie der verbündeten Armeen lautete: Mit dem rechten Flügel auf Paris schwenken und den Feind bis zur Seine zurückdrängen!“ (Siehe: Bernard Montgomery: Invasion.)

Das XV. Korps erreichte den Westrand von Le Mans und befand sich damit bereits tief im Rücken der deutschen Truppen. Nunmehr *mußte* deutscherseits etwas geschehen, damit nicht eine ganze Armee eingekesselt wurde.

Deutsche Antworten auf den alliierten Ausbruch aus dem Landekopf

Am Nachmittag des 2. August 1944 traf General Warlimont im HQ von GFM von Kluge ein. Er brachte Hitlers Weisung mit, die Front wiederherzustellen. Hitler hatte am Vorabend noch der Verlegung der 2. FJD aus der Bretagne in den Kampfraum zugestimmt. Diese Division wurde im Zuge der sich rasant entwickelnden bedrohlichen Lage für Brest dort gelassen. Jene Division aber, die hätte eingesetzt werden können, die auf den Kanalinseln schmorende 319. ID, ließ Hitler dort.

General Warlimont brachte Hitlers Weisungen mit, den Durchbruch des Gegners durch einen starken Gegenangriff mit eigenen Panzerkräften zu parieren, dazu noch mehrere in der Front eingesetzte Panzer- und (mot.)-Divisionen herauszuziehen und durch Infanterie-Divisionen zu ersetzen.

„Auf diese Weise müßten mindestens vier Panzerverbände für den Durchstoß bei Avranches zur Küste – ohne Rücksicht auf den in die Bretagne durchgebrochenen Feind – gewonnen werden. (Siehe: Percy E. Schramm: a. a. O.)

Am Morgen des 3. Aug. erklärte GFM von Kluge General Warlimont, daß angesichts der Wegnahme von Mortain durch die US-Truppen und des Umstandes, daß das II. SS-PzK. durch britische Streitkräfte gefesselt sei, die einzige Alternative ein Rückzug auf die Seine sei.

Ein solcher sei noch durchführbar, wenn diese Bewegungen sofort begonnen würden, weil der britische Durchbruchsversuch bei Caumont aufgehalten werden konnte und die 5. PzArmee noch immer halte. Auf dem Mont Picon standen noch deutsche Truppen, Vire war immer noch in deutscher Hand. Wenn eine schnelle Gruppe gebildet würde, die die Amerikaner stoppte, könnte sich das Gros geordnet auf die Seine zurückziehen.

Dies war ein sehr vernünftiger, realistischer Vorschlag. Als man ihn Hitler übermittelte, war dieser jedoch von seiner Idee einer Gegenoffensive nicht mehr abzubringen. Auf seinen Lagekarten standen immer noch Panzer-Divisionen, wo sich in Wirklichkeit nur noch die Reste dieser Divisionen befanden. Diese Gegenoffensive wurde von Hitler angeordnet, und sie mußte geführt werden!

Der Ausführung einer solchen Gegenoffensive stellten sich immer größere Schwierigkeiten in den Weg. So ging am 6. Aug. Vire verloren. US-Truppen standen vor Le Mans und erreichten am 8. Aug. die Loire. Dies alles verlangte gebieterisch den Einsatz der 9. SS-PD gegen diesen nach Osten gerichteten Angriff. Anstelle der acht Panzer-Divisionen, die GFM von Kluge zu diesem Gegenstoß ansetzen wollte, konnte er nur auf vier zurückgreifen, denn von den fünf PD an der britischen Front konnte nur die 1. SS-PD herausgezogen werden, während die vier übrigen in verzweifelten Abwehrkämpfen standen.

Alles in allem verfügten die vier angesetzten Panzer-Divisionen nur noch über 185 Panzer, also die Ausstattung einer schwachen Panzer-Division, nicht mehr.

Durch die ungehinderte alliierte Luftaufklärung waren bereits die ersten deutschen Verschiebungen erkannt worden, und General Bradley baute eine breite Abwehrfront auf, in die er fünf Infanterie-Divisionen und zwei Panzer-Divisionen einschob.

Westlich Mortain ließ er drei Divisionen der 3. Armee anhalten und gegen diesen deutschen Angriff Bereitstellungen beziehen.

Am 6. Aug. wurde aus dem FHQ angeordnet, daß General Eberbach diesen Angriff mit dem XXXXVII. PzK. führen sollte. Dagegen machte GFM von Kluge geltend, daß Eberbach als Armeeführer unentbehrlich sei und er Oberstgruppenführer Hausser mit der Führung beauftragen wolle.

Am frühen Morgen des 7. August brachte General Buhle, Chef des Heeresstabes, per Flugzeug ins HQ von GFM von Kluge fliegend, Hitlers Weisungen mit und gab seinen Auftrag bekannt, sicherzustellen, daß der Führerbefehl durchgeführt wurde.

In der Nacht zum 7. Aug. war – noch vor dem Eintreffen von Buhle – das XXXXVII. PzK., geführt von GendPzTr. Frhr. von Funck, angetreten, um die befohlene Operation „Lüttich“ durchzuziehen. Dies wurde auch Buhle gemeldet, der Hitler am Morgen des 8. August persönlich meldete, daß GFM von Kluge alle Offiziere „in Richtung des Führerwillens eingestellt“ habe.

Beim Angriff „Lüttich“ rollte die 1. SS-PD zuerst durch Tinchebray, aber der Angriff kam nicht in Schwung, da die 2. SS-PD ihre neuen Panzer noch nicht erhalten hatte und die 116. PD nicht nachgekommen war.

GendPzTr. von Funck mußte eine Verzögerung von mehreren Stunden einplanen. Dennoch sollte die Operation „Lüttich“ wie befohlen durchgeführt werden.

Um 24.00 Uhr des 7. Aug. begann der Angriff zwischen Mortain und Surdeval. Bis zum frühen Morgen stieß die 2. PD 12 km in Richtung Avranches vor. Dann wurde sie durch Kampfkommandos der 3. US-PD gestoppt. Mortain aber wurde von deutschen Panzern zurückgewonnen. Westlich und nordwestlich dieser Stadt hielten sich die KGr. der 30. US-ID und stoppten den weiteren Vorstoß der 2. PD.

Gegen Mittag des 7. Aug. konnten auch die feindlichen Jabos wieder starten, weil sich der dichte Bodennebel aufgelöst hatte. Der Hauptschlag dieser Jaboverbände auf die Spitzen der 1. SS-PD brachte den Angriff zum Erliegen.

Der Angriff der 116. PD drang nicht durch. Die dieser Division gegenüberstehenden US-Kräfte waren zu tief gestaffelt, als daß sie hätten durchbrochen werden können. Bei Périers rollten die deutschen Panzer auf eine Pak-Sperre, die hohe Opfer forderte.

Im Verlauf des 7. Aug. wurde auch die 2. PD derart stark von Jabos und mittleren Bombern bekämpft, daß sie eine Stunde nach Mittag ihren Kampf einstellen mußte. GendPzTr. von Funck meldete der 7. Armee:

„Der Angriff ist seit 13.00 Uhr wegen des großen feindlichen Jagdbombereinsatzes versiegt und wegen des Fehlens eigener Luftstreitkräfte liegengeblieben.“

GFM von Kluge wollte nunmehr den Angriff einstellen. Aus dem FHQ wurde ihm jedoch befohlen, zwei der vier noch in der britischen Front stehende PD herauszuziehen und von neuem anzugreifen.

Die Zuversicht, die Engstelle der 3. US-Armee zu erreichen und hinter Pattons 3. Armee das Band zu deren Nachschublinien zu zerschneiden, schwand mehr und mehr dahin. Die 300 Jäger, die General der Flieger Bülowius als Abschirmung versprochen hatte, waren zwar von ihren Einsatzhorsten im Großraum Paris gestartet, aber unmittelbar nach dem Start bereits von dichten Schwärmen alliierter Jägerverbände abgefangen, in Luftkämpfe verwickelt und teilweise abgeschossen worden. Es gelang trotz der unerhörten Tapferkeit der wenigen deutschen Flieger nicht, diese tiefgestaffelte feindliche Luftfront zu durchstoßen.

Das eroberte Gelände wurde unter Aufbietung der letzten Kräfte gehalten. Die neue HKL verlief am Nachmittag des 7. Aug. über Vire–Champ du Boult–St. Sévere–Calvados–St. Pois und durch das Tal der Sée bei Les Mesnil–Guilbert.

General Buhle, der am Mittag des 8. Aug. nach Rastenburg zurückgekehrt war, hielt Hitler Vortrag. Er betonte besonders, daß er trotz der neuen Weisung des Führers, am 10. Aug. anzugreifen, den Angriff in der Nacht zum 7. August zugelassen habe, um das Überraschungsmoment zu wahren. Doch dieser Angriff sei durch die feindliche Luftwaffe niedergeschlagen worden.

GFM von Kluge faßte noch am 8. August einen Plan zu einem neuen Angriff. Seine Absicht wurde allerdings durch Feindeinbrüche ostwärts der Orne und bei Vire behindert. Allerdings hatte er auch bei seinem Frontbesuch noch am 8. August den Eindruck gewonnen, daß ein rascher Erfolg nicht mehr möglich sein würde, da die eigenen Verbände zu sehr mitgenommen waren, der Feind sich aber noch weiter hatte verstärken können und nun auch wieder durch gutes Flugwetter begünstigt war.

Als General Buhle im FHQ eine halbe Stunde nach Mitternacht des 9. August seine Ausführungen beendet hatte, ließ Hitler dem OB West um 20.35 Uhr dieses 9. Aug. mitteilen, daß „der Angriff zu früh, daher zu schwach und zudem bei einem für die feindliche Luftwaffe günstigen Wetter angesetzt worden sei." (Siehe Percy E. Schramm: a. a. O) Daß das Wetter zu Angriffsbeginn sehr günstig war und nur vorzeitig umschlug, war Hitler verschwiegen worden.

GFM von Kluge erhielt Befehl, diesen Angriff an anderer Stelle mit starken Kräften wieder aufzunehmen, und zwar aus dem Raume um Domfront. Eine zweite Angriffsgruppe aus dem LXXXI. AK sollte mit den von der 15. Armee herankommenden Divisionen eine weiter nach links herausgestaffelte Keilformation bilden, dem eigenen Panzerangriff folgen, diesen schützen und zugleich auch noch nach Süden, in die Nordflanke der US-Truppen hineinstoßen.

Da außerdem ein Durchbruch des Feindes an der Nordfront auf Falaise verhindert und das dort verteidigende I. SS-PzK. gestützt werden sollte, war dies ein Auftrag, zu dem einige voll ausgerüstete Divisionen zuwenig zur Verfügung standen. Die Nordfront war nun das große Fragezeichen, nachdem auch dort frische britische Kräfte zum Angriff angetreten waren.

Die Operation „Totalize"

Der Befehl von General Montgomery an die 1. kan. Armee, einen Angriff in Richtung Falaise zu führen, wurde am 4. Aug. gegeben, als klar geworden war, daß der amerikanische Durchbruch gelungen war und daß die Deutschen dagegen alles aufbieten würden, was sie nur eben freimachen konnten.

Als ersten Angriffstag hatte Montgomery den 8. Aug. bestimmt. Um so viele deutsche Verbände wie möglich zu fesseln, wurde „Totalize" (zu einem Ganzen zusammenfassen) befohlen. Hintergrund und letztes Ziel war die Vernichtung der 7. deutschen Armee. Dem KommGen. des II. kan. Korps, GenLt. Simonds, wurde die Angriffsführung übertragen. Ihm standen neben seinen eigenen Kräften eine Division des VIII. Korps und die 1. poln. PD zur Verfügung, so daß er für „Totalize“ über sieben Divisionen verfügte.

Der OB der 1. kan. Armee, General Crerar, meinte bei der Einsatzbesprechung mit Simonds, daß dieser am frühen Morgen des 8. August beginnende Angriff einer der schwärzesten Tage in der Kriegsgeschichte werden würde. Aber Simonds war da anderer Ansicht.

Simonds beabsichtigte, bei Dunkelheit und ohne Feuervorbereitung anzugreifen, um den Überraschungseffekt zu wahren. In sechs Panzerkeilen würden seine Divisionen den Angriff durchziehen. Die Infanterie sollte in Mannschaftswagen und gepanzerten Transportwagen dichtauf folgen.

Erst in der zweiten Phase würde dann die 8. USAAF angreifen. Mit der Einschließung von Falaise – in der dritten Phase dieses Planes am Abend des Angriffstages – würde dann das Tagesziel erreicht sein.

Als sich am Morgen des 8. Aug. die riesige Panzerlawine in Bewegung setzte, schien es tatsächlich so, als sollte alles eintreffen. Der erste Stoß traf die 272. ID sowie die soeben aus dem norwegischen Raum ins Invasionsgebiet marschierte und dort rechtzeitig eingetroffene 89. ID. Die Panzerkeile schossen sich den Weg durch die deutschen Stellungen frei.

Die zweite Phase, von 500 Kampfbombern vorbereitet, gipfelte im Angriff von 700 schweren Bombern der USAAF. Raketenjabos preschten im Tiefflug über das Gefechtsfeld und warfen ihre Raketenbomben auf die erkannten Ziele.

Die kampfunerfahrene 89. ID wurde völlig durcheinandergewürfelt. Wenn rechtzeitig die als Sturmreserve hinter der Front aufgefahrene 1. poln. und 4. kan. PD antrat, dann war Falaise geliefert.

In dieser Phase des Kampfes trat die bei der 12. SS-PD „HJ“ eingesetzte sPzAbt. 101 (nun Korps-Tiger-Abt. 501) in Aktion, die mit den noch kampffähigen Panzern der 12. SS-PD „HJ“ einen Verband von insgesamt 50 Panzern aufbrachte.

General Heinrich Eberbach, der sich an vorderster Front ein Bild von der Lage verschaffte, befahl diesen Angriff, als Standartenführer Meyer ihm das Zurückweichen der 89. ID meldete. Meyer war persönlich nach vorn gefahren und hatte versucht, die zurückweichenden Soldaten zum Stehen zu bringen. Aber die fürchterlichen Bombenangriffe hatten diese Division völlig entnervt.

Um den Angriff bestmöglich zu koordinieren, fuhr Standartenführer Meyer mit Obersturmbannführer Mohnke, dem Kdr. des PR 12, zu

Michael Wittmann, der die Korps-Tiger-Abt. 501 führte. Von hier aus fuhr Meyer zu Sturmbannführer Waldmüller weiter, der den Panzern teilweise aufgesessen, teils zu Fuß folgen sollte, um mit seiner KGr. die Höhen südlich Aignan in Besitz zu nehmen. Als Meyer südlich Bretteville bei Waldmüller eintraf, war die KGr. bereit. Beide fuhren nun nach Cintheaux weiter. Ostwärts dieser Ortschaft standen Wittmanns Tiger ebenfalls einsatzbereit. Sie waren hinter einer hohen Hecke vor Fliegersicht geschützt.

Durch die Ferngläser konnten Meyer und Waldmüller jene feindlichen Panzerrudel sehen, die nördlich der Straße Bretteville sur Laize ebenso wie bei Garcelles standen. Wenn diese Panzer erst ins Rollen kamen, dann waren sie nicht mehr zum Stehen zu bringen. Diesem Angriff galt es zuvorzukommen.

Standartenführer Meyer befahl daher den Angriff der eigenen Panzer. Stoßrichtung war Garcelles und die dort stehenden Panzer.

Mit Michael Wittmann wurde dieser Angriff noch einmal durchgesprochen. Lachend verabschiedete sich der erfolgreichste Panzerkommandant aller Zeiten von seinen Freunden, kletterte in seinen Tiger und befahl über Sprechfunk loszufahren.

Die Panzerarmada setzte sich in Bewegung. Mit Höchstfahrt rollten insgesamt 50 Panzer, der Großteil Tiger, über die freie Plaine, und die Panzergrenadiere schlossen sich ihnen an.

Wittmann gab über Panzerfunk – wie immer – den Befehl, die feindliche Panzeransammlung zu durchbrechen und sich nicht zum Stoppen verleiten zu lassen, denn dann wären sie nichts anderes mehr als Schießscheiben für die mehrfach überlegenen Panzerkräfte des Gegners.

Die Panzer erreichten den Gegner. Aus ihren langen Kanonen peitschten die Abschußflammen. Die Tanks der 4. Kan. Brig. mußten hier schwere Opfer bringen. Die Panther fuhren mit gleichem Elan in ihren Gegner, die poln. 1. PD, hinein.

Panzer gegen Panzer, so zog sich der Kampf bis zum Abend hin. Die 4. Kan. PD unter GenMaj. Kitching konnte diesen Angriff nicht stoppen. Aber dennoch mußte sich schließlich am Abend die KGr. Waldmüller auf den Laison-Abschnitt absetzen. Die Panzer deckten das Absetzen ihrer Kameraden.

Während des Angriffs der KGr. Waldmüller hatte die 8. USAAF zu einem neuen Flächenbombardement ausgeholt und dabei wieder einmal mehr Teile der eigenen Truppen getroffen.

Am Morgen des 9. Aug. wurde klar, daß Hauptsturmführer Wittmann seinen letzten Panzerangriff gefahren hatte. Die Nachforschungen über seinen Verbleib ergaben, daß Wittmann, seinen Kameraden wie immer vorausfahrend, zwei Shermanpanzer ostwärts Cintheaux abgeschossen hatte. Mit seinen Tigern konnte er den Angriffsschwung der 4. kan. PD stoppen und jene Zeit gewinnen, die Standartenführer Meyer benötigte, um die Verteidigungsstellungen bei Laison einzurichten und mit Pak und Flak zu bestücken.

Ein Kameraden-Tiger sah, wie Wittmanns Panzer von mehreren Panzergranaten des Gegners getroffen wurde. Als er sich mit lahmgeschossener Kanone davonschlich, sah der Kommandant noch im Ausblick die Flammensäule, die über Wittmanns Tiger emporstieg. Michael Wittmann war nicht mehr.

Der Nachtangriff in der Nacht zum 10. Aug. auf die Höhe 195 durch das Rgt. Highlanders of Canada wurde von Sturmbannführer Olboeter mit seinen Panzergrenadieren abgewiesen. Olboeter hatte die Versprengten der 89. ID in seinen Verband eingegliedert. Und mit diesen kampferfahrenen Kameraden kämpften sie tapfer Schulter an Schulter.

Der noch in der Nacht folgende Vorstoß der 1. poln. PD wurde ebenfalls abgewiesen. Hier war eine einzige Pak der „Fels in der Brandung". Als sie schließlich ausfiel, rollten die polnischen Panzer weiter. Die deutschen Panzer auf der Höhe 195 mußten diesem Stoßkeil der Polen in die Flanke fahren. Die Spitze wurde von einer in letzter Sekunde eintreffenden Kp der sPzJäg. Abt. 12 unter Obersturmführer Hurdelbrink gestoppt.

Diese Panzerjäger, mit der 7,5 cm KwK lang des Panthers ausgestattet, schossen 40 polnische Panzer ab. Obersturmführer Hurdelbrink brachte es allein an diesem Tage auf elf Abschüsse. Er erhielt am 16. Okt. das Ritterkreuz.

Bis zum 11. Aug. hielten die wenigen Truppen der 12. SS-PD „HJ" an dieser Stelle, ehe sie von Teilen der 85. ID abgelöst wurden und am 12. Aug. den gesamten Potigny-Abschnitt an diese Division übergaben.

Das II. Kan. Korps hatte eine schwere Niederlage erlitten, aber die 12. SS-PD „HJ" war bei der Abwehr völlig ausgelaugt worden. Daß schließlich die deutsche Front hier zurückging und Falaise eingeschlossen wurde, war den Maßnahmen der obersten deutschen Führung zu verdanken, die die 1. und 9. SS-PD über die Orne nach Westen verschoben hatte, so daß diese Stellungen von zwei ID übernommen werden mußten, die nicht einmal rechtzeitig in voller Stärke zur Stelle waren.

Nach der Meldung des OB West vom 10. Aug. um 20.30 Uhr, daß der Feind über Le Mans in Richtung Alençon vorstoße, war man im FHQ sehr besorgt.

Diese Meldung ging auf eine vorher abgegebene Meldung von GendInf. Kuntzen zurück, der mit seinem Korps in der Südflanke der 7. Armee hielt. Dieser hatte um 9.15 Uhr gemeldet, daß er mit den ihm noch zur Verfügung stehenden vier Bataillonen, auf die sein Korps zusammengeschmolzen war, keinen Gegner mehr würde halten können. Er rechnete damit, daß am 11. Aug. Alençon verlorengehen werde.

Das war eine neue Situation, denn nach dieser Meldung ging der Gegner nach Norden und Nordosten vor, was er bisher noch nicht getan hatte. Bei einer direkten Befragung von General Kuntzen, ob er sich nicht irren könne, erklärte dieser: „Es besteht über diese Vorstoßrichtung kein Zweifel!"

Alençon war die Hauptnachschubstelle der 7. Armee. Sie zu verlieren, würde auch zugleich den Verlust der Armee bedeuten.

Das XV. US-Korps unter GenLt. Haslip der 3. US-Armee war auf besonderen Befehl von General Bradley aus dem Raum Le Mans in einer 90-Grad-Drehung nach Norden auf Alençon, und als Endziel auf Argentan vorgeprescht. Ihm standen vier Divisionen zur Verfügung, und diese würden mit den ausgemergelten Resten des deutschen Korps unter General Kuntzen kurzen Prozeß machen.

Um dieser Gefahr begegnen zu können, hätte GFM von Kluge den Rückzug der 7. Armee veranlassen müssen. Dies wiederum hätte die Basis für den von Hitler neu befohlenen Angriff zerstört.

Alençon wurde am 12. Aug. von den Truppen des XV. Korps erobert. Dadurch mußte General Eberbach die inzwischen zum Angriff gesammelten Kräfte zur Abwehr rund um Argentan einsetzen.

Am Abend des 13. Aug. hatten die schnellen Divisionen des XV. US-Korps mit jeweils einer Panzer-Division westlich und ostwärts Argentan ihr Ziel beinahe erreicht. Zwar war die Stadt noch in deutscher Hand, aber das konnte sich in den nächsten Stunden ändern.

Am Abend dieses entscheidenden 13. August meldete GFM von Kluge an GenOberst Jodl, den Chef des Wehrmachtsführungsstabes: „Der Feind versucht, mit allen Mitteln die Einschließung der 5. PzArmee und der 7. Armee anzustreben. Die Einschließung steht unmittelbar bevor. Ich schlage vor, die 7. Armee aus dem Westteil des Kessels auf Flers zu verschieben, um von dort Panzerkräfte für einen Angriff gegen das XV. US-Korps freizumachen."

Erst am nächsten Vormittag genehmigte Hitler diese Bewegungen. Wenige Stunden später mußte General Eberbach melden, daß seine Kräfte nicht mehr stark genug seien, die inzwischen nach Argentan aufgeschlossenen Divisionen des XV. US-Korps zurückzuwerfen.

Die 1. kan. Armee, die von Montgomery Befehl erhalten hatte, in Richtung Falaise vorzustoßen und den Kessel um die beiden deutschen Armeen zu schließen, begann ihren Angriff auf Falaise am 14. Aug. Mit der 3. ID, der 4. PD und der 2. PzBrig. eröffnete Simonds den Angriff und gab seiner 2. PD Weisung, die deutschen Abwehrstellungen im Walde von Quesnay und auf der Höhe von Potigny nach Westen zu umfahren. Als dieser Stoß nicht durchdrang, forderte er Luftunterstützung an und setzte die 2. PD nunmehr zu einer östlichen Umgehung an.

Auf den Höhen vor Falaise wurden die Angreifer noch einmal von den Resten der 12. SS-PD „HJ" gestoppt, die mit noch 15 Panzern, etwa 500 Panzergrenadieren und einigen Flak-Acht-acht verteidigten. Der Gegner wurde gestoppt. Die kan. 2. ID drang schließlich am 16. von Westen her nach Falaise ein und machte binnen 24 Stunden die Stadt von deutschen Truppen frei. Lediglich in der Ecole Supérieure hielten sich noch die letzten Soldaten der 12. SS-PD „HJ". Bomber und Jabos griffen die Höhe 159 an, auf der sich ebenfalls noch eine Handvoll Panzergrenadiere dieser Division verteidigten.

Der Angriff der 1. poln. PD gegen Jort am 17. Aug. konnte nur gestoppt werden, bis die hier verteidigende 3./FlakAbt. 12 vernichtet war. Die Dives wurde überschritten, und die britischen Panzer erreichten Trun und Chambois, ohne Widerstand zu finden, weil dieser Raum völlig frei war. Damit war der Kessel von Falaise restlos geschlossen.

In der Ecole Supérieure aber kämpften immer noch die letzten 60 Panzergrenadiere, unterstützt von zwei Tigern. Wenige Minuten nach Mitternacht des 18. Aug. konnte die 6. kan Brigade den letzten deutschen Soldaten überwinden.

Der Kampf um Falaise war zu Ende. Was nun folgte, war eine Flucht vor den verfolgenden Panzerverbänden. Die Flucht ging oftmals mit schweren Durchbruchskämpfen einher. Die letzte Truppe, die aus dem Kessel von Falaise entkommen konnte, war die mot-Gruppe der 12. SS-PD „HJ".

Damit war der Kampf in der Normandie praktisch beendet. Die Invasion war gelungen. Nun konnte nichts mehr die feindlichen Panzerstürme aufhalten. Weder die Seine noch der Westwall und auch nicht der Rhein. Die große deutsche Chance, dem Gegner am Atlantikwall eine solche Schlappe beizubringen, daß sich die Amerikaner aus Europa zurückzogen, war zunächst vorüber.

Von den Resten jener 15 deutschen Divisionen, die mit über 100000

Mann im großen Kessel von Falaise steckten, blieben 10000 Tote und 50000 Gefangene zurück. Die übrigen konnten sich teilweise nach abenteuerlichen Durchbrüchen nach Osten retten.

General der Panzertruppe Eberbach, der am 16. August die Führung der 7. Armee übernommen hatte und mit deren Resten eine Verteidigungslinie an der Somme aufbauen wollte, geriet im Kampfraum südlich Amiens, bei der Truppe kämpfend, in britische Gefangenschaft.

Die Niederlage bei Falaise war für die deutsche Wehrmacht eine Katastrophe. Daß dennoch ein Drittel der Truppen diesem Kessel entrinnen konnte, war der Tatsache zu verdanken, daß einige Divisionen und die Panzergruppe Eberbach dem Gegner jene entscheidenden 48 Stunden Zeitgewinn abrangen, die zum verzweifelten Durchbruch nötig waren.

Mit diesem Sieg der alliierten Streitkräfte in einem letzten gewaltigen Doppelschlag war der größer und größer werdende Brückenkopf in der Normandie aufgesprengt. Die Invasionsphase war beendet, die Invasion gelungen.

Nunmehr gruppierten sowohl General Bradley als auch General Montgomery, der am 1. Sept. 1944 zum Fieldmarshal ernannt wurde, ihre Truppen um.

Während Bradley die 12. Heeresgruppe in der Linie Orléans–Chartres–Dreux in Richtung Seine und Paris bereitstellte, war die 21. Heeresgruppe Montgomerys dabei, den Kessel von Falaise zu bereinigen und Tausende und Abertausende versprengte deutsche Soldaten einzusammeln.

Der Sieg im Kampf um den Ausbruch war erfochten. Der Landekopf, der Kampfraum Normandie und alle die tödlichen Bedrohungen lagen hinter den westlichen Alliierten.

Das Fazit

Der Kampf in der Normandie war zu Ende. Das nächste Ziel der Westalliierten, die Seine und Paris, wurde trotz des Einsatzes von GFM Walter Model, der an Stelle des durch Selbstmord aus dem Leben geschiedenen GFM von Kluge den Oberbefehl im Westen übernahm, sehr rasch erreicht.

Am 24. August marschierte das V.-US-Korps unter GenLt. Gerow in Paris ein. An der Spitze die 4. US-ID und die franz. 2. PD.

Die Stadt sollte bis zum letzten Atemzug verteidigt und dann in Brand gesetzt werden. Der deutsche Stadtkommandant, General von Choltitz, verhinderte beides und rettete die Seinemetropole.

Die Lagemeldung, die am 25. Aug. 1944 vom OB West ins FHQ abgesetzt wurde, sprach von 53 Feind-Divisionen, die in diesem Großabschnitt Frankreichs den Kampf aufgenommen hatten.

Bis zum 26. August war ganz Paris in alliierter Hand. General de Gaulle, der bereits am Vortage aus London herbeigeeilt war, um an der Seite von GenMaj. Leclerc, dem Kdr. der 2. Franz. PD, in die Stadt hineinzufahren, ließ sich diesen billigen Triumph nicht entgehen.

Am 1. September 1944 übernahm General Eisenhower in seinem HQ in Granville den Oberbefehl über alle alliierten Streitkräfte in Westeuropa. Damit unterstanden seinem Befehl:

Die 6. Heeresgruppe unter GenLt. Devers.

die 12. Heeresgruppe unter General Bradley und

die 21. Heeresgruppe unter Fieldmarshal Montgomery.

Der Sturmangriff durch Frankreich zum Westwall, der als „Schlacht um Frankreich“ in die Annalen der Kriegsgeschichte einging, konnte beginnen.

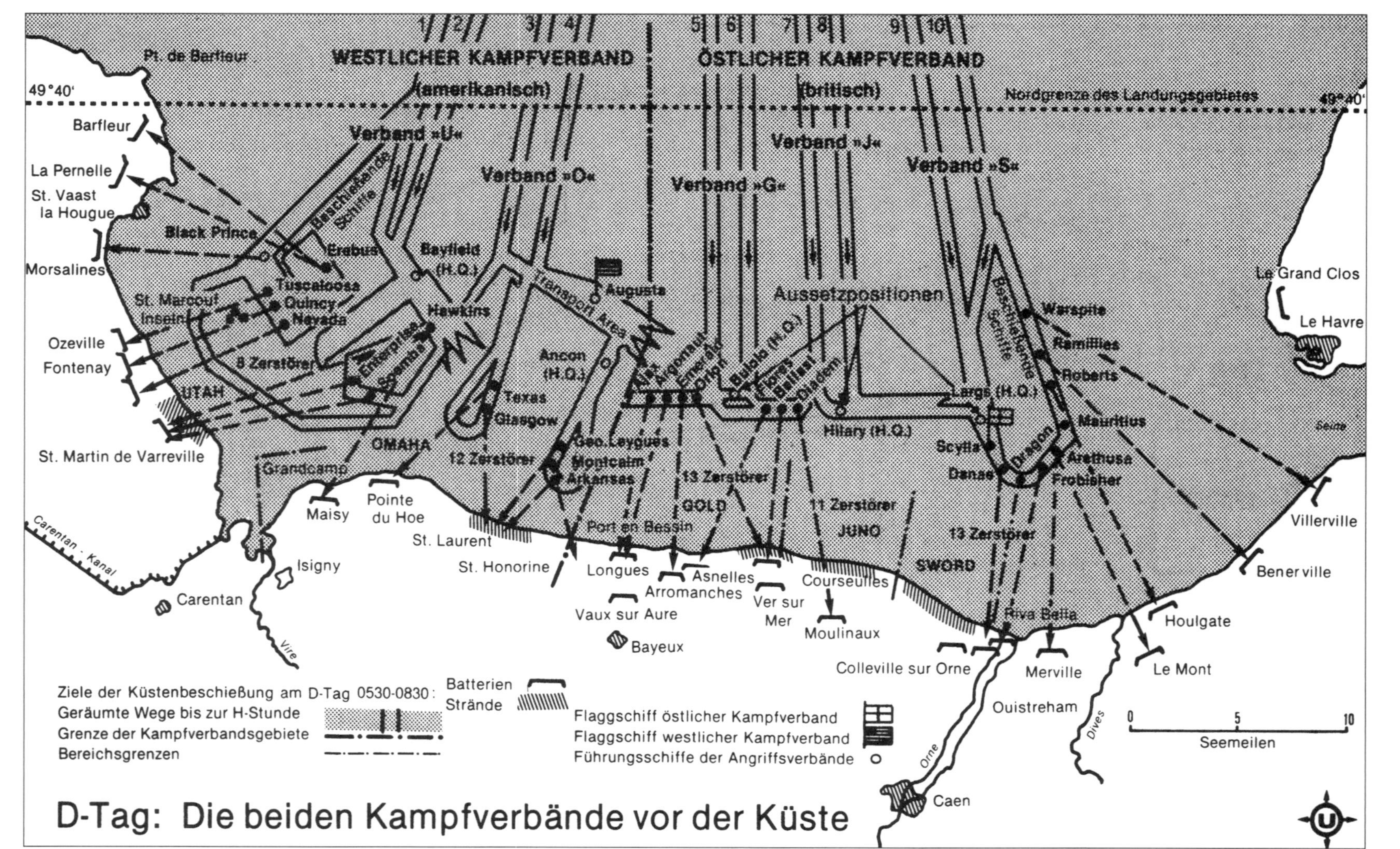

D-Tag: Die beiden Kampfverbände vor der Küste

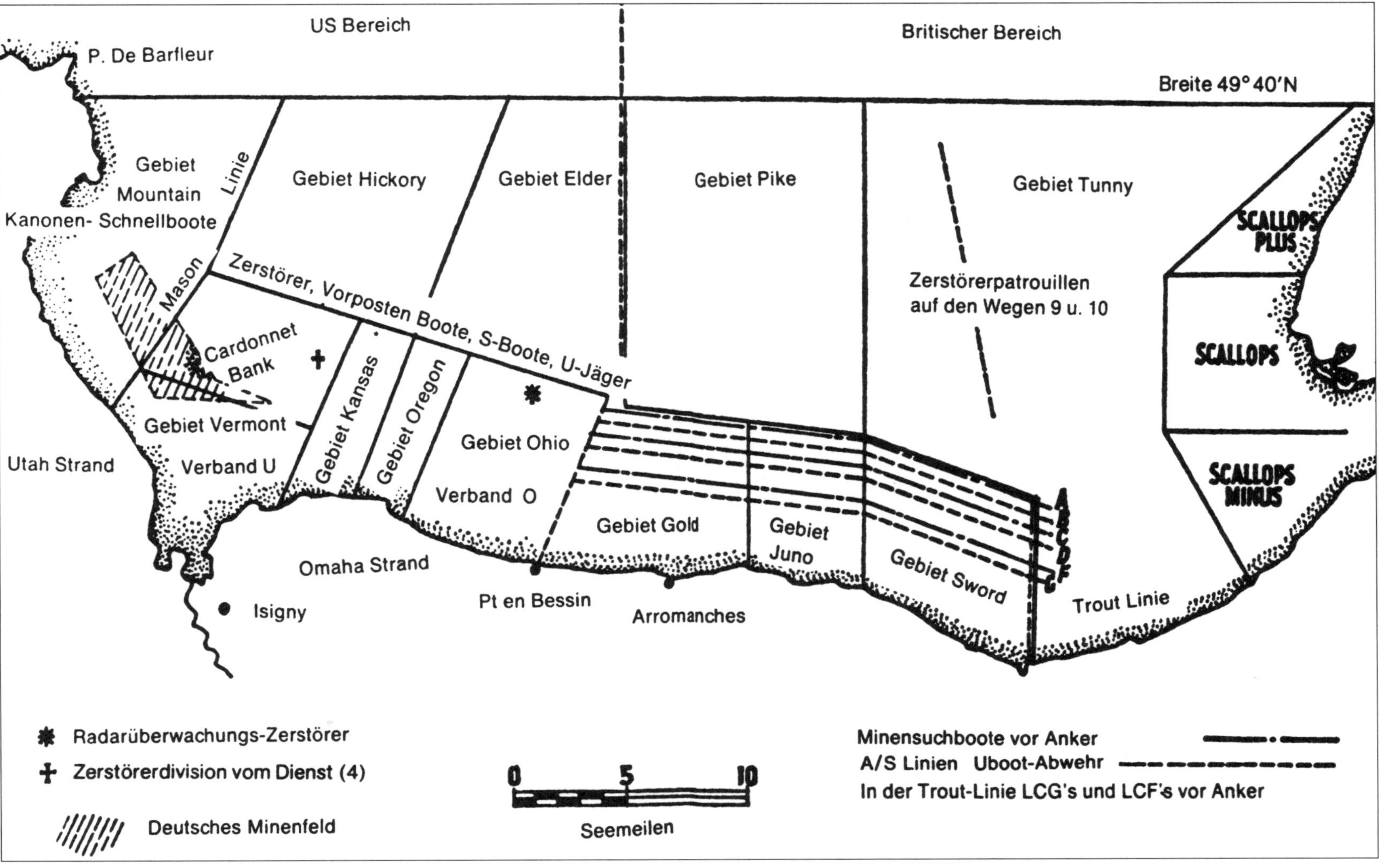

US Bereich
Britischer Bereich
P. De Barfleur
Breite 49° 40'N
Gebiet Mountain
Kanonen- Schnellboote
Mason Linie
Gebiet Hickory
Gebiet Elder
Gebiet Pike
Gebiet Tunny
SCALLOPS PLUS
SCALLOPS
SCALLOPS MINUS
Zerstörerpatrouillen auf den Wegen 9 u. 10
Zerstörer, Vorposten Boote, S-Boote, U-Jäger
Cardonnet Bank
Gebiet Vermont
Verband U
Utah Strand
Gebiet Kansas
Gebiet Oregon
Gebiet Ohio
Verband O
Gebiet Gold
Gebiet Juno
Gebiet Sword
A
B
C
D
F
G
Trout Linie
Omaha Strand
Isigny
Pt en Bessin
Arromanches
Radarüberwachungs-Zerstörer
Zerstörerdivision vom Dienst (4)
Deutsches Minenfeld
0
5
10
Seemeilen
Minensuchboote vor Anker
A/S Linien Uboot-Abwehr
In der Trout-Linie LCG's und LCF's vor Anker

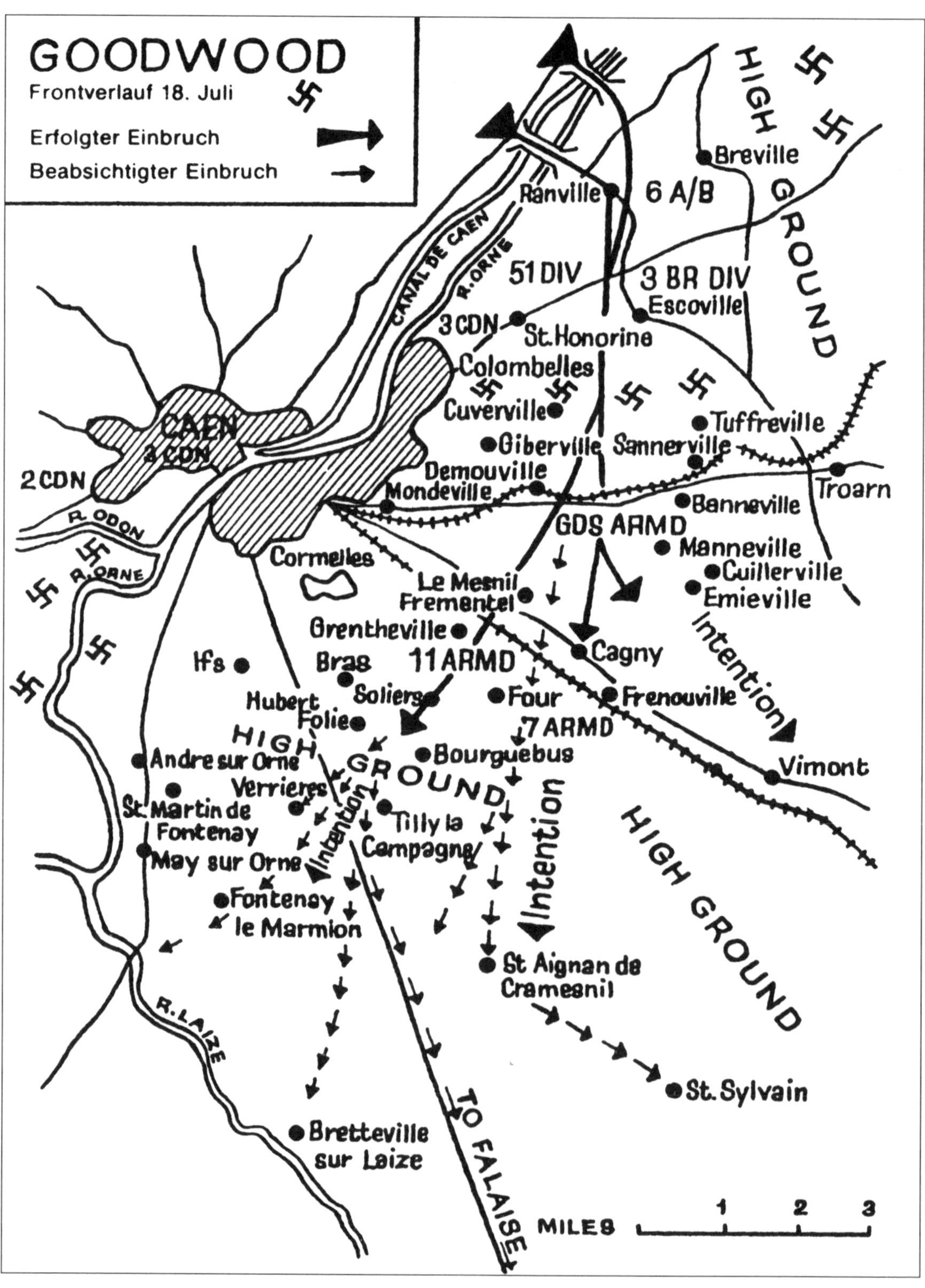
GOODWOOD
Frontverlauf 18. Juli
Erfolgter Einbruch
Beabsichtigter Einbruch
HIGH GROUND
Breville
Ranville
6 A/B
CANAL DE CAEN
R. ORNE
51 DIV
3 BR DIV
Escoville
3 CDN
St. Honorine
Colombelles
Cuverville
Tuffreville
Giberville
Sannerville
CAEN
3 CDN
2 CDN
Demouville
Mondeville
Troarn
Banneville
R. ODON
GDS ARMD
Manneville
Cuillerville
Emieville
Cormelles
R. ORNE
Le Mesnil Frementel
Grentheville
Cagny
Intention
Ifs
Bras
11 ARMD
Hubert Folie
Soliers
Four
Frenouville
7 ARMD
HIGH GROUND
Andre sur Orne
Bourguebus
Vimont
Verrieres
St. Martin de Fontenay
Tilly la Campagne
Intention
Intention
HIGH GROUND
May sur Orne
Fontenay le Marmion
St Aignan de Cramesnil
R. LAIZE
St. Sylvain
TO FALAISE
Bretteville sur Laize
MILES 1 2 3

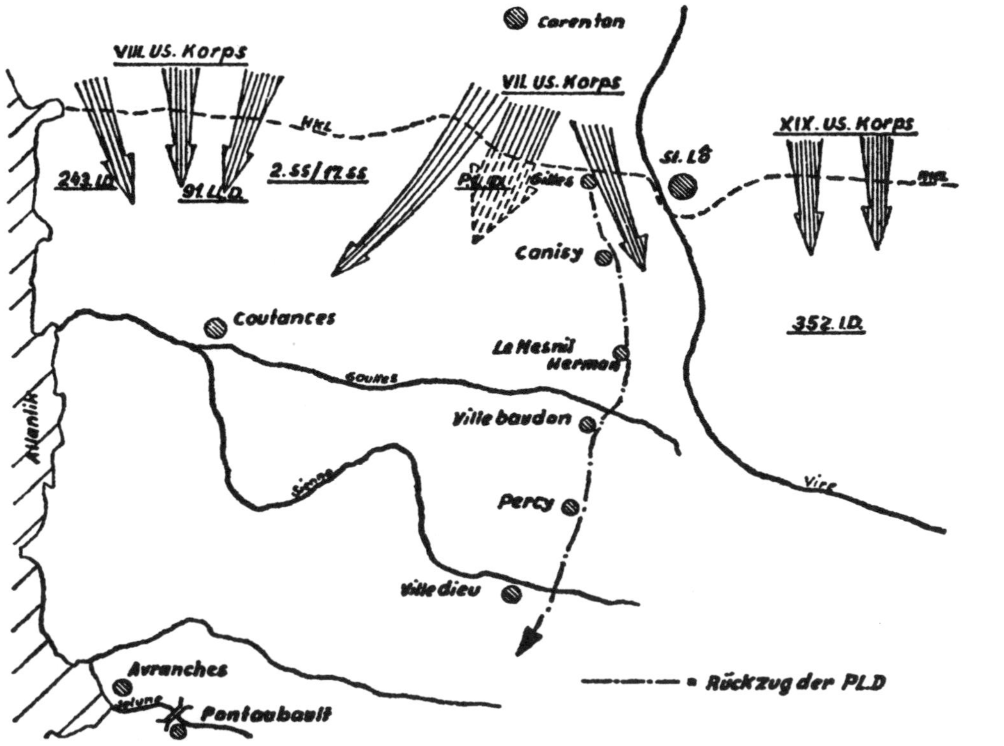

Amerikanischer Großangriff vom 25.–27. Juli 1944

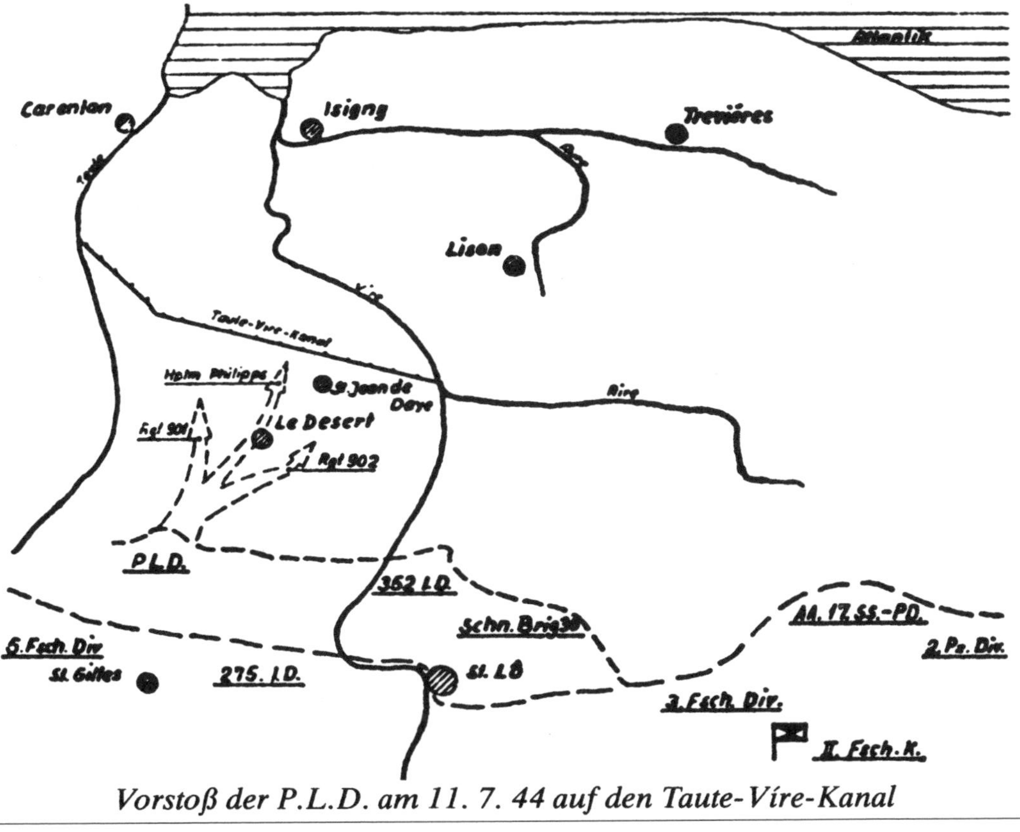

Vorstoß der P.L.D. am 11. 7. 44 auf den Taute-Víre-Kanal

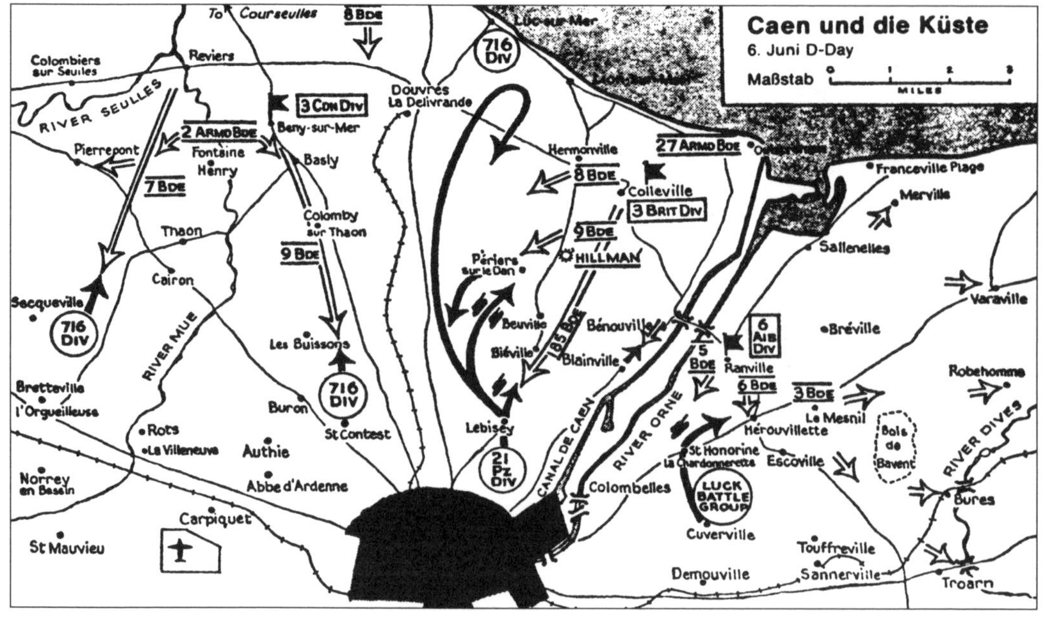

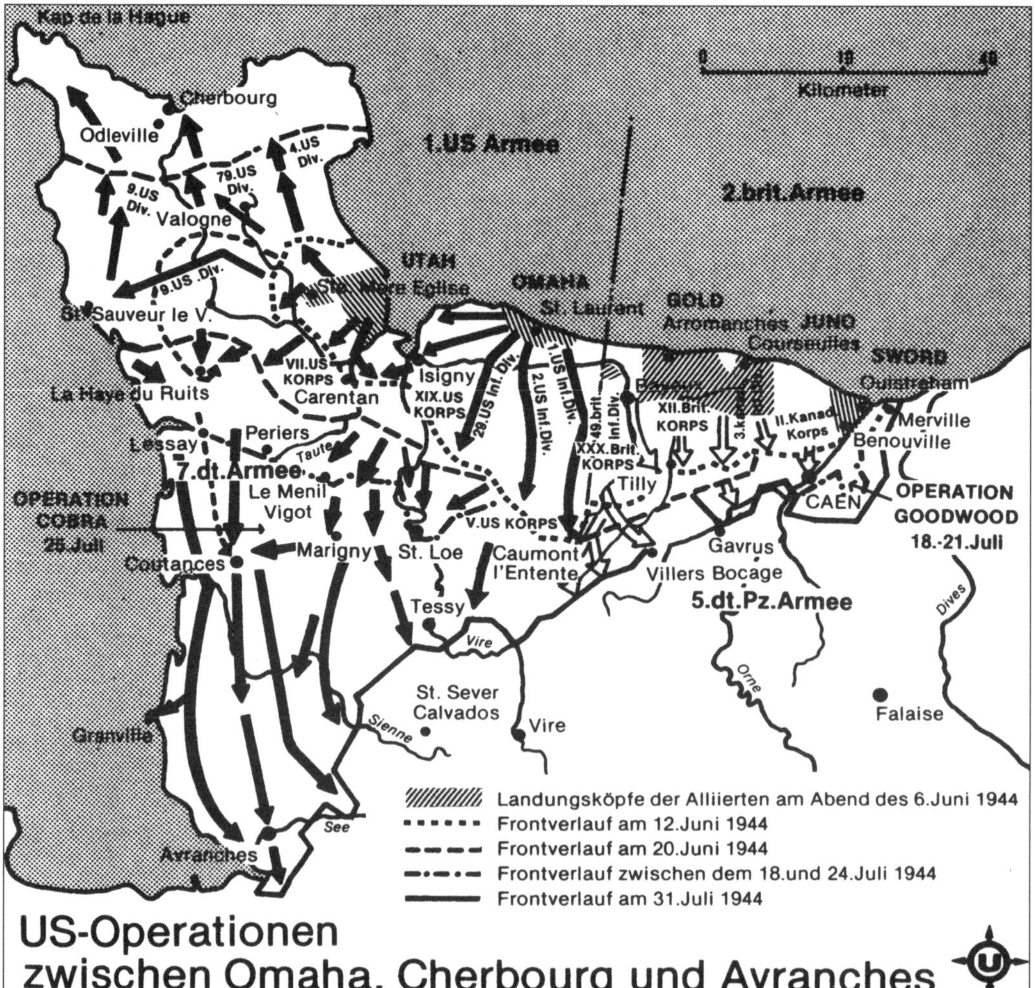

Kap de la Hague

Kilometer

1.US Armee

2.brit.Armee

Landungsköpfe der Alliierten am Abend des 6.Juni 1944

Frontverlauf am 12.Juni 1944

Frontverlauf am 20.Juni 1944

Frontverlauf zwischen dem 18.und 24.Juli 1944

Frontverlauf am 31.Juli 1944

US-Operationen zwischen Omaha, Cherbourg und Avranches

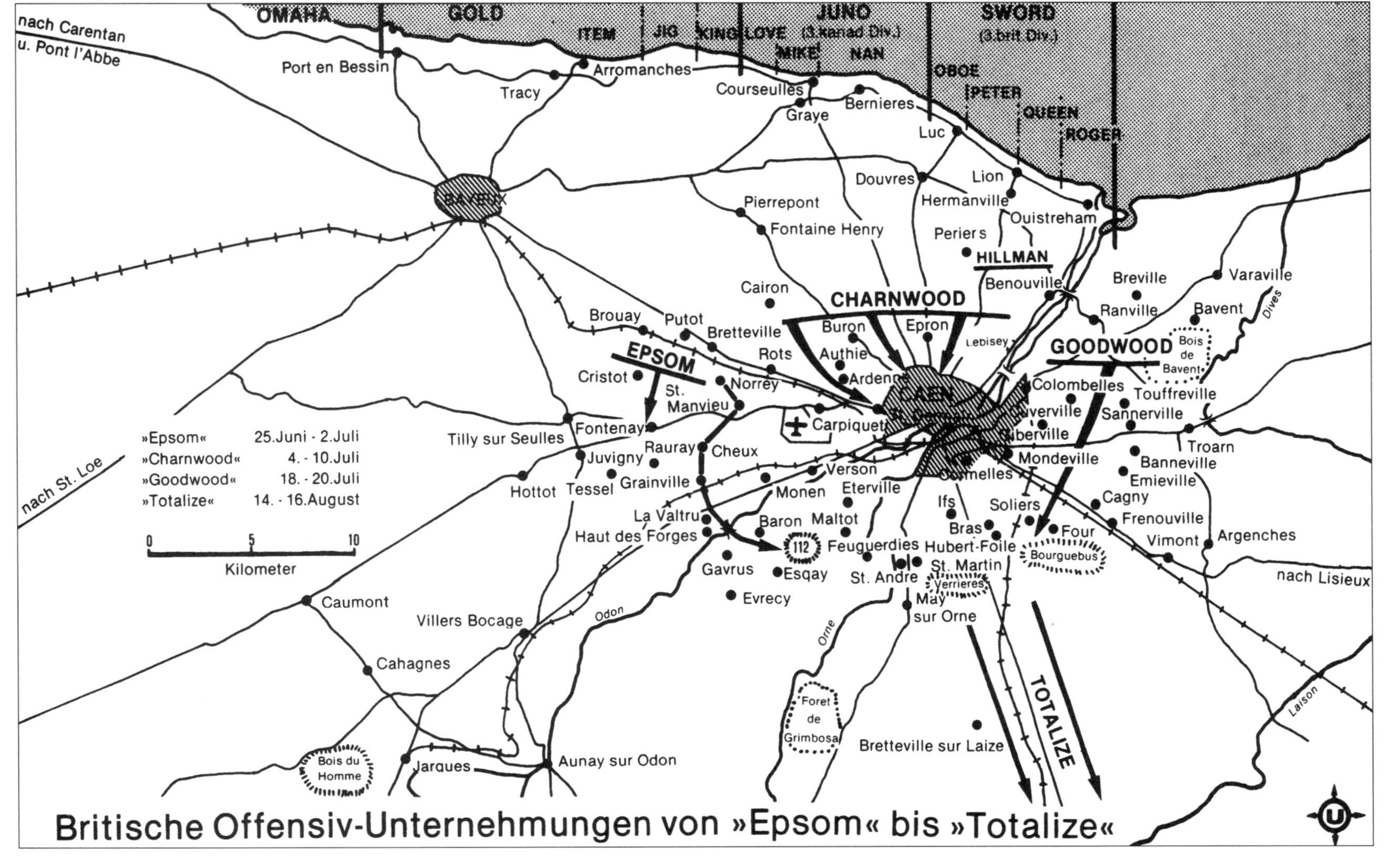

Britische Offensiv-Unternehmungen von »Epsom« bis »Totalize«

Kurzzeichenerklärung

AA = Aufklärungs-Abteilung
Abt. = Abteilung
AbtKdr. = Abteilungs-Kommandeur
AK = Armeekorps
AOK = Armeeoberkommando
Bazooka = Panzerfaust
Batl. = Bataillon
brit. = britisch
CP = kleines Motorboot
CW = Geleitzug englische Südküste westgehend
DivBeglKpn = Divisions-Begleitkompanie
DivKdr. = Divisions-Kommandeur
DivGefStand = Divisions-Gefechtsstand
EBC = Zubringer-Konvoi
ETC = Zubringer-Konvoi
FJD = Fallschirmjäger-Division
FJR = Fallschirmjäger-Regiment
FJBrig. = Fallschirmjäger-Brigade
FschKorps = Fallschirmkorps
FlaMW = Flak-Maschinenwaffen
FloChef: = Flottillenchef
GA = Großadmiral
GendArt.: General der Artillerie
GendFschTr. = General der Fallschirmtruppe
GendFl. = General der Flieger
GendInf.: General der Infanterie
GendPzTr. = General der Panzertruppe
GFM = Generalfeldmarschall
GenMaj. = Generalmajor
GenOberst = Generaloberst
GR = Grenadier-Regiment
HeFlakAbt. = Heeres-Flak-Abteilung
HGr. = Heeresgruppe
HGrKdo. = Heeresgruppen-Kommando
HJ = Hitlerjugend
HKL = Hauptkampflinie
Hptm. = Hauptmann
HQ = Hauptquartier
Ia = Erster Generalstabsoffizier
Ic = Dritter Generalstabsoffizier
ID = Infanterie-Division
IR = Infanterie-Regiment
KAdm. = Konteradmiral
Kdr. = Kommandeur
Kdt. = Kommandant
KGrFühr. = Kampfgruppenführer
KGr. = Kampfgruppe
KM = Kriegsmarine
km = Kilometer
kn = Knoten
Kp. = Kompanie
Kpn. = Kompanien
KorvKpt. = Korvettenkapitän
Kptlt. = Kapitänleutnant
KptzS. = Kapitän zur See
LCA, LCF, LCG, LCH, LCI, LCML, LCS, LCV, LTC = Landungsfahrzeuge verschiedenster Typen
LG = Leuchtgranaten
Lkw = Lastkraftwagen
LL-Div. = Luftlande-Division
Lt. = Leutnant
LUT = Lagenunabhängiger Torpedo
M = Minensuchboot
MarArtAbt. = Marine-Artillerie-Abteilung
MS-Flot.: = Minensuch-Flottille
MTB = Motor-Torpedo-Boat
MGB = Motor Gun Boat
OB = Oberbefehlshaber
ObltzS. = Oberleutnant zur See
Ofw.: Oberfeldwebel
OKW = Oberkommando der Wehrmacht
OKM = Oberkommando der Kriegsmarine

OKH = Oberkommando des Heeres
OT = Organisation Todt
PD = Panzer-Division
PGD = Panzer-Grenadier-Division
PGR = Panzergrenadier-Regiment
PR = Panzer-Regiment
PzKorps = Panzerkorps
PzAufklAbt. = Panzer-Aufklärungs-Abteilung
RA = Räumboot Ausland (Beuteboot)
RAF = Royal Air Force
ResBatl.: = Reserve-Bataillon
Rgt. = Regiment
RgtKdr. = Regimentskommandeur
RN = Royal Navy
S-Boot = Schnellboot
S-Flot. = Schnellboot-Flottille
Sfl = Selbstfahr-Lafette
sInfGesch. = schweres Infanterie-Geschütz
sm = Seemeile
sPzJägAbt. = schwere Panzerjäger-Abteilung
SS = Waffen-SS-Verbände
SPW = Schützenpanzerwagen
T-Boot = Torpedoboot
T-Flot. = Torpedoboot-Flottille
T 5 = Spezialtorpedo zur Zerstörerbekämpfung
US = United States
USS = United States Ship
USAAF = United States Army Air Force
VAdm. = Vizeadmiral
VP-Flot. = Vorposten-Flottille

Quellen- und Literaturverzeichnis

Alman, Karl:	Großlandung Seinebucht, München 1964
ders.:	Marinebatterie St. Marcouf, Rastatt 1965
ders.:	Der Kessel von Cotentin, Rastatt 1965
ders.:	Angriff, ran, versenken!, Rastatt 1965
ders.:	Sprung in die Hölle, Rastatt 1964
ders.:	Großadmiral Karl Dönitz – Vom U-Boot-Kommandanten zum Staatsoberhaupt, Leoni 1983
Barkmann, Ernst:	Mit den Panzern in Ost und West, i. Ms.
Bauer, Prof. Eddy:	Der Panzerkrieg, Bonn 1965
Baumbach, W.:	Zu spät?, München 1949 (2. Aufl.)
Bayerlein, Fritz:	Die Panzer-Lehr-Division, Vom D-Tag bis zum V-Tag, i. Ms.
Beesly, Patrick:	Very Special Intelligence, London 1977
Bekker, Cajus:	Und liebten doch das Leben, Hannover 1953
Bernig, H. H.:	Duell der Giganten, Balve 1961
Blond, Georges:	Le Débarquement, 6. Juin, Paris 1961
Blumentritt, G.:	Gerd von Rundstedt, the soldier and the man, London 1952
Bradley, Omar. N.:	A Soldier's Story, New York 1964
Bradtke:	Heeres-Flak-Abteilung 311, i. Ms.
Brasche, Rudolf:	Kampfberichte aus der Normandie, i. Ms.
Carell, Paul:	Sie kommen, Oldenburg 1960
Chalmers, W. S.:	Full Cycle, London 1948
Chamberlin, W. H.:	Amerikas Zweiter Weltkrieg, Bonn 1952
Choltitz, D. von:	„... brennt Paris?“ Mannheim 1951
Churchill, Sir Winston:	The Second World War, Vols. V, VI, London 1952/1954
ders.:	Memoiren, Hamburg 1952/56
Colledge, J. J., and Lenton, H. T.:	Warships of World War II, London 1973
Collier, Sir Basil:	The Defence of the United Kingdom, London 1957
Craven-Cate:	The Army Air Forces in World War II, Office of US Air Force History, Chicago 1951–1955
Creswell, John:	The British Navies in the Second World War, London 1946
Cunningham, Admiral:	A saylor's Odyssee, London 1951
Department of Military:	A Military History of World War II, New York 1953
Dönitz, Karl:	Zehn Jahre und zwanzig Tage, Bonn 1958

Eberbach, Heinrich: Kampfberichte und Dokumente, i. Ms.
Edwards, Kenneth: Operation Neptune, London 1946
Ehricht, Gerhard: Kampfbericht des PGD-Lehr-Regiments 901 und Stellenbesetzungsliste, i. Ms.
Ehrman, John: Grand Strategy, Vol. V, Aug. 1943 HMSO, London 1956
Eisenhower, Dwight D.: Bericht des alliierten OB für Europa über den Luftwaffeneinsatz des alliierten Expeditionskorps vom 6. Juni 1944 bis zum 8. Mai 1945, in INTERAVIA, Bern 1946
ders.: Kreuzzug in Europa, Amsterdam 1948
ders.: Invasion, Hamburg 1950
Ellis, I. F.: Victory in the West, HMSO London 1962
Ernst, R.: Panzerschlacht bei Tilly, i. Ms.
Essame, H. and Benfield, E.: The Battle for Normandy, Batsford 1965
ders.: The 43rd Wessex Division at War 1944–45, Clowes 1952

Feuchter, Georg W.: Geschichte des Luftkrieges, Bonn 1954
Fey, Will: Panzer im Brennpunkt der Fronten, München 1959
Fock, Harald: Marinekleinkampfmittel, München 1968
Förster, Otto-Wilh.: Das Befestigungswesen, Neckargemünd 1960
Fuller, J. F.: Der Zweite Weltkrieg 1939–1945, Wien 1952

Gale, Sir Richard: With the 6th Airborne Division in Normandy, Washington 1948
Galland, Adolf: Die Ersten und die Letzten, München 1953
Gerhardt, Rudolf: Von Wunsdorf bis zu den Ardennen, i. Ms.
Görlitz, Walter: Der Zweite Weltkrieg, Band 2, Stuttgart 1952
Greiner, H.: Die Oberste Wehrmachtsführung 1939–1945, Frankfurt/Main 1950

Harris, Sir Arthur: Bomber Offensive, London 1947
Harrison, Gordon A.: Cross-Channel Attack – The European Theater of Operations (Office of the Chief of Military History Department of the Army), Washington 1951
Haupt, Werner: Rückzug im Westen, Stuttgart 1978
Hayn, Friedrich: Die Invasion, Heidelberg 1954
Heydte, Prof. Dr. Frhr. von der: Die Fehler in der Rechnung Cotentin, ZS 1949
ders.: Kampfberichte und Tagesbefehle aus der Normandie, i. Ms.
HMSO: Report of the Allied Naval Commander Expeditionary Force on Operation Neptune, Nov. 1944
Hoffmann, Karl: Panzer-Lehr-Regiment 130 im Einsatz, i. Ms.
Holman, Gordon: Stand by to Beach, 1944 ZS
Howarth, David: Dawn of D-Day, London 1946
Hubatsch, W.: Hitlers Weisungen für die Kriegführung 1939–1945, Frankfurt/Main 1962

Hübner, Anselm: Kriegstagebuch I und II der PLD, i. Ms.

James, Sir M. W.: The British Navies in the Second World War, London 1946

Kenneth, Edward: Operation Neptune, ZS 1944

Kleine, Egon, und Kühn, Volkmar: Tiger – Die Geschichte einer legendären Waffe 1942–1945, Stuttgart 1981 (3. Aufl.)

Koerber, Detlev von: Die schwere Panzer-Abteilung 503, i. Ms.

Kollatz, Karl: Die Schlacht der stählernen Giganten, GenMajor von Oppeln-Bronikowski berichtet, Rastatt 1967

Kühn, Volkmar: Deutsche Fallschirmjäger im Zweiten Weltkrieg, Stuttgart 1983 (3. Aufl.)

ders.: Torpedoboote und Zerstörer im Einsatz 1939–1945, Stuttgart 1983 (3. Aufl.)

ders.: Schnellboote im Einsatz, Stuttgart 1976

Krätschmer, E. G.: Die Ritterkreuzträger der Waffen-SS, Preußisch Oldendorf 1982

Kurowski, Franz: Die Panzer-Lehr-Division, Bad Nauheim 1964

ders.: Zu Lande, zu Wasser, in der Luft (Michael Wittmann im Einsatz), Bochum 1977 (2. Aufl.)

ders.: Der Luftkrieg über Deutschland, Düsseldorf 1977

ders.: Krieg unter Wasser, Düsseldorf 1979

Lewin, Ronald: Rommel as Military Commander, London 1968

Liddell Hart, B. H.: The Second World War, London 1948

ders.: Jetzt dürfen sie reden, Hamburg 1948

Lohmann, Walter, und Hildebrand, Hans W.: Die deutsche Kriegsmarine 1939–1945, Bad Nauheim 1956

Lusar, Rudolf: Die deutschen Waffen und Geheimwaffen des Zweiten Weltkriegs, München 1960

Marshall, S. L. A.: Night drop – The American Airborne Invasion of Normandy, Boston 1962 (deutsch, Einsatz bei Nacht, Frauenfeld 1964)

Mason, David: Submarine warfare, The War at Sea 1940–1945, ZS 9/1968

Maund, L. E. H.: Assault from the Sea, London 1949

McMillan, Norman: The Royal Air Force in the World War II, Bd. 1–4, London 1942–1950

Miles, Wilfrid: The Gordon Highlanders 1944–1945, Aberdeen o. J.

Moll, Otto E.: Die deutschen Generalfeldmarschälle, 1939–1945, Rastatt 1961

Montgomery, Bernard: Memoiren, München 1958

ders.: From Normandy to the Baltic (deutsch: Von der Normandie zur Ostsee, Hamburg 1949

Morgan, Sir Frederick: Overture to Overlord, London 1950

Morison, Samuel E.: History of Naval Operations in World War II, Vol. XI, Oxford 1957

O'Neill, Herbert Charles: Foothold in Europe, London 1945
Oventrop, Hptm.: Der Gegenangriff vom 8. August 1944 i. Ms.

Patton, G. S.: Krieg, wie ich ihn erlebte, Bern 1950
Pipet, Albert: La Trouée de Normandie, Paris 1966
Priller, Josef: J. G. 26 – Geschichte eines Jagdgeschwaders 1937–1945, Stuttgart 1980

Ramsay, Sir Bertram: The Assault Phase of the Normandy Landings, in: London Gazette, Oct. 28, 1947
Richards, Dennis: Royal Air Force 1939–1945, Vol. I–IV, London 1954–56
Richter, Peter, R.: Im Großkampfraum Normandie, ZS 1965
Rommel, Erwin: Krieg ohne Haß, Heidenheim 1950
Roskill, S. W.: The War at Sea, Vol. III, Part 2, London 1954–56
ders.: Royal Navy, Oldenburg 1961
Rohwer, Dr. Jürgen: Die U-Boot-Erfolge der Achsenmächte 1939–1945, München 1968
Roden, Orde: Second Household Cavalry Regiment, New York 1953
Roscoe, Theodore: United States Destroyer Operations in World War II, Menasha, Wisconsin 1960
Rosen, Frhr. von: Einsätze der schweren Panzer-Abteilung 503 in der Normandie, i. Ms.
Ross, A., and Gauvin, M.: The Kings Royal Rifle Corps Chronicle, Holland 1945
Ruge, Friedrich: Rommel und die Invasion, Stuttgart 1959
ders.: Der Seekrieg 1939–1945, Stuttgart 1954
ders.: Im Küstenvorfeld, München 1974
Ryan, Cornelius: The longest Day, New York 1968

Salmond, J. B.: The History of 51St Highland Division, Blackwood 1953
Schofield, B. B.: British Sea Power, Batsford 1967
Schramm, Percy E. (Hrgb.): Die Invasion 1944 aus: Kriegstagebuch des Oberkommandos der Wehrmacht 1940–1945, München 1982
Schulz, Joh.: Unternehmen „Overlord“, Balve 1961
Seemen, Gerhard, v.: Ritterkreuzträger 1939–1945, Friedberg 1976
Shulman, Milton: Die Niederlage im Westen, Gütersloh 1949
Silverstone, Paul, H.: US Warships in World War II, London 1965
Spaight, J. M.: Bombing vindicated, London 1944
Speidel, Hans: Invasion 1944, Tübingen 1948
Stagg, J. M.: Forecast for Overlord, London 1971
Streiff, René: „... ceux des Equipes d'Urgence, Caen 1945

Streng, Ernst: Die schwere SS-Panzer-Abteilung 101/502 in der Normandie, i. Ms.

Strong, Kenneth: Geheimdienstchef in Krieg und Frieden, Hamburg–Wien 1969

Tedder, Lord Arthur W.: Air Power in War, London 1946

Tönnes, Walter: Das Panzer-Pionier-Lehr-Bataillon, i. Ms.

Vian, Sir Philip: Action this Day, London 1960

Wagner, Gerhard (Hrgb.): Lagevorträge der Oberbefehlshaber der Kriegsmarine vor Hitler 1939–1945, München 1971

Warlimont, Walter: Im Hauptquartier der deutschen Wehrmacht, Frankfurt/Main 1962

Westphal, Siegfried: Heer in Fesseln, Bonn 1952

Wollesen, Richard: Die 9. (sInfGeschütz-Sfl)PGLR 901 i. Ms.

Wüster, Rudolf: Mit den Tigern im Westen, i. Ms.

Wykeham, Peter: Fighter Command, a Study of Air Defence, London 1960

Young, Desmond: Rommel, Wiesbaden 1949

Danksagung

Der Autor dankt allen deutschen Mitarbeitern und den Übersetzern, die an der Fertigstellung dieses Werkes Anteil hatten, insbesondere aber Herrn Franz Kurowski, aus dessen Archiv jene entscheidenden deutschen Teile stammen, die zur Verständigung und zur Einbindung des deutschen Teiles in diesen Report einer großen und dramatischen Schlacht dienten.

Zu danken ist auch allen anderen, die Teilbeiträge zum Gelingen beisteuerten.

Möge das Buch über seinen kriegshistorischen Charakter hinaus dazu beitragen, den Frieden in der Welt zu erhalten, indem es die Schrecknisse des Krieges ungeschminkt darstellt und so aufzeigt, daß auch ein konventioneller Krieg der Zukunft vernichtend sein muß.

Personenregister

Inhalt

DEUTSCHE ABWEHR GEGEN DIE ALLIIERTEN LUFTLANDETRUPPEN

DIE GRÖSSTE ARMADA ALLER ZEITEN

DER D-TAG AUF DEUTSCHER SEITE

DER ZWEITE TAG

ALLIIERTE EINSÄTZE ZUR SEE

IM KAMPFRAUM TILLY–CAEN

DER KAMPF UM CAEN

DER KAMPF IM US-SEKTOR

DIE STURMANGRIFFE BRECHEN LOS

DIE INVASION IST GELUNGEN

ANHANG